河北省哲学社会科学规划办公室立项资助（项目批准号：HB10NLS039）

教育部人文社会科学重点研究基地——河北大学宋史研究中心基地建设经费、河北大学中国史学科"双一流"建设经费、河北大学历史学强势特色学科建设经费资助

漆侠先生传

Biography of Mr. Qi Xia

姜锡东 王晓薇 著

中国社会科学出版社

图书在版编目（CIP）数据

漆侠先生传／姜锡东，王晓薇著．—北京：中国社会科学出版社，2021.9
ISBN 978 – 7 – 5203 – 8672 – 2

Ⅰ.①漆… Ⅱ.①姜…②王… Ⅲ.①漆侠(1923 – 2001)—传记 Ⅳ.①K825.81

中国版本图书馆 CIP 数据核字（2021）第 125580 号

出 版 人	赵剑英
责任编辑	宋燕鹏
责任校对	夏慧萍
责任印制	李寡寡

出　　版	中国社会科学出版社
社　　址	北京鼓楼西大街甲 158 号
邮　　编	100720
网　　址	http://www.csspw.cn
发 行 部	010 – 84083685
门 市 部	010 – 84029450
经　　销	新华书店及其他书店
印　　刷	北京明恒达印务有限公司
装　　订	廊坊市广阳区广增装订厂
版　　次	2021 年 9 月第 1 版
印　　次	2021 年 9 月第 1 次印刷
开　　本	710×1000　1/16
印　　张	22.25
字　　数	336 千字
定　　价	168.00 元

凡购买中国社会科学出版社图书，如有质量问题请与本社营销中心联系调换
电话：010 – 84083683
版权所有　侵权必究

漆侠先生昆明读书，约1944-1946年间

漆侠先生中年时期

与邓广铭先生在香港首届国际宋史研讨会，1984年12月

河北大学宋史研究室小院，约 1987 年

在美国讲学，1989 年 3-4 月间

漆侠执教四十年座谈会，1993年3月12日

在日本讲学时留影，1994年5月25日

新加坡讲学期间，1995–1996 年

读《中国经济通史·宋代卷》，约 2000 年

目　　录

第一章　战火中走来的学者：早期求学岁月（1923—1951） …… （1）
　　一　早年求学失学，抗战投笔从戎 ………………………… （1）
　　二　绵阳六中艰苦岁月，西南联大投身史学 ……………… （12）
　　三　北京大学读书治史，史学研究崭露头角 ……………… （24）

第二章　提升与挫折：在中国科学院近代史研究所
　　　　（1951—1953） …………………………………………… （38）
　　一　任范文澜先生助手，协助修订《中国通史简编》 …… （38）
　　二　王安石变法和历史人物研究 …………………………… （39）
　　三　集中学习马列著作 ……………………………………… （44）
　　四　对初高中历史教材的意见 ……………………………… （45）
　　五　开始中国农民战争史的研究 …………………………… （47）
　　六　在中华人民共和国成立初期的各项运动中 …………… （48）
　　七　1953 年的挫折与转变 …………………………………… （50）

第三章　大学教师生涯的开端（1954—1958） ………………… （55）
　　一　在天津师范学院历史系任讲师 ………………………… （55）
　　二　在中国农民战争史研究的第一个高潮中 ……………… （64）
　　三　宋金史研究 ……………………………………………… （71）
　　四　断代史和历史人物研究 ………………………………… （73）

第四章 早期宋史研究：《王安石变法》 …………… (76)
    一 《王安石变法》出版 …………………………… (76)
    二 以马克思主义为指导的史学研究方法 ………… (78)
    三 详史料、重实证：《王安石变法》研究的创新 ……… (80)
    四 扛鼎之作、影响深远 …………………………… (84)

第五章 中期的历史研究与教学（1959—1981） ……… (88)
    一 "文化大革命"前继续进行中国农民战争史的研究 …… (88)
    二 参与热点讨论，提出一家之言 ………………… (96)
    三 "文化大革命"中的磨难与坚持 ……………… (99)
    四 "文化大革命"后恢复科研和教学工作 ……… (111)

第六章 改革开放时代的历史教学与研究（1982—1990） …… (118)
    一 河北大学宋史研究室成立 ……………………… (118)
    二 《求实集》出版 ………………………………… (120)
    三 在中国农民战争史研究的第二个高潮中 ……… (125)
    四 科研与学术交流 ………………………………… (140)

第七章 中期宋史研究：《宋代经济史》 …………… (173)
    一 《宋代经济史》的写作缘起与过程 …………… (173)
    二 《宋代经济史》的主要内容和贡献 …………… (177)
    三 《宋代经济史》的影响和评价 ………………… (191)

第八章 晚期的历史研究与教学（1991—2001） ……… (199)
    一 宋辽金史研究 …………………………………… (199)
    二 学术活动与国内外学术交流 …………………… (217)
    三 教书育人、薪火相传 …………………………… (243)
    四 《辽夏金经济史》出版 ………………………… (256)
    五 最后的日子 ……………………………………… (265)

第九章　晚期宋史研究：《宋学的发展和演变》 …………… (269)
  一　《宋学的发展和演变》的主要内容 ………………… (269)
  二　《宋学的发展和演变》评价 …………………………… (279)

第十章　漆侠先生的史学方法、体系和特征 ………………… (285)
  一　遗著《历史研究法》 …………………………………… (285)
  二　漆侠先生的史学体系与治史特色 …………………… (300)
  三　马克思主义史学家的四个特征与漆侠先生的
    学术成果 ……………………………………………… (306)

结语　几点思考与体会 ………………………………………… (319)
  一　漆侠先生的学术道路 ………………………………… (319)
  二　漆侠先生的人生道路和性格 ………………………… (321)
  三　薪火相传永不熄 ……………………………………… (323)

附录　漆侠先生学术年表 ……………………………………… (326)

后　记 …………………………………………………………… (347)

第一章

战火中走来的学者：早期求学岁月（1923—1951）

一 早年求学失学，抗战投笔从戎

漆先生（1923年3月12日—2001年11月2日），讳侠，原名漆仕荣，字剑萍，曾先后使用过的笔名有张戈阳、季子涯、万钧、方若生、齐力、范今、泛金。他出生于山东省菏泽市巨野县龙堌镇蔡桥。

漆先生祖籍江西省南昌市郊区。漆侠先生四弟漆林先生2010年前后，曾亲自到江西南昌祖籍探访得知，在南昌市区东南若坵南岗有个程漆村，抗日战争前名为漆家湖，有两万多名漆氏族人。现在的程漆村有两千多名村民，还保存有漆氏的祠堂、族谱。按照南昌漆氏的族谱记载，山东巨野漆氏一支到漆侠先生的祖父辈为漆氏宗族第三十四代，到漆侠先生父亲这一辈为第三十五代。漆侠先生父亲名叫漆信鲁，属"信"字辈；漆侠先生原名漆仕荣，是依"仕"字辈的排名①。晚清漆氏祖籍所在江西南昌市区遭遇荒年，漆侠先生高祖携曾祖，迁转流徙，最终到达山东巨野县龙堌镇的蔡桥，才最后安家落户。龙堌镇，原称龙堌集，处在菏泽市向东到巨野县城，再向东到嘉祥县、济宁市327国道的交通要道上，与曲阜也不远。选择向山东迁

---

① 《漆氏族谱（不分卷）》，清木活字本，现藏江西省图书馆。据漆侠先生四弟漆林先生所见族谱，"信""仕"辈后排名如下："信仕昭明训，师承道统传；肇兴基敏慎，善述重恭谦。典则治远谋，仪型似续延；显扬资教育，积厚启英贤。"

移,可能是因为远祖漆雕开是鲁国孔子著名弟子之一的缘故吧!① 漆氏一族在当地属独门独姓,属于从外地迁居而来的"外来户",难免受人欺辱。到漆侠先生祖父辈,全家主要靠开中药铺维持生计。上上下下总起来也没有几亩田,平常年景勉强温饱,遇有灾荒则不免饥饿。② 这是晚清民国时期一个普通中下层家族的普遍情景。

即使是靠开中药铺维持生活,祖父仍坚持将漆侠先生的父亲漆信鲁送入了民国成立后的新式学堂——山东省立曲阜第二师范学校讲习所读书学习。③ 曲阜为孔子故乡,二师的前身为清光绪三十一年(1905)设立的考棚,后虽于1914年改为西式学堂,但仍保留了浓厚的尊孔重道的旧学气氛。"五四新文化运动"后,中华全国教育改革委员会曾在曲阜二师召开过会议,提倡教育改革。1927年国民大革命失败后,学校逐渐被国民党势力和舆论控制。大约在1926—1927年,漆信鲁在曲阜二师学习。其间,接受了国民党所宣扬的政治改良主张,并最终加入了国民党,后成为当地国民党"改组派"成员。

漆信鲁从曲阜二师毕业后,先是在巨野县任小学教员。民国十七年(1928),国民党巨野党部筹委会建立,漆信鲁任书记长,并相继成立了农民协会、商民协会、妇女协会等组织。此后,漆信鲁又辗转到单县、济宁、博兴教育部门任职,后升任山东省长山县教育局长(第五科长)、山东省教育厅视察员;1937年全国性抗日战争爆发前加入国民党的中华民族复兴社,并参加了山东省秦启荣部的游击队组织。

秦启荣是漆信鲁的山东同乡,国民党复兴社成员,"七七"事变后成立了山东别动总队,自任司令,在金乡、嘉祥、巨野地区进行一

---

① 据漆侠先生四弟漆林先生于2010年到江西南昌漆家祠堂访问并查阅祖谱得知:漆先生的祖先们原为漆雕氏,复姓,到第20世时,改为单姓漆,一直延续于今。
② 2011年6月,本书作者之一姜锡东与漆侠先生四弟漆林先生一起到山东省菏泽市巨野县实地调研。在先生老家龙堌镇祭奠了漆侠先生的祖坟,走访了许多先生的亲属,拜读了他们重新整理的《漆氏族谱》,也亲眼看到了旧中药铺遗留下来的药柜、铁药碾子等。此次先生老家之行,除得到漆林先生的多方协助引见外,还得到巨野县方志办主任张振华先生等当地领导、贤达的鼎力相助,在此一并特致感谢。
③ 以下漆信鲁的生平经历,由漆侠先生在中华人民共和国成立后所写的汇报材料中综括而成。见《漆侠先生档案》,河北大学档案室。

第一章 战火中走来的学者：早期求学岁月（1923—1951）

些抗日活动。漆信鲁在秦启荣部时，交往最多的是王尚志。王尚志（1906—1947），又名王志南，山东省潍坊市昌邑县南逄乡大营村人。1925年前后，赴广州考入黄埔军校（第三期）。1927年后参加了汪精卫的改组派。1931年"九·一八"事变后，参加了国民党的"东北抗日义勇军"，并任参谋长。1935年加入国民党复兴社，到山东活动。"七·七"事变后，时任山东别动总队司令秦启荣委任王尚志为"国民政府军事委员会别动总队鲁冀边区游击队"副司令，王尚志按照秦启荣的指示，从鲁北地区转到胶济线的临淄。1938年1月，日寇沿胶济线东下，王尚志以当时一名复兴社成员的手下及其百多汉阳造步枪为班底组建了他的第一个大队，旋即在临淄宣告成立"国民政府军事委员会别动队鲁冀边区第二游击司令部"，并自任司令。王尚志脱离秦启荣独立之后，漆信鲁转而支持王尚志。

1940年年底山东抗日形势日益复杂，漆信鲁受王尚志委托，前往重庆国民党总部汇报情况，代表王尚志寻求政治上的声援和支持。漆信鲁到王尚志部找到了因抗战失学、跟随亲友到王尚志处谋生路的儿子漆侠，带着他由山东南下、西行，准备前往重庆，行至中途，在翻过秦岭时因车祸摔断腿，辗转而北，退返西安。漆信鲁想办法借钱筹措了路费，送儿子到抗战大后方四川读书，自己留在了西安生活。

父亲漆信鲁早年在山东的经历，特别是从事教育工作的熏陶，对漆侠的早期成长有重要影响。读书奋进、忧国忧民、志向远大，成为漆侠幼年性格的重要特点。漆侠因抗战失学后，投笔从戎，曾先后到父亲的同乡兼熟人秦启荣、王尚志部的抗日游击组织寻找出路。自1937年以国共合作为基础的抗日民族统一战线正式形成，到1940年年底被父亲找到并带离王尚志部时为止，这一时期山东的国民党地方武装还是抗日的。然而父亲加入国民党组织和曾在国民党教育部门任职的经历，漆侠先生自己参加王尚志国民党游击队等经历，在1949年后的政治运动中，给漆侠带来一定的影响和压力，曾因此受到一些政治上和组织上的审查，就此而撰写的思想汇报和自传资料大量留在个人档案之中。

漆侠先生所在的这个小家族，经历了晚清的衰亡，靠祖父开中药铺维持生计。民国时局动荡之下，全家老小靠父亲微薄的薪酬，艰难度日。在当时中国国弱民穷、时局多变的背景下，这个家庭显得比较普通而又略微特殊。经济上虽不富裕，但有比较良好的学习条件。漆侠是漆家的长男。姐姐漆仕贵，上到初中一年级，嫁给龙堌镇当地一孔姓人家。妹妹漆仕华，念完初小后，嫁到当地靳庄。二弟漆彤、三弟漆震，在父亲和大哥离家后，陪着母亲在老家生活。中华人民共和国成立后漆侠先生自北京大学肄业工作，假期返乡时把两个弟弟带回北京读书。

（一）早年求学（1928年夏—1937年11月）

漆侠早年入读的是提倡新式教育的小学校。国民党政权统治初期的山东教育，一度呈现出较好的发展态势，一些山东教育家开展了大量的教育试验和实践活动，在提高公民素质、改善乡俗民风等方面取得了一定的效果。按照民国的小学学制：初小四年，高小三年，共计要读7年。1928年夏，漆侠满五周岁，入巨野县龙堌集小学读初小一年级。1930年漆信鲁到单县任教，七周岁的漆侠随父亲转学至单县文昌阁小学，读初小三年级。1931年夏，又随父至济宁，入北门里第一小学。至1933年暑假读至高小一年级，暑假后转至设在济南市南城根的第一师范附小，至1935年2月读完高小三年级。

自小学时起，漆侠就十分喜爱阅读历史故事书籍和古今中外的名人传记。1931年"九一八"事变，日本武装侵占我国东北地区。漆侠先生当时在济宁读小学四年级，同千千万万的中华同胞一样，幼小的心灵里充满了对日本帝国主义侵略国土的仇恨。也许是因为身处这样的战争形势下，他非常崇敬历史上的民族英雄如宋代的岳飞、文天祥，明末的史可法，等等。① 当时即使是普通百姓，对战争时局也颇为关注，漆先生通过每天读报来获得战事消息。受国民党报纸的宣传影响，对当时张学良东北军的不抵抗政策，全国上下都深感愤怒；同

---

① 漆侠：《中国社会科学家自述·漆侠自述》，载《漆侠全集》第12卷，河北大学出版社2008年版，第609—611页。

第一章 战火中走来的学者:早期求学岁月(1923—1951)

年11月,东北军爱国将领马占山率部向发动进攻的日本侵略者奋起反击,血战江桥,揭开了中国武装抗日的序幕。在年幼的漆侠看来,马占山英勇抗日、保家卫国,同历史上的那些民族英雄何其相似,对其爱国行为殊为敬佩。

1935年读完高小以后,漆侠十二周岁,入济南私立育英中学读初中。济南私立育英中学创建于1913年,1919年7月迁到杆石桥外原山东高等学堂西偏院,后几经扩大改建。1931年10月兴建教室、仪器室、实验室、礼堂共19间,1933年春又在南坡购民田15亩作为分校,修建了操场和学生宿舍45间。① 学校制定了有关学生的公约、规程有十余种,以培育英才。漆侠在此学习期间,非常喜欢学习历史、地理知识,也有机会阅读一些介绍文史地理和国际时事的期刊,如商务印书馆刊行的、号称"历史的忠实记录者"的百科全书类期刊《东方杂志》之类。学校环境相对优良,漆侠先生在学业长进的同时,也结识了一些良师益友。

1937年暑假,育英中学在校内东部新建一处教学楼,准备招收高中生。但不久随着全国性抗日战争爆发,学校于当年9月由济南迁至汶上,12月济南便遭沦陷。漆侠先生随母校迁转至汶上,11月之后提前毕业,返回家乡巨野。其后的育英中学,受战争形势的影响,经由山东单县、河南安阳、湖北郧阳,辗转入川后,并入国立六中德阳二分校。

当时的国家危难和迁徙求学,给予逐渐长成少年的漆侠先生以非常深刻的影响。拳拳爱国之情,在心中扎根发芽,浓厚而强烈。随父辗转山东各地长达九年的读书生活,虽然身处动荡之中,却使他接受了正规的学校教育,获得了丰富的自然和人文科学知识。自然科学方面,漆侠先生对发明家爱迪生的故事印象深刻。适合儿童的人文传记《穷儿苦狗记》,讲述宋代宋江起义的《水浒传》,都给少年时期的漆

---

① 济南私立育英中学情况,参见谢均之《"得天下英才而教育之"——记济南私立育英中学》,载济南市政协文史委员会、济南市教育委员会编《解放前济南的学校》,济南出版社1991年版,第108—117页。

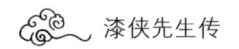

侠先生以难以磨灭的深刻印象，到成年后依旧记忆犹新①。

当然，任何一个人的成长，无法脱离时代风云。少年时期的漆侠先生思想上必然还是接受了国民党的正统观的灌输和影响。他在读过日本人石丸藤太的《蒋介石评传》之后，认为从书中讲述的蒋介石从幼年至"西安事变"期间的政治军事经历看，蒋介石是个了不起的人物，要担当救国的大事业。1936年12月"西安事变"时，听说蒋介石被张学良将军发动政变扣留西安，曾难过流泪，甚至觉得没有蒋介石领导抗日，中国的命运岌岌可危。这种想法现在看来也许稍显幼稚，但是如果放诸当时山河破碎的严峻形势之下，却让人更深地感受到一个少年对祖国命运前途的担忧。

总之，受父亲、家庭、学校教育和时代的影响，少年时期的漆侠先生有着一颗强烈的爱国之心，关心国事，喜爱历史故事，非常崇拜岳飞、文天祥、史可法等精忠报国的民族英雄。他志存高远，不甘平庸。然而日本侵略者发运的侵华战争迫使他中断了学业，也让他初尝了人生的第一次波折。

（二）在山东敌后游击队（1938年8月—1940年8月）

1937年11月从育英中学提前毕业后，漆侠先生回到巨野县龙堌集家中，赋闲了一段时间。摆在他面前的选择并不算多，身处战乱之中，继续读书的愿望破灭，实际上也已无学可上；而十四五岁的年纪，战乱中出门找事做也显得不切实际。报国无门，又学业无继，漆侠内心极为苦闷。因着父亲的关系，经常来访的本镇老师毕佑辰看到这种状况，提议说：虽然现在山东大部分领土都被日本人占领了，可沂蒙等山区还算保有一些相对完整的县份，将来这些未沦陷的地区，一定还有学可上。家人和漆侠本人对于毕佑辰先生的这个提议都比较认同，因为无论是外出求职，还是找机会继续求学，都还算是解决问题的一个办法，总比无所事事、在家闲居要强得多。严峻的抗日形势和高涨的爱国热情，加上困窘生活所迫，1938年8—9月，漆侠便追

---

① 以下引文见《漆侠先生档案》，河北大学档案馆藏。

第一章 战火中走来的学者：早期求学岁月（1923—1951）

随毕佑辰先生，和在龙堌集小学教书的本家四叔漆信冉、毕佑辰的外甥姚念琴、毕德注妻女等共八九人一起，到鲁南新泰羊流（羊留）秦启荣部队参加了抗日游击队。漆信冉等几人因秦启荣部的条件恶劣，十几天便返回了家乡。只剩漆侠和姚念琴留了下来，姚在此后的敌伪扫荡中，也跑散回了家。①

秦启荣（1903—1943），字向村，山东邹县（今邹城市）北关人。1926年春山东省立甲种工业学校毕业后，南下考入黄埔军官学校第六期，曾深得蒋介石赏识。1928年夏，分配到陆军大学国民党特别党部任干事。1929年年底，被派往山东任国民党省党部组织科长。1937年"七·七卢沟桥事变"爆发后不久，秦启荣被委任为国民政府军事委员会别动总队鲁北游击司令。后任"国民党军事委员会别动总队鲁冀边区游击司令部"司令，负责组织鲁西、鲁北国民党地方武装。1937年年底，韩复榘撤离济南，山东大部沦陷，秦启荣所部扩大，乃呈请国民政府军事委员会更名为别动总队，秦任别动总队第五纵队司令，改编所部为9个梯队。秦启荣势力进入发展的鼎盛时期。1938年，蒋介石组成了三民主义青年团，并自任团长，将复兴社成员转入三青团。秦启荣被任命为三民主义青年团山东支团筹备处主任、中央团部候补干事，于山东各县设立分团部。②

1938年10月，秦启荣在新泰羊留成立训练班，鲁北、鲁东、鲁南的青年共三百多人到此受训。训练班分为四队：政治队、政训队、教育队和军事队。除军事队受训三个月之外，其余皆一个月。漆侠为了参加抗日战争，特别想学点真正的军事本领，于是便报名参加了军事队。报名时，漆侠刚刚十五周岁多一点，但由于身材长得比较高大，便虚报为十八岁，加入了军事队受训。当时的训练班成员，被要求加入国民党复兴社，并起个假名字。因外祖母家姓张，漆侠便随手写了个姓张的假名字，此后便完全忘记到底起了个什么名字。漆侠转

---

① 见《漆侠先生档案·历史思想自传（1954年6月）》。
② 参见王志民主编《山东重要历史人物》（第七卷），山东人民出版社2009年版，第254—257页。

入王尚志部后，曾对父亲的朋友王尚志谈起过在秦启荣部加入复兴社这件事。王尚志很不以为然，说："你小孩子加入这个干什么？"意即漆侠年纪还小，又涉世未深，没有必要卷入国民党控制下的特务组织。后来漆父信鲁到王尚志处，曾和王尚志闲谈，王说"复兴社早已经取消了，秦启荣不过以此压人，造他个人的势力"。

少年漆侠实际并未参与国民党复兴社的任何活动。在1949年后的政治运动中，漆侠因这件不经意的小事，曾反复接受审查。恰巧1953年7月11日，他以笔名张戈阳在《光明日报》发表了《关于王丹岑的〈中国农民革命史话〉》，对其关于李密的认识问题提出批评。为此，漆侠还特别向党组织写了文字资料，说明以张戈阳的笔名发表文章，与复兴社时期所起的张姓假名完全无关，仅仅出于单纯的好学虚心，而未用漆侠先生的真名发表。

1938年12月，日寇在山东地区扫荡，秦启荣部自羊留溃散入雁翎关村，后经莱芜战败，秦启荣部更作鸟兽散，军事队遂告瓦解。在莱芜双龙峪村期间，训练班虽解散，但还有同学会之设置，并出有同学会刊。漆侠先后写过两篇文章，被同学会刊物登载，一为《德占捷克之必然性及今后欧洲新局势》，二为《欧洲动荡形势下之巴尔干》。对国际形势的关注、对中国命运的思考，体现了漆侠先生自年少时就铸就了读书人的本色。

1939年1月初至2月初，农历新年之后，漆侠曾辗转去往王尚志部。王尚志与漆父系朋友，漆父在长山任教育科长时，王尚志任职员。漆父把漆侠在秦启荣部的情况告诉了王尚志，并托他照顾自己的儿子。漆侠还在军事队受训时，王尚志部的参谋刘超（与漆父相识）到羊留来时，就专门找到漆侠，告诉他父亲的嘱托，让他受训完毕后去王尚志那里。军事队受训结束后，漆侠在秦启荣部未被委派任何工作。便与秦启荣联络参谋韩慎吾等一行四人，自临朐而往益都山区王葆团处。后又与韩慎吾一起，过铁道北至秦启荣部徐琳处，东去王尚志部。因不认识路，他们两人找了一位当地的老百姓带路，走到留饭桥时折回，遭遇日寇并被盘查，幸而搜查时带给王尚志的随身信件未被发觉，得以顺利返回到秦启荣部徐琳处。其后又与秦启荣部派去的

第一章 战火中走来的学者：早期求学岁月（1923—1951）

电台人员在一起，穿过铁路，在王葆团部过旧历新年。这段抗战时期遭遇日本兵的危险经历，令漆侠先生终生难忘，后来在多次聊天时谈及此事。

5月间，漆侠离开秦启荣部，经鲁村、东里店至鹿皋王尚志部。随着抗日形势的变化，山东地区的国民党地方武装和中国共产党领导的抗日武装冲突加剧。漆侠到达王尚志部，是在太河惨案发生一个多月之后，与此事无涉。①

王尚志与漆信鲁曾经共事，私交不错。漆侠早在秦启荣部军事队受训时，王尚志就受漆信鲁所托，派手下通知漆侠到自己这里来。1939年5月到达王尚志部后，漆侠担任王的司令室书记。漆侠初任王尚志司令室书记时，因为年纪小，也没有分配什么具体事务。曾偶尔为王尚志代写命令，如令副官处给特务一中队招新兵，还曾奉命保管过王尚志私人的印章信件之类。日本鬼子和汉奸伪军季节性地进行扫荡，漆侠先生跟随部队不断转移，遇上冲突则激战一番。首先是过铁道，去昌邑一带时，随王尚志部参谋主任、参谋长李资廉和其他参谋处秘书处人员，向铁道以北转移。同李资廉转移时，曾带过部分地图，亦临摹画过一点，但没做过更多的事。1940年春天，曾随部队东进掖县与平度交界的大泽山地区，不久又撤退回来。

1940年8月，王尚志部被编为"鲁苏战区游击第四纵队"，王被授予少校司令。漆侠到王尚志第一中队做政训员，并参与一些军事训练，如出操、教歌，对士兵讲过抗战打日本鬼子汉奸等口号。在王尚志部时，漆侠也曾自修读过一点书，很想上学。王尚志曾对漆侠说：几时知道你父亲的确切下落，我就设法把你送走，不然出了什么意外，我对不起你父亲。漆信鲁于"七·七"事变后转至后方，1939年在陕西省汉中禁烟局任警员。1940年年底，漆信鲁又以中校教官的名义，随国民党军队去往山东。至山东曹县后，漆信鲁离开了国民

---

① 1949年后，有关部门曾多次审查漆侠与"太河惨案"的关系。漆侠始终据实而答，说他到王尚志部之前，"惨案"已经发生，没有参与。审查人员调阅各种档案，走访相关在世人员，均证明漆侠先生确与"惨案"无关。

党军队，到鲁东王尚志部找到儿子，接他到后方继续读书。漆侠到达四川绵阳读书后，即与王尚志完全没有了联系。只在绵阳六中读书期间，听闻王尚志被日军俘虏杀害的不实消息时，出于少年意气，认为王也算是为抗日而死，喝醉酒痛哭了一场。

（三）辗转后方（1940年年底—1941年11月）

国民党王尚志与秦启荣之间，一直存在矛盾。秦启荣认为王尚志有脱离他的意向，私下里说王尚志跳不出他的手心；王尚志认为秦启荣打压他。王尚志与漆信鲁有私交，打算派漆信鲁以驻渝办事处代表的名义，代其到四川重庆国民党总部活动，寻求奥援。漆信鲁带儿子前往重庆前，因怕路上携带王尚志部的报告文件被敌人发现，不便通行，于时让漆侠把报告的内容默记下来，报告内容主要是关于王尚志在高密、昌邑、平度、潍坊一带的具体军事活动状况。大约1940年年底1941年年初，漆信鲁、漆侠父子二人先自山东平度新河汽车站乘汽车到潍坊，然后自潍坊到济南，住在一个私人作坊中，停留了二十多天近一个月。在住宿时结识了山东桓台的两位王姓商人，其中一人为熟人王泽浦的侄子，在西安成丰面粉公司任事。得知漆氏父子也准备去西安，于是便结伴同行。

一行人先由济南乘火车到江苏徐州，又辗转南下高邮，再坐汽车北返安徽亳州，从亳州乘人力推拉的两轮架子车经过黄泛区的河南临汝（今汝州市）、郾城（今漯河市郾城区），绕路至洛阳。漆信鲁于途中去往阜阳国民党李仙洲处，为王尚志部联系军需供应。自洛阳经陕西潼关到达西安后，父子二人先住在西北饭店，后搬到一家较小旅店中。在这里住着的时候，漆父让漆侠根据先前的记诵，将王尚志给重庆国民党党部的《报告》默写到纸上。这份《报告》无意间被随同秦启荣去西安的政训处长金耀华看到，报告给了秦启荣。秦启荣本来就与王尚志有隙，对他向国民党总部邀功请赏更为不满，于是便先行离开陕西，去了重庆。

1941年5月初，漆信鲁、漆侠父子乘坐卡车（当时的长途公交汽车）去往宝鸡。18日坐车走到凤县双石铺附近时，司机躲避路障，致使车翻，漆信鲁摔折了腿，没法继续前行。只得在双石铺停留休养了一个月的时间。当时十七岁的漆侠十分焦急，接连发出了三份电报，一份发给已去往重庆的秦启荣，向他说明情况并借钱（未得到）；一份发往汉中邓德轩女士①处；一份发往西安的老乡王泽浦处。后来又碰巧遇到了在双石铺检查站任事的一位济南私立育英中学的同学，名叫周庆锋，让他帮忙借得一辆马车，拉着漆父先返回了宝鸡，后又辗转到了西安。漆父住进西安东关八仙庵后的西北医院，漆侠则就近住在广仁医院对门的一家小旅店中，方便照料。秋后漆父出院，暂时借住在老乡王泽浦家。当时父子二人的生活颇为拮据，告借度日。一次在躲警报中偶遇王尚志部的李风年，他此时已转到后方做买卖，便向他借了八百元。其后王尚志托商人兑换的钱汇过来后，经济上才稍有缓解。

同年 11 月，终于凑足了去四川的路费。其中与漆家有点亲戚关系的黄庸夫②，也给了二百元充路费。黄庸夫与漆父信鲁是同学，漆侠先生上龙堌集（镇）小学，他做校长，称他为黄老师。抗日战争爆发后的二三年时间，黄庸夫常没事做，没有经济来源，漆侠先生的父亲漆信鲁因着同学之谊，接济过他。因此，除此次去川的二百元路费外，漆侠在四川绵阳读书期间，也曾接受过黄庸夫的资助。漆侠动身前往四川，据四弟漆林回忆"（漆父）找老乡带大哥过留坝，往汉中到南郑，再找熟人带着大哥过南郑牟家坝山口入川到南江县，然后西行到绵阳六中，接待山东沦陷区青年学子的中学寄宿求学"③，其中大概用去了一个多月时间。

1941 年 12 月中旬，十八岁的漆侠历经艰辛终于到达四川。在此之前，他在西安弄到了一张山东省临时中学的毕业证。国民党第二十

---

① 邓德轩女士原名邓月兰，毕业于济南女师，后求学于北平助产学校，毕业后加入过国民党，与漆父于 1937 年前结合，其时在汉中西北大学医学院中任助产士之类工作，漆侠四弟漆林生母。

② 黄庸夫在解放战争期间充当过王耀武国民党军队旅长和政治处长之类的军官，济南解放后潜逃于徐州，此后下落不明。

③ 漆林：《忆大哥，漆侠先生二三事——大哥故去十周年祭》，《漆侠与历史学：纪念漆侠先生逝世十周年文集》，河北大学出版社 2012 年版，第 27 页。

八集团军司令官李仙洲在安徽阜阳设立成城中学，招收鲁苏地区的流亡学生，旋改称山东省临时中学。后因学生不断增加，维持日益困难，于1941年分批迁往陕西汉中地区之汉阴（今属陕西安康市）上课。1942年2月，漆侠先生以此证件顺利考入绵阳六中高中一年级做插班生，寄宿求学，彼时已是高一年级的下学期了（见图1-1）。

二 绵阳六中艰苦岁月，西南联大投身史学

（一）绵阳六中（1942年2月—1944年7月）

绵阳地处四川盆地东北部，东北群山，南临涪江，山清水秀。绵阳六中即国立六中，又称山东省联立六中，专门招收抗日战争时期流亡来绵阳的山东省学生。抗日战争爆发后，山东三千余名学子历经千辛万苦，流亡七千余里，跨越数省，终于1939年年初来到四川北部重镇绵阳。该校先命名国立山东中学，后奉教育部之命，编入战时沦陷区内迁中等学校之序列，正式命名为"国立第六中学"。该校阵容庞大，学类繁杂，初中、高中、师范、高职、农高俱全，全部师生要在校食宿学习。彼时四川省内找不到一处合适的地方来集中容纳这所学校，因此只有化整为零，国立第六中学被分成本部及四所分校，在绵阳附近的几个县镇利用庙宇、祠堂、军营、废弃厂房和草棚安顿下来。

漆侠入读的高中部位于本部。校本部地址位于原绵阳城北门外西北郊川西北民生工厂①。该厂系民国十一年（1922）邓锡侯倡建，民

---

① 2019年暑假期间，博士生郭明明、陈岑曾受作者委托，到绵阳寻访国立六中旧址。两位学友从绵阳地方史志办工作人员处获悉：1950年3月，国立六中高中部和四川省立绵阳中学合并成立川西区立绵阳中学（今绵阳南山中学），学校师生、设施迁至南山，原校址废弃。20世纪50年代中期，解放军56018部队司令部入驻该地，原有的学校建筑均被拆除，校门被改造成司令部大门。"文化大革命"后期，56018部队番号变为77123，这支部队一直在此驻守，直至2008年汶川地震后迁往安县。部队迁走后，该地被建成一个酒店，近年停业倒闭。两位学友寻访时，国立六中校本部曾经所在的这片区域（今绵阳剑南路西段，长虹国际城南门对面），处于废弃关闭状态。两位学友还造访了现在的绵阳南山中学（前身为国立六中），参观了学校的校史馆。校史馆内有关于漆侠先生的介绍，杰出校友名录中还有漆侠先生的照片。两位学友访问绵阳市档案馆时，获得漆侠先生在绵阳六中的学籍表和毕业证书存根。对于两位学友的支持和帮助，在此致以诚挚感谢！

第一章 战火中走来的学者：早期求学岁月（1923—1951）

国十五年（1926）孙震续建而成，后停办。抗战时期山东中学师生流亡至绵阳时，当地政府将该工厂旧址拨给师生用作国立六中校址。以厂址内原有的旧砖瓦房作为校本部办公室，又新盖部分茅屋做高中部教室及宿舍，用茅草搭起大棚，充当饭厅兼礼堂，厂内空地用作操场。从1939—1950年，国立六中校本部一直以此地为校址。总校校长葛为菼，字兰笙，山东日照人。北京大学法律系毕业，原山东省教育厅第二科科长。六中校舍和设备简陋，但聚集了不少优秀教师，而且还有自山东运去的一批包括《四部备要》在内的古籍图书。

六中以山东人为主，尤以鲁西各县的为多，各县有同乡会的组织，主要功能在于送旧迎新。漆侠先生到校后，因为他是刚刚从山东战区出来的新生，在巨野同乡会的迎新会上被要求谈谈战区的情况，他就依据自己的所见所闻，讲述了在秦启荣和王尚志部的基本情况，特别提到了自己所遇的一些惊险，如第一次去鲁东途中遇见日寇、几次同日伪的战斗状况等。当然也讲了一些自己对时事的看法，如山东八路军人数虽不多，但其行动统一；国民党游击队则互相火并，行动不一致，有被各个击破的危险，等等。

入学之后，生活极为艰苦。同学们也大多没有吃过一顿饱饭，每天总是饥肠辘辘。有部分学生因饥寒交迫而患病，甚至英年早逝。但对多数同学来说，从前方到后方，从敌占区到祖国和平区，能得片刻的安宁放下一张书桌已属不易，因此每天凌晨和黄昏，在小河和田埂上，到处都可以听到同学们无力甚至沙哑的读书声。漆侠先生同大多数流亡学生一样，目睹了国民党的腐败，所谓"前方吃紧，后方紧吃""抗战建家"之类，给这些学生留下了相当深刻的印象。漆侠先生自己对于所谓的仕途政治甚无兴趣，从没有想过搞政治、到官场混个一官半职。特别是因为在抗战初失学达三四年之久，总觉得自己学业上损失不小，因而进入高中后倍加勤奋，如饥似渴地埋头读书。因从小就爱好历史，到六中后，对理工全无兴趣，多把时间耗在文史类书籍上，阅读了大量历史学方面的书籍，如《史记》《汉书》《三国志》和《后汉书》等"前四史"，当然作为一个高中生，读这些史书时主要是涉猎其中的本纪、列传和一部分志书。高中二年级时，更是矢志学习史学，立定了要做史学家的理想和抱负。

当时在六中教授语文的是年逾花甲、满头白发的赵新儒老师。赵新儒（1876—1952），原名正印，泰城人（今山东省泰安市城区）。幼年列名僧籍，为普照寺俗徒，法名义琳。1903年参加清朝最后一次科举考试，中解元，不久留学日本，受到民主思想的深刻影响。1908年归国后，供职开封。"七七"事变后入川，以教书为业。在赵新儒老先生的一次作文课上，为了解学生的志趣，由他发给学生纸张，命学生当场作文，"各言尔志"，写篇自传，谈谈高中毕业后的志向。漆侠先生在《自传》中表明自己的志向在于"立言"（《左传·襄公二十四年》：太上有立德，其次有立功，其次有立言；虽久不废，此之谓不朽），追踪于司马子长（司马迁）。这种志向虽饱含了少年意气，却成为漆侠先生思想上的主导和一生为之奋斗的崇高精神目标。赵新儒老师对漆侠的这一志向激赏不已，他把全班同学的《自传》订为一册，以示鼓励，漆侠先生的文章则放在篇首。此后，漆侠不断到老师住处，赵老师让他选择一些大部头的书来读，以充实基础和涵养学问。漆侠先生考取了昆明西南联合大学历史系后，老先生还亲自到邮局，邮寄了一部老同文版的《文献通考》给他，以方便他学习古代典章制度，同时还寄来两千元钱。由于战时物价腾贵，两千元仅仅够一个穷学生维持一个月的生活所需，书籍也因战乱丢失，未曾收到，但师恩难忘，漆侠先生对赵新儒老先生感佩终生。1944年夏高中毕业，赵新儒老先生在漆侠的毕业纪念册上题写了《金刚经》中的"应无所住而生其心"，要他执着、坚持自己选择的事业和方向，不见异思迁、节外生枝，以至于一事无成。① （见图1－2）。

绵阳六中里，国民党三青团的势力相当大。漆侠先生入学之前，就已有大批要求进步的同学遭到逮捕；入学之后，此类事情还时有发生。新入学的学生，往往是国民党三青团极力争取的对象。刚入学时，这一组织对漆侠先生也极力争取，但漆先生因为饱受失学之苦，

---

① 《中国社会科学家自述·漆侠先生自述》，上海教育出版社1997年版。

第一章 战火中走来的学者：早期求学岁月（1923—1951）

终日用功读书，对此类党派团体没有丝毫兴趣，这才减少了此类扰乱。六中等内迁学校，自然也受到国民党教育部的舆论影响。1942年暑假间，当时漆侠先生结束了高中一年级课程，二年级还未开学，国民党教育部向各学校征求三民主义的相关论文，题目涉及政治、经济、军事、教育、文化诸方面，学生们可自由参加。漆侠先生也应征撰写了一篇有关国家经济建设的论文，约略从《建国大纲》抄了一些，记得最清楚的是曾经称颂过1936年国家经济出超，认为这代表着国民经济的好转，为历史上未有的现象。《建国大纲》全称《国民政府建国大纲》，是孙中山先生拟定的建设中国的一部计划书。这篇练笔之作本校排名第五。

六中学生还有办壁报的风气，算是学生的写作园地。高中二年级下学期，漆侠和殷作彬①、张洪锋出版"莽沙"壁报。漆侠则与同班同学田楷、张元纲和十级一班的金万林等办了一份名为"群意"的壁报。学生办壁报，当然主要是为了练习写作。漆侠写关于历史和游记一类的文章，其余几人写文艺类的短文，在壁报上发表。当时曾经为新、旧诗歌形式、内容的问题发生争论。漆侠因着对传统历史文化的偏爱，对当时新体诗歌不太感兴趣，因而支持了旧体诗人和旧体诗词。壁报办了不过一个学期，就停办了。

尽管遭逢国难，绵阳六中的学子们仍时时心系家乡。1942年、1943年抗战胶着之际，中华大地又遭受一场天灾。特大旱灾，夹杂着蝗、风、雹、水等各种灾害，席卷了包括晋、冀、鲁、豫、皖在内的黄河中下游两岸的中原大地。绵阳六中在暑假前后举办了筹赈会，通过演出话剧、京剧类曲目，为故乡山东筹款赈灾。学校还特意刊出专题壁报，让漆侠写了一篇有关山东历史文化的文章，以表达对家乡灾情的关注和抗灾活动的支持。

---

① 殷新程，原名殷作彬，1925年生于河南汲县。1948年北京大学毕业后，前往华北解放区参加革命。同年分配到新华通讯社总社，至1988年离休。1956年加入中国共产党，先后任新华社参考消息编辑组编辑、组长、香港分社副总编辑。绵阳六中读书期间，殷作彬与漆侠为同年级同学，后又同时考入西南联大历史系，北京大学复校后一起回到北京读书，二人友谊持续一生。

随着抗战局势的发展，关乎国家民族命运的迁都问题也受到了学子们关注。国民政府自1927年定都南京，1937年12月13日日军攻陷南京，制造了骇人听闻的南京大惨案，国民政府最终定都重庆。战时定都何处，成为当时政治讨论的重要内容之一，报纸上有多篇文章论及定都问题。1944年春，绵阳六中举办了一场关于定都问题的辩论会，就定都西安还是南京等展开辩论，组织各系参加比赛。比赛中，十级为一组，漆侠和十级四的刘禹轩①、徐洪谋（徐伟）代表本年级参加了学校的辩论会，主张定都西安，辩论决赛时失利。

在重庆国统区内，许多学生目睹了国民党的腐败状况，对之非常不满。国民党的政权组织与功能已迅速退化，许多国民党党员徒具虚名，连蒋介石也不得不承认，国民党已成为没有实质的空壳，甚至说国民党的形式虽在，但国民党的精神已荡然无存。全面抗战爆发后，在国共合作抗日民族统一战线推动下，各地爱国青年广泛开展抗日救亡活动，建立起许多爱国团体。蒋介石为把全国的青年组织"统一"控制在自己手中，"使人人信仰三民主义"，想给已经衰老腐败的国民党增添"复兴力量"，1938年4月国民党临时全国代表大会决定设立三青团。1943年春，在同乡兼同班董际云的极力劝说下，漆侠亦勉强答应加入了三青团。由于受学术上成家立言的思想支配，漆侠当时是不愿加入的，曾加以推辞，称在山东已加入过了。但董劝其说三青团为抗日的青年组织，再加入一次也无妨。漆侠就抱着无所谓的态度，在三年级学期末寒假时填表，并于1943年暑假参加了入团仪式。因当时正拼力准备西南联大的入学考试，漆侠不断开夜车备考，身体很坏，在仪式主持人念蒋介石的"训示"时，晕倒在地，由同学送往当地卫生院，因此对训示内容一无所知。暑假后升入三年级，大部分同学都以考取大学为目标，忙于功课，三青团变得徒有虚名。

毕业之前，由六中谢元璐老师帮忙，漆侠与同学张允纲、张溥搬到绵阳县城里住，方便准备功课。谢元璐老师为考古学家，山东章丘人，1937年毕业于辅仁大学历史系，彼时在六中教书。1944年7—8

---

① 1949年后曾任青岛文联副主席。

月放暑假后，漆侠与同学又搬到重庆市磁器口的教育学院，为考大学做准备。当然时事政治也是备考的内容之一。蒋介石的《中国之命运》1943 年 3 月出版之后，许多大学都从其中挑出部分内容做考题，因此同学们差不多都要买一本，漆侠也买了。看过之后，觉得即使从一个爱国抗日的普通学生的角度，对其优劣也应自有判断。他曾对同学董际云和张允纲等说："这里头也没啥。"董说："这是'领袖'著作，怎么能这么说?"漆侠先生当时默然。

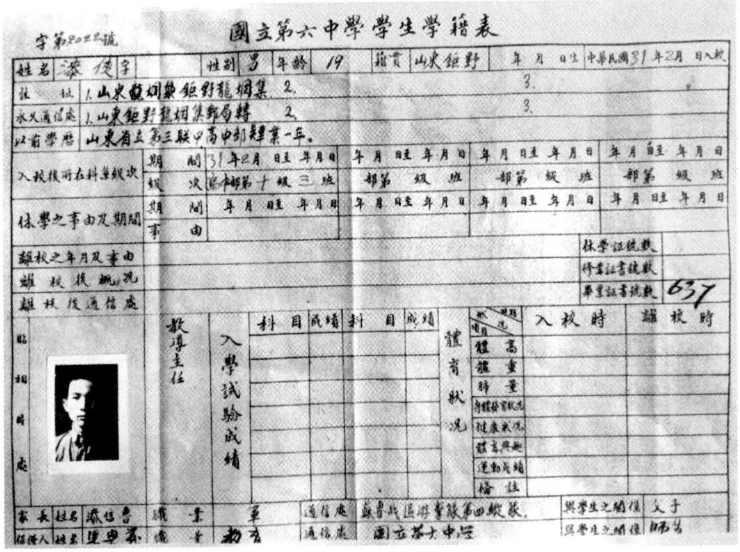
國立第六中學學生學籍表

姓名	漆侠	字		性別	男	年齡	19	籍貫	山東鉅野

年　月　日生　中華民國31年2月　日入校

住址　1. 山東鉅野龍堌集　2.　3.

永久通信處　1. 山東鉅野龍堌集郵局轉　2.　3.

以前學歷　山東省立第三聯中高中部肄業一年。

入校後所在科系級次　期間　31年2月　日至　年月日　級次　高中部第十級三班

休學之事由及期間

離校之年月及事由

離校後概況

離校後通信處

休學證號數

修業証書號數

畢業証書號數　637

教導主任

入學試驗成績　科目　成績　科目　成績

體育狀況　入校時　離校時　體高　體重　肺量

貼相片處

图 1－1　**漆侠先生在国立第六中学学生学籍表，存绵阳市档案馆**

总体上来说，绵阳六中的生活中受到国民党政治宣传的影响和渗透，但学生们仍以学业为主，抗日报国是其时思想的主流。在抗日战争那样的艰苦岁月中，经历数年失学的苦痛、三年埋首苦读的艰辛，能够考取大学，再回到一个能够安静读书的环境实在是很不容易。在立志求学思想支配之下，漆侠先生对所谓的三青团就更不感兴趣了，甚至对于考取国民党政校的，心里也非常瞧不起。去往云南之前，在重庆海棠溪车站，漆侠和同行同学黄安一起，把三青团团证烧掉了，臂章垫了鞋底。自离开六中之后，就与三青团断了联系。

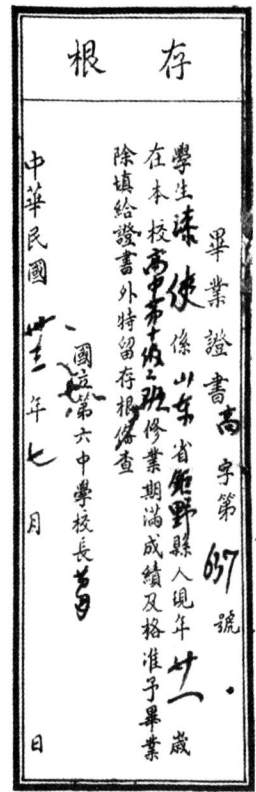

图1-2 漆侠先生绵阳六中毕业证书存根，存绵阳市档案馆

1944年9月，漆侠先生和好友殷作彬先生一起顺利考取了西南联合大学史学系。据西南联大校史记载，这年史学系共录取了68人。① 由于漆侠先生自高中起便抱定献身史学研究事业的人生目标，考取联大历史系离他的人生理想更近了一步，因而更坚定了他追求学术的理想（见图1-3）。

（二）西南联大（1944年9月—1946年7月）

1937年"卢沟桥事变"后，北京大学、清华大学、南开大学南迁长沙，共同组成长沙临时大学。1938年年初，临时大学迁往昆明，改称国立西南联合大学。1944年9月至1946年7月，漆侠先生在云南昆明西南联大史学系读书。其间于1945年暑假，曾在澄江村中为国民党教育部清点中山大学书籍。② 其后在补习学校教过英文。1945年年底，参加"一二·一学生运动"③。

西南联大发榜之后，漆侠先生与同期考取

---

① 据《国立西南联合大学校史》，西南联合大学校史编委会，北京大学出版社2005年版。

② 1925年7月3日国民政府为纪念孙中山先生，改广东大学为国立中山大学。1938年10月11日侵华日军于大亚湾大举登陆向广州进犯，中山大学迁往云南澄江。1940年夏，中山大学迁址粤北坪石镇。1945年1月日寇进犯粤北，坪石被围，中山大学又辗转迁至兴宁、梅县、龙川三县，3月正式复课。

③ "一二·一学生运动"是1945年12月1日，在中国共产党领导下，由昆明青年学生发起并得到全国各地响应的反内战、争民主的爱国民主运动。运动揭露了国民党反动派发动内战的阴谋。闻一多先生等进步人士参与其中，运动遭到国民党反动当局军警、特务的疯狂镇压，国民党军警特务悍然向手无寸铁的爱国师生开枪，四名师生罹难，多名学生被捕。漆侠先生因对外界信息知之甚少，对整个事件的记忆模糊，但漆侠先生本人对此学生运动抱以极大的同情，也参加了部分行动。

第一章 战火中走来的学者：早期求学岁月（1923—1951）

的黄安一起，要赶在开学前由重庆赶往昆明。他们先找到六中同乡同学高素真，又找到警校毕业、在警察局任职的司学浩联系寻找车辆。因为时间仓促，加之怕耽误入学日期，于是先乘坐西南公路局的车，经贵州贵阳到云南曲靖，然后换乘火车到达昆明。在重庆南岸的海棠溪，漆侠先生又偶遇在西南公路局任事、后考入复旦大学的同学张洪锋（马骏）。

何 董	男	湖北漢川	湖北漢川何家坮
何 礎	男	福建閩侯	南京金陵關吳何華轉
段 榮 昌	男	雲南瀘西	雲南瀘西猛曼
殷 作 彬	男	河南汲縣	河南汲縣橋北街萬泰恒轉
馮 遠 程	男	浙江嘉興	杭州小螺螄山一號
程 遠 泉	男	山東禹城	山東禹城城西大程莊
湯 桂 仙	女	雲南龍陵	昆明綏靖路二八六號
楊 利 泰	男	雲南大理	雲南大理喜洲中和邑
熊 石 驥	男	湖南長沙	湖南南縣三仙湖下漁口信箱
蔡 顧 福	男	浙江三門	浙江石浦南田
漆 俠	男	山東鉅野	山東鉅野
蕭 明	男	湖南新寧	湖南邵陽回龍市
王 育 瑤	女	湖北襄陽	河北襄陽法遵鄉

图1-3 《西南联大校友会北京大学分会同学录（一九四七年五月）》第10页，保存于保定市档案馆，文教58号

1. 与同学师友的交往

到达西南联大后，漆侠先生与孙鸿冰、黄安、殷作彬（后改名殷新程）四人同住。大约一学期后，孙鸿冰、黄安搬至别处，郝清涛、李群又加入进来。同学之间虽然住在一起，但因政见志向不同，关系或平淡或紧张。1945年冬"一二·一血案"发生后，殷作彬先生思想进步，同住的郝清涛则听信国民党宣传，二人形同陌路。漆侠先生与殷作彬一直同住，且关系最好。

在校期间交往较多的女同学袁敏，系山东曹县国民党的三杰之一袁春霆之妹，思想进步，在马街子工厂小学教书，丈夫是个工程师。

在西南联大，漆侠先生与傅乐成先生学业、生活上的来往较多。傅乐成（1922—1984）字力更，号秀实，幼读私塾，傅斯年先生之侄，聊城市（今聊城市东昌府区）人，著名史学家。1930年，随家迁至济南，入省立第一师范学校附属小学读书，1933年在该校毕业。漆侠先生于1933年暑假后至第一师范附小，至1935年2月读完初小，二人曾先后同在一家小学读书，互相之间亦称同学。傅乐成先生先后在北京辅仁中学、贵州铜仁国立三中高中部就读。1940年考入昆明国立西南联合大学历史系，1945年毕业。漆侠先生于1944年入学读书，与傅乐成先生有一年的交往时间。两人为山东老乡，常在茶馆里闲聊，傅乐成先生对时局颇有意见，常痛骂当政者，不过对西南联大思想进步的教授也稍有微词。抗战胜利后，傅乐成先生到南京珠江路教会中学任语文、历史教员。1948年夏应聘到国立河南大学任教。后去台湾。

西南联大读书期间，通过黄安介绍，漆侠先生认识了耿象谦。耿先生是云南本地人，开了间小商铺，对黄安、漆侠、殷作彬经济上都有所资助。1945年春到暑假，漆侠先生和殷作彬先生于课暇轮番为行商在外的耿先生看铺子。大概在1945—1946年之际，在汉中的漆侠父亲想回家乡山东谋个差事，却苦于无路费，也曾向耿先生借款约合人民币二百元。漆侠先生在西南联大读书期间，亦受朋友资助，房仲选就曾寄生活费给他。

校外交往者，多为漆侠先生绵阳六中的同学。高秋田与漆侠先生系绵阳六中同班，后考取安顺军医学校，1944年国民党军队大溃退时来到昆明。其舅父韩笑燕在云南省公路局任职，住黑林铺，他住在舅父处。高秋田有时来找漆侠先生和殷新程先生，漆、程也有时到黑林铺找高。1953年高秋田在云南党校时曾与漆侠先生通信，后在云南武定中学工作。

与漆侠先生交往的六中同学还有王兆榛（得中）。1944年，王兆榛从国民党山东教育厅搞了一个证件，易名王栗周，由漆侠先生找清华大学教授潘光旦先生，并托冯友兰先生，使其取得清华的学籍，凭这个证件被第二批保送入西南联大先修班。

2. 在昆明的社会活动

1945年暑假，国民党教育部专员金有巽到昆明，他委托绵阳六中谢元璐老师找到漆侠先生，让他帮忙到澄江清点中山大学书籍。抗战时期的中山大学曾三次搬迁，1939年2月底，搬至距离昆明56千米的山城澄江；1940年8月，又受命从云南澄江迁回广东省北部的东昌县坪石镇；1945年1月1日，日本侵略者进犯粤北，中山大学不得不再次迁校，学校一分为三。日本投降后，才迁回广州原址。中山大学在云南澄江县办学两年，即1938年10月到1940年10月。留下了一大批书籍，复校后要整理运回。漆侠先生、殷新程先生整理了一个多月的书籍报刊，十分辛苦，酬劳却无几。

暑假后，漆侠先生又与殷作彬先生一起，到抗日战争史料征集委员会帮助整理报纸。主持其事者为中央研究院历史语言研究所傅斯年先生，在西南联大历史系任助教的杨翼骧先生亦在彼处工作，他们和漆侠先生都是山东老乡，当时却互不认识，也未曾交往。直到1945年北京大学复校后，杨翼骧先生任北京大学历史系助教、讲师，漆侠先生在北京大学继续学业，学业上多有请益探讨才熟识。

其后为赚取生活费用，漆侠先生又在一个补习学校兼职教授英文，为时一个多月。

当时的各所大学都设有校友会，负责迎新送往、维系乡谊。西南联大也设有绵阳六中校友会，于每年暑假前向母校绵阳六中通信，介绍西南联大的院系状况，欢迎同学们报考。1945年暑假后，漆侠先生曾被推为西南联大山东同乡会副会长，经济系赵镶基任会长。傅斯年先生到西南联大，山东同乡会组织召开欢迎会，赵镶基起草，漆侠先生书写了通知布告。但漆侠先生没有参加此次欢迎会。

3. 西南联大期间的思想状况

抗战时期西南联大有"民主堡垒"的称号，漆侠先生进西南联大后曾听到过捣孔（孔祥熙）的呼声，亦听到不少进步的言论。这些进步言论对年轻的漆先生来说，虽有所触动，但影响不大。当时他把精力集中到对书本知识的追求上，两年中埋首读书，矢志成为专家学者。1946年迁校后，六中同学李群因为担忧母亲身体不好，为着将来生计考虑,要从工学院转到法学院政治系。漆侠先生劝他不要转到政治系,认为做国民党官僚无用,还不如转入外文系能学点真本事。总的来看,漆侠先生青年时期在思想上存在着不问政治的总体倾向,虽然对国民党腐朽政治有一定认识并加以反对,但自认为谈不上有多么进步。①

这一时期,由于自身受国民党反动统治的影响较深,并在国民党游击队中待过两年多,漆侠先生对中国共产党的认识并不明晰。对于一切政党,都持一种排斥的态度,思想上倾向于政治改良。加之立言立德的传统思想主导之下,更促进了他对单纯学术的喜好。1945年10月,国民党杜聿明在昆明将龙云的力量消灭,加强国民党在云南的统治。漆侠先生觉得龙云作为地方武装割据力量,给当地百姓带来灾害,国民党将其消灭,有利于国家统一。而没有意识到尽管龙云在当时还不是进步力量,但由于他和蒋介石集团的矛盾,就可以使进步力量在这个矛盾中顺利发展。李公朴、闻一多先生之被国民党特务暗杀的血案发生,就是国民党在昆明加强白色恐怖的具体表现。

4. 在"一二·一学生运动"中

1945年8月起,国共双方在重庆会谈,并于当年10月10日签订了停止内战的"双十协定"。但国民党不久就撕毁协定,发动内战。当年11月25日,昆明西南联大等四校师生5000余人举行反内战时事晚会,遭到国民党云南省军政当局的阻挠、捣乱和诬蔑。当晚联大学生举行反内战时事晚会,闻一多、吴晗、钱端升诸先生讲话,关麟徵部在城墙上放枪。当天晚上躺在宿舍的床上,漆侠先生与好友殷作彬先生闲谈,都讲到明天该罢课了。果然次日,昆明3万多名学生罢课抗议,联大也实行罢课。对于罢课抗议,漆侠先生思想上是同意的。国民党舆论喉舌中央社(又被戏称为造谣社)谎称城外有匪徒,借机镇压学生的罢课运动,更激起同学们的愤怒。在罢课初,进步力量与反动分子斗争尖锐。在联大,漆侠先生因埋头读书,报纸都不大看,对学校内的墙报亦仅走马观花而已,因之对整个罢课事件的经过记忆模糊。

12月1日,国民党军警特务冲进学校,鸣枪、投掷手榴弹,造成

---

① 《漆侠先生档案·历史思想自传(1954年6月)》。

师生4人死亡，20余人受伤。惨案发生后，学生立即提出了严惩凶犯、抚恤死者、赔偿损失等4项要求。昆明大中学校教师也纷纷发表声明、罢教，抗议国民党当局残杀师生。12月1日上午，听到别的学校被国民党匪徒捣坏，联大同学加强了防备。当国民党匪徒试图捣毁联大时，很多同学都到学校门口防御，漆侠先生亦从宿舍赶往校门口，走到校内距校门十几步的桥上时，发现校门已被破坏。同学魏立中头脸被砸破，殷作彬先生头上被打起一个疙瘩。国民党匪徒借口误会，想不了了之。当天下午，被杀害的四烈士潘瑾、李鲁连、于再、张华昌遗体抬回西南联大，大多数同学无不悲痛，对血案制造者关麟徵、李宗黄无不痛恨。由正义感的驱使，漆侠先生不仅拥护罢课，而且在当天晚上，对殷新程、黄安说自己会写钢板，要求参加工作，他们亦都同意。漆侠先生写了约有两晚上的钢板。后来学生组织起来的罢课委员会为防备反动分子破坏，和宣传部门一起转移，秘密活动，人也即未再参加工作。

联大师生在图书馆安置了四烈士灵堂。灵堂内陈列有烈士的血衣和各界群众的挽联，有力地控诉了国民党反动派的罪行，深刻地教育了参加公祭的群众。昆明学生在12月27日"停灵复课"后，又于次年3月17日举行了四烈士出殡游行，扩大了宣传，打击了反动派的气焰。昆明学生的斗争得到了广泛的同情与支持，许多大城市学生纷纷提出抗议和进行示威游行，要求严惩凶手。这次运动揭露了国民党反动派发动内战的阴谋，对以后学生爱国民主运动的发展起了重要推动作用。其后潘瑾、李鲁连、于再、张华昌四烈士出殡，漆侠先生亦参加。

罢课罢得久了，关于复课的问题渐渐产生。漆侠先生当然不愿意罢课一直持续下去影响学业，但对于少数分子不顾大多数同学的情绪，急于复课，亦不同意。其中中国哲学史班上王某一人先去上课了，包括漆侠先生在内的同学们都瞧不起他。

1946年1月16日，发生了"张莘夫事件"。张莘夫原名张春恩，中国地质学家、矿业工程师。1946年中国地矿专家张莘夫等人在东北同苏军洽谈煤矿接收时，被不明身份的人杀害，再加上这时苏、美、英三国正式披露了于一年前秘密签订的、严重损害中国主权的

《雅尔塔协定》,由此在中国引发了一场以维护国家主权为主题的声势浩大的反苏护权运动,最终国民政府通过外交努力,迫使苏军撤出东北。在"张莘夫事件"时,漆侠先生曾听过查良钊等五位教授的讲演,但未听完而去。以后举行了所谓的"反苏大游行"。这是联大三青团搞的,参与游行者不少,观众颇多,漆侠先生其时在宿舍中,并未参与。

三 北京大学读书治史,史学研究崭露头角

(一)北京大学读书(1946年10月—1948年8月)

1945年8月15日,日本战败投降。随着抗日战争的胜利,组成国立西南联合大学的北京大学、清华大学、南开大学纷纷开始复校。1946年10月,北京大学由昆明迁回北京,正式复学。漆侠先生亦随校返京赓续学业,在北京大学历史系读三年级。直至1948年8月毕业。据北京师范大学张守常先生怀念漆学长时回忆:"抗日战争胜利后,1946年西南联大解散,北京大学复校。这时漆侠先生和我上三年级,田余庆上二年级,戴逸刚考进京,上一年级。到1948年漆侠先生和我毕业,他继续从邓广铭先生读研究生,我教中学,田余庆、戴逸因上了'黑名单'跑到解放区去了,1949年北京解放后,他们又都回来。田工作了一个短时期即又回北京大学复学,以后即在北京大学任教,戴逸先已分配到华北大学历史研究室工作,进京后该校改称中国人民大学,戴逸即在该校任教至今。我们这几个人算是未脱离史学专业的。"①

漆侠先生在北京大学读大学期间,曾于1946年年底,参加由沈崇案件引发的反美学生游行;1947年暑假由同学王栗周介绍,认识了薛儒华,教其子薛宗正英文。因王栗周的关系,没要报酬。

1. 反美学生游行

在大学三四年级的这两年中,中国共产党领导的学生运动随国内

---

① 张守常:《怀念漆侠学长》,载《漆侠先生纪念文集》,河北大学出版社2002年版,第611页。

形势的发展而风起云涌。漆侠先生以一个历经战患的成年人的思想，认为搞学运、罢课用处不大，学生本职应该好好用功。只有好好读书，才能救国。当时有句流行谚语："此处不养爷，自有养爷处，到处不养爷，咱就投八路。"然而国民党并未放弃对高等学府的政治控制和舆论宣传，大力宣扬学生的本职就是认真求学，搞学生运动耽误前程，学业上无所成就，最后沦落为投身解放区的"亡命之徒"。漆侠先生在行动上，从来没有反对学运，每次罢课签名，亦都赞同。北京大学复校后，当学者专家的念头激励他进一步投身史学研究，埋头学术。不过，1946年年底，因沈崇事件而引发的大规模学生运动，基于单纯的正义感和爱国心，漆侠先生参加游行示威，并在设于协和医院的军调部①，高喊"美军退出中国"的口号。到东单后，游行接近尾声，漆侠先生便离开队伍先回去了。对于反动分子的诬蔑学运，漆侠先生深感气愤。如和六中同学王栗周在薛儒华家时，在座有人侮辱闻一多先生是投机分子，该杀之类，漆先生当即表现极为愤怒，当面予以驳斥。对于1948年上半年特务流氓学生的捣毁北京大学红楼的行为，漆侠先生气得面色发白，予以谴责。

2. 帮助同学去解放区

到1948年，国民党统治摇摇欲坠，败局已定，漆侠先生同大多数正直善良的国民百姓一样，不再期望国民党的改良。他从报刊读到有关国共战役的一些报道，如在故乡山东实施的所谓"穿心战"之类，漆侠先生意识到国民党军队的失败是必然的。在整个革命形势发展及周围进步同学的带动之下，漆侠先生对中国共产党的认识也更进一步明确起来。他接触了一些有关解放区的小册子，如《沧南行》（自由文丛第二辑），即河北沧州解放区纪行等；又接送好友殷新程先生、刘伟、阎小云等人自天津去石家庄，去往解放区。漆侠先生曾问过王兆榛，他们是否已经到解放区。其后魏立中（王巍）去冀中，

---

① 为了避免国共双方的军事冲突，在国民党代表、共产党代表、美方代表组成的"三人委员会"的领导下，1945年12月初在北平成立了"军事调处执行部"（简称"军调部"），办公地点就设在协和医院。下设38个执行小组，而这些小组的任务是分赴各地执行停止内战的任务，禁止双方军队的战斗接触，妥善处理双方军队的相处与整编问题。

黄安去冀东。黄安到冀东后还有信与之联系，漆侠先生曾托人给他捎去一块手表，并从他处了解到年底有解放平津的可能。这些好友走后，魏立中的妹妹魏正（原名魏孝章，中华人民共和国成立后在北京任小学校长，团员。爱人江帆，在原铁道部工作）和龚超到北京，黄安临走嘱咐漆侠先生，找经济系一位姓张的同学与她两个联系去解放区的路线。漆侠先生把魏正领到这个同学那里，她们亦去往了冀中石家庄一带。另外，还有一位六中同学刘元鲁亦到解放区去了。

同学王栗周加入地下组织后，漆侠先生曾助他到薛儒华家探询过一些情况。从1948年寒假开始，漆侠先生开始教美国人潘瞻睦（James Pansons）学《明史》后，到薛家去玩，薛儒华还常问他问题。在漆侠先生当时看来，薛儒华就是个失意的国民党官僚，而对其向"华北剿总"积极找官做而上万言书、与特务分子王巨川来往等，当时并没有足够的认识。中华人民共和国成立前，共产党地下组织要求王栗周通过薛儒华的口中了解一下北平市的国民党机械情况。漆侠先生与王栗周到薛儒华家中去，曾协助过王栗周做了点工作，问过各机械的状况。中华人民共和国成立后还常到薛家玩，有时还安慰薛，有时到薛家给拿出点菜钱，还借钱给薛。薛儒华在1949年被管制时，填写的社会关系上，称跟漆学历史。漆侠先生在中华人民共和国成立后撰写思想自传时，对他们之间的关系曾专门加以解释。①

（二）史学上崭露头角，考取北京大学研究生（1947年11月—1948年8月）

自1944年考入昆明西南联合大学历史系后，漆侠先生即以广泛涉猎历史知识为主，阅读翦伯赞、张荫麟、钱穆、邓之诚等诸家通史，学衡派缪凤林的《中国通史要略》等亦在浏览范围之内。大学二年级时，漆侠先生确立了学习断代史的目标，并对唐宋史尤其感兴趣，通读了《旧唐书》和《宋史》。北京大学复校后，读书环境较西南联大方便得多。1947年暑假开学后，漆侠先生开始准备毕业论文，

---

① 《漆侠先生档案·历史思想自传（1954年6月）》。

并选定了宋史专业,因而结识了北京大学教授、著名宋史专家邓广铭先生,并常到他家去请教。邓广铭先生的悉心指导,令漆侠先生受益匪浅。在暑假开学前写的一篇文章习作中,漆侠先生把苏子瞻写成苏子赡,被邓先生当面批评。漆侠先生面红耳赤,但下定决心,认真苦读。当暑假过后,开始写文章并发表。

1947年11月1日,在《经世日报·读书周刊》第65期发表《摧兼并（王荆公新法精神之一）》。《摧兼并（王荆公新法精神之一）》篇首引王安石文集中的《兼并》诗,概述王安石变法中,青苗、均输、市易、方田均税、募役诸法均是围绕摧抑富商大贾、大地主、品官之家等兼并势力而展开的,认为摧抑兼并是王安石变法精神之一。12月31日,在《经世日报·读书周刊》第72期发表《宋代对武人的防制——从释兵权削弱藩镇以外来看》。漆先生认为宋代为防止唐末五代以来武人跋扈的"腹心之患"局面的出现,实行严军法、轻权任的祖宗家法,最终导致了宋对外战争的失利。两篇文章发表时漆侠先生年仅24周岁,文章的发表坚定了他做学者专家的思想和信念。

1948年1月28日,在《经世日报·读书周刊》第76期以笔名"范今"发表《北宋元祐旧党的贬逐》①。主要论述了司马光为首的元祐旧党,在宣仁太后（神宗母亲）垂帘听政时打着"以母改子"的旗号,尽废王安石新法。在哲宗皇帝亲政后,绍述先圣（神宗）之志,贬逐元祐旧党的历史事件。

1948年2月2日,在《申报·文史》第9期发表《尹洙、王安石论"校事"》。胡适先生1947年1月29日曾于《大公报·文史》周刊就曹操所创立的校事制度发表了《曹操创立的"校事"制》一文②,提出了所谓的"特务组织"早在1700年前的曹魏孙吴时期就

---

① 《韩非子·五蠹》中"儒以文乱法,侠以武犯禁。"漆侠先生以范今、泛金为笔名,取"犯禁"之谐音,代"侠"字。1948年1月28日在《经世日报·读书周刊》第76期发表《北宋元祐旧党的贬逐》,是漆侠先生第一次使用这一笔名。
② 收入季羡林主编《胡适全集》第13卷,安徽教育出版社2003年版,第399—403页。

已经出现了。漆侠先生在读书中发现,实际上清人已经就此有过论述。后在阅读宋代史书时,发现较清人更早的宋人尹洙、王安石的相关论述,认为王安石就校事制度的性质及流弊已说得十分清楚。因此就写了一篇《尹洙、王安石论"校事"》,呈请胡适先生批评指正。最终发表的文章由胡适先生改定,漆侠先生当时觉得很是光彩,内心十分高兴①。

1948年4月3日,在《申报·文史》第17期发表《李觏与孟子》;4月10日,在《申报·文史》第18期发表《李觏不喜孟子》(上);4月17日,在《申报·文史》第19期发表《李觏不喜孟子》(下)。胡适先生1922年曾在《记李觏的学说——一个不曾得君行道的王安石》②中,把李觏看作一个不曾得君行道的王安石,认为二人的政治主张极其相似,有一定的渊源关系。然而李、王二人对孟子和佛教的态度却存在很大差别。王安石推崇孟子,在酬答欧阳修的诗中说:"他日若能窥孟子,终身何敢望韩公";在《孟子》诗中说:"沉魄浮魂不可招,遗编一读想风标。何妨举世嫌迂阔,故有斯人慰寂寥"③。李觏却不喜孟子,著有《常语》。漆先生在分析上述三文后认为,青年时期的李觏既反对孟子,却又在其《周礼致太平》论中加以称引;《常语》属中晚年之作,反对孟子的倾向日益明显。文章发表前,经由老师邓广铭先生修改。

1948年7月,漆侠先生以优异的成绩从北京大学历史系毕业。1948年9月考入北京大学文科研究所史学部读研究生,当时文史哲三个专业只录取了8人。漆侠师从著名宋史专家邓广铭先生,为邓先生第一位研究生。关于论文选题,漆侠先生晚年回忆说:"读大学和

---

① 1949年以后的很长时间内,胡适的思想在中国大陆是受批判的,漆侠先生在1959年出版的《王安石变法》代绪论中,对以胡适、钱穆为代表的资产阶级历史学中有关王安石变法研究的种种谬论加以批判,无疑受到了时代风气的影响,然而其主要目的则在于就学术研究中的具体问题加以讨论,并不属意识形态上的批判。1999年5月10日至11日,应台湾大学历史系李东华教授之邀,赴台参加"转变与定型:宋代社会文化史"研讨会时,漆侠先生曾特意到胡适先生墓前拜谒,以寄哀思。
② 《胡适先生全集》第2卷,第28—49页。
③ 王安石:《王文公文集》卷二《奉酬永叔见赠》,上海人民出版社1974年版。

研究生期间，我读过梁启超等人关于王安石及新法评价的著作，我认为这些论著，对王荆公新法的研究还很欠缺，还有重新研究之必要，因此我的大学和研究生论文都是以《王荆公新法研究》为题的。"①

由上述已经发表的文章来看，漆侠先生在北京大学期间所发表的文章，全部集中在宋史领域，更准确地说是围绕着王安石和王安石变法的相关内容展开研究。在大学本科阶段就能发表六篇历史研究文章，可谓罕见。

（三）师从邓广铭先生，潜心于宋史研究（1948年9月—1951年3月）

1948年9月研究生入学后，漆侠先生在北京大学西斋住了两个月。西斋位于景山东街，后改名为沙滩后街。11月，又搬至北京大学文科研究所。文科研究所位于北京东城区西南部的翠花胡同，东起王府井大街，西至东黄城根大街。

漆侠先生当时对史学大师陈寅恪先生和提倡白话文的胡适先生极为景仰，认为他们都是非常了不起的学者。在日常生活和学习中，北京大学的一些名家对漆侠先生影响很大。首先是他的导师邓广铭先生。邓广铭先生（1907—1998），字恭三，1907年3月16日生于山东临邑。1936年国立北京大学史学系毕业，毕业论文《陈龙川传》，深受导师胡适先生的赞赏。留校任北京大学文科研究所和史学系助教。先后出版《辛稼轩年谱》《稼轩词编年笺注》《宋史职官志考正》《宋史刑法志考正》等。陈寅恪先生为《宋史职官志考正》作序，对邓先生非常赞赏。1943—1946年，邓广铭先生任复旦大学史地系教授，撰写了《岳飞》一书，把岳飞传记的写作从文学提高到学术研究的水平。1946年5月，回到北京大学工作，在教学、研究的同时担任校长办公室秘书，帮助傅斯年、胡适先生做了大量校务。从1954年起，邓广铭先生先后担任北京大学历史系中国古代史教研室主任、历史系主任、中国中古史研究中心主任，以及国务院学位委员

---

① 《我的学习路程》，载《漆侠全集》第12卷，第668页。

会成员、中国史学会主席团成员、中国宋史研究会会长、全国政协委员等职。邓广铭先生以专治宋史、成果丰硕而很早就名扬学界。对辽、金史和其他古代历史研究也有很高造诣①。正是在邓先生的指导下，漆侠先生开始了对宋代史籍的广泛阅读和对王安石变法的深入研究。

除邓广铭先生外，漆侠先生与同为山东老乡的张政烺先生也很熟悉，经常找他求教学问。张政烺先生是治中国古代史的专家，博闻强记，在古文字学、古文献学等领域有很高的造诣。1936年毕业于北京大学史学系。毕业后即进入中央研究院历史语言研究所，历任图书管理员、助理研究员、副研究员。1946年应聘北京大学，任历史学系教授。漆侠先生常和张先生谈论各种笔记小说、历史掌故、遗闻逸事，对张先生的渊博和强记很是佩服。大学毕业之际，漆侠先生向张先生表示想报考北京大学文科研究所史学部，对此张政烺先生极为鼓励，倾力相助。1948年9月，漆侠先生以优异的成绩，通过了北京大学文科研究所史学部的研究生考试。

在北京大学任教的向达先生，长于敦煌俗文学写卷和中西文化交流等领域的研究。漆侠先生认真听讲，并在上课时向他请教。漆侠先生与在北京大学历史系任助教的杨翼骧先生也很熟悉，来往很多。杨先生是山东省金乡县人，1918年生，年长漆侠先生5岁，昆明西南联合大学历史系毕业，中华人民共和国成立后在北京大学史学系开设史学史课程，后任南开大学教授。1946年7月29日，经世学社创办《经世日报》。杨翼骧先生负责《经世日报·读书周刊》，曾多次向漆侠先生约稿。漆侠先生最早发表的3篇文章都刊登在《经世日报》，直到晚年他对杨先生的提携之恩还念念不忘，亲自登门看望杨老。

这些老师先辈对漆侠先生的鼓励，使他终生难忘。漆侠先生对他们敬佩感谢，在半个世纪的学术生涯中，以实际行动诠释了对老师的尊重。漆侠先生恪守文人尊师重道的传统，早年随邓广铭先生治学，

---

① 《邓广铭先生学述》，浙江大学出版社2000年版；聂文华：《邓广铭先生早期学术经历研究——以人际交往为中心》，硕士学位论文，北京大学，2010年。

第一章 战火中走来的学者：早期求学岁月（1923—1951）

对邓师妻属生活多有照顾。20世纪北京城下年代初，邓广铭先生夫人到天津看病，漆侠先生和夫人万瑞兰老师把邓夫人安排住在自己家中，细心照料。据漆先生弟子李华瑞先生回忆，漆先生晚年对邓先生仍是毕恭毕敬，执弟子之礼：

> 1991年8月准备在北京盛唐饭店召开国际宋史研讨会，会议召开前，漆侠师带我到北京大学朗润园邓先生的府上向邓先生汇报会议议程，那天进门落座后，漆侠师的恭敬和拘谨都在一声带有浓重山东乡音的紧张问候语中"老师，您好，我是来给您汇报国际宋史研讨会的"传递出来，漆侠师一直前倾着身子面向邓先生，椅子只坐了前半截，汇报完一个问题，就问邓先生一句"老师，这样行不行？"汇报了四五个问题，也连续追问了四五次，汇报完，邓先生说留下来吃饭，漆侠师说不麻烦老师了，已经在外面有准备了，然后说要到邓先生家对面的宿白先生家坐坐就匆忙告辞了，一到宿白先生家，漆侠师就恢复了常态，谈笑自若。①

又据中国社会科学院王曾瑜先生记述："漆侠先生身上体现了中国的尊师重道的美好传统。我在学生时代就知道漆侠先生是邓广铭先生的学生。至于张政烺先生也是他的老师，则是根据漆侠先生的自述。在我的印象中，漆侠先生对两位老师有一种发自内心的敬爱之情。他不止一次，怀着深情向我叙述当年老师们的培育之恩。不少老师治学的旧闻，也都是漆侠先生给我介绍的。在漆侠先生晚年，尽管他本人年事已高，身体有一些病，又住在保定，但他仍然赶到北京，参加了邓广铭先生八十大寿的庆祝活动。特别是在得知老师有病时，漆侠先生更是怀着十分真挚的关怀之情，特别从保定赶到北京的医院，看望老师。可惜我手头没有做过明细账，但由我经手交付张政烺

---

① 李华瑞：《跟随漆侠师学宋史》，载《漆侠与历史学：纪念漆侠先生逝世十周年文集》，河北大学出版社2012年版，第78页。

先生的人民币和外币肯定达好几千元。"①

　　1948年12月的一天，漆侠先生到老师邓广铭先生家中问学，恰逢时任北京大学文学院院长的汤用彤先生在座。问起漆侠先生的学业和生活情况，汤用彤先生提到北京大学中文系有个治中国古代史的美国留学生潘瞻睦（James Parsons），正在准备《明史》方面的相关博士学位论文。潘瞻睦中文水平较差，研读古籍存在一定困难，需要一位谙习中国史的学者去教。汤先生有意把漆侠先生介绍过去，一则人尽其才，二则可帮他赚取一些报酬补贴学用。当时漆侠先生确实也很想买些专业书籍，正苦于囊中羞涩，这个差使正好既能发挥所长，又在经济生活上有所补助，于是就一口答应了。为方便帮助这位美国留学生补习，漆侠先生一度搬至潘瞻睦住所芳嘉园（原称方家园）胡同。1949年2、3月间，漆侠先生又搬回北京大学文科研究所，但仍每星期去三次潘瞻睦处。后北京大学留学生搬到燕京大学附近，漆侠先生就出城去教，直至1950年夏潘瞻睦离开北京大学。潘瞻睦要做明史的博士学位论文，漆侠先生就以讲授《明史》为主，对于潘瞻睦不懂的相关史料，逐一加以解释并译成英文，如有关明崇祯年间张献忠起义的相关史料记载。潘瞻睦最终的博士学位论文是用英文写作的，部分中文原始资料也译成英文，漆侠先生则帮忙查看中文英译是否准确。此外，漆侠先生还根据潘瞻睦博士的需要，翻译了范文澜先生《中国通史简编》中的明末部分。教课之外，二人也相互交流一些对时事的看法。②

　　中华人民共和国成立前夕，北平的学生运动风起云涌。当时漆侠先生与研究生同学一起，住在翠花胡同。相互之间闲聊时，北京大学哲学系的某位同学说起学生运动是由中国共产党领导的，漆侠先生认为应该是同学们出于爱国热情的自发运动，被这位同学认为思想太单纯。好友殷作彬早前投奔解放区，在进城之前，曾托一位同志给漆侠

---

① 王曾瑜：《一位真诚的马克思主义史学家》，载《漆侠先生纪念文集》，第593—594页。

② 《漆侠先生档案·历史思想自传（1954年6月）》。

先生捎信，要他热烈地信任共产党。受到这些同学积极热情迎接和平解放的兴奋情绪的感染，漆侠先生亦觉十分兴奋。但他的实际行动不是积极参加学运，而是投身史学研究，工作劲头很大，夜以继日，一口气写了好几万字的文章。

漆侠先生研究生在读期间，迎来了北平的和平解放。1948年12月，处于人民解放军包围中的北平形势紧急。12月14日，北京大学校长胡适先生给汤用彤先生、郑天挺先生留下便条，拜托他们维持校务，便匆匆南去。1949年1月，北京大学师生与社会各界一起迎来了北平的和平解放。1949年5月4日，北京市军事管制委员会任命汤用彤先生为北京大学校务委员会主席，任命郑天挺先生为北京大学校务委员会委员兼秘书长，仍兼史学系主任。

郑天挺（1899—1981）是中国近现代著名历史学家、教育家。又名庆甡，字毅生，福建长乐人。1920年毕业于北京大学，参与厦门大学筹建与教学，兼任图书部主任。1922年入北京大学研究所国学门。1924年毕业后，任教于北京大学、浙江大学。1939年任北京大学文科研究所副所长。1940年兼任西南联大总务长。抗战胜利后，任北京大学史学系教授，系主任，并任校秘书长，兼任文科研究所明清史料整理室主任。1949年后，任北京大学校务委员会委员、史学系主任。漆侠先生与郑天挺先生较为熟悉，加之同学们的大力推荐，与学习法学的张尚鹜一起，担任了北京大学研究生会的主席，主要负责上下沟通联系，为研究生们多争取一些利益。

1949年5月，漆侠先生回了一趟山东老家。这是漆侠先生自1938年离家以来的第一次返乡，先是与绵阳六中同学张祖德结伴而行。张祖德毕业后没有继续学业，在五洲菜房工作。二人搭乘一辆马车，先赶往济南。一路上，同驾车的车夫闲聊，问起乡下的情况，知道现在穷人的日子已好过多了。车到济南，二人分手。漆侠先生继续南行，经过济宁时，看到许多人正在挖运河。到家乡巨野的沿途各县，则新挖了很多的沟渠排水。共产党领导下的这些新的变化，给漆侠先生留下了深刻的积极印象。

因年少离家，回家的心情自然激动万分。漆侠先生到家时，首先是看中药铺子的二弟漆彤看到了他，飞奔回家告诉母亲。母子相见，抱头痛哭。漆侠先生把自己投笔从戎、后又辗转求学的经历告诉母亲，并问了姐弟们这些年的情况。安顿下来后，漆侠先生分别探望了一些亲戚故旧，包括已出嫁的姐姐和妹妹。又依照祖父的吩咐，探访了一些师友同乡。师友多是父亲漆信鲁的同学、同事，如黄先祥、赵荣庭，此前他们都在本县国民党政府中干过事，当时只听说他们每隔几天就要到区上去，并不懂得他们已接受管制。后来又去济南看望自己小学的老师和同学，在济南还拜见了曾为绵阳六中校长的葛兰笙老师。

这次返乡，前后持续了近一个月。返京时，漆侠先生将二弟漆彤带到北京。秋后又安排二弟去了私立沈阳伊光中学，并托西南联大的同学黄安代为照顾，漆侠先生则负责每月邮寄生活费用。

1950年3月至7月，漆侠先生在北京成达中学兼职教授中国历史课程，以为二弟补贴学费。成达中学始建于1914年，是首都师范大学附中的前身，取"成德达才"以昌国运，故以"成达"命校名；1950年8月至1951年1月，漆侠先生兼教北京市育英中学历史课程。这所中学始建于1948年，前身为中共中央直属机关育英小学校，中华人民共和国成立后学校随党中央机关迁入北京。

研究生在读期间，漆侠先生较熟悉的研究生同学有宿白先生、安志敏先生和蔡美彪先生。宿白先生1922年生于辽宁沈阳，1944年北京大学史学系毕业，1948年北京大学文科研究所研究生肄业，后任北京大学考古系教授。安志敏先生1924年生于山东烟台，1948年毕业于中国大学史学系，1950年9月入中国科学院考古研究所。蔡美彪先生1928年生于浙江杭州，1949年毕业于南开大学历史系，1952年毕业于北京大学史学研究部，入中国科学院近代史研究所。从1953年起，接替离京赴津的漆侠，协助范文澜先生编写《中国通史》。

其时任教北京大学的老师中，漆侠先生比较熟悉的还有汪籛先生。汪籛先生1934年考入清华大学，毕业后跟随陈寅恪先生从事隋唐史研究，后任教于北京大学。1950年汪籛先生在北京大学加入中国共产党。汪篯先生入党时，曾在历史系召开讨论会，征求群众意见，漆侠先生当时也参加了会议。

1951年3月，漆侠先生由北京大学文科研究所史学研究部研究生肄业。自1950年起，北京大学文科研究所就准备留一些优秀的学生在本校或系里任助教工作。当时由汪篯、郑天挺等先生负责，优先考虑一些党员或向党靠拢的进步学生。田昌五先生，1925年生于河南省郾城县，1947年考入北京大学历史系，1951年毕业后留校任教，任北京大学团委副书记等职。1956年调入中国科学院历史研究所，1978年任研究员，1986年评聘为博士生导师。1987年调入山东大学，任历史系教授、博士生导师、山东大学历史研究所所长。就当时来讲，漆侠先生与田昌五先生学业上的交流与来往并不太多，但此后二人的学术交流和私人友谊一直存续。田昌五先生继漆侠先生之后任中国农民战争史研究会理事长，与漆侠先生合作主编《中国封建社会经济史》（四卷本）。互相评审或主持河北大学、山东大学博士生毕业论文答辩，相得甚欢。

研究生期间，漆侠先生于1950年6月21日在《光明日报》发表《北宋熙宁时代农田水利事业的发展——王安石新法研究之一》。文章前面加有一段按语："在伟大的人民解放战争面临彻底胜利、经济建设的高潮即将全面展开的今天，各地多已发动水利工程的兴修，以扩展农业生产。这光明的远景，将伴随着全国人民的努力，而早日降临。可是回顾八百多年以前，我们的祖先对兴建水利热情有高涨，仍在鼓励我们的心弦；方法技术的周密，现在可供汲取，故这一段史实，实有让我们多加认识的必要。"[①] 这篇论文是对王安石变法中的"农田水利法"的专项研究成果，由副标题说明是"研究之一"可看出，漆侠先生此时已有了对王安石变法进行系统的重新研究的计划。研究生期间漆侠先生已阅读了大量宋史研究的基本史料，并特别关注王安石新法的研究。研究生肄业到中国近代史研究所工作后，漆侠先生又阅读了大量马列原著，加深了理论素养，为1959年《王安石变

---

① 《漆侠全集》第11卷，第24页。

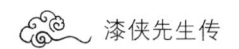

法》的出版打下了牢固的基础。

1948年到1950年，学术上除了对王安石新法的研究外，漆侠先生还有一项重要研究成果：《章惇年谱（初稿）》。章惇是北宋的重要政治人物，嘉祐二年考取进士，因其侄子章衡考取状元，便不就而去，而再举进士甲科，调商洛令。虽然章惇力主改革，但是由于与王安石不合而仅用其为中书校正。后为宋神宗起用，熙宁五年，受命察访荆湖北路，五年后调参知政事，平定四川、贵州、广西三省交界的叛乱，招抚45州。后宦海沉浮，在哲宗朝曾权倾朝野，大量放逐反对王安石变法的旧党官员。徽宗即位后，由于曾遭章惇反对继承皇位，将他一贬再贬，不久死于任上。死后被追贬为昭化军节度副使。关于《章惇年谱（初稿）》，据漆侠先生自己所说：计12万字，全系搜集章惇一人的史料而加以比次编撰。书稿涉及元祐旧官僚派得势后对新官僚派之排斥，以及新官僚派之所以能够再登政柄等问题。该稿着眼于政治方面，且系中华人民共和国成立前所开始的工作，故观点方面，恐怕有不少成问题。至于对史料的搜讨考辨方面，漆侠先生曾尽了最大的努力，其间若干问题，仍然没有得到圆满的解答。漆侠先生计划以后尽力学习历史唯物论，运用新的观点、方法，对它再加以修正改作。遗憾的是，此项研究成果在"文化大革命"中被抄家时丢失。

由于单纯钻研学术的思想比较强烈，漆侠先生参加社会活动的意愿不高，认为这样会占去时间。中华人民共和国成立之初，北京各高校在党的领导下，组织新民主主义文化建设协会，简称"新文建"。漆侠先生没有加入，不过后来参加了"新文建"的学习讨论会。中华人民共和国成立后，参加革命的好友殷作彬先生回到北京，常常鼓励漆侠先生学习马克思主义理论。1949年暑假后，漆侠先生开始读中国共产党1942年延安整风运动的相关文献和《国家与革命》[①] 等马列书籍。

[①] 列宁：《国家与革命（马克思主义关于国家学说与无产阶级在革命中的任务）》，收入《列宁选集》1947年初版。

在北京大学读书的岁月里,漆侠先生还有一个重大的人生收获,即结识了万瑞兰女士。万瑞兰,1920年生,河北昌黎人,毕业于北京大学历史系和本校图书馆专修科。毕业后先是在北京市女十二中(前贝满中学)图书馆工作,后跟随漆侠先生到天津,任天津二十二中历史教员。漆侠先生认为自己本是个读书人,有志于搞学问,万瑞兰女士成熟实在,完全符合自己的条件。朋友黄安、殷作彬先生知晓此事后,也都认为瑞兰女士为人朴素明理,漆侠先生与这样的人结婚后家庭生活会幸福美满。1950年12月,漆侠先生与万瑞兰女士喜结连理。至2001年6月和11月,万瑞兰女士和漆侠先生相继离世,二人携手走过了半个世纪的风雨人生。

第二章

提升与挫折：在中国科学院近代史研究所（1951—1953）

一 任范文澜先生助手，协助修订《中国通史简编》

1951年3月，漆侠先生未参加毕业考试，由北京大学文科研究所史学研究部研究生肄业。据漆侠先生晚年自述《我的学习路程》，当时他的研究生学位论文已经完成，导师邓广铭先生本拟请时任中国科学院院长的郭沫若先生来北京大学参加其论文答辩。但毕业时刚好赶上批判旧的教育制度，研究生教育被中止，没能按期答辩。因为早在肄业之前，漆侠先生就已发表了数篇中国史研究方面的文章，时任中国科学院近代史研究所所长范文澜先生从杂志上读到了漆侠先生发表的文章后，与北京大学历史系主任郑天挺先生商定，调漆侠先生到近代史研究所工作。

1951年12月，漆侠先生来到中国科学院近代史研究所（历史研究所三所）任助理研究员，担任著名史学家范文澜先生助手，协助范老修订《中国通史简编》。范文澜先生（1893—1969），字仲云，浙江绍兴人，著名历史学家。曾在南开大学、北京大学、北京师范大学、中国大学、辅仁大学等校任教。中华人民共和国成立后，历任中共第八届中央候补委员，第九届中央委员，第一至三届全国人大代表，第三届人大常委，第三届全国政协常委，中国史学会副会长，中国科学院哲学社会科学部委员，中国科学院近代史研究所所长。主编

《中国通史简编》，并长期从事该书的修订工作。《中国通史简编》是范文澜先生1940—1942年在陕西延安任马列学院历史研究室主任和中央研究院副院长兼历史研究室主任期间，组织撰写的运用马克思主义观点系统论述中国历史的名作。《中国通史简编》第一、第二编于1949年由人民出版社出版。漆侠先生担任范老助手，主要是协助他编写《中国通史简编》第三编。当时范文澜先生兼任《中国通史简编》（简称"通史组"）组长，漆侠先生兼任干事。1952年开始，漆侠先生又兼任《进步日报》史学周刊编委会编委。这一年中国科学院接收了北京大学文科研究所，近代史研究所搬到了原北京大学文科研究所旧址。《中国通史简编》第三编分为第一、第二两册，漆侠先生于1953年因所谓"反党小集团"的政治冤案而离开近代史研究所时，编写还没有最终完成，到1965年方由人民出版社出版。

中华人民共和国成立之初，百废待兴，生活非常困难。由于物资匮乏，国家对军队和工作人员实行生活必需品免费供给的配给制度。1950年改行包干制，即由国家发给一定数量的食物和货币，由领取人自选处理。漆侠先生进入中国近代史研究所后，赶上实行包干制供给。因当时他已经结婚成家，并要负担来北京生活的二弟漆彤的学习生活费用，因此生活上尤为窘迫。后经近代史研究所党组织批准，1951年2月至1952年7月，漆侠先生在辅仁大学历史系兼任讲师，讲授宋辽金史。1951年暑假后至1952年暑假，又在中央财政学院兼授《中国通史》。赚取一些讲课费用，以补贴家用。

在此期间，漆侠先生曾在范文澜等先生的指导下又专门地认真学习了大量马克思列宁主义的基本理论书籍，为他进一步的研究工作打下比较深厚的理论基础。在理论学习及业务工作中，漆侠先生均取得了比较突出的新成绩。

二　王安石变法和历史人物研究

（一）王安石变法的研究

早在西南联大读大学本科期间，漆侠先生就对王安石变法产生了深厚的兴趣，开始了初步的研究工作。在北京大学攻读研究生期间，漆先生在导师邓广铭先生的指导下，又阅读了大量的北宋政治经济和王安石变法的基本资料，进一步深入研究，撰写出十几万字的题为《王荆公新法研究》的硕士毕业论文。1951年漆侠先生在《历史教学》第4期发表《王安石新法的渊源》，着重探讨了在北宋政治经济环境之下，各项新法的具体来源。胡适先生在《记李觏的学说》中提出，李觏"是一个未曾得君行道的王安石"，"是王安石的先导"①。漆侠先生在这篇文章中分析认为，王安石和李觏虽为江西同乡，且都以《周礼》作为改革的依据，但二者并不存在渊源关系。王安石推行诸如青苗、免役、市易均输、方田均税、保甲、保马、将兵法等各项新法的渊源，都来源于当时的政治经济实际，源于北宋时期在一路一州一县之间已有的改革实践。

就王安石变法措施之一的保甲法，漆先生于1952年2月2日在《光明日报》发表专论《论王安石的保甲法》。1951年11月17日，《光明日报》的"历史教学"栏目刊登了马昌夏《王安石》一文。马文在史料解读上存在一定的错误，特别是将保甲法解说为"加强人民的武装"。1951年12月15日，何鹏毓在《光明日报》刊发的《关于〈历史故事试作〉内容上的几点意见》，指正了马文的错误，但对王安石保甲法的性质仍予以否定。漆侠先生因而撰作此文，论述宋初以来募兵养兵制的流弊，从尹洙、范仲淹等到王安石对"兵农合一"制度的提出与实施、保甲法的推行情况，认为保甲法只是裁减了大量老弱厢禁军，并未废除募兵养兵制度，在巩固国防、抵御辽夏的侵略方面，具有积极作用。

（二）历史人物研究及评价

中华人民共和国成立后，史学界对我国各个历史时期的重要人物进行了大量的具体研究和理论探索。关于历史人物评价的讨论曾出现

---

① 胡适：《记李觏的学说》，载《胡适文集》第三册《胡适文存二集》，北京大学出版社1998年版，第43—73页。

过两次高潮。第一次即在20世纪50年代初，广大史学工作者开始学习运用唯物史观研究历史和评价历史人物，各地报刊陆续发表了许多重新评价历史人物的文章，广泛地涉及帝王将相、文人学士、技艺百工、农民起义领袖等各类人物，其中尤以政治人物居多，一些报刊还组织了专题讨论。

漆侠先生对于历史人物的研究和讨论文章集中发表于1952年，主要论述了宋代副宰相范仲淹、清官包拯和明代民族英雄史可法。关于范仲淹的文章发表于《大公报》，其他两篇都发表于1951年创刊的《历史教学》杂志。

1952年2月7日，漆侠先生于上海《大公报》发表《范仲淹的历史地位》，次日转载于天津《进步日报》，后来又收录到生活·读书·新知三联书店1957年出版的《中国历史人物论集》中。文章分析了赵宋初年贫弱局势的形成，突出了作为封建统治阶级的"杰出人才"，范仲淹在抵抗西夏侵略和改革官僚政治过程中所起的重要作用，但对夸扬范仲淹苦学、泛爱的封建主义精神予以批评。

在《历史教学》1952年第10期，漆侠先生发表了《包拯是一个什么样的人物》。时值全国在进行反贪污、反浪费、反官僚主义的"三反"运动，清正廉洁的清官包拯再次引起热议，甚至有人说"只要你学习包公，保证三反反不到你头上"。漆侠先生认为：对于包拯薄赋敛、宽力役、救荒馑的经济措施和加强军备国防、惩处贪官污吏的主张应给予肯定的评价。包公形象历经元、明、清的渲染和神化，已成为人民寻求刚正不阿、廉洁无私的理想化、人神合一的人物，然其阶级局限性和落后性不容忽视。

在《历史教学》1952年第12期，漆侠先生发表了《关于史可法的评价问题》。中华人民共和国成立以后，关于史可法评价问题的讨论，分别集中于20世纪50年代初、60年代中叶、70年代末80年代初三个时期。50年代初的争议焦点，始终围绕在史可法究竟是不是民族英雄？史可法为崇祯元年进士，任西安府推官，后转平各地叛乱。北京城被攻陷后，史可法拥立明福王，继续与清军作战。官至督师、建极殿大学士、兵部尚书。弘光元年，清军大举围攻扬州城，不久后城破,史可法拒降遇害,尸体不知下落。有学者提出,史可法反对人民起义,并始终坚持"安内攘外"主义,因此不是岳飞那样的爱国主义者①。漆侠先生《关于史可法的评价问题》发表于该年该刊最后一期。文章在发表前经过了编辑部的集体讨论,且文中观点得到一致认可,在"编者按"中特别说明以此文章"作为史可法评价问题在本刊讨论的结束"。漆侠先生在这篇文章中,将史可法的政治活动划分为两个阶段:1628年史可法踏入仕途到1644年李自成攻下北京为第一阶段。这17年中,阶级矛盾成为主要的矛盾;自1644年夏清军入关到1645年夏史可法战死扬州是第二阶段,民族矛盾的发展超过了阶级矛盾而成为主要的矛盾。"史可法是作为保全民族气节而死的;他的宁死不屈的精神,使中华民族的丰富遗产的总宝库中增添了一粒新的珍宝。"像史可法这样,"竭尽自己的所有,以至自己的生命,企图使自己的祖国从危难中获得解放"的人,"我们能够不称他是民族英雄"?此次讨论之后,漆侠先生未再参与其后的两次争论,但他始终坚持"史可法是民族英雄"的观点,并将这篇论文收入了1992年出版的第二部个人学术论文集《知困集》。

　　漆侠先生这3篇关于历史人物的研究及评价问题的文章,发表于在近代史研究所担任范文澜先生助手期间,也在一定程度上属于学习马克思列宁主义的理论成果之一。范文澜先生就积极主张用历史唯物主义观点评价历史人物的问题。如对古代帝王将相的评价,范老认为:"属于封建统治阶级的帝王将相,就他们整个阶级地位来说,没有问题是压迫人民、剥削人民的。但是他们中的某一些人,在一定的历史条件下,确实也起了推动历史进步的作用,如果一律否认或缩小他们对历史的贡献,那是不对的。"要承认汉武帝是"雄才大略的皇帝";唐太宗是"中国皇帝中出类拔萃的人物";宋太祖"统一五代十国分裂的局面,很有功劳"②。1952年,范老收到《人民日报》转来的一封读者来信

---

①　丁正华:《史可法是民族英雄吗?》,《历史教学》1952年第2期。章冠英:《略论史可法》、魏宏运:《民族英雄——史可法》,《历史教学》1952年第8期。

②　范文澜:《关于〈中国通史简编〉》,《新建设》第4卷第2期。

称：三千年来的封建统治阶级中没有一个好东西，朝朝代代都是坏蛋坐江山。对这种片面的认识和看法，范老命漆侠先生写篇文章加以厘清。

漆侠先生奉范老之命回应这封读者来信，写了《正确认识历史上的封建统治阶级和封建王朝》一文，发表于《新建设》1953年第7期。论文共有三个部分：（1）"不能一笔抹煞三千年来的封建统治阶级"。漆先生认为：推动历史前进的真正动力，乃是千百万的劳动群众。但是，"封建统治阶级在某些时期之内，也起过一定程度的推动作用；特别是其中的个别杰出的人物……"；（2）"正确认识封建统治阶级及其杰出的代表人物在历史上的作用"。漆先生认为：封建社会地主阶级的不同集团、个人，对历史发展"有的是推动作用，有的则是阻滞作用"。其中可以肯定的伟大历史人物，必然带有不少的时代缺陷。应该"从其主要事业方面加以考察，而不至被一些枝节琐碎的小事或次要的事情拖住，局限于'见小不见大'的圈子里"；（3）"正确认识封建社会里主要王朝的历史地位"。漆先生认为：周、秦、汉、隋、唐、北宋、明这几个朝代，是有资格来作为中国封建社会的主要王朝统治，"它是我国封建社会向前进展的标志。如果把这几个朝代也全部否定，那么，祖国的历史便成为漆黑一团了"。

王学典先生在研究中华人民共和国成立初期的历史主义思潮时，对漆侠先生这篇论文给予很高评价："这篇文章是史学界深入、全面地批评'片面反封建'倾向的代表作"，"是继艾思奇之后由史学工作者自己写的全面肯定封建剥削阶级、封建剥削制度，特别是正面肯定封建剥削阶级、封建剥削制度的历史地位的最有力的一篇文章，能集中反映这一时期历史主义思潮在理论上所达到的高度"。对于漆侠先生此文的意义，王学典先生认为："此文的意义不能低估。第一，它标志着中国史学界在如何对待'封建'的问题上徘徊、迷茫了一段时间后，终于获得了一个大致正确的认识，终于摆脱了非历史主义的困扰。……第二，它是中国马克思主义历史学诞生以来，第一篇，也是唯一一篇正面阐发中国封建社会存在的地位与意义的文章。……相比之下，漆侠此文则充满了探索精神，浸透着历史主义精神。它对中国封建社会的看法和见解远迈他人并足以启导未来。六十年代初期范文澜、翦伯赞、吴晗等反对'见封建就反，见地主就骂'，力保'帝王将相'、'封建王朝'在历史上的地位，所持的理论依据，无不与此文有关。"①

三　集中学习马列著作

在编写《中国通史简编》第三编过程中，漆侠先生不仅大量查找、阅读了大量的中国史基本史料，而且十分注重马列主义经典著作的学习，试着以理论学习指导自己的史学研究实践。在这一时期的论文写作中，漆侠先生引用了许多经典理论著作，包括恩格斯《论住宅问题》，列宁《论民族自决权》，斯大林《辩证唯物主义与历史唯物主义》《马克思主义与语言学问题》《与德国作家路德维希的谈话》《论苏联伟大卫国战争》，毛泽东《实践论》《矛盾论》《改造我们的学习》《中国共产党在民族战争中的地位》等。

1952年5月15日，漆侠先生在上海《大公报》发表《胡适先生的实验主义与其历史学的反动本质》，并转载于次日的天津《进步日报》。胡适先生信奉杜威的"实验主义"，认为"实验主义"是科学的产物，用科学的观点看，一切真理都是人定的，因而不可能有绝对真理。同时，世间没有永恒的东西，世间万物都是变化的。他解释"实验主义"只重真正的事实，探求试验的效果。世界是人创造的。经验就是生活，生活就是应付环境。人类应该从事实中求真确的知识，训练自己利用环境的本事，养成创造的能力，去做真理的主人。知识思想是应付环境的工具，他坚持实验是真理的唯一试金石。要培养创造的思想力，就要以怀疑为起点，找到新知识来解决这疑难。胡适先生把它总结为"大胆假设，小心求证"。这其实就是杜威在《思维术》中讲述人之有系统思想的"五个阶段"的精练概括。胡适先生一生都用这一学术思想来研究问题，解决问题。在中国大陆，这曾

---

① 王学典：《历史主义思潮的历史命运》第一章，天津人民出版社1995年版，第34—39页。

被作为唯心主义的代表而屡受批判。如胡适先生认为历史也是由人的主观随意性制造出来的,"实在是一个很服从的女孩子,他百依百顺的由我们替他涂抹起来,装扮起来"①。漆侠先生在文章中指出:胡适先生的实验主义既然不承认客观真理的存在,客观发展规律的存在,那么历史事件的发展演变便成为盲目性的和不可捉摸认识的了;实验主义仅把事物的发展看成是数量上的增减,把事物的进行看成是简单的机械式的移动而已。这些都与马克思列宁主义相悖。

1953年3月5日斯大林病逝。3月26日,漆侠先生在天津《大公报》发表《学习斯大林学说,反对历史工作中的教条主义》这篇兼有纪念意义的文章。认为在历史研究工作中,无论关于人物的批判或是社会经济形态的性质的探讨等,都要努力学习斯大林学说,摆脱教条主义。在这一年《新建设》第9期上,漆侠先生发表《关于新社会制度发生于旧社会制度中的问题——学习〈辩证唯物主义与历史唯物主义〉笔记》。

四 对初高中历史教材的意见

1951年4月16日,中华人民共和国中央人民政府教育部出版总署下发《关于1951年秋季教科用书的决定》,指定了小学、初中、高中的教材。其中《初级中学历史课本(全一册)》采用的是叶蠖生编,人民教育出版社出版;《高级中学本国近代史》(上、下册)由宋云彬编著,人民教育出版社出版。1952年5月20日,中央人民政府教育部出版总署下发《关于1952年秋季中小学教科书的决定》,《初级中学历史课本(第一册)》改用由王芝九、李赓序等编,供初中一年级上学期用,初中一年级下学期班次前学期已用叶蠖生编"初级中学本国历史课本"的,本学期仍续用。关于历史课本的讨论,漆侠先生先后在《人民日报》发表了三篇文章:《关于〈高级中学本国

---

① 胡适:《实验主义》,载《胡适文集》第二册《胡适文存》卷二,北京大学出版社1998年版,第202页。

近代史》（上册）》《关于初级中学课本〈中国历史〉（第一册）》《由批评初级中学课本〈中国历史〉第一册引起的几个问题——答读者韦立群同志》①。《高级中学本国近代史（上册）》存在的主要问题在于缺乏"马克思主义的最本质的东西、马克思主义活的灵魂：具体地分析具体的情况"。漆侠先生以该书"辛亥革命"章中的"反满势力大结合"一节为例加以说明。该书编者对辛亥革命主要领导者孙中山、参加者章炳麟（太炎）的政治思想和主张都未谈及，对他们的作用也就不能够给以正确的估计。课本也就不能够在许多重要历史事件的过程中，说明社会各阶级各集团的变化，从而阐明各阶级各集团的特性及其区分。《关于初级中学课本〈中国历史〉（第一册）》较此前课本好了许多，但仍存在三类问题：一是对于基础决定上层建筑说明不够充分，二是对于上层建筑影响基础的反作用说明不够；三是课本对生产力和生产关系的相互关系说明不够。课本对秦始皇、汉武帝、刘邦、刘秀等帝王的分析批判也不够正确适当。韦立群主张"在西周历史上，应该着重描写农民、农奴与封建地主的矛盾、斗争，不是七老八十土地制度"。漆侠先生则坚持"生动的编写历史的一个重要前提，那便是必须正确地讲述历史事件和事实，以及历史人物的特点等"。关于农民起义和农民战争，韦立群认为"农民战争胜利的结果，出现了汉、唐、明三个大帝国，反之，农民战争失败的结果，军阀混战割据，外族乘虚侵入，出现了分裂沦陷的局面"。而漆侠先生坚持：不管他是什么阶级出身（地主阶级出身的包括在内），只要他领导农民起义，反抗封建政权，向封建政治阶级作斗争，他就是农民起义的领袖；农民战争取得胜利，推倒旧的封建政权，但继之而起的仍然是封建政权；几次巨大的农民起义如黄巾、黄巢、李自成等领导的起义之所以失败，一方面因农民起义本身存在的一些缺点（这些缺点是来自于农民阶级的），另一方面由于腐朽的统治阶级或保持强大

---

① 三篇文章分别发表于1953年4月8日、4月14日、6月30日的《人民日报》。前两篇文章未收入《漆侠全集》，今在正文中略作介绍，以补《漆侠全集》失收之憾。第三篇文章转载于1953年7月8日的《文汇报》，收入《漆侠全集》第十二卷。

第二章　提升与挫折：在中国科学院近代史研究所（1951—1953）

的力量，但不能否认农民战争是推动历史前进的真正动力这一真理。以上对初高中历史教材的意见，反映了漆侠先生受时代风气影响，积极学习马克思主义理论，运用到中国历史研究中的尝试和努力。

五　开始中国农民战争史的研究

中华人民共和国成立以后，作为"五朵金花"之一的中国农民战争史研究空前活跃起来。漆侠先生首先关注的是隋末农民战争中的重要人物之一李密。李密出身于四世三公的贵族家庭，隋末天下大乱时，李密成为瓦岗军首领，称魏公。率瓦岗军屡败隋军，威震天下。在瓦岗军原领袖翟让准备让位给他时，翟让的哥哥却从中阻拦。他不得已杀瓦岗军旧主翟让，引发内部不稳，被隋军屡败。后被越王杨侗招抚，又因在与宇文化及的拼杀中损失惨重，不久被王世充击败，率残部投降李唐。没过多久又叛唐自立，被唐将盛彦师斩杀于熊耳山。王丹岑先生在《中国农民革命史话》（上海国际文化服务社 1952 年版）中曾评说李密是"革命的投机分子"，是农民起义军的"叛徒"。漆侠先生不同意这种说法，以笔名"张戈阳"在《光明日报》发文商榷。① 漆侠先生认为李密参加并领导瓦岗军与隋皇朝作殊死斗争，是农民起义领袖。由此引起了一场持续半年之久的大讨论，讨论文章集中发表在当年的《光明日报》上。如《光明日报》9 月 19 日发表《关于李密问题的讨论》，刊登了段文渊和江克厚两位学者截然相反的代表意见。段文渊认为李密是在不得已的情况下参加农民起义军的，并且篡夺了领导权，后来又出卖了瓦岗寨义军。另外，李密也没有主动帮助唐皇朝完成统一；江克厚认为李密虽有缺点，但他是翟让代表群众推举的义军领袖。11 月 1 日发表韩国磐《关于李密问题的意见》，认为李密"对于唐朝的统一工作也起了一定的作用"。谷祖英《翟让究竟是哪一年起义的》，进一步认为翟让虽发动起义五六年而不能有所发展，李密仅加入一年而"瓦岗军却陡然壮大起来，而成

---

① 张戈阳：《关于王丹岑的〈中国农民革命史话〉》，《光明日报》1953 年 7 月 11 日。

为领袖群伦的一支力量",所以对李密应该给予公允而正确的评价。漆侠先生坚持李密为农民起义领袖的意见,并将这一意见写入了1954年出版的《隋末农民起义》一书中。①

20世纪80年代,史学界又兴起一次关于李密评价的讨论,基本肯定了李密在隋末农民起义中的积极作用:部分学者认为李密虽出身贵族,但不应以唯成分论来代替阶级分析;李密参加瓦岗义军后,为翟让出谋划策,对这支起义军的发展、壮大作出了很大贡献;李密不是通过阴谋获得领导大权,而是翟让自己交出的;翟让死后,李密领导的瓦岗义军在政治路线、纲领上没有改变;李密暂降唐皇朝不失为一种革命策略,不可看作对农民起义军的背叛,等等。由此可见,此前漆侠先生50年代对李密的评价是十分客观的。

六 在中华人民共和国成立初期的各项运动中

(一) 对抗美援朝运动的认识(1950年10月)

1950年6月,朝鲜战争爆发。10月,中国人民志愿军赴朝作战。其时漆侠先生正在北京大学读研究生,研究生开会讨论时,大多数人都同中央的认识一致,认为中国出兵支持朝鲜是非常正确的。在育英中学兼职教授的历史课上,漆侠先生也向学生分析了援朝的军事形势。而对后来美国的参战,也表示担忧。当时已转到东北沈阳读书的二弟漆彤来信,称沈阳局势紧张,群众都在疏散备战。漆侠先生就托去往沈阳的同学田楷带信给在东北的西南联大同学黄安,让二弟漆彤暂回北京。

(二) 镇压反革命运动(1951年3—4月)

1950年12月至1951年10月在全国范围内进行的清查和镇压反革命分子的政治运动,即镇压反革命运动,简称"镇反运动"。镇反运动、抗美援朝、土地改革并称中华人民共和国成立初期的三大运动。中华人民共和国成立前后,败退台湾的国民党曾有计划地潜伏和

---

① 华东人民出版社1954年版。

残留在大陆上的土匪、恶霸、特务、反动党团骨干、反动会道门头子和其他反革命分子约有 300 万人。他们不甘心自己的失败，继续与人民为敌，进行刺探情报、破坏工厂、捣毁铁路、抢劫物资等活动，甚至进行反革命武装暴乱。漆侠先生曾参与过秦启荣、王尚志部的游击抗日战争，在这次运动中，曾在会上谈了自己对国民党地方武装的相关认识。

（三）忠诚老实运动（1951年6—7月）

1950 年前后，中国掀起了忠诚老实运动，每人必须把自己的政治问题也包括个人家庭生活交代清楚。特别要求每个人交代一些同国民党人物的交往情况。漆侠先生因为曾于 1947 年暑假由同学王栗周介绍，认识了薛儒华，教其子薛宗正英文。薛儒华在抗战时期曾任国民党鲁北副专员，所以漆先生主要向组织谈了与薛儒华交往的情况。

（四）三反五反运动（1952年1月）

1952 年 1 月 1 日，毛泽东主席在《元旦祝词》中提到的反对贪污、反对浪费、反对官僚主义合称"三反"。在中央下发的《关于宣传文教部门应无例外地进行"三反"运动的指示》中，指示三反是最实际的思想改造，因此教育、文艺工作者都应该在三反运动中解决资产阶级思想问题。1952 年 1 月 26 日，中共中央又发出《关于在城市中限期展开大规模的坚决彻底的"五反"斗争的指示》，提倡在全国一切城市展开反对行贿、反对偷税漏税、反对盗骗国家财产、反对偷工减料和反对盗窃经济情报的"五反"运动。

1952 年前后，漆侠先生忙于撰写文章和中国近代史研究所《中国通史简编》的编写工作，对中国科学院院部中的三反五反运动参与不多；但又不能不受其影响，漆侠先生认为院部的事情，最好还是由社会活动能力强的同志专门负责较好，而不应该占用大量学术骨干的研究时间。近代史研究所年轻同志搞三反五反占用时间太多，应该早点回来从事研究工作。曾对近代史组组长、研究所党支部副书记何重仁同志说过，还是让大家赶快回来整理近代史资料吧。

(五) 思想改造运动 (1952年4月至7—8月)

按照中共中央的统一部署和指示,1951年秋至1952年秋,展开知识分子自我教育和自我改造的思想改造运动。中华人民共和国成立初期大约有200万名知识分子。广大知识分子爱国热情很高,大多数学有所成的知识分子留在大陆迎接解放,参加祖国建设。知识分子学习热情也很高,他们要求了解新社会,了解中国共产党,了解马列主义毛泽东思想。但是,他们大多出身于剥削阶级家庭,长期受封建主义、资本主义的教育,在思想上难免留下旧社会的烙印。为帮助他们摆脱剥削阶级世界观的束缚,树立为人民服务的思想,中国共产党中央在知识分子中广泛组织了马列主义基础知识的学习和党的方针政策的学习,以及中国共产党的历史和理论的学习,采取各种方式对知识分子进行思想教育。比较集中的思想改造学习运动则是从1951年9月下旬在北京、天津的高等学校教师中首先开始的。9月29日,周恩来总理受中央委托,向两市高校教师学习会作了《关于知识分子的改造问题》的报告。11月30日,中共中央发出《关于在学校中进行思想改造和组织清理的指示》,要求在学校教职员和高中以上学生中普遍开展学习运动,号召他们认真学习马列主义、毛泽东思想,联系实际,开展批评和自我批评,进行自我教育和自我改造;并指出这次运动的目的,主要是分清革命和反革命,树立为人民服务的思想。此后运动由教育界逐步扩展到文艺界和整个知识界。1952年秋,学校中的这场思想改造运动基本结束。漆侠先生积极参加这项学习和改造运动,曾作为中国科学院近代史研究所的代表,到所外参加会议。

七 1953年的挫折与转变

1953年12月漆侠先生因对领导提意见,被认为是与他人组成小圈子,受到中国科学院近代史研究所撤职及开除工会会籍的处分。事情的起因是关于住房的分配。按照当时的规定,院部研究人员的住房实行统一分配。漆侠先生并不是因为自己的住房问题而向院部的行政

第二章 提升与挫折：在中国科学院近代史研究所（1951—1953）

人员提出异议，而是看到有本所其他科研人员的住房被挤占的现象，认为这是组织上的错误安排。于是他为被挤占住房的同事打抱不平说："如果别人这样强行搬到我屋里挤占房间，我不会搬出去。"事情并不大，又是替单位同事打抱不平。但因为年轻气盛，性格耿直，有点口不择言。这一些日常的牢骚与抱怨，在住房问题上爆发得更直接一些。

漆侠先生与当时同样在房子问题上提出不同意见的荣孟源、沈自敏、何重仁先生，被错认为是一个违反组织纪律的小集团、小圈子。荣孟源先生是直隶宁津（今山东省宁津县）大柳镇大柳街人，在近代史研究所协助所长范文澜先生宣传马克思主义的史学观点，治中国近代史。沈自敏先生时任近代史研究所助理研究员。何重仁先生是1950年进入近代史研究所的青年学者，后任政治史研究室主任。对因为住房这样的小事而被划定为小集团，漆侠先生思想上很是想不通。后来经过组织上解释，在同一错误中思想认识上具有一致性，便是小圈子，如果不是因为此类小事，而是有组织、有计划，那就成为反党反革命集团了。

在这次事件中，漆侠先生被要求在大会、小会上承认错误，接受全所的批评教育（据漆先生自己回忆：他平时的牢骚话、同事之间的闲谈，也被当众揭发出来加以严厉粗暴的批判），要求撰写《思想自传》，交代自己的历史错误和在近代史研究所中的错误表现及影响。《思想自传》包括犯错误的家庭根源、历史根源和社会根源，受教育者的阶级立场等。《思想自传》完成后，漆侠先生所犯的错误不再被认为仅仅是住房问题上的自由主义、搞小集团等错误，由中国科学院近代史研究所党组决定，给予了撤职的处分，同时亦被开除了工会会籍。这次事件，对漆侠先生来说，是人生遭遇的最大一次挫折，内心非常痛苦，当时有几天时间卧床不起，终生难以释怀。对近代史研究所、河北大学，也都有或大或小的特殊影响。

几年之后，近代史研究所又因此引发了新的悲剧。据张振鹤先生（1923—2004）遗稿《沉冤二十二年》记述：

1953年秋，近代史所还在……的领导下搞了一次所谓"反小圈子运动"。事情本因为给行政部门提意见……后来竟无限上纲为反党，发动全所兴师讨伐，我也曾以积极分子参加进去，被整肃的人物为荣孟源、漆侠、沈自敏、何重仁。我当时已感到自己违背良心跟着跑。到1957年"鸣放"时，丁名楠首先提出应重新评价这一事件的性质，我发表了我的观点，并在一些场合对自己当时跟着跑的错误做法作了自我批评。随后，丁和我还有王来棣应壁报编辑部之约稿，各撰写了一张大字报，标题大意为1953年漆侠事件应重新估价，我采用刺耳的语言，不点名地批评了有人对漆侠斗争的极为粗暴的做法。……以致漆侠被近代史所开除公职……领导了这场过火斗争……轻信和支持了他们的错误。所以，我在大字报中称："近代史所党支部搬弄教条，竟把人民内部矛盾冠以反党反社会主义，对此应当予以纠正。"历史证明，不管当时或后来我的意见都是正确的。……主持了对我的斗争会，我在被告席上，听任各种"莫须有"的中伤和人身攻击。……最后我的罪名之一竟是说我替"右派分子荣孟源反党事件翻案"，漆侠的名字不见了。这就是我被打成右派的"可靠"的依据。①

1978年11月，张振鹤先生向近代史研究所党组织提出申诉：

　　1957年反右派斗争时，我被划为右派分子，对此，这些年来，我一直有些不同的看法，内心痛苦极了。

　　……

　　我被定为右派分子的依据之四：说我"为本所所谓右派分子荣孟源1953年的反党活动翻案，攻击党组织的处理是'搬弄教条'、'造成不可弥补的损失'，要求'重新估价'"。

---

① 张振鹤：《"右派分子"始末》，载中国社会科学院近代史研究所编《回望一甲子——近代史研究所老专家访谈及回忆》，社会科学文献出版社2010年版，第684页。

第二章　提升与挫折：在中国科学院近代史研究所（1951—1953）

假如说我被划成右派是"事出有因"的话，这一条就是最大最根本的"因"。上面引号中"搬弄教条""造成不可弥补的损失"，"重新估价"以及下一条引的"背弃天良"，都是从我那张大字报中摘下来的，那张大字报的背景经过大致如下。

1957年整风运动开始前，传达了毛主席《关于正确处理人民内部矛盾问题》的讲话。整风开始以后，有的同志就这个讲话的精神提出：1953年关于漆侠、荣孟源、沈自敏、何重仁四位同志的处理定为"反党小圈子"是否混淆了两类不同性质的矛盾？不久，有的同志为此写了大字报，这个问题也引起了我的思考。当时我想，既然定为反党的性质，还实行撤职、调离工作、降级各种处分，然而时隔不久，到1956年时漆侠已在天津师院受到器重；荣兼着近代史第二组和编辑组两个组的组长，升为二级研究员；何重仁同志也参加了党。我便天真地认为不同认识可以自由讨论，从中可以总结经验、吸取教训，因为直到那时以前，近代史研究所和漆侠熟识的人，同漆来往还存有戒心。据此，我先在研究组内向何重仁同志提出"重新估价"这个问题。随后信托草拟题为《1953年所谓"反党小圈子"是否可以重新估价？》的大字报，请刘仁达同志代抄，边抄我边修改。万万没想到这张大字报成了我的大祸根，决定了我半生的政治命运。①

从张振鹤先生的上述遗稿和其他事实材料可以看出：1953年，漆侠等四位先生受到处罚，确实是错误的混淆了人民内部矛盾与敌我矛盾的界线（后来党组织也先后纠正了这一错误处分，分别为他们撤销了处分）。这一事件和错误，又成为主张尽快纠正错误的张振鹤先生被错误地打成"右派"的主因，使张先生蒙受二十二年的屈辱与迫害。当时，仗义执言的张振鹤先生、丁名楠先生、王来棣先生和刘仁达先生的英明义举，值得我们永远尊敬、怀念和学习。今天回顾这段往事，仍然不免令人感慨万千，唏嘘不已。鉴于当时的特殊历史背

---

① 张振鹤：《"右派分子"始末》，第692—693页。

景和氛围，对于制造错误冤案的前辈们，正如刘志琴教授所倡言："请理解老一代。"① 更何况，1953年的巨大挫折，并没有使漆侠先生等人一蹶不振，他们都先后浴火重生了。特别是对于当时的天津师范学院、今天的河北大学来说，可谓塞翁失马，不幸变成了万幸，坏事变成了好事。没有1953年的这次不幸事件，就不会有今天的河北大学宋史研究中心。② 漆先生本人此后言辞谨慎多了，避开了1957年反右之灾。

当时还很年轻的漆侠先生，是4人中受到处罚最重的。究其原因，除了中华人民共和国成立前的历史问题外，主要是因为性格耿介，直言无忌，得罪了很多领导和同事。另外，据《漆侠档案》记载，漆先生此前发脾气时，曾公开要求调离近代史研究所。

天津师范学院领导慧眼识珠，请调漆先生到学院工作。1953年12月，漆侠先生背负"反党小集团"的政治结论，转到天津师范学院（1958年改称天津师范大学，1960年改称河北大学）历史系，任讲师。

---

① 张振鹤：《"右派分子"始末》，第151页。
② 20世纪90年代，有人当面问漆侠先生，离开范老和近代史研究所，是否也有好的一面？漆先生回答说：当然有。我在范老身边、在近代史研究所，肯定必须按照范老和研究所的统一部署开展研究工作。离开后的一大优势，是可以比较自由地选择我最喜爱的研究课题。——著者姜锡东谨记。

第三章

大学教师生涯的开端（1954—1958）

一　在天津师范学院历史系任讲师

天津师范学院是今河北大学前身。最早可追溯至1921年法国政府商请罗马教廷批准，由天主教直隶东南教区的法国耶稣会士在天津马场道清鸣台创办的一所教会学校，初名为"天津农工商大学"，复又定名为"天津工商大学"，在教会内部则称"天津圣心学院"。1933年8月，南京国民政府教育部第7923号训令，正式批准立案，因所设系科未达"大学"三院九系之标准，故将学校更名为河北省私立"天津工商学院"。①1944年学校通过改建大学的计划。1945年成立三院七系，初具大学规模。其中史地系增设于1945年4月，并聘请著名的历史地理学家侯仁之先生任教。抗战胜利后，学校向国民政府教育部正式申报改建大学。1948年10月4日，国民政府教育部正式批准立案，将工商学院改名为"私立津沽大学"。1949年1月，天津解放。1951年9月19日，中央人民政府教育部发布（51）高一字1170号令批准，津沽大学改为公立，将私立达仁商学院、天津土木工程学校分别合并入津沽大学商学院、工学院，并以津沽大学原有之文学院为基础，筹建师范学院。1952年8月，全国高校院系调整

---

①　河北大学校史编委会：《河北大学校史》，河北大学出版社2001年版。

时，将津沽大学工学院 3 系与前北洋大学合并，定名为天津大学；将津沽大学财经学院 3 系并入南开大学；以津沽大学师范学院为基础，又将天津市教师学院并入，在原校址改建为天津师范学院。此前的津沽大学史地系改建为天津师范学院史地系，次年单设历史系。

漆侠先生自 1953 年 12 月（时年 30 岁）进入天津师范学院，便与河北大学结缘，近半个世纪的时间里，自天津而保定（1970 年河北大学由天津搬到保定），"学然后知不足，教然后知困"，开始了他自谓"教书匠"的生涯。当时的历史系所授的课程包括中国历史和世界历史，师资力量较为完备。教授中国历史的，除漆侠先生外还有李光璧、钱君晔、李鼎芳、苏从武等先生。教授世界历史的，则包括周庆基、乔明顺等先生。

李光璧先生（1914—1976）是河北省安国县人，明史专家。1937 年毕业于北京大学中文系。中华人民共和国成立前曾先后在北京大学文学院、河北师范专科学校、中国大学等任教。中华人民共和国成立后先在华北大学政治研究所学习，后在北京国立历史博物馆任干事。1950—1954 年，在河北师范学院历史系任教授兼系主任。1951 年参与创办《历史教学》杂志（月刊），并担任首任主编，后长期任编委。1954 年 9 月起，任天津师范学院历史系教授。1956 年 8 月起，任历史系中国通史教研室主任。李光璧先生主讲过《中国上古史》《明清史》《中国历史要籍介绍及选读》和《中国史学名著》等课程，出版有《明朝史略》《明代御倭战争》以及《于谦和北京》（与赖家度合著）、《明朝对瓦剌的战争》（与赖家度合著）等著作。李先生还编辑出版了《明清史论丛》《中国农民起义论集》（与钱君晔合编）等论文集，发表了《汉末太平道与黄巾大起义》《明中叶刘六刘七农民大起义》《明末农民大起义》等论文近 30 篇。

钱君晔先生（1912—1989）是天津本地人。曾任系主任、系副主任等职，中国台湾研究会理事。1936 年毕业于辅仁大学历史系。1946 年执教于天津工商学院史地系。1949 年任津沽大学历史系主任，同年当选津沽大学教职工委员会主席。1950 年 11 月加入中国民主同盟会，曾任天津市民盟委员。1951 年他作为校方代表之一参加了与法国教会方面的谈判，为收回津沽大学办学权做出了贡献，被选为校工会主席。1951—1966年任历史系副主任。钱君晔先生也参与创办了《历史教学》杂志（月刊），并历任编委。李光壁、钱君晔二位先生合编了《中国历史人物论集》《中国农民起义论集》《中国科学技术发明和科学人物论集》。

李鼎芳先生负责讲授先秦两汉史，苏从武先生讲授秦汉至南北朝史。李鼎芳曾在《历史研究》上就王思治先生《关于两汉社会性质问题的探讨》（《历史研究》1955年第1期）中所引《史记》、两《汉书》材料的解释提出不同意见。后又在《新史学通讯》《历史教学》发表《论王莽》《谈西汉末赤眉和绿林的起义》等论文。1962年6月，与漆侠先生等合著出版了《秦汉农民战争史》。历经"文化大革命"后，又陆续在《河北大学学报》等发表多篇学术论文。

周庆基先生（1923—2008），湖北天门人，先后就读于燕京大学新闻系、辅仁大学历史系。祖父周树模，光绪十五年进士，曾任民国评议院院长。夫人袁家诒，为袁世凯五子袁克权之女，金石学家端方之外孙女。周庆基自幼酷爱古董，好收藏，师承家学，擅金石篆刻。著有《新编世界史（上、下）》《成吉思汗》《古代埃及》《世界著名古国王朝》等。

乔明顺先生（1910—2001）是河北省栾城县南鄙马村人，拉美史专家。1939年毕业于辅仁大学历史系，获学士学位。1942年于辅仁大学历史研究院获硕士学位。1954年毕业于美国诺垂达姆大学研究院，获博士学位。1956年起，任教于天津师范学院。著有《中美关系第一页》《世界近代史》《世界现代史》《简明世界史》《世界史学习手册》等。

这些讲授中国史和世界史的先生，或年龄略长，或与漆侠先生同龄，各有所长。漆先生对这些前辈兼同事始终非常尊重，也与其中几位有不少的合作。

（一）任课、研究和指导青年教师

中国古代史教研室是天津师范学院历史系人数最多、规模最大的一个教研室，担负着两门课程的教学任务，即《中国古代史》和《中国历史要籍介绍及选读》。按照当时的课程设置，《中国古代史》是最重要的基础课，要讲授二年。李光璧先生任中国古代史教研室主任，漆侠先生任副主任，全身心地投入中国古代史教学和研究中去。漆侠先生与诸位同事相处融洽，1953年年底来校，1954年暑假即恢复了工会会籍。

漆侠先生原本主攻宋史，到中国科学院近代史研究所协助范文澜先生编写《中国通史简编》后，研究的范围自然前伸后延。到天津师范学院后，出于教学的需要，他讲授的课程也是上至战国秦汉，下至宋元，甚至一度还包括了明清史。教学的同时，漆侠先生阅读了大量的基础史料，对中国古代史上的许多问题产生了新的兴趣。

漆侠先生对中国古代从奴隶制到封建制过渡的问题及中国封建制内部分期问题尤其感兴趣。关于从奴隶制到封建制过渡的问题，当时影响最大的是范文澜先生的"西周说"和郭沫若先生的"春秋战国之交说"。漆先生基本赞同郭沫若先生中国封建制形成于春秋战国之际一说，但对郭老一些具体问题的论述则认为犹有商榷之余地。漆先生对这一问题的兴趣一直延续至20世纪80年代《宋代经济史》的写作时期。漆先生认为，封建制因素的形成，应当从土地私有制发展过程中去探寻，只有西周春秋土地公有制破坏，土地转归私人所有，一部分占有更多的土地，而另外大部分占有甚少甚至没有占有土地，在这样的条件下，占有土地多的人则以其土地占有没有土地或土地甚少的人们的剩余劳动，从而形成封建剥削。申鲜虞"仆赁于野"就是这类封建因素在奴隶制母体中的孕育和发展，值得重视。1984年山东大学历史系邀请漆侠先生讲学，他便以《从奴隶制到封建制过渡》为题，进一步明确表达了自己在这一问题上的看法。

中国古代史分期问题，是中华人民共和国成立后史学界的"五朵金花"之一。漆侠先生对中国封建制内部分期问题，注意得较早。1956年年初，全国高等师范院校为编写教材而制定教学大纲在北京召开预备会议，漆侠先生参加了此次会议。北京师范大学历史系白寿彝先生在会上提出了以唐朝两税法（780年）为界把中国封建社会划分为前期后期两大段；漆侠先生则提出了以黄巾起义（184年）和黄巢起义（884年）为断限，把中国封建社会分为三大段，简称为"二黄分期"。这一观点被某些学者指为奇谈怪论，漆先生则相当自信，认为在科学思想史发展过程中，新见解、新学说往往被视为邪说、谬论、异端，但只要这些新学说、新见解符合真理，就一定能够得到确认。漆侠先生坚持自己观点，最终由他执笔写作了《关于中国古代中世史封建社会部分的分期分段问题》，发表于《历史教学》1958年第11期。关于封建社会分期的讨论，也是当时的热点问题。此后随着研究的深入，漆先生对中国封建社会分期的看法又有所补充。

到大学工作后，漆侠先生一直坚持教学和研究齐头并进。漆先生长于史学研究，却并未因此耽误本科生教学。他为自己讲授的课程，做了充分的准备。1955年9月考入天津师范学院历史系的王岸茂先生（后执教于河北大学历史系），清楚地记得初次上漆先生课的情景：

> 第一学期是李鼎芳先生讲授先秦史，第二学期（1956年上半年）则是苏从武先生讲授秦汉至南北朝史。春节刚过天气尚冷，苏先生年纪较大，不久生病了，就让漆先生代课。我们事先并不知道漆先生，只见一个年轻人（33周岁）走上了讲台。穿的是很平常的棉衣和棉鞋，戴一顶旧棉帽子，一只耳朵在帽顶上覆盖着，另一只则耷拉在一边。这种随随便便的样子，在校园里还是第一次看见，感觉很特殊很新鲜。可是听了几节课后，都认为这个老师讲得好，史实清楚，观点明确，有条有理，讲课水平显然高得多。后来人们纷纷传说，漆先生原是中国科学院的，由于年轻气盛、仗义直言，引起了矛盾，调来天津工作。平时行事低调，不修边幅，但只知用功读书，学问很大。漆先生仅仅上了两周课，此后我再也没听过他讲课。直到工作以后才明白了……漆先生重视学习马列主义，能用正确的理论观点分析问题，这就

能透过现象看本质，找出规律性的东西，所以就比别人高明。①

后来留校任教的讲授世界史的李润生老师，也曾在大学一年级时听过漆侠先生讲课。李润生老师回忆说：漆先生的课普遍受学生欢迎，同学们都爱听。并且听说漆侠是范老（文澜先生）助手，发表了不少有见解的文章。李老师后来留校讲授世界史，和漆先生成为关系密切的好友。

除了教学、科研之外，漆侠先生不久之后又开始指导青年教师。天津师范学院历史系规定，每位来校或留校任教的青年教师都要接受一位"老教师"的指导。漆先生虽然年轻，却因为水平较高，被列入"老教师"之列。而且漆先生指导的青年教师人数最多，有本校的宝志强、胡炳权、张景贤、王文章，还有从黑龙江大学来天津师范学院历史系进修的段景轩。按照系里的规定，青年教师们每学期要按照导师提出的书目，制订读书计划，然后根据学习情况，不定期到导师那里去汇报，听取导师的意见；导师如有教学任务，青年教师则要随班听课，在导师的指导下讲授部分章节后，再正式担负教学任务。

漆侠先生在指导青年教师、进修教师方面投入了相当多的时间和精力：他一方面要求这些年轻老师阅读中国古代史专业的基本史书，练好基本功；另一方面又设法鼓励青年教师担任部分教学任务和科研工作。漆侠先生指导的宝志强老师，较早地就开始讲授自原始社会到秦统一这段历史（新生第一学期的课），同时又被吸纳到《秦汉农民战争史》的研究与撰写工作中来。1962年6月，漆侠先生出版《秦汉农民战争史》，合著者除前述李鼎芳先生为历史系教师外，宝志强、段景轩实为漆侠先生指导的青年教师。漆侠先生认真负责，让青年教师得到了很好的锻炼，教学成效非常明显。

漆先生对青年教师的生活也非常关心和爱护。在专业学习上严格要求，耐心指教，在生活上则又体贴入微、温暖有加。宝志强老师喜

---

① 王岸茂：《学术大师政见超人：回忆漆侠先生》，载《漆侠与历史学——纪念漆侠先生逝世十周年文集》，河北大学出版社2012年版，第41、42页。

欢抽烟，又爱喝酒，因为家住天津市，所以每天回家吃饭，很晚回校，看书又到深夜不睡，第二天迟迟才起床。漆先生总是好言相劝，希望他能起居正常，养成好的生活习惯。有时在家听取了青年教师们的学习汇报后，漆侠先生还留他们吃晚饭。1960—1962年，正值国家三年困难时期，粮食按人定量供应，漆侠先生一家（母亲随漆侠先生一起生活）人口多，生活困难，但漆侠先生热心待人，青年教师们都很感动。

（二）在肃反运动中

到天津师范学院后，漆侠先生仍背着"反党小集团"的政治结论，难免心意难平，总是想不通到底为什么落下这个结论，但他"不愿把有用的时间消磨在发呆发愣之中，而是把精力集中在业务上"①。在教学科研上成绩很快得到了认可，1954年暑假学校即恢复了其工会会籍。

1955年5月，中共中央发出《关于全党必须更加提高警惕性，加强同反革命分子和各种犯罪分子进行斗争的指示》；同年7月，中共中央再次发出《关于展开斗争，肃清暗藏的反革命分子的指示》，由此肃反运动全面展开。漆侠先生因为在绵阳六中加入国民党三青团和在中国科学院近代史研究所的风波，在此次肃反运动中，再遭政治上的审查。漆先生认为，自己来到天津师范学院后，已经吸取了过去的错误和教训，通过写《历史思想自传》等材料，向组织详细说明了此前自身的经历和错误，也正努力改正自身的缺点，听从了组织的领导和指示。虽因再遭政治审查，情绪上有些低落，但情绪来得快，过去得也快，在工作上并未有任何消极，和从前一样埋头苦干。漆侠先生对于自身在政治方面，有着清醒的认识：在革命与反革命的界限上，自己绝没有跨越雷池，形成反革命的思想和认识；至于此前与一些所谓的"反革命分子"交往，仅单纯出于朋友或同学或同乡之谊，

---

① 《中国社会科学家自述·漆侠自述》，上海教育出版社1997年版。《漆侠全集》第12卷，第661页。

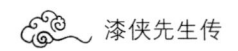

没有能从政治角度多加考虑，表示要在组织帮助下加强认识。

这场肃反运动一直持续到1957年，据漆侠先生后来给河北大学一位历史系同事写的悼文中讲："1964年常征同志从山西平遥劳动场所调到天津河北大学历史系，我们同在古代史教研室工作，因而相识的。听说他的下放劳动是由1957年的厄运造成的。我真是有点莫明其妙，不知从何想起。"① 此后的生活中，漆侠先生一直抱有坚定的马克思主义信仰，很少谈及自己在中华人民共和国成立后政治运动中的波折。然而透过他悼念同事的这只言片语，或能体会到其时先生的处境与心情。

（三）加入中国民主同盟

1956年9月，在时任天津师范学院历史系副主任钱君晔先生和《历史教学》编委耿夫孟先生的介绍下，漆侠先生加入了中国民主同盟。据《河北省志》第56卷《民主党派志》记载：1956年12月23日，中国民主同盟河北省筹备委员会举行了成立大会。民盟河北省第一、第二届全会分别于1958年10月、1963年2月召开。1980年3月19—24日，在石家庄召开的民盟河北省第三届全会上，漆侠先生当选为委员会委员。1984年召开的民盟河北省第四届全会上，当选为副主任委员。1988年民盟河北省第五届全会上，再次当选为副主委。

（四）家庭生活

漆侠夫妇共育有四名子女：长子漆燕生、长女漆平生于北京，次女漆小凌、幺女漆小瑾出生于天津。自北京搬到天津后，一家人共同居住在大理道一个住房宽敞的大宅院里。漆侠先生还把母亲接来与他们夫妻同住，以方便尽孝和照顾。1952年起，漆先生又安排嫁到龙堌镇孔姓人家的姐姐和外甥女孔莲姐妹来家和他们一起居住（姐姐漆仕贵所嫁的孔姓出身地主家庭，中华人民共和国成立后遭到政治审查，丈夫离家出走后音信全无）。当时漆侠先生夫人万瑞兰女士在天

---

① 漆侠：《悼念常征同志》，载《漆侠全集》第12卷，第682—683页。

第三章 大学教师生涯的开端（1954—1958）

津师范学院附中教书，夫妇二人的工资合起来不足 200 元，要依靠这些工资养活漆侠先生一家六口，还有母亲、侄女一家，共计十口人的生活，经济生活压力可想而知。为了及时解决家中经济上的困难，漆侠先生有时不得不在书稿尚未出版之前，预借稿费，以解燃眉之急。①

1953 年冬至 1954 年春，裴汝诚（后任教于华东师范大学古籍研究所）先生在天津读书，漆侠先生和师母万瑞兰老师是他们在中学进行教学实习的指导教师。从编写教案、试讲到登台上课，两位老师都悉心指导。裴先生经常和同学三三两两去漆侠先生家中请教，他们眼中所见漆侠先生的日常生活情景如下：

> 每次都看到漆侠先生正在伏案忙碌着，或是编写讲义，或是撰写论文。在他的书桌一侧放着一只旧的摇篮，里面睡着他那尚在襁褓中的女儿，她不哭不闹，似乎很能体贴父母的辛劳，不是睡觉，就是眼看天花板，嘬小手指头，偶尔有所动作，老师则摇一摇篮。我们在书桌前汇报着教案，请教着问题，有时声音大些，或有些讨论，孩子感到吃惊而发出声音，女同学就抱她起来逗逗她玩，老师总是劝止说："不要抱她，抱惯了，你们一走，她就不干了。"老师当时吸烟很厉害，但因经济原因，烟的质量不好，是丙级烟。②

漆侠先生与裴汝诚先生的师生之谊一直长期延续。1956 年中华书局缩印出版了《宋会要辑稿》，征求预订。在东北师范大学历史系读书的裴汝诚先生很想购买此书，但因经济困难一时无力购买，几经考虑后给自己的老师漆侠先生写了封信，说明想借钱购买此书。裴先生很快收到老师的 60 元汇款和附信："此书为研究宋史者所需之书籍，速购。"裴先生喜出望外，并深受感动，他知道漆先生的家庭负担很

---

① 孔莲：《回忆舅舅漆侠先生》，载《漆侠与历史学——纪念漆侠先生逝世十周年文集》，河北大学出版社 2012 年版，第 32—35 页。

② 裴汝诚：《回忆恩师漆侠先生》，载《漆侠先生纪念文集》，第 599 页。

重，吃穿都十分简约，但助学生买书毫不迟滞，足见漆先生之为人。

漆先生晚年回忆与裴汝诚先生长达四十余年的真挚情谊：

> 我与汝诚教授相识已逾四十五年。1953年年底，我背着"反党"的包袱来到天津师范学院历史系，心情是极其悒郁的。惟一的排遣方法是，投入繁重的教学中，镇日读书、搜集资料，夜以继日地赶写讲义，偶尔挤出时间写糊口之文。这个投入，学生们在课堂上全神贯注地听课，课堂后又组织起来给他们辅导，我也因此得到很大的安慰，此前的不愉快暂时地搁置下来了，好像找到了一个安身立命之地。翌年春，汝诚教授和他的爱人姚惠娟同志作为历史系三年级学生，需要到中学实习，恰好他们两位由我和我的妻子万瑞兰同志分别指导。两三个礼拜的实习，频频接触，便熟稔起来了。之后，汝诚教授到东北师范大学读研究生，以及分配到新的岗位，一直有信息往还，几十个春秋奄忽过去了。我比汝诚教授虽然忝长几岁年齿，但四十多年以来，我一直感念他在我非常难堪的日子里敢于同我往还，也一直感念他对我的种种关切和在学术上的互相切磋！①

裴汝诚先生曾标点《宋史》，参与《续资治通鉴长编》和《文献通考》的整理工作，并为《建炎以来系年要录》等古籍编制了索引。汇集其个人研究成果的《半粟集》，于2000年被列入"宋史研究丛书"第二辑，由河北大学出版社出版。漆侠先生一手规划了该丛书，并亲为《半粟集》撰写了序言。老一辈的师友学谊，况味其间。

二 在中国农民战争史研究的第一个高潮中

"文化大革命"以前，中国农民战争史研究是中国史学界的"五朵金花"之一，参与探讨的专家学者为数较多，影响广泛。20世纪

---

① 漆侠：《〈半粟集〉序》，河北大学出版社2000年版。

50年代至60年代中期，学术界形成了研究中国农民战争史的第一个高潮。受当时崭新的社会环境的影响，学者们多从阶级斗争的角度研究中国古代农民战争问题，充分肯定农民战争对中国历史发展的促进作用。漆侠先生在1956年发文总结中华人民共和国成立以来中国农民战争史的成就时，指出"农民的革命斗争是推动封建社会前进的真正动力问题"已成为当时研究中的重要问题，为学者们"所致力探索"①。

20世纪50年代初，漆侠先生就开始了对中国农民战争史的研究，并着力探索了不同历史时期、不同朝代的农民起义在推动历史发展过程中所起的作用。研究内容主要包括秦末、隋末和宋代的农民起义等。

（一）发表《秦末农民战争》

1954年8月，漆侠先生与天津师范学院历史系教师宝志强、段景轩合著的《秦末农民战争》，刊载在《中国农民起义论集》②。这篇文章充分肯定了秦末农民战争的作用，认为它推翻了第一个专制主义中央集权制的封建统治，使劳动人民争取到反复生产乃至扩大再生产的条件。这些变化使农民的生活和生产条件得到或多或少的改善，适应了社会生产力发展的性质。西汉前期的社会经济，正是沿着秦末农民战争开辟的道路发展起来的。

1958年7月，漆侠先生与天津师范学院历史系教师苏从武合著的《秦末农民战争》发表于李光璧主编《中国农民起义论集》③。此篇文章与1954年所发表文章题目一样，在内容上约略相同，都是对于二世而亡的秦王朝，对于秦末农民战争的历史经验的总结，对陈胜、吴广等农民起义给予了高度评价。

---

① 漆侠：《关于我国农民战争史的研究》，《人民日报》1956年12月4日。
② 历史教学月刊社辑：《中国农民起义论集》，五十年代出版社1954年版。
③ 李光璧主编：《中国农民起义论集》，生活·读书·新知三联书店1957年版。

(二)《隋末农民起义》出版

1954年3月,漆侠先生以笔名"方若生"在《历史教学》第3期发表《论李密在历史上的作用》①,分别对追随杨玄感起兵反隋、参加并领导了瓦岗起义军反隋、隋末统一战争三个不同阶段的李密的政治军事活动进行分析,肯定了他在反隋斗争中的巨大贡献。

1954年8月,漆侠先生的《有关隋末农民起义的几个问题》与前述《秦末农民战争》一起,刊载在《中国农民起义论集》②。这篇文章探讨了隋朝封建统治阶级侵略高丽的战争与隋末农民起义之间的关系、隋末农民战争期间山东起义军向江淮之间移动、反隋斗争胜利后战争性质转化、关于刘黑闼起兵四个问题。其中在对反隋斗争胜利后战争性质转化的问题进行探讨时,漆侠先生一方面肯定了隋末农民起义推翻和改造旧封建统治的力量和作用,另一方面也强调了反隋斗争胜利后,战争的性质已经从反隋封建统治转化为争取封建统一,甚至一些农民出身的起义领袖如窦建德、杜伏威,也向地主阶级方面转化,而要建立一个封建政权。

1954年7月,漆侠先生研究农民起义的专著《隋末农民起义》出版。③ 该书6万余字,包括结语在内,共分为四章。第一章论述了农民起义前隋封建国家的概况,包括当时的社会阶级状况、隋炀帝残暴统治的政治状况;第二章划分了农民反隋封建统治的各个斗争阶段,描绘了农民反隋斗争的具体过程;第三章分析了隋灭亡后的形势及战争性质的变化,认为隋末农民起义进入了群雄纷争和唐帝国统一的统一战争阶段;在第四章结语中,漆侠先生强调了隋末农民起义是一个广泛的、深刻的农民的阶级斗争运动,是秦汉以来大规模的农民起义中最大的一个。漆侠先生对于隋末农民起义的这一个案性研究,也集中体现了中华

---

① 收入《求实集》《探知集》,载《漆侠全集》第7卷第290—304页、第9卷第402—415页。
② 历史教学月刊社辑:《中国农民起义论集》,五十年代出版社1954年版。
③ 漆侠:《隋末农民起义》,华东人民出版社1954年版。该书出版后,1956年苏联《历史问题》杂志曾予以介绍。

第三章 大学教师生涯的开端（1954—1958）

人民共和国成立以来农民战争史研究诸方面的成就。

第一，《隋末农民起义》是对于隋末从山东地区的几个据点扩展到全国范围，从几百人发展到几千人、几万人、几十万人乃至几百万人的大规模农民起义的研究。"隋末农民起义经历了一个极其复杂的过程，而有关的记载却非常零星琐碎，因此，应用这类零星琐碎的材料来说明这个复杂的过程，就遇到了很多的困难，有些事实甚至无从辨别清楚。"① 而漆侠先生在该书中，对于零星分散的史料的收集、整理，以及对于新史料的钩沉、考索、抉发，不仅第一次比较详备地论述了隋末农民起义的历史过程，而且集中体现了这一时期农民战争史研究的特点。

第二，对于农民起义、农民战争爆发的背景和原因，进行了分析，也体现了这一时期的研究成果。隋末农民起义与隋炀帝残暴统治的政治状况息息相关，又和隋封建统治阶级侵略高丽的战争关系密切。"对于封建统治的残暴和当权者集团的腐朽这一起义爆发的原因，是揭露得颇为充分的。对于各个时期的土地所有制，特别是土地集中的问题、赋役制度的问题，也有所论述，从而初步地接触到：以封建土地所有制为基础的封建经济诸关系，同农民战争爆发有内部的联系。"② 把农民起义同土地制度等经济关系相联系，表现了农民战争史研究的深入。

第三，对农民的革命斗争是推动封建社会前进的真正动力这一理论问题的探讨，成为这一时期研究的重点。在对这一重大理论问题进行探讨的过程中，对于农民的反封建压迫的战争如何转化为封建统一的战争，是一个存在争论的问题，"隋末农民战争便是争论的具体对象"③。漆侠先生在《隋末农民起义》这部著作中，对于隋末农民起义的这一转变过程进行了详细分析，并且认为唐太宗对农民让步的思想、唐初赋役的相对减轻和均田制较为广泛的推行，以及由此而来的

---

① 《隋末农民起义》结语。
② 漆侠：《关于我国农民战争史的研究》，《人民日报》1956年12月4日。
③ 漆侠：《关于我国农民战争史的研究》，《人民日报》1956年12月4日。

唐帝国经济文化的高涨，同隋末农民战争有血肉相连的关系。由此而引发的关于农民战争与让步政策的问题，到20世纪60年代漆侠先生还曾发表专文参与讨论。

漆侠先生在20世纪90年代访日讲学时，曾向日本学者们详细介绍了自己的学术历程和主要研究成果。对于自己三十岁写出的《隋末农民起义》这本小册子，漆侠先生认为："虽然篇幅不大，仅六万多字，但却是他克尽自己的最大努力完成的，从结构到行文至今都可算及格。"《隋末农民起义》有两个问题说明得较为透彻："一是隋炀帝侵略高丽的战争与隋末农民起义的内在联系，三次伐高丽推动了三次起义浪潮的发展；二是反隋农民起义与统一战争的内存联系，即在亡隋之后，反隋的各种势力，即使是反隋的农民起义，也都在为争取建立新的统治权而参加了封建统一战争，反封建的农民战争与封建统一战争有着内在的联系。"对于两次借突厥兵反唐的刘黑闼起兵的性质问题，漆侠先生主张，个人的行动、作为决定不了历史发展的总趋势，而历史发展的总趋势则决定个人的活动及其性质，刘黑闼是争取封建统治权而起兵的，不具有反封建的性质。漆侠先生的上述意见，虽然未得到包括隋唐史专家在内的一些学者们的赞同，但自20世纪50年代至90年代，漆侠先生一直坚持自己的主张和看法。[①]

20世纪60年代初，关于隋末农民起义问题的研究，出现了一些与漆侠先生不同的商榷意见。针对漆侠先生的《隋末农民起义》一书，持反对意见者认为主要存在三个问题：第一，漆侠先生把隋初封建国家大肆掠夺农民而造成府库丰盈的现象描绘成整个社会的经济"繁荣"，并大加歌颂；对于隋末农民起义时期，统治集团内部的斗争事件和从统治集团分化出来、参加到起义队伍中来的一些别有企图的地主分子，漆侠先生也给予了很不恰当的评价。如对李密的评价，漆侠先生很看重李密这个人物，认为他参加起义军有过"重要的转折"，"代表农民的意愿和要求"，瓦岗军的发展、壮大，都以李密为转移。第二，这次起义确实可以因腐朽的隋王朝的覆灭和起义的重要

---

① 参见漆侠先生1994年赴日本讲学时，对《隋末农民起义》一书的简介。

主力之一的瓦岗军的失败而分为前后不同的两个阶段；在两个阶段间，确实经历了一个由农民战争向统一战争的转化过程。但是，在怎样认识这种转化，怎样认识统一战争的性质及统一战争与农民战争的关系等问题上，和作者漆侠先生有着根本的分歧。不同意漆侠先生关于农民起义阻碍了李唐集团的统一的说法。第三，漆侠先生对于刘黑闼所领导的农民起义给予完全的否定的说法是错误的。漆侠先生论据有三：一是刘黑闼在窦建德所率领的起义军中弄到了"汉东公"的爵位，具有浓厚封建思想；二是唐战败窦建德、王世充后，已经算是完成了统一。刘黑闼起义则成为历史发展的阻碍力量；三是刘勾结突厥，充当了突厥分裂中国和掠夺中国人民的工具。[1] 综之，持反对意见者认为，在《隋末农民起义》中，漆侠先生用巨量篇幅为隋王朝、隋文帝杨坚歌功颂德，详尽地叙述了以李世民为中心的地主阶级进行的封建统一战争和建立唐帝国的活动，对轰轰烈烈、波澜壮阔的农民斗争却轻描淡写，作为陪衬。因此，这本书不像隋末农民战争史，倒像"隋亡唐兴史"。我们分析以上的批评意义，是在农民战争研究的第一个高潮中产生的，有明显偏重于阶级斗争的理论色彩，可以明显看到时代的特色和烙印。

（三）《唐太宗》出版

1955年4月，漆侠先生以笔名万钧所著的《唐太宗》由上海学习生活出版社出版。《唐太宗》中对隋末农民起义的作用也有涉及。隋末农民革命斗争的巨大力量，不仅反映到唐太宗的意识中，使唐太宗认识到封建统治者和被统治者之间的联系，从而使唐太宗产生对农民让步的思想；同时也反映到唐太宗时期的著名的公卿大臣的意识中。关于中国农民战争和让步政策的讨论，也成为这本小册子的重要内容之一。

---

[1] 《关于隋末农民起义的几个问题——评漆侠著〈隋末农民起义〉》，《历史教学》1960年第2期。署名天津师范大学历史系中国古代中世史教研组青年教师科学研究小组。

（四）宋代农民起义研究

关于宋代农民起义，漆侠先生较早予以关注和探讨的是方腊起义[①]。漆先生认为前于方腊起义的王小波（㝢）、李顺起义，曾经提出"吾疾贫富不均，今为汝均之"作为起义的号召，后于方腊起义的锺相、杨么提出了"等贵贱，均贫富"作为起义的号召；而方腊则提出了"平等"的口号。这三次起义所提出的口号，是此前的农民起义所未有的，而这三个口号的实质则是完全一样的。宋代这三次起义所提出的口号，正是反映了农民群众的完全消灭地主权力、摆脱封建制度奴役的革命愿望。

（五）农民起义相关问题研究

1956年12月4日，漆侠先生在《人民日报》发表《关于我国农民战争史的研究》，总结了我国农民战争史研究所取得的成就：对秦汉以来全国性的农民起义有了丰富的知识；对每次农民起义的背景和原因进行了一定的分析；探索了农民战争是封建社会前进的真正动力问题、农民领袖的评价问题。存在问题：缺乏一部首尾贯串的农民战争史；在对农民战争史规律性问题的探讨中，对于诸如土地制度、政治制度等背景的分析应当加强。

1957年1月，漆侠先生在《天津师范学院科学论文辑刊》（人文版）发表的《从农民的分化看汉代社会性质》一文中指出：两三年来，史学界一直争论关于汉代社会性质的问题[②]。漆先生的主要观点是：农民的分化是汉代社会中最常见、最普遍、最大量的现象，是研

---

① 漆传：《方腊的起义》（与钱君晔合著），五十年代出版社1954年版；后收入《中国农民起义论集》，生活·读书·新知三联书店1957年版。

② 关于汉代政权的性质，当时代表性的有郭沫若和日知的两种观点。《人民日报》刊载了郭沫若先生《汉代政权严重打击奴隶主》（1956年12月6日）和《略论汉代政权的本质》（1957年3月5日）以及日知先生《从重农抑商的传统谈到汉代政权的本质》（1957年2月25日）。郭沫若认为，汉政权打击工商业者，就是打击奴隶主，说明汉政权是封建政权。日知不同意这一意见，认为秦汉的重农抑商政策是"奴隶主内部不同集团相互斗争的表现"。

究汉代社会矛盾运动的一个关键问题；汉代农民分化的状况是：少数的成为奴隶，而多数日益成为封建主控制下的各种"徒附"。汉代是封建社会，奴隶制仅作为残余而存在于汉代社会中。

三　宋金史研究

（一）宋代政治史、手工业史研究

1954年10月，漆侠先生以问题解答的形式，在《历史教学》发表了类似读书札记的短文《宋朝的"差遣"和"通判"的职责和性质怎样区别》。宋代职官制度错综复杂，普通读者更是难于理解。漆侠先生在短文中解释说：宋代实行官、职、差遣相分离的职官制度，"差遣"和"官职"相对应，指官员所担任的实际职务；"通判"则为"差遣"的一种，宋代设立了掌管地方州级行政的知州，其副贰则为通判，掌管粮运、水利和诉讼等事项。虽仅是对宋代职官制度中的两个词条加以解释，却言简意赅，方便阅读史料。

1954年12月，漆侠先生以笔名"季子涯"[①]，在《历史教学》发表《赵匡胤与宋专制主义中央集权制的发展》。论述了赵宋王朝的建立者赵匡胤为了削除五代藩镇割据的局面，采取了"稍夺其权""制其钱谷""收其精兵"等一系列措施，将地方州郡的权力都收归于中央政府；并且在军事上推行"强干弱枝""守内驭外"的政策，宋朝的官僚制度和机构则贯彻了分权制衡原则。赵匡胤加强专制主义中央集权的措施顺应了历史发展的趋势和时代要求，但同时也出现了矫枉过正的弊端。漆先生这篇文章研究了宋太祖加强中央集权的措施问题，是宋代政治史的重要问题之一。

1955年5月，漆侠先生再以笔名"季子涯"，在《历史教学》发表《宋代手工业简况》。对于宋代手工业的状况进行了整体地分析。主要观点包括：第一，宋代手工业生产的范围较唐代已经扩大许多，这无论在官工业或私工业都显现这个情况。而在著名的矿冶区聚集着

[①] "季子涯"即"漆侠"这一名字的转音。

数千乃至十万的矿工，进行开采，更是突出的现象；第二，手工业各部门的分工也细密了。从制针、制刀子这类作坊的出现来看，它表明在手工业生产的总范围中，分工是细密得多了。从某种手工业内部来看，它的分工也更加细密，像从拣矿到炼矿以至制作各种器物的程序，体现着一系列的生产活动及其专业性。这应当是手工业发展的进步现象；第三，由于手工业的上述发展，所以在生产技术上、在生产成本的降低上，以及在产品的增加上都有了不小的进展；第四，就手工业生产各类形态看，无论官营手工业或私营手工业，都和封建统治阶级有着不同的联系。这也就指明，在封建社会下的商品生产，是为封建制度服务的，而且主要的是服膺封建地主阶级利益的；第五，无论是在官营手工业或是私营手工业中，手工业生产者——工匠的地位也有了变化。他们极大部分是取得雇值的工匠。这类工匠早在唐代即已存在，当时称作"和雇匠"。到宋代则更为普遍地存在了，而且在佣值取得上也有各种形式。虽然这种雇佣制度还不是资本主义雇佣劳动制，但这种制度终是显示着工匠地位的变化，并刺激了生产者的劳动兴趣，对于宋代手工业生产的发展是起着推动作用的。[①] 漆先生对宋代手工业整体状况的上述五点总结，发前人之未发，是原创性重大研究成果，对此后研究工作的深化与细化具有长期的引领作用。

1957年2月，漆侠先生在《历史教学》发表《学习宋代历史的一个读书报告》。介绍了学习宋史的基本史籍，包括怎样读那些材料书，以及宋代历史当中有哪些重要问题需要进一步研究。此文表明，漆侠先生已经开始重视宋史专家学者队伍的青年人才培养问题。

（二）金史研究

1958年漆侠先生在《教学理论与实践》第1期，发表《女真建国及建国初期的社会状况——金史札记之一》[②]。首次专门论及金史，

[①] 《漆侠全集》第11卷，第55—68页。
[②] 《漆侠全集》第11卷，第69—86页。

探讨了 12 世纪初叶及其以前女真族社会生产的简况、女真原始公社制度的解体、女真诸部的统一及其建国初期的社会状况。20 世纪上半叶，辽金史研究成果主要集中于两方面：一方面是继续对辽金史史料进行整理，另一方面有学者用近代实证史学方法研究辽金史，对辽金史学、契丹文、女真文研究做出重要贡献者有陈述、冯家昇、傅乐焕、罗福成、罗继祖等。20 世纪后半叶，随着新中国的诞生，马克思主义史学主导地位的确立，辽金史研究者也努力以此作为指导思想从事研究。不过在 50 年代初到"文化大革命"以前，以辽金史为主要研究方向的学者屈指可数，成果也很少。漆侠先生属于较早贯通宋辽金史的研究学者之一。①

四　断代史和历史人物研究

1957 年 2 月，漆侠先生以笔名"齐力"发表《伟大的史学家司马迁》，与此前在《历史教学》发表的《关于史可法的评价问题》（1952 年第 12 期）、《论李密在历史上的作用》（1954 年第 3 期），一起收入《中国历史人物论集》②。漆侠先生对司马迁的关注，一直持续到 20 世纪 80 年代出版的《求实集》中有关司马迁与《史记》的两篇读书札记③。司马迁《史记》在中国古代史学上的地位崇高、影响深远。漆侠先生一生推崇司马迁的治史方法，晚年在为研究生讲授历史研究方法时，提出历史研究的基本方法是收集史料和考订史料，而司马迁游历访查，考信于六艺，才著就了《史记》这部千古名著。

1957 年 6 月 1 日，漆侠先生以笔名"子涯"在《天津日报》发表《读〈宋书·徐豁传〉和〈王弘传〉——试释晋代占田制度》④。

---

① 宋德金：《二十世纪中国辽金史研究》，载《宋德金集》，中国社会科学出版社 2008 年版，第 443 页。
② 李光璧、钱君晔主编：《中国历史人物论集》，生活·读书·新知三联书店 1957 年版。
③ 《漆侠全集》第 7 卷，第 405—417 页。
④ 《漆侠全集》第 7 卷，第 51—57 页。

关于晋代田制，学者已有广泛的讨论，如余逊先生在 1951 年 2 月 16 日和 1952 年 5 月 9 日在天津《进步日报》分别刊文《由占田课田制看西晋的土地和农民》《魏及西晋的土地占有形态和封建剥削》，提出：西晋占田制是曹魏屯田制的发展。相对于屯田制限定于一定区域之内、仅由农业等田官负责，占田制与晋政府垦田政策相配合，要广泛多了；唐长孺先生就西晋占田的性质提出自己的看法，否认了占田为授田（国有土地性质）的说法①；张维华先生认为，占田法在西晋并未得到认真实行②。漆侠先生在文章中回应了老师余逊先生等人的观点，也提出自己对这一问题的认识：公元 280 年西晋政府所颁布的占田制度，乃是西晋土地所有制在法律形式上的一个表现。西晋占田制按规定年龄占田，亦按规定年龄负担力役课税；占田制下很可能按户内丁的多少来课租，年满十六的成丁课米六十斛，十五以下至十三的半丁课三十斛。按照漆先生的研究，西晋实施了占田制度，对户丁按年龄课租。

历史人物的评价问题，是中华人民共和国成立后史学研究的热点之一。中国大陆史学界对历史人物的评价第二次讨论高潮是在 20 世纪 50 年代末。1959 年郭沫若创作了历史剧《蔡文姬》和《替曹操翻案》，肯定了曹操的历史功绩。③ 继而在全国学术界乃至普通群众中掀起了评价和讨论曹操的浪潮，仅至 4 月底就发表了 100 多篇文章。1959 年 5 月 16 日，漆侠先生执笔在《天津日报》发表《关于曹操评价的根本问题》，后收入《曹操论集》④。文章就三个问题展开讨论：第一，曹操镇压黄巾起义和是否违背黄巾起义的目的问题。曹操推行屯田制，一定程度违背了黄巾起义的目的，但也不能说没有体现人民的一点愿望。第二，关于兼并战争、统一战争和曹操统一北方的作用问题。第三，曹操对人民犯过不小的罪行，但他还是当时历史的促

---

① 唐长孺：《魏晋户调制及其演变》，载《魏晋南北朝史论丛》，商务印书馆 2010 年版。
② 张维华：《试论曹魏屯田与西晋占田上的某些问题》，《历史研究》1956 年第 9 期。
③ 郭沫若：《替曹操翻案》，原载《光明日报》1959 年 3 月 13 日。
④ 郭沫若、翦伯赞主编：《曹操论集》，生活·读书·新知三联书店 1960 年版。

进派。

  综上，1954—1958 年，漆先生把更多的精力放在了中国古代历史教学和农民战争史的研究中，并积极参与了历史人物评价大讨论。漆侠先生对农民战争史的研究，持续到了 20 世纪 80 年代，坚持己说，成就卓著。漆侠先开拓了宋史研究，主要围绕王安石变法问题展开，为 1959 年 3 月上海人民出版社初次出版《王安石变法》打下了基础。

第四章

早期宋史研究:《王安石变法》

1958年夏,河北省教育厅将"天津师范学院"扩建为"天津师范大学"。1958年起,漆侠先生继续在天津师范大学历史系任讲师,并担任中国古代史教研室副主任。在此期间,漆侠先生一直没有间断宋史,尤其是王安石变法的研究。1959年3月,《王安石变法》一书由上海人民出版社出版。而《王安石变法》的研究和修订再版,则延续一生,2001年9月《王安石变法》由河北教育出版社出版增订本。付梓之后,河北教育出版社第一时间把书呈给漆侠先生,这也是先生生前完成并寓目的最后一本个人著作,同年11月他便因医疗事故去世。

一 《王安石变法》出版

漆侠先生对王安石和荆公新法的研究,与他的研究生导师、著名宋史专家邓广铭先生有直接的关系。邓先生曾先后四写王安石:1953年,邓著《王安石》作为"中国历史小丛书"的一种由生活·读书·新知三联书店出版;1975年,时值"文化大革命"期间,因日本前首相田中角荣访华时,毛泽东主席提到王安石的"三不足",人民出版社要求邓先生比照"儒法斗争"全国性大讨论的需要改写出版《王安石——中国十一世纪时的改革家》;1983年,《王安石——中国十一世纪时的改革家》(修订版)由人民出版社出版,删去了

"文化大革命"期间所增加的"儒法斗争"内容；1997年3月，邓先生完成第四次修订，《北宋政治改革家王安石》作为"二十世纪中国史名著"之一出版。作为弟子的漆侠先生，读研究生时期即受邓广铭先生指导开始研治荆公新法，因之对恩师该书的贡献给予了准确的评价。漆先生认为《北宋政治改革家王安石》一书从三个方面凸显了王安石的风貌：一是"三不足"精神；二是"吞灭西夏、契丹统一中国的战略设想"；三是"摧制豪强兼并"与"欲富天下则资之天地"的主张和实践。①

关于恩师对自己学业的指导与提携，漆先生感佩终生。漆先生一直谦虚地称自己的学问属"邓氏之说"，是对老师学术的继承和发扬。1954年漆侠先生用"季子涯"的笔名发表《赵匡胤与宋专制主义中央集权制的发展》一文，对宋初解决地方割据的问题以及宋代制军、设官任职的特点作了分析，影响不小。因为是以笔名发表的，直到20世纪80年代部分朋友才知道季子涯就是漆侠先生。漆侠先生曾告诉朋友，文章的主要内容属于邓广铭先生的"邓氏之学"，自己只是发扬老师的学说而已。漆侠先生晚年投身于宋学研究，无疑也受到邓广铭先生《略谈宋学》启发和影响。漆侠先生遗著《宋学的发展和演变》中提出以理学为主体的思想史旧框架贬低了荆公新学，荆公新学在宋学的发展中具有重要的地位。这与邓广铭先生在《王安石在北宋儒家学派中的地位——附说理学家的开山祖问题》中对荆公新学重要地位的肯定一脉相承，也可以看作是对"邓氏之说"的发扬光大。

漆侠先生对宋代政治史的关注和学习，是他研治宋史的开端。如前所述，早在读大学高年级时（1947年、1948年），即发表了《摧兼并（王荆公新法精神之一）》《宋代对武人的防制——从释兵权削弱藩镇以外来看》《北宋元祐旧党的贬逐》《尹洙、王安石论"校事"》《李觏不喜孟子》（上）《李觏不喜孟子》（下）6篇文章。研究

---

① 漆侠：《悼念恩师邓广铭恭三先生》，载《仰止集：纪念邓广铭先生》，河北教育出版社1999年版。

生阶段（1948—1951）又发表了《北宋熙宁时代农田水利事业的发展——王安石新法研究之一》，编写了12万字的《章惇年谱（初稿）》，对变法派的重要人物之一章惇进行了初步研究。1956—1957年，漆先生在原有论文的基础上完成《王安石变法》一书。1959年由上海人民出版社正式出版。①

漆侠先生非常注重对王安石新法的渊源、主要内容和实施过程的考察，硕士毕业论文题目即《王荆公新法研究》。进入中国科学院近代史研究所后，漆侠先生担任著名史学家范文澜先生助手，开始了对马列主义理论的深入学习。理论学习之用于史实研究实践，集中体现在漆先生的奠基之作《王安石变法》。

在此书中，漆侠先生对北宋封建王朝的政治、经济、军事、对外关系等方面进行了深入研究，并借此揭示了王安石变法的广阔社会背景，阐明了变法要求的酝酿及其最终成熟原因，论证了新法的来源、内容、实质和变法过程中的复杂曲折的斗争，并且指出了变法最终失败的根源所在。本书代表着漆侠先生以马列主义理论为指导研究宋代政治史所取得的超越前人的突破性成果，是漆侠先生研究宋史的第一部代表作。此书一问世便引起广泛关注，在史学界受到持久的赞誉。

二 以马克思主义为指导的史学研究方法

在过去九百多年里，南宋高宗及其史官给王安石变法撒下了一层污尘。直到20世纪20年代，梁启超的《王荆公传》，才一扫赵构们的污尘，为王安石、王安石变法翻了案，从而突破了封建主义的樊篱。可是由于资产阶级史学方法论的固有缺陷，梁启超对这个重大问题的评论，一是把王安石变法派同司马光反变法派之间的具有原则性的政治斗争看为意气之争，这就不能不模糊了双方的分歧和是非；二是把变法的某些方面看作具有社会主义性质，这就不能不混淆了时代

---

① 《王安石变法》，1978年由上海人民出版社出版重订本，2001年由河北人民出版社出版了修订版。

的和事物的界限,以至失之毫厘,谬以千里,从正确又转化为新的谬误。但不论怎样说,梁启超对王安石变法研究的开创之功则是不可泯灭的,而这一开创在正确评价王安石以及王安石变法的里程上,迈出了前所未有的巨大的一步。

在代绪论《对资产阶级历史学中有关王安石变法研究种种谬论的批判》中,漆侠先生对变法性质予以了肯定:以杰出的政治家王安石为首的变法派,在宋神宗熙宁、元丰年间(1068—1085)进行的政治改革,不仅是宋代历史上一个重大事件,也是我国历史上重大事件之一。依据马克思列宁主义的阶级斗争学说,以及政治和经济、基础和上层建筑间辩证关系等基本原理,考察一下这个重大事件,可以知道:它是阶级矛盾(主要的矛盾)和民族矛盾(次要的矛盾)交错发展、宋封建专制统治极端虚弱下的一个产物;它是地主阶级内部矛盾(具有进步性质的变法派和代表反动势力的反变法派之间的矛盾)的产物。同时还知道:这次改革不仅对宋封建专制统治起了巩固和加强的作用,而且对社会经济的发展起了一定的推动作用。

对于以往王安石变法研究中存在的谬误,漆侠先生认为:

一方面,主要是史料记载上的模糊和史观上的歪曲。由于王安石变法失败后,有关变法改革活动的实际材料,遭到以司马光为首的顽固派以及同顽固派声气相通的封建文人的无耻窜改,从而给后来的研究带来不小的困难,使人们难于洞察事实的真相。虽然从南宋以来,就有王安石的乡贤陆九渊为王安石的品格辩诬,认为王安石是节操洁白、"英特迈往"[1]的人物,但对王安石变法却加以否定,认为王安石蔽于所学而为"小人"(指变法派分子)所利用。朱熹也有类同的观点,他很推崇陆九渊的这篇文章,并且也多次提到王安石蔽于所学。[2]这种只是从封建伦理道德上分别"邪""正"或"君子""小人"的观点,仅仅把王安石个人提到同他们所谓"元祐君子""分庭抗礼"的地位,根本不能说明这个事件的真相。清人蔡上翔撰成

---

[1] 陆九渊:《陆九渊集》卷一九《荆国王文公祠堂记》,中华书局1980年版。
[2] 黎靖德编:《朱子语类》卷一三,中华书局1986年版。

《王荆公年谱考略》一书，虽然在形式上不同于陆九渊等人，即他肯定了变法，亦肯定了王安石本人，但在实质上则和陆九渊的观点并无什么不同之处。

另一方面，"近几十年来，资产阶级学者（其中包括外国的）对王安石变法的研究亦做了一些工作。他们摆脱了封建主义的一些局限，搜集了较多的材料，提出并叙述了若干有关王安石变法中个别的和局部的事实问题，写出许多文章。他们比封建主义的学者的研究迈进了一步。但是，他们的研究，充其量仅是对于若干孤立现象的说明。就是在这个方面，他们做的亦并不充分。资产阶级学者常以征引大量材料而自相炫耀，仿佛只有他们才重视材料。事实上，他们对于历史材料并没有进行严格的批判和审查，很多论文和著作整段整节地抄录了历史材料，至于材料的含意和内容是什么，他们并未给以正确的解说。他们虽然提出了变法改革的渊源、变法改革的性质以及变法斗争的根源等重要的关键性的问题，但是由于他们的反科学的观点和方法，只是随意地上下古今比附在一起，瞎说一通，丝毫无助于问题的解决。"

三　详史料、重实证：《王安石变法》研究的创新

《王安石变法》一书除"代绪论"外，包括六章的具体内容：第一章研究总述了变法前宋封建国家的政治、经济状况（960—1069），第二章探讨封建统治危机下改革要求的酝酿及其成熟（1043—1069），第三章分别研究论述各项新法的内容和实质，第四章研究变法过程中的斗争（1069—1085），第五章研究新法的废除和反动的封建统治势力的高涨（1085—1120），第六章结论。

第一章，宋封建国家的政治、经济概况（960—1069）。本章对变法前的积贫积弱局势和封建兼并势力的发展状况加以概述，这也是王安石变法的时代背景。钱穆在《国史大纲》中提出变法起于南北地域之说，认为新党大率多南方人，反对派则大率是北方人。中华人民共和国成立后，王安石变法研究取得的成就之一，就是"把王安石变

法放在特定的历史环境中,即放在封建时代的宋代进行考察,指出王安石变法是地主阶级的一个改革运动,王安石是代表地主阶级利益的,这就从根本上同梁启超混淆时代的非科学的做法划清了界限,把王安石、王安石变法研究引导到正确的轨道上"①。在这一章中,漆侠先生具体分析了宋立国百年后"封建经济关系同生产力矛盾统一的具体状况","国家政权同经济关系矛盾统一的具体状况","经济关系对生产力所起作用的具体状况"。

第二章,封建统治危机下改革要求的酝酿及其成熟(1043—1069)。本章论述了士大夫提出改革要求,个别的、局部的改革实践之不断涌现,随着改革条件的成熟,并获得宋神宗支持,改革得以实行。其中在分析王安石执政前的哲学思想和政治思想的发展时,再版时补充了王安石的哲学思想(见《重版后记》)。

第三章,变法的内容和实质。本章分为五部分:一、对官僚机构的调整和下层士大夫的提拔,科举制和学校制的变更;二、军队的整顿及其战斗力的加强,巩固地方封建秩序的保甲法的建立;三、调整封建国家、地主与农民的关系的政策,有关发展农业生产的措施,包括青苗法、免役法(雇役法、募役法)、方田均税法、农田水利法(农田利害条约);四、供应国家需要和限制商业资本的政策,封建国家的专利制度,包括均输法、市易法和专利制度;五、新法的作用和实质。

漆先生在《王安石变法》一书的后记中指出:"有关王安石变法的文献材料,是颇为丰富的。但这些材料大都遭到歪曲和窜改,并且星星点点地散见于各书中,未经系统化的整理。封建主义的和资产阶级的学者在这方面虽然做了一些工作,但是他们整理出来的材料,并未经过科学的批判和审查。我们在研究这个问题时,还得重新搜集材料,还得给以必要的考订补苴。"②漆侠先生在本书的后记,还特别

---

① 漆侠、郭东旭:《关于王安石变法研究中的几个问题》,《中国史研究》1989年第4期,后收入《王安石变法》(2001年修订版)附录。
② 《王安石变法》(2001年修订版)附录《王安石新法校正》,对均输法、青苗法、农田水利法(农田利害条约)、免役法(雇役法、募役法)、市易法、方田均税法、保甲法、保马法、将兵法、军器监十个新法条目加以校正。

指明:"王安石变法是个复杂问题,牵涉面很广。依据马克思列宁主义的这个基本原理即政治是经济的集中表现,来考察这一事件,不先了解宋代经济的具体状况,亦就很难全面、正确地了解这次改革的面貌。像针对商业资本而提出的市易法,如果不具体摸清商人经济力量在经济关系中所占的比重,以及他们对经济的发展究竟起着怎样的作用,那就不能正确说明这道法令的性质和作用。有关宋代经济当中的关键问题,还有待史学工作者多加研究。"

王安石变法内容的考订,也影响到对变法性质与作用的认识。中华人民共和国成立后,研究王安石变法取得的成就之二,即"从王安石变法的社会实践进行认真的考察,以确凿的历史材料充分地论证了,王安石变法在实现其富国强兵、加强宋朝封建专制统治的同时,还推动了宋代社会生产力的发展和历史的前进,这就为研究王安石、王安石变法作出了奠基的工作"。再版时,对王安石变法的改良主义也作了一些说明。对于王安石变法的性质,20 世纪 80 年代出现"尊马抑王"的学术热潮。漆侠先生则撰文《王安石变法研究中的几个问题》,坚持自己对王安石变法的认识和观点。

第四章,变法过程中的斗争(1069—1085)。本章被漆侠先生认为是相较于以往的研究,最具新意的部分。变法派和反变法派的斗争大体上可划分为三个阶段:自熙宁二年初王安石执政到熙宁五年夏行市易法之前,为第一个阶段(1069—1072)。在这阶段中,反变法派围绕着青苗、免役两法向变法派进攻,形成变法斗争的第一个大浪潮。对变法犹豫、不坚定的分子,或放弃自己从前的主张,或离开变法派,从侧面或跟反变法派一道向变法派进攻。但斗争的结局却是:反对派遭到很大的失败,变法改革得以广泛地进行。自熙宁五年行市易法到熙宁九年王安石第二次罢相,为斗争的第二个阶段(1072—1076)。在这阶段,改革日益深入,宋封建统治力量(对内对外)已有所加强。宋的北方敌对力量辽国因宋加强边防实力而故意地挑起衅端,要求"议界"。反对派趁着这个有利的机会,并同大商人和皇亲贵戚结成联盟,向变法派发动了凶猛的攻势,形成了反变法斗争的第二个大浪潮。变法派抵挡住了内外敌对力量的联合进攻,维持住了变法改革的局面。但在这个猛烈的打击下,变法改革出现了停滞,变法派内部则因而日趋分裂,最后王安石罢相,离开政府。自熙宁九年底王安石第二次罢相,到元丰八年春宋神宗去世,为第三个阶段(1076—1085)。这一阶段,宋神宗成为变法改革的指导者,虽然还继续执行以前的改革,但前此改革中的若干积极因素(如抑制豪强之类)大为缩小,单纯为满足国库收入的措施增多。两次对西夏斗争的巨大损失,更给局部地区人民带来更多的痛苦。变法改革的最初动向至此发生了逆转。反变法派更由此取得废除变法改革的种种借口。总之,上述两派斗争的三个阶段,明显地显示了斗争的实质和两派势力的消长,以及由此而产生的变法改革动向的转变。

第五章,新法的废除和反动的封建统治势力的高涨(1085—1120)。可分为两个时段,"元祐更化"否定王安石新法,变法派遭到压制;变法派再度登台,却形成以蔡京为首的腐朽的大地主集团的专政。

第六章,结论。王安石变法有其深厚的社会历史的背景。它是历史发展过程中的一个产物,是宋代政治经济发展过程中各种矛盾关系的集中表现。1069—1085年,以王安石为首的变法派掌握并利用国家政权,进行了多方面的改革。改革成就如下:

首先,改革起了加强宋封建统治和维护地主阶级广泛利益的作用。在这次改革中,中小地主阶层特别是小地主阶层获得最多的利益,而贵族、官僚、大地主和大商人的兼并势力,则或多或少受到了限制。尽管如此,这次改革是在封建经济制度范围内进行的,它丝毫没有触动封建土地所有制这个最根本的问题,因而也就没有触动在这个土地制度上建立起来的封建等级秩序,那些即使受到限制的人们依然是大土地所有者,无田无土的农民照样在这种土地制度下忍受着沉重的剥削,从这个最本质的问题上来讲,这次改革也就维护了地主阶级的广泛利益。

其次,改革起了调节封建经济诸关系一些环节的作用。这次改革虽然没有触动封建土地所有制,但是,青苗、免役等法以及国家专利制度的若干方面,都多多少少地调整了封建经济关系。

最后,改革起了促进社会生产发展的作用。由于经济关系某些环节的变革，劳动人民的生活、生产条件得到多多少少的改善，以及变法派执行了一些行之有效的生产措施，农业和手工业生产，以及在此基础上发展的商品、货币关系，也都有了发展。

四　扛鼎之作、影响深远

（一）关于王安石变法性质的争论

《王安石变法》一书不仅在国内史学界引起了深远的反响，在日本（《史林》《东洋史学》）介绍过，苏联的杂志也作过介绍。这本书对有关新法的各种记载进行了校勘，予以补正，作为附录放在书后；对变法总过程作了叙述，其中变法过程中各派政治力量间的斗争写得较为充实，是此前研究中所未有的。

《王安石变法》出版之后，漆侠先生转而对宋代经济史做了较为完整的探索，反过来对王安石变法中的有些问题有了更加清楚和深入的认识，后来又发表了《再论王安石变法》《关于王安石变法研究中的几个问题》等文章。其中对王安石变法及其性质的再论，在1963年5月16日《人民日报》（第5版）发表。内容包括：王安石变法旨在挽救极端虚弱的北宋统治，对抗农民的革命；变法是对封建制度某些环节的局部改革；王安石变法过程中的斗争，变法派的软弱无力；变法的最终失败。

在1978年3月25日《重版后记》中，说明："这次修订，主要对王安石的哲学思想作了补充，对王安石变法的改良主义性质也作了一些说明，这也是来自同志们的建议。"

1986年在《河北大学学报》第3期，漆侠先生发表《再论王安石变法——王安石逝世九百周年》。后收入《知困集》。文章认为王安石变法是以富国强兵为目的、理财为中心、调整农业生产关系为急务的广泛改革；变法使得农业、手工业和商业中残存的劳役制缩小和人身依附关系削弱；变法推动了社会生产力的发展，解决了国家财政问题。

1989年在《中国史研究》第4期，漆侠、郭东旭先生合作发表《关于王安石变法研究中的几个问题》，获"七五"期间省教委优秀社会科学研究成果论文一等奖。文章首先回顾了九百年来对王安石变法的评价：（1）宋高宗为开脱宋徽宗亡国罪责，提出"朕最爱元祐"，把亡国罪责推给蔡京，又进而归诸王安石和变法。南宋陆九渊、朱熹等人只能从道德文章上肯定王安石，而对其在政治上的伟大业绩则讳莫如深。（2）直到20世纪20年代，梁启超《王荆公传》才开始为王安石、王安石变法翻案，突破了封建主义的樊篱，但囿于资产阶级史学方法论的局限，对王安石变法的评价仍有失偏颇，如将王安石变法派同司马光反变法派之间的政治斗争看作意气之争，把变法的某些方面看作具有社会主义性质，混淆了时代和事物的界限。（3）《王安石变法》成就：第一，把王安石变法放在特定的历史环境中，即放在封建时代的宋代进行考察，指出王安石变法是地主阶级的一个改革运动，王安石是代表地主阶级利益的，这就从根本上同梁启超混淆时代的非科学的做法划清了界限，把王安石、王安石变法研究引导到正确的轨道上。第二，从王安石变法的社会实践进行认真的考察，以确凿的历史材料充分地论证了，王安石变法在实现其富国强兵、加强宋朝封建专制统治的同时，还推动了宋代社会生产力的发展和历史的前进，这就为研究王安石、王安石变法作出了奠基的工作。第三，司马光反变法派的政治运动是阻碍历史前进的，应当予以否定；司马光作为政治家则是非常渺小的，但司马光作为史学家则是极其伟大的。上述这些论断是否正确，只有经过历史的检验才见分晓，但不论怎样说，它在国内外都产生了深刻的影响。（4）1980年《中国社会科学》发表了王曾瑜《王安石变法简论》，对王安石、王安石变法的再评价随之又热烈展开。流风所及，远被异域，日本的柳田节子教授特别为此作了专题评述。这次讨论以"尊马抑王"为特色。以顾全芳、季平同志最为突出。文章从王安石变法的时代内容、王安石所代表的社会力量和变法的历史作用三个方面对"尊马抑王"派的观点进行了批评和反驳。

上述关于王安石和王安石变法的补充研究和相关文章，收入了2001年9月由河北人民出版社出版的《王安石变法》修订本。

(二) 国内外评论

（1）李春圃在《光明日报》1963年8月28日第4版发表《读〈王安石变法〉》一文，指出：漆侠同志的《王安石变法》一书（上海人民出版社出版）试图依据马克思列宁主义的基本原理，依据大量的历史资料，说明王安石变法这个复杂的矛盾运动过程。它不仅答复了为资产阶级学者们提出而又被他们歪曲解释了的若干关键问题，且也提出了一些新的问题。

肯定的同时，提出：①关于王小波、李顺起义与土地问题。②关于王安石变法的性质问题。③关于改革派的内部矛盾问题。某些论断还值得商量。

（2）李华瑞在《评邓广铭先生、漆侠先生五十年来对王安石及其变法的研究》[①]一文中，全面系统地评述了邓广铭先生、漆侠先生半个世纪以来研究王安石及其变法的特点、方法和贡献，并指出了两人在研究方法、观点上的异同。李华瑞认为，邓广铭先生和漆侠先生对王安石变法研究的不同之处有三点：第一，邓先生在晚年放弃了"阶级斗争学说"，而漆侠先生一如既往仍坚持以阶级斗争的理论来评议、估价王安石。第二，对神宗去世之后变法是否失败，邓先生认为新法在元祐以后又不同程度地被后世奉行，故王安石变法并未失败。漆先生从变法派的阶级属性强调了变法的失败。第三，对宋神宗发生动摇的原因有不同的解释。[②]

同时，李华瑞在《漆侠先生与20世纪马克思主义历史学》[③]这篇文章中指出：王安石变法是宋代也是中国历史上的大事，自南宋初年被宋高宗等人否定以后，直到晚清近八百年间很少有人认真进行研究。即便是有三种王安石年谱[④]，从近代史学的角度来衡量，还算不

[①] 载《河北学刊》2003年第3期。
[②] 《王安石变法研究史》，人民出版社2004年版，第386—392页。
[③] 原载于《史学理论与史学史研究》（2011年卷），后收入《漆侠与历史学：纪念漆侠先生逝世十周年文集》，河北大学出版社2012年版。
[④] 裴汝诚编：《王安石年谱三种》，中华书局1994年版。

上严格的科学研究。进入20世纪，王安石变法自梁启超在1909年为王安石翻案之后，在20世纪前半叶，不仅得到占主流的近代实证史学派的肯定，也得到新崛起的马克思主义史学的肯定。虽然三四十年代王安石变法研究形成一个高潮，据不完全统计，这一时期发表有关论文一百余篇，出版王安石传记及其变法的单行本著作（不含诗文选注及介绍）近十种，但是大多数研究王安石及其变法的学者（包括梁启超），不专治宋史，因而虽然问题涉猎较广泛，但挖掘史料不够深广，因而论证甚嫌粗疏，主要表现在专门研究单项新法的文章不多，而大多数都是泛泛而谈之作，当然这与《宋会要辑稿》《续资治通鉴长编》流传不广以及学者们常处于战争的颠沛流离中，无暇翻阅大量资料有很大关系，因而研究论文也是泥沙俱下，有深度的文章并不多见。① 对王安石变法进行科学、系统、全面的研究大致首推漆先生。邓广铭先生在总结自南宋至20世纪的王安石变法的评议、研究时认为，八九百年来，大多数论著不是因为材料欠缺，就是因见识不高而未能真正客观地评价王安石变法，只有"在50年代后期，上海人民出版社印行了漆侠教授的《王安石变法》一书，对于熙宁新法进行了认真的探索，超越了前此所有的同类著作"②。邓先生的这个评价是符合事实的。《王安石变法》出版后引起海外关注，产生了较大影响。日本学者梅原郁写过书评，苏联学者也写了书评。《王安石变法》出版以来已有五十余年，虽然80年代以来王安石变法研究有了很大进步，发表的论著大大超越20世纪前八十年的总和，但是《王安石变法》经受住时间的考验，迄今并没有出现足以超越的同类作品。

---

① 详见李华瑞《20世纪王安石及其变法研究回顾与瞻望（1900—1949年）》，（日）《中国史学》2002年第12期。

② 邓广铭：《北宋政治改革家王安石》，人民出版社1997年版，第6页。

第五章

中期的历史研究与教学
（1959—1981）

一 "文化大革命"前继续进行中国农民战争史的研究

漆侠先生将中国农民战争史的研究分为三个阶段，从中华人民共和国成立至1958年为开创阶段；第二阶段为自1958年到"文化大革命"前夕的理论问题探讨阶段；第三阶段是"文化大革命"结束之后到80年代。之所以会发生这种变化，是因为：第一，人们的认识总是从个别而后上升到一般，前一阶段有关农民战争具体问题的研究，必然要上升到对它的规律性的认识，因而也就需要从理论的高度来探讨这些问题；第二，在上一阶段的研究中，对农民起义领袖人物如项羽、李密等的评价，对农民战争之向封建统一战争的转化等许多问题，都存在不小的分歧，而这些分歧也只有通过理论上的探讨才能解决；第三，在1958年全国性的评价曹操问题之时，已经提出了对封建时代农民战争如何认识、如何估计的问题，这样，也就以此为契机，从1958年以后极其自然地展开了有关理论问题的探讨了。

20世纪60年代，中国学界主要围绕着农民战争发展规律、农民战争的性质、农民战争与让步政策等问题进行了大讨论。漆侠先生于1954年出版的《隋末农民起义》和1962年出版的《秦汉农民战争史》两部著作中，对这些问题均有所涉及。此后又先后发表了《关于中国农民战争的性质问题》①，《农民是地主阶级的对立面，还是地主阶级的后备军？》②，《农民战争与让步政策》③ 等论文，参与了这次大讨论。

（一）围绕农民战争发展规律问题的研究

1960 年前后，史学界主要围绕着农民战争发展规律问题进行了探讨。1960 年 1 月 4 日至 12 日，在天津师范大学历史系首届学术讨论会上，漆侠先生宣读了《中国农民战争发展规律的问题》（草稿），引起与会学者的热烈讨论。对漆侠先生《中国农民战争发展规律的问题（草稿）》的批评意见有：段景轩《在"中国农民战争发展规律的问题"上我们与漆侠先生的几点意见分歧》④。其中涉及农民战争能否建立政权和农民政权的性质问题，漆侠先生认为农民战争不能建立政权，起义者所建立的机构如太平天国只是一种斗争形式。会议就这一观点展开了激烈的辩论，有学者对漆侠先生的观点提出了修改意见，认为文章只看农民战争失败的一面，不看其推动历史前进的一面；只看其消极的一面，不看其积极的一面；只看其次要的一面，不看其主要的一面——这就在事实上贬低了农民战争的作用。漆侠先生对这个批评意见表示接受，赞成农民在反封建斗争中可以建立不稳固的政权的意见。

（二）对中国农民战争性质问题的研究

对中国农民战争的性质问题展开的大讨论中，形成了四种有代表性的观点：第一种意见认为，农民战争自始至终都只反对封建官府和暴君污吏，不反对封建制度和地主阶级；第二种意见认为，中国封建

---

① 《光明日报》1960 年 2 月 18 日。后收入《中国封建社会农民战争问题讨论集》，生活·读书·新知三联书店 1962 年版。
② 《哲学研究》1964 年第 3 期。后收入《求实集》。
③ 《文汇报》1966 年 3 月 10 日。
④ 载《天津师范大学学报》1960 年第 2 期。

社会前期的农民战争不反封建,只有后期的农民战争才具有反封建的性质;第三种意见认为,就整个农民战争来说,自始至终都具有反对封建制度和地主阶级的性质;第四种意见认为,农民战争不仅未曾反对封建制度和地主阶级,而且是封建制度的"修理工"。漆侠先生坚持第三种意见,认为农民从根本上是反对地主阶级而不是向往成为地主;农民起义以一定的革命思想为指导而不是以封建思想为指南;农民通过革命斗争能够建立革命政权而非封建政权;农民战争从根本上是反对地主阶级、反对封建制度的。① 1960 年 2 月 18 日,漆侠先生在《光明日报》发表了《关于中国农民战争的性质问题》② 一文,集中表述了他的看法。对于中国农民战争性质的问题,漆侠先生主要有以下几个观点:

第一,农民和地主阶级的矛盾,是封建社会中最主要、最根本的矛盾。这一矛盾必须从封建生产中去认识。

漆侠先生指出,就封建社会来说,自奴隶制社会内部孕育了的封建主义因素,就存在着对抗性质的矛盾,等到封建制度确立之后,这个矛盾关系就居于主导地位并日益发展了。虽然在封建社会发展的过程中,在某些年份或某个期间内,封建主的内部斗争(如东汉末年的封建主的混乱,唐朝的安史之乱等)或民族矛盾(如宋金斗争、宋元斗争等)成为主要矛盾。但是,贯穿于整个封建社会,并作为封建社会的最基本最主要的矛盾,则是农民阶级和地主阶级的矛盾。对于农民和地主阶级的矛盾,也必须从封建生产中来认识。"农民是封建社会生产力的主要体现者。但是在封建生产关系中,农民完全处于被奴役,被剥削的屈辱地位。以土地为主要的生产资源,农民不是没有就是占有很少一块;花样翻新的、敲骨吸髓的封建剥削,不仅攫占了农民的全部剩余劳动,而且攫占了农民的一部分必要劳动;经济的和

---

① 漆传:《农民是地主阶级的对立面,还是地主阶级的后备军?》,《哲学研究》1964 年第 3 期。

② 《关于中国农民战争的性质问题》,《光明日报》1960 年 2 月 18 日。后收入《中国封建社会农民战争问题讨论集》,生活·读书·新知三联书店 1962 年版。以下论述的漆侠先生的学术观点均出自此论文。

经济外的强制,使农民不是依附于地主,就是被牢固地束缚到土地上,为地主提供劳动力。而代表封建生产关系的地主阶级,他们在生产资料的分配(以土地为主)和生活资料的分配(农民劳动得来的生产品的分配为主)中据有绝对优势,取得绝对的利益。因此,地主阶级为维护其既得利益,总是力图维持现状,阻碍经济关系的变更。为他们所掌握和利用的强大的国家政权,就是体现地主阶级意志的工具。也就这样造成了:封建生产关系不断落后于生产力的发展,从而束缚了生产力的发展,引起两者间的不断冲突。"

对于封建社会早期农民战争不具有反封建性质的观点,漆侠先生提出了不同意见,认为虽然农民起义和农民战争有其阶段性的差别,有这样要求和那样要求的不同,但无论农民起义和农民战争爆发在封建社会前期或后期,上行阶段或下行阶段,都具有反封建的性质;无论农民起义和农民战争打击的矛头指向皇帝、贵族、地主老爷等个别的人,或者指向封建国家、封建制度的某些环节,亦都具有反封建的性质。

第二,生产力与生产关系矛盾发展的结果,形成了农民的革命斗争;农民起义又使封建生产关系产生一定的变化,对生产力的发展有了积极作用。

漆侠先生认为,每次农民战争特别是巨大规模的农民战争之后,社会生产力或多或少地有了发展。"并不是说从农民战争之日始,封建生产关系就完全腐朽而对生产力不再发生任何积极作用。就我国封建社会的一些状况说,战国秦汉期间社会生产力显然是有所发展的;魏晋南北朝期间虽然低落,但也有局部的发展;而在六世纪至十一世纪的隋唐北宋期间,社会生产力有了更加显著的发展,这个发展使我国在经济、文化上居于当时世界的最前列。这种情况说明了封建生产关系对生产力还起着一定的积极作用。封建生产关系能够对生产力起着一定的积极作用,则是由于农民的革命斗争造成的。"

关于农民战争与农民经济的关系,漆侠先生认为,农民反封建压迫的斗争,与维护和发展农民的小经济是分不开的。我国封建社会里,农民经济一直是自然经济,农业和手工业相结合,是封建社会里的经济单位。封建社会里的反复再生产和在一定限度的扩大再生产，根本上取决于这种农民的经济状况。"在地主阶级及其国家为填充其无底欲壑而肆无忌惮地榨挤时，扩大再生产不仅是不可能，连反复再生产也都不可能，从而造成生产的萎缩。而在农民战争给封建统治以沉重打击之后，土地压迫的势力相对削弱或暂时和缓了，农民使用和占有土地的条件改善了一些，赋役相对地减轻了，农民的生活条件生产条件相对的改善了，这样，不仅农业生产，而且手工业生产也都有了发展。"

第三，农民战争的基本内容就是反对封建土地所有制，同封建主争夺土地的斗争，这也是农民反封建斗争的立足点。

漆侠先生认为：农民战争的这个基本内容贯穿于全部过程，但是过程的各个阶段则又有所不同。像春秋战国到东汉年间，数量颇为可观的自耕农民是有着自己的一块土地的，但是在凭借经济力量和政治特权的贵族、官僚、豪强的兼并之下，则日益失去自己的一块土地，以至于成为豪势的"徒附"（依附农民）。这一时期的农民战争就不能不具有这一性质：反对封建主的土地兼并，维护自己的一块土地。又像在五代北宋以来，封建国家土地所有制日趋衰落，地主土地所有制居于主导地位期间，地主阶级对农民的剥削和压迫就更加多样化和更加残酷了，他们以土地为手段，用"划佃"的办法增加地租攫占农民的更多生产物。这样，农民反对土地兼并势力，反对封建土地所有制的斗争就更加剧烈了，"等贵贱，均贫富"一系列的口号就是在这一阶段斗争的基础上提出的。这些口号不能不反映了农民对土地的强烈要求。

（三）对中国农民战争史相关问题的研究

1961年6月23日，漆侠先生在《河北日报》发表《我国封建社会中农民的经济地位》。开篇便提出：史学界正在讨论的有关中国农民战争性质的问题中，关于封建社会时期农民的经济地位，是其中一个很重要的问题。白寿彝先生在《关于中国封建社会农民战争性质的商榷》一文中①，曾经论述到这一问题，读后获得很多教益，觉得也有些意见要谈一谈。漆先生此文的主要观点是：我国封建社会的农民是被压迫被剥削的小所有者。他们的经济地位复杂化、多样化。农民的反封建斗争与农民的经济地位密切相关。

1962年1月3日，漆侠先生在《天津日报》发表《关于皇权主义问题》。皇权主义问题也是中国农民战争史研究中发生很大争论的问题：一种意见认为，皇权主义并非仅仅是个别国家农民战争独有的特点，而是一切封建国家农民战争的普遍现象；另一种意见则认为，中国农民战争不同于其他国家农民战争之处，正在于中国农民战争的领袖不都是皇权主义者，不少是明显地反对皇权主义。漆先生认为：皇权主义是我国农民战争史上一个客观存在，根源于封建经济制度，而非农民的小经济和宗法家长制的产物，在农民战争过程中建立的农民政权是君主政体和革命民主主义的独特结合。

1962年12月，漆侠先生为历史系学生讲授中国古代史课，现存有题为《西晋末年以流民为主的各地起义》一份铅印本讲义。论述了西晋末年各族人民和流民起义的爆发和发展（290—304）、失败（304—316）及其历史意义和作用。后发表于《求实集》。

1964年，漆侠先生在《哲学研究》第3期发表《农民是地主阶级的对立面，还是地主阶级的后备军？》。对于1963年在《历史研究》第4期发表的《对中国农民战争史讨论中几个问题的商榷》这篇文章中提出的，农民光想着"发家致富"，"使自己也成为地主"的观点表达了不同意见。认为农民是站在地主阶级的对立面的，而不是地主阶级的后备军。农民战争或斗争是以革命思想为指导的，并建立了农民的革命政权，农民战争的性质是反对地主阶级、反对封建制度的。

（四）《秦汉农民战争史》出版

1962年6月，漆侠先生与河北大学历史系宝志强、段景轩、李鼎

---

① 《历史研究》1961年第1期。

芳先生合著出版了《秦汉农民战争史》①，共15.2万字，这是漆侠先生关于中国农民战争史的第二本专著。同年在《河北大学学报》第2期，署名"漆侠先生等"发表《秦末农民战争》，是节略这本专著的部分章节。

是书包括结论在内，共分为四章。第一章论述了秦汉农民战争爆发的历史背景、过程及其在推动历史前进中的作用。起义过程包括了陈胜、吴广起义，项羽、刘邦起义，贵族地主分子窃取农民战争胜利果实的楚汉之争。第二章论述了以赤眉绿林为主的新莽末年农民战争。第三章论述了有组织、有准备的黄巾农民战争。第四章结论，论述了秦汉农民战争的基本特征、农民反封建依附和奴隶制残余斗争的逐步激化和深化、农民革命斗争的艺术和经验以及斗争的朴素性、农民革命斗争的伟大作用。这部著作详细论述了秦汉农民战争的具体历史过程，总结了战争的基本特征，也集中反映了漆侠先生关于中国农民战争性质的观点和看法。关于《秦汉农民战争史》的评论，见王思治《新建设》1963年第5期《读〈秦汉农民战争史〉》。

（五）"让步政策"的讨论与冲击

1966年前后，史学界有关让步政策问题的讨论，异常激烈。所谓的"让步政策"，即指某些次大规模农民战争后，封建统治者往往采取一些政策，对农民的剥削和压迫相对的缓和与减轻。对于是否存在"让步政策"？漆侠先生认为，在阶级斗争发生变化的形势面前，封建统治阶级总是根据需要而变换其政策的形式。在某些大规模农民战争后封建统治政策的变换中，是一度出现过让步政策的。如"隋末农民革命斗争的巨大力量，不仅反映到唐太宗的意识中，使唐太宗认识到封建统治者和被统治者之间的联系，从而使唐太宗产生对农民让步的思想；同时也反映到唐太宗时期的著名的公卿大臣的意识中。这些公卿大臣，有的参加过农民起义军（如魏征之于瓦岗起义军，张玄素之于窦建德起义军），而其中的极大多数如房玄龄、杜如晦、王珪等又都经历过这

---

① 生活·读书·新知三联书店1962年6月初版，1979年9月再版。

第五章 中期的历史研究与教学（1959—1981）

个巨大的斗争，因此也就使他们产生了对农民让步的思想"①。对于"让步政策"的性质，漆侠先生认为：让步政策的出现，意味着革命农民的胜利和地主阶级的失败，意味着失败者在农民革命胜利的面前订立一个"城下之盟"。让步政策的实施，是被迫的，是由革命农民打出来的。新当权者集团之被迫做出的让步，并没有超逾出封建制度的范围。让步政策是新当权者集团软硬兼施的两手政策中的一手。应该用"一分为二"的观点来看待让步政策，首先是揭露、批判它的阶级实质，使这种改良主义性质的东西遭到歼灭性的打击；其次，应当承认它在客观上对历史的发展起着一定的推动作用。②

综观这一时期漆侠先生的中国农民战争史研究，既有对于不同历史时期具体农民起义过程的考察，又有针对农民战争理论问题的探讨。这一阶段，漆侠先生有关农民战争史研究成果主要特点和贡献有以下几个方面。

第一，着力于对于全国性的农民战争如秦末农民战争等，进行全面、深刻的探索和论述，以填补农民战争史研究的若干历史空白，较全面地认识各次农民战争。漆侠先生将"鸦片战争"以前的我国农民战争划分为三个阶段：东汉末年以前的农民战争，是以反封建依附化和反奴隶残余作为其主要特点和线索的。三国到唐宋的农民战争，打击的锋芒指向封建大土地所有制和豪族门阀的统治。而宋以后的农民战争，反对封建土地所有制和专制统治的斗争更加剧烈和高涨，其中还夹杂着反对落后经济关系的斗争。漆先生认为只有在填充了若干的历史空白、较全面地论述各次农民战争的基础上，才可能写出一部首尾贯串的农民战争史。漆侠先生曾计划写一部农民战争系列通史，由于诸多原因未能实现，而《隋末农民起义》和《秦汉农民战争史》两部著作，可以看作漆侠先生填补空白、贯通农民战争史研究阶段性的代表性成果。

---

① 《唐太宗》（署名万钧），学习生活出版社1955年版，第29页。
② 漆传：《农民战争与让步政策》，《文汇报》1966年3月10日。

第二，注重运用唯物史观的方法探讨农民战争史的重大理论问题。如在对于农民起义性质问题的讨论中，漆侠先生运用了阶级斗争的理论，首先肯定了我国农民起义和农民战争，是在地主阶级残酷的经济剥削政治压迫下爆发的，因而农民起义和农民战争就自始至终具有反封建压迫的性质；然后运用马克思主义生产力决定生产关系、生产关系反作用于生产力的唯物史观的基本原理，提出农民起义和农民战争，是封建主义生产方式内生产关系过度落后于生产力而引起的两者冲突的表现；农民战争排除了扫荡落后的经济关系以及封建生产关系的某些环节，或者说多少变动了生产关系，从而推动了社会生产力的发展。这一特点虽是当时时代烙印的反映，但漆先生坚决反对"不学习经典著作中分析问题的方法，而是把经典著作中的个别原理原则硬套在历史事件上"的做法。如对于有的论文毫无根据地夸大历史事实，硬是把宋太宗和明成祖的某些活动以及当时若干经济上的现象，完全不适当地同王小波、李顺、唐赛儿的局部起义关联起来，以证明农民起义推动历史前进的作用，漆侠先生对此提出了批评。

第三，注重对于农民战争史历史背景的分析，注重将农民起义和社会生活的各个方面或其侧面相联系。漆侠先生认为，要想真正抉发某一次或某几次农民战争的时代特征和规律，要想真正了解我国农民战争的特征和规律，必须加强对封建土地所有制及以此为基础的封建经济诸关系问题的研究；不只把封建统治者集团的政治措施（好的或坏的）叙述出来，而且应该具体分析各个时期政治制度等方面的变化；对于各个时期的政权的变化更应多加研究；其他如意识形态方面同农民战争也有关系。①

二　参与热点讨论，提出一家之言

1960年夏，河北省人民政府委员会将"天津师范大学"改为综合性大学，定名为"河北大学"，校址仍在天津。漆侠先生继续担

---

① 漆侠：《关于我国农民战争史的研究》，《人民日报》1956年12月4日。

任河北大学历史系讲师。1961年9月，晋升为河北大学历史系副教授。

1961年在《河北大学学报》第1期，漆侠先生执笔发表《中国封建社会历史分期问题》。这次发表以"河北大学历史系中国古代史教研组"的名义，注明经过"集体讨论"。前面提到，漆侠先生于1958年在《历史教学》第11期，曾执笔发表《关于中国古代中世史封建社会部分的分期分段问题》。新发表的文章坚持了此前的观点：我国进入封建社会，较世界诸国为早。还在春秋时代即向封建制过渡，而在春秋战国之交（公元前475年前后）即完成了这个社会变革，进入封建社会。自此以后的全部封建社会史（公元前475年—公元1840年），大体上可以184年的黄巾大起义和884年的黄巢大起义作为内部分期的界标，划分为三个历史阶段。

1961年在《历史教学》第11、12期，发表《二十等爵与封建制度》。这篇文章也是围绕当时学术界讨论热烈的中国封建社会历史分期问题展开的。漆侠先生赞同郭沫若战国封建说，认为二十等爵对封建制度的发展和阶级构成起着重大的影响和作用。文章论述了商鞅变法时期的二十等爵制度确立，两汉二十等爵的变化和发展导致贵族势力的膨胀、封建依附化的加剧，最终二十等爵制度被废除。

1963年11月6日，在《天津日报》发表《谈观点和材料的统一》。关于如何在历史研究中正确运用马克思主义理论，做到观点和材料统一的问题，翦伯赞先生认为，必须"用科学方法，进行史料之搜集、整理与批判；又用史料进行对科学方法之衡量与考验"①。漆侠先生对翦伯赞先生马克思主义史学方法非常赞同，对资产阶级史家唯"材料主义"，并以此否定马克思主义理论，认为马克思主义理论不重视材料的观点进行了批评，强调历史研究离不开马克思主义指导下的观点和材料的统一。

1964年11月开始，漆侠先生先是到保定徐水县参加"社教"运

---

① 翦伯赞：《略论搜集史料的方法》，《中华论坛》第2卷第3期，1946年10月。

动,后又到河北新城县(今高碑店市)张八屯村参加"四清"工作一年。①"社教",全称为社会主义教育运动,由毛泽东主席于1962年在党的八届十中全会上提出。1963年5月,中央制定了《关于目前农村工作中若干问题的决定(草案)》("前十条"),对"四清"运动的任务、政策、方法作了规定。1963年9月,中央根据"社教"运动的试点情况,制定了《关于农村社会主义教育运动中一些具体政策的规定(草案)》("后十条")。1964年年底、1965年年初,中央制定了《农村社会主义教育运动中目前提出的一些问题》("二十三条"),将"四清"的内容规定为清政治、清经济、清组织、清思想。

1965年7月8日,漆侠先生总结了经过这九个月的"四清"教育,自己在工作与思想上的收获主要有:"一、带着骄傲二气的问题下来进行改造,敢于暴露思想,还能够正视自己的问题,力图向群众学习,向贫下中农学习,向工作队学习,在改造知识分子的臭架子方面迈了一步。二、工作能力虽差,但对领导上布置下来的工作力求做好,能够比较主动地争取工作。对一些原则性的问题能够认真考虑,坚持正确意见。三、服从组织、服从领导,能够与同志们团结,一道工作。"但在工作上、思想上还存在主要问题有:"一、头脑中还存在着不少的资产阶级思想,需要努力加以改造。二、对农村工作很不熟悉,工作上缺乏办法,因而在完成领导上所交给的工作任务方面很不够。三、思想方法存在比较严重的片面性,理解党的方针政策很不全面,在清经济中对有的四不清干部简单粗暴了一些。"张八屯村工作队出具了《四清工作队鉴定表》,认为漆侠先生的优点在于:"一、工作认真负责,积极热情,不辞辛苦,遇到问题能及时向领导上反映;二、坚持二同较好,基本上放下了知识分子的架子,能与群众打成一片,个人生活相互帮助。三、关心同志的学习和生活。"缺点是在说话上有时注意方式不够。②

---

① 《漆侠先生档案》,河北大学档案馆藏。
② 《漆侠先生档案·四清工作队鉴定表》。

三 "文化大革命"中的磨难与坚持

在中国农民战争史研究中的第一次高潮中,对农民战争的历史作用问题,中华人民共和国成立初翦伯赞先生提出"让步政策",为大多数人接受。1951年翦伯赞先生在《中国古代的农民战争》(《学习》第3卷第10期)一文中提到:"每一次大暴动之后,新的封建统治者,为了恢复社会秩序,必须对农民作某种程度的让步",使得生产力有可能继续发展,推动了历史前进。具体到史学领域,到1964年下半年,"左"倾错误进一步发展,史学界做"翻案"文章,搞大批判,事事上纲为"阶级斗争""路线斗争"。

1965年,孙达人先生提出了完全相反的"反攻倒算论"。9月22日,孙达人在《光明日报》发表《应该怎样估价"让步政策"》一文,提出:伟大的农民战争使农民获得了自由,"让步政策"的实质恰恰就是剥夺了农民所夺得的自由,重新束缚了农民。这一观点被认为是"反攻倒算"论。

孙达人先生在《应该怎样估价"让步政策"》一文中特别指明"以漆侠先生和孙祚民等同志的论点为对象来论述这个问题。这是因为,他们所阐述的'让步政策'的理论最完整、最典型"。孙达人批评"让步政策"在中国古代史的研究和教学中是一种特别流行的理论:不仅大规模的农民战争之后有让步政策,就是在一些规模较小和很小的农民起义之后也有让步政策。让步政策似乎成为解释中国古代史上许多重大问题、特别是农民战争的历史作用问题的一张"万灵膏"。

双方主要围绕三个问题展开讨论:第一,农民战争后,新王朝实行什么政策。孙达人、熊铁基等先生持反攻倒算论;翦伯赞、孙祚民、漆侠、胡如雷等先生认为,让步政策客观存在。朱绍侯、窦连荣先生认为让步与反攻倒算兼而有之。第二,怎样理解新王朝"轻徭薄赋"。反攻倒算论者认为是当时条件下最大限度的剥削,与旧王朝是一丘之貉;持让步政策论者认为农民战争后剥削程度有明显区别,可使一部分农民得到实惠。第三,让步政策能否体现农民战争的历史作用。反攻倒算论者认为农民战争的历史作用，决不能体现在"让步政策"上；持让步政策论者认为"让步政策"在一定程度上体现了农民战争的历史作用。

1966年3月10日，漆侠先生应《文汇报》专门约请，发表《农民战争与让步政策》一文。如前面所述，"让步政策"和中国农民战争史的研究息息相关。漆侠先生始终坚持己见，认为应该用"一分为二"的观点来看待让步政策，承认它在客观上对历史的发展起着一定的推动作用。4月30日，因"让步政策"的观点，漆先生被《光明日报》《天津日报》点名批判。据南开大学刘泽华先生说：1966年春夏之交，河北省有关部门召开了一次传达"二月提纲"的会议，部署"文化革命"事宜。会议主持者在主题报告中把漆侠先生抛出来示众，在刘泽华先生记忆中漆侠先生是会议上唯一被河北省（当时天津属河北）权威人物点名批判的资产阶级的"反动学术"代表人物。①

漆侠先生对此极其不理解，怎么由于"让步政策"的观点，本来是靠拢党的积极分子，而一下子成了反革命呢？1966年5月，河北大学历史系召开批判会，批评"让步政策"。河北大学历史系二年级学生发表《驳漆侠先生的"城下之盟"论》，对漆侠先生在《农民战争与让步政策》一文中所说"让步政策"意味着失败者在农民革命胜利面前订立一个"城下之盟"的观点加以批评。认为漆侠先生宣扬"让步政策"，是在美化封建制度，为帝王将相歌功颂德，贬低农民革命，否认农民革命的历史作用。

1966年6月之后，全国高等学校的许多著名专家学者以及老干部都被打倒之后，全国陷入灾难之中。1967年在《文汇报》第7期发表殷学东《所谓"让步政策"是一种什么理论——与宁可、漆侠先生等同志商榷》。8月，在河北大学历史系召开的"'文革'成果"展示会上，漆侠先生作为"反动学术权威"被批斗。不久又被打成

---

① 刘泽华：《忆漆侠先生"文革"后期的二三事》，载《漆侠先生纪念文集》，第619页。

第五章 中期的历史研究与教学（1959—1981）

了"三反分子"。漆先生被抄家，一批藏书和三百多万字的卡片资料被抄走。

漆先生这次因为中国农民战争史研究中的"让步政策"观点而遭受非常猛烈的围攻和批判，实有异乎寻常的政治背景。从一定角度看，"文化大革命"的序幕是从史学界首先拉开的；继言之，是从批判著名史学家吴晗先生《海瑞罢官》开始的。紧接着，以非常方式组织讨论"让步政策"，专门邀请对此观点持肯定态度的漆侠先生等学者发表文章，"引蛇出洞"，然后组织反击，"要打歼灭战"①。声势浩大的学术围攻、批判之后，漆先生又被抄家，被多次大会批斗，关"牛棚"。更恐怖的是，1971年又派人去调查漆先生的历史问题。调查结果，并没有发现严重问题。②否则，漆先生将有更大劫难。

自1968年被批斗开始，漆先生住河北大学历史系的牛棚，后升格到河北大学（天津市马场道）的校牛棚。在抄家的过程中，漆先生于抗战以来省吃俭用，或受亲友资助购置的古籍资料，如线装本《资治通鉴》《文献通考》《宋史纪事本末》《建炎以来系年要录》《建炎以来朝野杂记》《王临川先生文集》《王荆公诗笺注》《隆平集》《东都事略》及清人编辑的"唐代丛书"等，不乏善本；精装本的《通典》《全上古秦汉三国六朝文》《唐大诏令集》《宋大诏令集》《温国文正司马公文集》《范文正公全集》《栾城集》《直讲李先生文集》等，"用手推车装了满满六车"③。另外，漆先生收藏的二十余锭墨（清初著名徽墨十余锭，最晚为光绪时期）被一并抄走。而让漆先生最痛心、对漆先生学术损害最重的，是包括为撰写《宋代经济史》而整理的史料在内的三百多万字的卡片资料，作为"封、资、修的产物"扔到院子里付之一炬。

女儿漆小凌回忆漆侠先生在"文化大革命"中的经历：

---

① 参阅陈铁健《历史家的品格——记黎澍师》，载《回望一甲子》，第649—650、655页。
② 刘敬忠：《我与漆侠先生在"文革"中的交往》，载《漆侠先生纪念文集》，第622—623页。
③ 漆燕生等：《忆我们的父亲》，载《漆侠先生纪念文集》，第670页。

漆侠先生传

1966年夏,父亲没有书读,没有书教,继之而来的是体力劳动。学校把这些反党反社会主义反革命分子的用房加以缩减,并在炎热的夏天里,令这些牛鬼蛇神们拉着手推车去搬家。一天中午,母亲怕他们中暑,切了西瓜让他们解热祛暑,但是一个红卫兵走了过来厉声吆喝道:"你们也配吃西瓜,赶紧干活去",刚坐下吃了两口西瓜的父亲无奈地站了起来,扔下手里的西瓜又去拉车干活了。

父亲是个心胸豁达的人。被关在牛棚后,有一次为了装饰牛棚悬挂毛主席画像,父亲当时算是比较年轻的"牛鬼",自告奋勇,不想主席像略有几度的倾斜,此时有人跑到红卫兵面前,指控父亲不尊重毛主席,故意挂歪主席像。父亲知道后笑着说:"都被关进了牛棚,还要狗咬狗。"谈笑间将此事化为一缕青烟。世事的险恶也教人性得以充分的暴露,向善或是向恶,皆在一念之间。

据"文化大革命"时期在河北大学外文系任教的蓝英年先生回忆,当时他和漆侠先生同样沦为"牛鬼蛇神",遭受挂牌批斗。漆侠先生因为学术成就大,因此所挂的牌子也更大。漆侠先生与他把牌子从中间剪开,用细线缝上,出校门如到附近的饭店吃饭时叠起来放进书包,进校门展开,红卫兵看不出来。但不久外出吃饭被红卫兵撞上了,当场又挨了一顿批斗。当时蓝英年问漆侠先生,以后还出去吃不吃,漆侠先生说换个地方,照吃不误。于是他们改到离学校远的饭馆吃饭。以后红卫兵忙于打派仗,对他们管得松多了。漆先生又开始治学,为他后来出版的《宋代经济史》做准备,并多次劝蓝读书,并建议他为写果戈理评传做准备。漆侠先生对他坦言:如果让步政策是政治问题就放弃,如果是学术问题就坚持①。虽然受到批斗、抄家等

---

① 蓝英年:《长忆吴牛喘月时——怀念漆侠先生》,载《漆侠与历史学:纪念漆侠先生逝世十周年文集》,第36—40页。

第五章　中期的历史研究与教学（1959—1981）

无数折磨，却使漆侠先生相信，这绝不是党的政策，而且在此后事态的发展中，越激发了他对"四人帮"的痛恨，认识到早晚党一定会来纠正这一错误。因此，在"文化大革命"中，漆侠先生并没有灰心丧气。

根据漆先生的老同学殷新程（作彬）先生的《日记》：漆侠先生在"文化大革命"初期被批斗、抄家后，"半天劳动，半天交代问题"。到1968年春天，漆先生处境改善，"情绪不错"。河北大学内部对待漆先生分成两派，"一派保他，一派打倒他"①。

漆侠先生的所谓"历史问题"被再度提起。1956年10月，天津师范学院党委做了"曾一度参加反革命组织"的结论。② 1969年10月20日，河北大学革命委员会又做了"严重政治历史问题"的结论。漆侠先生在遭受批判的同时，学校又派专人到山东调查漆侠先生的所谓"历史问题"，特别是他早年参加秦启荣和王尚志游击队的情况，以及是否参与了针对八路军的"太河惨案"。

"文化大革命"开始后，高校的招生制度就受到错误的批判，招生也随即停止。1969年秋，党中央决定将河北省和天津市分开，河北大学归属河北省，并开始由天津市向河北省保定市搬迁。这年秋天，漆侠先生随历史系老师们一起由天津到保定，家属则暂时留在天津。1970年秋，河北大学开始重新招生，对象为工农兵学员，但正常的教学还没有恢复。据河北大学历史系（今历史学院）刘敬忠教授回忆：1970年秋，因林彪第一号战备令，历史系全体师生被疏散到河北省内丘县。一个多月后，全系师生又被一分为二。漆侠先生和部分教师被派往唐山市开平区马家沟煤矿，接受煤矿工人的"再教育"。每天头戴矿灯与工人下井，在掌子面攉煤，在坑道里爬上爬下。

---

① 殷新程先生的日记写在卡片上。在漆先生不幸逝世后，笔者为写《漆侠先生传》专门到北京殷先生家中拜访，殷先生找出这几张"文化大革命"初期的卡片日记赠与笔者。现在，殷先生也已辞世。特志于此，借以表达对殷先生的深切怀念和衷心感谢——著者姜锡东。

② 指漆侠先生于1938年一度参加"复兴社"，1943年在四川绵阳读高中时参加"三青团"。

漆先生和年轻人一样，出大力，流大汗。①

又据河北大学历史系王岸茂先生回忆：当时河北大学的理科在保定，文科在邢台市任县的唐庄办学。漆先生等几位老先生，也一同去了唐庄。自1970年12月至1971年1月，军工宣队就带领师生们进行野营拉练。从任县的唐庄出发，途经邢台、内丘等六个县，来回500余里，前后一个月。漆先生已年近50，有的老教师年龄更大，他们和学生及青年教师一样，背着行李，每天步行二三十里，实在不容易，虽然艰苦，但是坚持下来了。②

1972年9月，漆侠先生又被下放到河北省保定地区的安新县际头公社的东向阳农场进行劳动改造。漆先生逝世后，由其哲嗣漆燕生先生向漆侠先生纪念室提供了一个小64开本的小日记本，上面记有1972年10月21—28日漆先生的《东向阳农场日记》数篇。日记中有漆先生对当地农业渔业生产发展的关注，还有数则读书札记，后经我们整理发表于《历史学家茶座》2009年第3辑。今亦附录于此，以作为漆侠先生在"文革"后期日常读书生活情景之一瞥。

> 1972年10月21日
> 到东向阳农场已经四十天了。只有叹息日子过得太快了。用李白的诗表达：流光不待人。
> 总不能让时光白白过去。王安石不是说过吗，日力可惜！好，那就在这个小本之上留点痕迹吧！
> 这算是开场白。
> 1972年10月21—24日《东向阳一瞥》
> 东向阳是安新县（由安州、新安两县合并的）际头公社的一个生产大队。这个村庄坐落在白洋淀西边，紧靠千里堤。从五八年以来，白洋淀北淀逐渐干涸，六三年大水之后，也只有东淀

---

① 刘敬忠：《我与漆侠先生在"文革"中的交往》，载《漆侠先生纪念文集》，第622—623页。
② 王岸茂：《学术大师政见超人——回忆漆侠先生》，载《漆侠与历史学——纪念漆侠先生逝世十周年文集》，河北大学出版社2002年版，第44页。

(正淀)有水了。东向阳大队就在北淀之西,登堤向淀里展望,一片片庄稼间杂着一丛丛芦苇,很显然,蒲苇鱼虾之利日薄了。

在古代,河北一带淀泊甚多,因而蒲苇鱼虾之利甚博的,宋代还利用淀泊防备契丹骑兵的冲突。明清以来,淀泊日益淤塞,好多已成为地图上的遗迹。沧海桑田,这变化原也是正常的。自中华人民共和国成立以来,这种变化更加急遽。中华人民共和国成立初,保定南关到天津可通木船,然而自从疏浚海河,大清河流域,先后干涸见底,水运久已不通,特别是上游各河道至太行山兴修水库,白洋淀等淀泊也日益缩小,因而白洋淀北淀,如上面提到的,已经变成一块块田地了。可以推断,正淀水势也在日益削减,田地日益扩大,这是势所必至的。

东向阳大队约三百多户,分十二个队。这里原先是污潦之地,所以地较多,平均一个人五、六亩地。种植多是高粱、玉米,红薯不多,这反映了该村生活水平较之新城(过去"四清"去过)一带是高一些的。因社员们谈起,每个工一天到一元七八,一元四五,或一元二三,比新城、徐水一带要高得多。粮食不仅够吃,且有富余。家家都是砖房。不仅这个村子,附近诸村,如西向阳、际头、桥北村、桥南村、安州,以及南刘庄等我所走过的村落,都是如此。在中华人民共和国成立前,白洋淀附近村落同全国一样,广大贫下中农过着吃糠咽菜的贫苦生活,甚至一到灾荒就卖儿卖女,流落外乡。中华人民共和国成立以后,这种悲惨的生活就一去不复返了。一个四十多岁的社员对我说,他家有七个孩子,劳力少,可是每年队里照顾,全家吃饱穿暖,这都是毛主席他老人家给的,要是在先前,这家人家就不知道怎么过了。今昔对比,东向阳以及白洋淀一带村落,确实发生巨大变化,翻天覆地的大变化。

"人无远虑,必有近忧"。这句话是说得不错的。东向阳一带,随着社会制度的变更,解放以来,无论人的精神面貌或是生产状况,确是有了很大变化和巨大发展。但是从长远来看,东向阳还要百尺竿头,更进一步。东向阳的情况目前比一些地区是好的，但应当看到，这里条件有它的特点。从有利的方面说，它拥有的耕地较多，每人平均五六亩，而且淀里的地很肥沃，据社员们说，不用上粪，小麦就可收四五百斤。这是一点。更重要的是，这里主要是淀里盛产苇子。社员们念叨，一亩苇子可收割一百把，一把织一领苇席，一百领苇席国家收购四百多元。因而这里一个工收一元七八，主要建筑在苇席这一副业基础上。这样一来，问题也就产生了。

前面开头就提到，白洋淀的水是日益缩小的。随着水面的缩小，苇子的产量也势必日益缩小，苇席这个副业生产也就难以为继。如果这一带不把农业发展推上去，那么几年以后，苇席副业减产局面下，社员的收入，生活水平不将受到影响了吗？从这一趋势，更加体认到主席有关农业发展的一些指示的伟大。农林牧副渔必须全面发展，但农业是国民经济发展的基础，一切副业必须放在农业发展的基础上，离开这个基础，副业的发展在客观条件变化之下，就是极为不牢固的。因此，这一带，必须在当前尚能维持苇席副业的局面下，积极发展农业，是当务之急，是当地社会主义建设的最重要的环节。我曾同社员们闲聊，提到水的问题，提到苇子要减产的问题，社员们也都认为是对的。这更加说明，要因地制宜地，并根据各种条件的变化，来制定这一带农业生产的规划。

基于以上说明，我觉得，趁当前副业的发展，利用这一方面的积累，进行土地平整，大力造机井，作为农业生产的一项基本建设来抓，逐步地向围田化这一方向发展，东向阳的贫下农在今后对社会主义建设的贡献必将更大，而使今后织席副业减产，亦将无碍大局了。

白洋淀一带条件相类似的生产大队，需要考虑一下。

这一地区的领导，应高瞻远瞩地看到本地区的情况，宜未雨而绸缪，早为之地。

《纲要》这是对全国农业生产发展的要求、指标，各地是否因地制宜地定出自己的规划来？

1972年10月26日、27日读《高老头》

过去也读过一些小说，但从来没有接触过巴尔扎克的作品，只是在读恩格斯的著作中，才知道巴尔扎克这个著名作家的一些状况。仪之久矣，到农场在大堤上偶尔得到这部残缺不全的作品，在煤油灯下，连夜读完。

由于没有扉页，译者是谁不知道。书是解放后重译的。译笔不坏，文字很流畅，有的地方也很传神。如果再少使用一些文言成语——有的文言成语显得陈腐了一些，那就会更好一些（也许是先入为主吧，我总觉得陆蠡和丽尼等译的屠格涅夫的作品是美的）。重译本的序言写得是好的。文字不多，很精练，有见解。

《高老头》是《人间喜剧》的一部分。和《人间喜剧》其他部分一样，《高老头》这部小说也有声有色地揭露了法国贵族资产阶级的腐朽浮奢的生活，给人们留下深刻的印象。

作者以高里奥的两个女儿，作为资产阶级的代表人物，力图打入圣·日耳曼区贵族社会（书中的鲍赛昂夫人为代表），以满足其虚荣、淫靡的生活，并把这一批寄生阶级的没落衬托表现出来。这里一方面说明，在法国资产阶级革命胜利之后，资产阶级同封建贵族的联系、结合表现出来，同时也表现封建贵族的生活方式为资产阶级所喜爱和模仿，反映封建贵族阶级的意识形态还顽固地表现出来，这就是在资产阶级革命胜利的一些时间内，封建复辟还存在着它的思想上的、精神上的以及物质的各种条件，得而（以）构成为复辟的基础。尽管作者并没有意识到这一点，不理解这一点，但活生生的现实说明了这一点。

作者以鞭辟入里的火辣文字，借鬼上当——约各·高冷这个强盗之口，揭露了法国资本社会所固有的脓疮痛疽，展示出法国资产阶级的荒淫无耻、尔虞我诈，为了发财而采用种种卑鄙的手段。作者虽然是站在贵族阶级立场上，对法国资产阶级革命是敌视的，但是他揭露法国资产阶级的贪婪的本性则显然是正确的。这一点，恩格斯早已给我们指示了出来。

第 119 页"他（欧也纳·拉斯蒂涅）看到了社会的本相：法律跟道德，对有钱的人全无效力，财产才是金科玉律。他想：'伏脱冷说得不错，有财便是德。'——这就是资本主义社会，金钱便是一切，金钱第一。Money is the first"

"世界上没有原则，只有事变；没有定律，只有时势；高明的人抓住事变跟时势，加以控制。倘若有什么固定的原则跟定律，大家也不能随时更换，像咱们衬衫一样容易了。"（第 162 页）作者是唯心论者，而且是在马克思主义出现之前的唯心论者，当然要否定客观规律的存在，这是不足为奇的。但是，作者的话，对于资产阶级那批投机、冒险家来说，则是极为深刻的，而且也是机智的。

第 367 页"他（欧也纳）看到人生的三个面目：服从、斗争、反抗，便是家庭、社会和伏脱冷，自己却是委决不下挑哪条路。服从吗？受不了；反抗吗？做不到；斗争吗？没有把握。"巴尔扎克老人的这些话，总算看出了在资本主义社会内有服从、反抗、斗争的现象，这毕竟是接触到了阶级斗争的边缘，因为剥削阶级社会经济形态内，阶级斗争是支配一切的。但是巴尔扎克老人笔下的服从也好，反抗、斗争也好，都只是资产阶级、小资产阶级范围内个人发财致富的一些活动而根本不是劳动人民群众的反抗、斗争。巴尔扎克的阶级局限性就在这里，他的反动性也在这里，他把伏脱冷当作反抗资本主义社会的旗手，这是对社会的一个污蔑。

第 378 页"……没有一个讽刺作家，能写尽金银珠宝底下的丑恶。"确实是如此，巴尔扎克老人的这部作品，也仅仅是对资本主义社会揭露的一个侧面而已。

"钱可以买到一切，买到女儿。"巴尔扎克借高里奥老人一语道破了资本主义社会的本质。这和《水浒传》中施耐庵借林冲之口说："钱可以通神"何其相似乃尔！"通神"惟妙惟肖地反映了封建社会，"买到一切，买到女儿"则绘形绘色地戳破了资本主义撕破封建社会的一切面纱，把一切都溶化在利己主义的冰水之中。《共产党宣言》上说得多好啊！（1972 年 10 月 26 日）

这样比也许不伦不类,但是这里就这么两部书,也只好如此的了。

巴尔扎克老人笔下的鲍赛昂夫人的垮台,这是反映封建贵族阶级没落的一个缩影,一个典型,同曹雪芹笔下贾府的垮台总有所不同,虽然两个人都是站在封建贵族立场上,以同情惋惜的笔触来状描的。这也许是由于两人所处时代的不同,并且各自表现出自己的民族特点吧!(1972年10月26日)

听说《高老头》的译者是傅雷。是翻译界中的老手。还听说,此人在五七年是右派,不知确切与否。(1972年10月27日)

1972年10月28日读《红楼梦》

(一)

我在初中时就接触过《红楼梦》,当时感觉"忒婆婆妈妈的了",因而"不能卒读"。到西南联大,再接触它时,就爱不释手了。但当时也仅是从故事情节上、刻画技巧上、语言文字上着眼,不仅对该书理解得不多,反而常常成为曹雪芹的俘虏。虽然我从来不像"月下说红楼"的吴宓雨僧老先生那样,以贾宝玉自居,但替书中人物担忧则是有之的。解放以后,学习了马列主义,重新了解自己过去学过、读过的东西,于意趣盎然之外,有了过去所没有过的认识了。来农场后,又接触了它,并和同志们闲聊,倒是另具一番风味。

(二)

古今中外任何一部著名的文学作品,内容固然要占第一位,方才成其为名著。但,语言文字之美也是不可或缺的。没有好的语言文字,好的内容是不会表达出来的。这一点,论文者无不知此。《红楼梦》语言文字之美,历来论文者谈论得不少了,这里就不多说了。

一部作品,对于一切事物要刻画,要铺陈,要状描,使其活现于读者面前。但绝不能一味堆砌辞藻,给人以臃肿之感(或华而不实之感),而是恰到好处。这只有真正掌握语言文字(当然包含善于运用一条)才能如此。因而语言文字的精练是极为重要的。曹雪芹懂得这个，而且对这一点也有所发挥。

该书二十七回小红回答凤姐之后，凤姐对李纨说："——嫂子你不知道，如今除了我随手使的几个丫头老婆之外，我就怕和他们说话。他们必定把一句话拉长了作两三截儿，咬文嚼字，拿着腔儿，哼哼唧唧的，急的我冒火，他们那里知道！先时我们平儿也是这么着，我就问着他：难道必定装蚊子哼哼就是美人了？说了几遭才好些儿了。"……凤姐又道："这一个丫头就好。方才两遭，说话虽不多，听那口声就简断。"

作者借着凤姐的口吻，谈论了语言文字的技巧，是很中肯的。作者反对"把一句话拉长了"，那就是说要精练，反对"咬文嚼字"，那就是说要自然，不要做作，不要装腔作势。作者提出"简断"，就是要干净利索，不要拖泥带水。总之，文字贵乎精练，这是确切不移的。

以上全文引录的是漆侠先生"文化大革命"期间仅存的数篇日记，对于我们今天了解漆先生在"文化大革命"后期的下乡劳动、业余读书、写作主张、所思所想等情况，都是非常生动而珍贵的资料。不难看出，"文化大革命"后期漆侠先生虽仍要劳动改造，但可以阅读《高老头》《红楼梦》等中外小说，政治环境稍有改善。

1974年，漆侠先生到河北省遵化县马兰峪按受贫下中农再教育。马兰峪位于遵化西北约23千米处，西与天津蓟州接壤，北与承德兴隆县相连，著名的清东陵就坐落于此。据漆先生女儿漆小凌回忆："当时我在高中读书，恰好老师也带我们去马兰峪，母亲记挂着父亲，让我找机会去看望一下他。说来也真是不能再巧了，我和一个同学刚刚走出村子很短的一段路，便遇到了几个女大学生，我走上前问清楚她们的来处，又提及了父亲的名字，她们马上热心地把我们带到了父亲那里。父亲见到我们很是高兴，问我怎么知道他在这里，我回答说是妈妈告诉我的，她让我看你来的。当时恰好中午时分，我们和父亲一起在老乡家里吃得'派饭'。饭后，父亲又带我们去观光了附近的清陵（大概参观的是乾隆皇帝的墓）。"

"文化大革命"后期,在参加各种集体活动之余,漆先生即已开始在河北大学图书馆等地专门阅读、收集宋代经济史方面的史料,为后来撰写《宋代经济史》做前期准备。这一点,后文还将述及。

四 "文化大革命"后恢复科研和教学工作

(一) 恢复科研和教学

1975年2月4日,辽宁海城发生了7.3级地震,为该区有史以来最大的地震。由于我国地震部门对这次地震作出预报,当地政府及时采取了有力的防震措施,使灾害大大减轻。1976年8月30日,漆侠先生在《辽宁日报》发表《地震不可怕,人力能胜天——读〈梦溪笔谈〉关于登州地震的记载》,发表时署名万钧。漆先生谈到北宋沈括在《梦溪笔谈》这部笔记小说中有登州地震的记载,这一记载与王安石变法的政治形势有很大关联。沈括以自己出色的科学实践活动和一系列研究成果,"深刻地论证了王安石的'三不足畏'的思想,驳斥了顽固派的谣言和诡辩",在舆论上支持熙宁变法[①]。

1977年11月,开封师范学院(今河南大学)历史系举办"文化大革命"后首次全国性的史学讨论会,会议的中心议题是清算"四人帮"在史学上的种种谬论。漆侠先生参加了此次讨论会,并迅速把自己全身心地投入新的史学研究和教学当中去了。

1978年1月18日,漆侠先生在写给好友殷新程先生的信中,叙说自己工作、生活的一些情况。漆侠先生彼时原本打算在1月9、10日过北京停留,因感冒患气管炎之后,加上携带鸡蛋八九十枚,东西有二三十斤重,故于7日乘直达车返津。回津后,帮忙为老友之女报考一事,联系了南开大学历史系古代史教研室负责人刘泽华教授。殷新程先生在此前的来信中,告知了谢国捷夫人故去的消息。谢国捷(1915—1988),著名明史专家谢国桢之弟,毕业于北平辅仁大学哲学系,先到天津广东中学任教,中华人民共和国成立后调入河北大学

[①] 《漆侠全集》第12卷,第199页。

前身天津师范学院,为河北大学新闻专业创建人之一。漆先生随即写信给谢国捷老师,对谢师母故去表示哀思。又从二弟漆彤的来信中得知谢老师的身体不好,已入院治疗,仍未脱离危险期。漆先生表示如谢老师病情好转,即不去探望了,否则就要专门去一趟。由此信可以看出,漆先生气管炎的疾病困扰这时已出现,晚年哮喘的顽疾或即始于此时。先生虽性格刚强、宁折不弯,却尊师重友、热肠古道。对于正在成长中的子侄辈求学进益,也非常关心。

1970 年以后,漆侠先生已随河北大学搬至保定任教,但家属仍留在天津生活。漆侠先生则利用节假日,在保定与天津之间往返奔波。据山东大学孟祥才先生回忆:1978 年 5 月,山东大学举办文科科学讨论会。孟先生奉命赴京津邀请史界学者。"第一站到天津,在先生家住了一个晚上。那时,先生与几户人家同住位于成都道的一座小楼。先生住的是一楼的一室一厅,比较拥挤,甚至可以用'湫隘'来形容。"①

虽然生活条件困难,但漆先生的学术研究热情高涨,科研和教学全面恢复,接连参加学术会议和活动,撰写论文。

1978 年 12 月中国农民战争史研究会成立,筹备重新召开年会,秘书处设在上海市华东师范大学历史系。据虞云国先生回忆:1978 年 11 月 30 日,漆侠先生应上海大学程应镠先生邀请到该校讲《中国封建经济制度的划分问题》,阐明此前的二黄分期说。② 随后漆侠先生参与了中国农民战争史研究会的成立。

1978—1979 年,漆侠先生发表了《王安石的哲学思想》《关于中国封建经济制度发展阶段问题》《宋代货币地租及其发展》《宋史学习漫谈》《宋代学田制中封建租佃关系的发展》《关于社会历史发展的动力问题》③。以上文章均收入 1982 年出版的《求实集》中,详见本书第六章。

---

① 孟祥才:《忆漆侠先生》,载《漆侠先生纪念文集》,第 613 页。
② 虞云国:《琐忆漆侠先生》,载《漆侠与历史学:纪念漆侠先生逝世十周年文集》,河北大学出版社 2012 年版,第 59—62 页。
③ 文章分别刊载于《河北大学学报》1978 年第 3 期;《山东师范学院学报》1978 年第 6 期;《河北大学学报》1979 年第 1 期;《书林》1979 年第 1 期;《社会科学战线》1979 年第 3 期;《河北大学学报》1979 年第 4 期。

（二）继续宋史和农民战争史研究

1979年1月，《王安石变法》由上海人民出版社再版。经历了"文化大革命"，当时的学术书籍十分缺乏。漆先生初版于1959年的《王安石变法》，已引起学者们的广泛关注，学术影响深远。据王曾瑜先生回忆说，他在北京大学读书期间，就是在邓广铭先生指导下，根据漆侠先生《王安石变法》一书中所引注释，按图索骥，知道该读哪些宋史研究的第一手资料。

1979年6月，漆先生应邀至河南开封参加了《简明宋史》讨论会。《简明宋史》由河南大学周宝珠先生和河南省社科院陈振先生共同主编，是中华人民共和国成立以来我国出版的第一本宋朝断代史，对宋代政治、经济、文化、科技、对外经济文化交流诸方面做了全面的叙述。二位编者特邀漆先生与会，听取了漆先生等专家的修改意见，该书于1985年由人民出版社出版。

1979年9月，河北省历史学会在承德成立，漆侠先生应邀与会并当选为第一届理事会副会长。

1979年10月，漆先生晋升为河北大学历史系教授。1979年全国史学规划会议上决定编纂《中国历史大辞典》，此后漆侠先生受邀参与了《中国历史大辞典·宋史卷》的部分词条。

1980年5月24日至31日，"文化大革命"结束后的中国农民战争史学会首届年会在四川成都举办。与会学者紧密联系中国封建社会的历史实际，围绕着农民战争的历史作用进行了认真的研究和讨论。与会者一致认为，正确评价农民战争的历史作用，有助于历史发展动力的探讨。漆侠先生参加会议并当选为理事。

6月，在《中国历史年鉴（1979年）》发表《宋辽金史研究的"大有"年》，介绍了"文化大革命"后中国史学界宋辽金史研究领域的最新研究成果。①

1980年10月上旬，至上海参加中国宋史研究会成立大会。邓广铭

---

① 《中国历史年鉴（1979年）》，生活·读书·新知三联书店1980年版。

先生当选中国宋史研究会会长，学会秘书处设在上海师范大学历史系。成立大会同时举行了学术讨论会。主要讨论五个方面问题：一、关于宋代寺户和依附关系问题；二、关于宋代的租佃制；三、关于宋代的户等的划分问题；四、民族矛盾与民族英雄问题；五、关于朱熹的评价问题。漆先生关注经济史研究，参与了宋代租佃制问题的讨论。

1980年10月下旬，至北京参加中国社会科学院举办的中美史学交流会。邓广铭先生、漆侠先生、王曾瑜先生、程应镠先生、陈振先生，作为中方正式代表中的宋史研究人员参加会议。

（三）政治上终获清白

自1980年秋始，漆先生被聘为北京大学兼职教授，为北京大学历史系研究生、留学生讲授专题课《宋代经济史》一学期。并借此机会，与旧友相聚。据北京师范大学张守常先生对漆侠先生的回忆里说："1980年，邓广铭先生任北京大学历史系主任，招他回母校讲课，我们都在北京，于是见面谈话的机会就多了。这年10月，老同学宋国柱从银川来，姚卿祥从石家庄来，再加上在京的单鸿遥、彭庆遐（西南联大1944史学系同学）、冯远程（西南联大1944史学系同学）、吴世额（西南联大1944史学系同学）和我共8人，邀集在我家餐叙。这一次可以说是放开畅谈了大半天。所谈的不是学问，也不是研究工作，而是这些年来你如何如何，他如何如何，总之是互道契阔。我记得问漆侠先生如何时，他回答的两句话：'这些年，好事没多少，孬话说得可不少。'"①

1981年5月15日，中共河北大学委员会发文《关于漆侠同志历史问题的复审意见》，"撤销1956年10月天津师院党委和1969年10月20日河北大学革委会的结论，按一般政治历史问题予以结论"，政治上得以还清白之身，时年58岁。

1981年7月20日至25日，参加由河北省历史学学会、承德地区文化局、围场县文物管理委员会联合举办的"木兰围场三百年"学

---

① 张守常：《怀念漆侠学长》，载《漆侠先生纪念文集》，第611页。

第五章 中期的历史研究与教学（1959—1981）

术讨论会。漆先生应邀与会，参观乌兰布通。乌兰布通位于克什克腾旗（今内蒙古自治区翁牛特旗西南）之西。该地北面靠山，南有高凉河（沙拉木伦河上游的支流），地势险要。以清康熙二十九年与准噶尔部的乌兰布通大战闻名。漆侠先生此前刚刚在政治上获得清白，心情愉悦，览古思今。1982年年初，漆侠先生回顾这次会议，赋诗一首："驰驱草原上，群朋论古今。香醉金莲花，蝶恋虞美人。乌兰红欲染，将军碧犹存。神思越千载，画图又更新。""神思越千载，画图又更新"句，可谓诗言志，表达了漆侠先生的心情和决心。1990年以后，漆先生在读书做研究的间隙，常书写自娱。1991年12月于普通白稿纸书写此诗，为我们留下了一份珍贵的纪念。

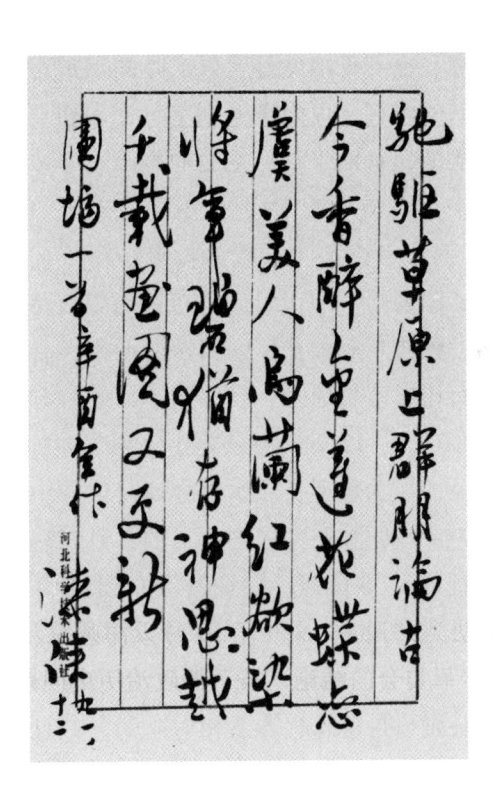

1981年8月8日，漆侠先生再次向河北大学中国共产党党组织递交了《入党申请书》。早在中国科学院近代史研究所工作时，漆先生即向党组织提出加入中国共产党的要求。1949年后，漆先生学习马列著作多年，并用以指导自己的学术研究，尽管政治上受到不公正对待，生活中遭遇挫折坎坷，但他很快就成为一位真诚的马克思主义者，要求加入党组织并非出于政治热情而是源于一种信仰。

1981年9月，《秦汉农民战争史》再版。再版序言中指出：《秦汉农民战争史》出版之后，即陆续得到许多同志的批评和教正，受益良多。尔后在开展对"让步政策"批判的过程中，这本书获得了更多的宝贵意见。学术上的是非，正确或错误，恩格斯早就指出，往往需要几年甚至几十年才能够加以判定。而且，就个人来说，形成一种观点，固非一朝一夕之功；清理或抛弃一种观点，也绝非一朝一夕之功。不认真考虑不同的并且是正确的意见，一味固执已见，这自然不是追求真理的应有态度；对不同意见，毫不加分析地接受下来，并遽而改变自己的见解，也不见得就是实事求是的郑重态度。从上述认识出发，这次对本书的修订，仅限于个别字句，一切照原样付印，以期得到更加广泛的意见，有助于日后全面的修改。

同年，在《中南民族学院学报》第3期发表《宋代的瑶族和壮族》。文章考察了两宋三百年间瑶族和壮族是在什么样的生产力发展水平的制约下发展起来的。宋代瑶族分布在荆湖南路的西部和南部及广南西路的东部，壮族则居住在广南西路的西部，在人口、生产工具和生产技术等方面均属落后地区，发展到了奴隶占有制社会阶段。

1981年10月6日至12日，漆侠先生至西安参加中国农民战争史研究会第二届年会，当选理事长。本次会议讨论的中心是农民战争与封建经济之间的关系问题和有关平均主义的各种问题。此外，会议还围绕农民战争中提出"等贵贱、均贫富"口号及由此而产生的平均主义问题进行了热烈的讨论，提出了各种不同意见。漆侠先生认为："等贵贱、均贫富"口号，构成为农民反封建思想的核心，是从属于民主主义思想体系而与封建思想体系相对立的，并且起义农民已经触动了封建制度的根基即封建土地所有制。漆先生修改完成了《论"等贵贱，均贫富"——宋代农民的政治经济思想》，发表于1982年第1期的《中国史研究》。

漆侠先生的以上研究成果，均是在繁忙的教学之余完成的。一方面，他继续完成在河北大学历史系开设的各门课程的教学任务；另一方面，1981年秋季，受教育部委托，在河北大学举办了全国高校《宋辽金元史》师资培训班。国家教育部（国家教委）武汉会议确定，在若干个高等学校开设十个师资培训班，为期半年到一年，以培养高等学校的讲师、副教授以上的师资。山东大学历史系乔幼梅老师在张维华先生的推荐下，于1979年去南京大学元史研究室师从韩儒林先生进修元史。"听说河北大学举办宋辽金元史师训班，于是南京学习甫定，即风尘仆仆地来了保定这座城市，参加了学习。"[1] 据乔幼梅先生回忆："先生对我们师训班极为重视，认为是培养师资队伍的重要环节。他亲自为我们讲授宋代经济史，每天上午四节课，下午或晚上答疑，每周仅授课就达24学时之多。此外，先生还要为历史系本科生上课，何况当时师母和子女均住天津，生活琐事全要先生自己料理，每天以食堂的饭菜果腹。其辛苦可想而知。"[2] 就是在这样艰苦、繁难的情况下，漆侠先生不仅醉心著述，而且全身心地投入了育成专业人才的事业当中。

---

[1] 据漆侠先生为乔幼梅《宋辽夏金经济史研究》所作《序》，齐鲁书社1995年版。
[2] 乔幼梅：《心丧忆恩师》，载《漆侠先生纪念文集》，第597—598页。

第六章

改革开放时代的历史教学与研究
（1982—1990）

一 河北大学宋史研究室成立

1982年1月14日，经河北省高等教育局批准，河北大学创建独立的科研机构——宋史研究室，由漆侠先生任宋史研究室主任。宋史研究室成员除漆先生外，还有时任讲师的高树林先生。

1982年3月，漆侠先生开始招收硕士研究生，本科毕业于内蒙古大学历史系的冯永林成了漆先生的第一个硕士生。同年8月11日，王菱菱、王彦深从河北大学历史系本科毕业后，分配到宋史研究室工作。王菱菱老师一直从事宋史研究工作至今，王彦深则于当年11月因个人原因调离。1984年年初，以漆侠先生为学术带头人成功申请到中国古代史博士学位授予权，是全国第二批、河北省第一个博士点，漆先生也由此成为河北省、河北大学第一位博士研究生导师。这在河北省和河北大学，都是一件喜事和大事，为人津津乐道。1985年秋，漆侠先生开始招取博士研究生，毕业于暨南大学历史系的袁征成为漆先生的第一个博士生。

据高树林先生回忆，初创的宋史研究室最初连固定办公地点都没有，创立半年以后，才于当年9月搬入河北大学北院第一教学楼（一所文理共用的教学楼）中的一间，后又搬迁至河北大学南院靠近学校礼堂（已拆，今河北大学教学主楼位置）的一所小院落中。这所院落原为河北省省委领导宿舍,院内栽种有两株大核桃树,还有些月季花草,环境较为安静,适宜读书。

有固定办公地点以后,宋史研究室订购报刊、书架,订购了《历史研究》《中国史研究》等历史类期刊和社会科学类综合期刊,创建了书籍报刊资料室。学校拨款一万元,漆侠先生带领全室人员(当时包括漆先生在内也不过4人)赴北京购买了大量研究宋史的基本书籍,包括《宋史》《知不足斋丛书》《丛书集成初编》《九通》等。资料室初具规模,漆侠先生甚至把自己购置的线装本《宋会要辑稿》等书放到资料室,供师生查阅。以后宋史研究室陆续招生,漆先生先后为研究生开设《宋代经济史》《宋史》《马列著作选读》等课程。

1984年9月8日,经河北省教育厅批准成立河北大学社会科学研究所,下设宋史研究室、地方史研究室、美学研究室、语言文字学研究室。11月2日,经中共河北大学委员会任命,漆侠先生为河北大学社会科学研究所所长,兼宋史研究室主任、教授。此后,郭东旭老师由河北大学法律系调入研究所,致力于宋代法制史研究;姜锡东、刘秋根老师硕士研究生毕业后留在研究所工作;郭翠英、苏晓凤老师分别从河北大学其他部门调入,负责管理研究所资料室和办公室。20世纪80年代末,宋史研究室已发展成为资料丰富、人员齐备的科研机构。宋室研究室创办了《宋史研究论丛》,第一辑于1990年4月由河北大学出版社出版。漆侠先生任主编,主要收录宋史研究室近年发表的论文。漆先生在序言中,对当时宋室研究室的基本状况加以介绍:

> 河北大学宋史研究室成立于1982年。当时全室工作人员不过三人,书仅数架而已。在河北省教育委员会和河北大学领导的关怀、支持之下,七八年来宋史研究室有了极其显著的发展。首先,它拥有教授一人、副教授二人、讲师三人和助教二人,由老中青结合而成的学术梯队,新生力量日益成长起来。其次,设备也日益完善。它不仅拥有包括影印文渊阁四库全书、四部丛刊三

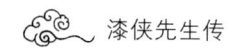

编、丛书集成、宋元方志丛书等万余册资料,初步具备了研究宋史的基本资料;而且还购置了微机,准备开发《宋代资料库》工程,向现代化研究手段发展。这些设备在国内文科研究室来说,当属于第一流的。①

宋史研究室虽白手起家,创业艰难,但漆侠先生为之奠定了扎实的基础,树立了严谨的学风,同时也使之具有了超前的学术意识,较早进行了资料数据库开发。20世纪90年代初与河北大学电子系合作,开发出了《续资治通鉴长编》电子数据检索系统。

1990年春,经河北大学领导研究决定,撤销社会科学研究所,以宋史研究室为依托改组为河北大学历史研究所。历史研究所成立之前,规模略有扩大,增加了李华瑞、高聪明两位老师。漆侠先生任历史研究所所长。2000年,为申报教育部人文社会科学重点研究基地,河北大学历史研究所改组为宋史研究中心,后于2001年4月被教育部评定为"省属高校人文社会科学重点研究基地"。这是河北省第一个、河北大学唯一的教育部"重点研究基地"。

二 《求实集》出版

《求实集》是漆侠先生的第一部个人论文集,1982年4月由天津人民出版社出版。此后又先后出版《知困集》(1992)、《探知集》(1999)。三本论文集都以收录新近发表的论文为主,十年左右一结集。

《求实集》共收录从事史学研究以来,陆续写成的25篇文章。其中17篇已发表于期刊报纸,8篇为首次正式发表。内容主要包括以下几个部分:

(1) 宋史12篇(宋代经济史9篇)

① 《关于中国封建经济制度发展阶段问题》,原刊于《山东师范

---

① 漆侠:《〈宋史研究论丛〉序言》,载《漆侠全集》第12卷,第602页。

学院学报》1978年第6期，收入《求实集》。此文表明了漆侠先生对中国封建经济制度发展的基本看法，后为《宋代经济史》一书的《代绪论》。文章把中国封建经济制度的发展划分为三个阶段：战国秦汉时期（前476—184）是封建制度确立、封建依附关系发展阶段；魏晋隋唐时期（184—884）是庄园农奴制阶段；宋元明清时期（884—1840）是封建租佃制占主导地位阶段。由此也可以看出宋代社会经济在我国古代社会经济发展中所处的重要地位。漆先生此篇文章从我国古代经济发展的角度出发，阐释推进了此前的"二黄分期"说，也可看作此后80年代研治宋代经济史的理论先声与开端，显示了漆先生对中国古代封建社会经济的长时段与断代研究相结合的方法与看法。

②《宋代货币地租及其发展》，原刊于《河北大学学报》1979年第1期，收入《求实集》。漆先生在文章中指出：宋代以封建租佃制为主，在社会生产力最发达的地区如两浙一带，在租佃关系中发展起来了以实物和以货币为形态的定额地租。宋代的货币地租存在于封建国家土地所有制中的官庄、学田、沙田芦场和建康府营田。这是探讨宋代经济史的一篇重要文章。此后有几位宋史专家就宋代货币地租问题提出不同看法，但谁也无法否认宋代存在货币地租这一客观事实。对相关史料的解读，对宋代货币地租的发展程度，尚可继续探讨。

③《宋代学田制中封建租佃关系的发展》，原刊于《社会科学战线》1979年第3期，收入《求实集》。在此前发表的《宋代货币地租及其发展》一文中，漆先生已指出宋代货币地租存在于学田之中。本文则进一步总结了宋代封建租佃制在学田制中的特点：地主豪绅租占学田，转租出去，出现了二地主；以太湖流域为中心的两浙地区，盛行小地块租佃制；实物和货币两种形态的定额地租居于支配地位。

④《宋代地租形态及其演变——兼论地价及其与地租的关系》，首刊于《求实集》。文章认为：地租是宋代社会生活中地主阶级攫占广大无地少地农民剩余劳动乃至必要劳动的一种广泛存在的经济关系，地租形态是多种多样的，并且在各地区之间是极为不同的；劳动地租、产品地租、货币地租等各种地租对生产的发展所产生的影响和作用是不相同的；此外文章还对宋代土地买卖同地租的关系也加以探

讨和叙述。

⑤《关于宋代人口的几个问题》，首刊于《求实集》。文章认为：北宋初到南宋中叶，宋代户口一直增长，且主要的是具有生产力的劳动人口的增长。徽宗年间人口数超过一亿，远超汉、唐；封建制度对人口的增长，特别对广大农民人口增加，起着明显的制约作用；宋代人口的分布，也对各地区经济的发展产生了重要的影响和作用。

⑥《宋代以川峡路为中心的庄园农奴制》，首刊于《求实集》。文章分析指出：由于生产发展的不平衡，宋代川峡路一带经济生产落后，以夔州路为中心的川峡诸路主户与地客所结成的关系，是庄园主农奴主与农奴的关系，庄园农奴制依然占主导地位。在封建租佃制占统治地位的广大东部地区，农奴制关系也是有所反映和表现的。

⑦《宋代植棉考》，首刊于《求实集》。文章分析了宋代棉花的种植与发展情况，北宋时期岭南地区种植棉花，南宋时期棉花向江南西路、两浙路发展。写作此文以后，漆先生后阅读了元人文集中的相关资料，续有所得，便写作了《宋代植棉续考》（《史学月刊》1992年第5期）。后两文合并，删其重复，题为《宋代植棉考》，收入《探知集》（1999）。

⑧《宋代纺织手工业生产的发展以及纺织手工业生产的各种形式》，首刊于《求实集》。文章认为：随着农业经济的发展，宋代纺织手工业生产亦获得巨大发展，表现在原料的增加、产品质量的提高等方面；宋代纺织手工业生产的主要形式，是农业与家庭手工业相结合的个体生产。在封建地主阶级的经济体系中，也存在分别隶属于官僚、地主和寺院的纺织手工业生产。官府丝织作坊如绫锦院或锦院，不具有商品生产的性质。而与农业脱离的纺织作坊——机户的出现和发展，已是商品性质的生产。

⑨《赵匡胤与宋专制主义中央集权制的发展》，原刊于《历史教学》1954年第12期，发表时署名"季子涯"，收入《求实集》。文章主要继承和发挥了邓广铭先生的观点，文章主要论述了宋太祖加强中央集权的主要措施，中央集权制度对宋代经济、军事、文化等各方面均产生了重要影响。

第六章 改革开放时代的历史教学与研究（1982—1990）

⑩《论王安石变法》，原刊于1963年5月16日《人民日报》。文章主要内容：王安石变法旨在挽救极端虚弱的北宋统治，对抗农民的革命；王安石变法是对封建制度某些环节的局部改革；变法掀起了地主阶级内部的尖锐斗争，变法派的软弱无力，保守派的拼命反对，最终导致了变法的失败。

⑪《王安石的哲学思想》，原刊于《河北大学学报》1978年第3期。自1959年《王安石变法》出版后，漆侠先生将主要精力投入中国农民战争史的研究中，后在"文化大革命"中历经挫折。这篇文章着重探讨了以前未曾涉及的王安石的哲学思想问题。认为：王安石对待传统文化是兼容并包，"惟理之求"，在天人关系、人与自然的关系上具有朴素唯物主义思想，借注释《老子》强调朴素辩证法和进步的历史发展观。这表明"文化大革命"后，漆先生继续展开了对王安石哲学思想的研究。1979年1月《王安石变法》再版时补充了初版没有的这部分内容，又收入《求实集》。

⑫《宋史学习漫谈》，原刊于《书林》1979年第1期，收入《求实集》。文章介绍了《宋史》《文献通考》《续资治通鉴长编》《宋会要辑稿》等学习宋史的基本史料书，宋人文集、笔记小说、方志等材料书，并介绍了阅读上述材料书的方法。当时国内的宋史研究还处于起步阶段，远落后于东邻日本。这篇文章，虽仅为宋代基本史籍和阅读方法的介绍，但无疑对开展宋史研究具有很大的帮助和指导作用。

（2）金史1篇

《女真族从原始社会向奴隶制社会的过渡》，首刊于《求实集》。文章分析了女真建国初期社会经济制度的基本状况：九世纪末至阿骨打建国（1115），女真社会生产力发展、人口增加，原始公社解体过程中确立了奴隶制度。女真建国后国家政权的种种活动，积极地推动了奴隶制经济基础的发展，女真的皇帝和贵族（猛安、谋克）是奴隶主阶级的上层，猛安谋克户（农村公社成员）是自由民，其中拥有奴婢的则为奴隶主的下层，而奴隶则构成为被统治被剥削的阶级。《求实集》所收录的文章，以宋代经济史为主，说明漆侠先生当时研究的重点所在。但与此同时，漆侠先生对辽金史无疑也是十分关注的。1988年、1989年写作完成《宋代经济史》之后，能很快在1994年与乔幼梅教授合作完成《辽夏金经济史》，无疑也体现了积累之功，而不是一蹴而就的。

（3）古代史9篇（中国农民战争史8篇）

①《有关隋末农民起义的几个问题》，原刊载于《中国农民起义论集》，五十年代出版社1954年出版。②《论李密在历史上的作用》，原刊于《历史教学》1954年第3期。③《关于曹操评价的根本问题》，原刊于1959年5月16日《天津日报》。④《西晋末年以流民为主的各地起义》，原刊载于《中国农民战争史研究集刊（第一辑）》，上海人民出版社1979年出版。⑤《关于皇权主义问题》，原刊于1962年1月3日《天津日报》。⑥《农民是地主阶级的对立面，还是地主阶级的后备军？》，原刊于《哲学研究》1964年第3期。⑦《读〈李自成〉——论农民的革命民主主义》，原刊于《文史哲》1978年第6期。⑧《关于社会历史发展的动力问题》，原刊于《河北大学学报》1979年第4期。漆侠先生在"文化大革命"后继续关注了中国农民战争史的研究，此时学界开始了中国农民战争史研究的第二个高潮。漆侠先生仍坚持以马克思主义为指导研究中国历史，他认为：生产关系与生产力的矛盾运动是人类社会发展的根本动力，阶级斗争是阶级社会发展的根本动力；阶级斗争，特别是农民战争，是推动中国封建社会发展的真正动力；对学术界对此问题的不同意见也进行简单评析。1979年12月18日，漆侠先生在《光明日报》发表《农民战争是推动中国封建社会历史发展的动力》，强调了农民战争是推动封建社会发展的真正动力。以上文章，体现了漆侠先生在中国农民战争史研究第二次高潮中的学术贡献，请参阅本章第三节。⑨《二十等爵与封建制度》，原刊于《历史教学》1961年第11、12期，收入《求实集》。

（4）读书札记3篇

①《读〈宋书·徐豁传〉和〈王弘传〉》，原刊于1957年6月1日《天津日报》，发表时署名"子涯"①，收入《求实集》。50年代作

---

① 此前漆侠先生已用笔名"季子涯"发表文章。

为土地制度的田制是讨论的热点问题之一。对于晋代田制，学者们也有不同看法。漆先生认为占田制是实行了的，并对户丁按年龄课租。

②《司马迁的调查访问方法——读〈史记〉札记之一》，《求实集》首刊。文章主要内容：司马迁著作《史记》，千百年来之所以成为脍炙人口的不朽巨制，之所以给人们以巨大的感染力量，就是因为：司马迁在严肃认真地收集、研究大量文献材料的同时，以其独创的调查访问方法，深入当时的社会实际，网罗逸闻，观察形形色色的景象，从而获得了新颖的、生动的和丰富多彩的事实材料，为其撰写《史记》、塑造一些富有生命力的艺术形象，奠定基础。可以这样说：没有调查访问方法，或许就没有灿烂夺目的《史记》。

③《谈〈史记〉中的"太史公曰"——读〈史记〉札记之二》，《求实集》首刊。司马迁《史记》的评论，有两种不同的表现形式。一种形式是夹叙夹议式的，评论与事实叙述紧密结合，把评论渗透在事实叙述的过程之中。顾炎武把这种评论形式总结成"于序事中寓论断"；同时认为，古代史家只有司马迁能够做到这一步。另一种形式是在事实叙述前后，司马迁以史官的身份和语言，直截了当地提出自己的看法和意见。这种评论形式，就是我们在《史记》中经常碰到的"太史公曰"。这一体例，来自《左传》当中的"君子曰"；自此以后，渐成定型，班固《汉书》中的"赞"，荀悦《汉纪》中的"论"，陈寿《三国志》中的"评"，等等，均脱胎于此。后来司马光《资治通鉴》中的"臣光曰"，和许多史籍中的"按"，亦都是这种体例的延续。"太史公曰"和后来的"论""赞"只限于一些简短的评论也有所不同，典型地表现了司马迁的史与论的结合。

三　在中国农民战争史研究的第二个高潮中

（一）纵深发展阶段的农民战争史研究

20世纪70年代末至80年代中期，形成了中国农民战争史研究的第二个高潮。1978年11月，在上海召开了第一次全国性的中国农民战争史讨论会，成立了中国农民战争史研究会，其后在西安、郑州、成都等地召开了年会。漆侠先生于1981年到西安参加了中国农民史研究会第二届年会；1982年到郑州参加了中国农民战争史第三届年会；1983年到广西桂林参加中国农民战争史第四届年会。中国农民战争史研究会分别于1979年、1982年、1983年、1985年编辑出版了《中国农民战争史研究集刊》第一至四集，与中国社会科学院历史研究所合编《中国农民战争史论丛》，在国内外都产生了良好的影响，对中国农民战争史的研究起了巨大的推动作用。

按照漆侠先生的划分，这一时期的中国农民战争史研究进入了纵深发展阶段。[①] 纵深发展阶段的研究成果主要表现在：首先，开拓了研究领域，弥补了前此研究中的空白和不足。如顾诚有关明末农民起义的几篇论文，诸如李岩这个人物的有无，大顺政权的性质，都是持之有据、言之成理的力作；对《甲申三百年祭》一文的再评论，也给非历史唯物主义观点以有力的批驳。诸葛计探索唐末农民战争军事活动的论文，也是别开生面。[②] 其次，逐步地同社会经济的发展演变结合起来，深入社会经济领域中去，阐明社会经济的发展与农民战争口号、纲领之间的内在联系；并从封建统治阶级经济政策的变化中，考察农民战争的作用，等等。最后，20世纪60年代对有关理论问题的探讨，到这一阶段实现了写出不同观点、看法的农民战争史的成果。这一时期先后出版了谢天佑、简修炜主编的《中国农民战争简史》、田昌五的《中国古代农民革命史》（第一卷）、孙达人的《中国古代农民战争史》、胡如雷的《唐末农民战争》、袁庭栋的《张献忠传》和白钢、向祥海的《钟相杨么起义始末》等专著。除《中国农民战争简史》外，前两部是对秦汉时期农民战争的论述，后三部是对

---

① 《建国以来中国农民战争史的研究》，载《中国农民战争史研究集刊》第四辑，上海人民出版社1985年版。漆侠先生认为：中国农民战争史的研究，大致经历了以下三个阶段，即：从中华人民共和国成立到1958年，为开创阶段；从1958年到"文化大革命"前夕，为有关基本理论的探讨阶段；从粉碎"四人帮"到今天（20世纪80年代），为走向纵深发展的阶段。

② 参见漆侠先生《诸葛计同志〈唐末农民战争战略初探〉序》，载《知困集》，河北教育出版社1992年版。

一个断代的或某一次的农民战争的论述。这些专著都是在收集和研究了大量材料的基础上完成的，都表现了它自己的特色。如孙达人的《中国古代农民战争史》，就是贯彻了他的反攻倒算这一观点、看法的著作。《唐末农民战争》在叙述方法上，别开生面，使人耳目为之一新。从上述这些成果来看，是此前的开创阶段、探讨阶段所无法比拟的，使农民战争史的研究向纵深方向发展。

20世纪70—80年代，漆侠先生发表了《西晋末年以流民为主的各地起义》的研究成果①，对唐末农民战争②，宋代钟相、杨幺起义③和明代李自成起义④也有深入的研究和探讨。与此前论述的秦汉农民战争和隋末农民起义一起，关注范围几乎涵盖了中国古代农民起义的各个朝代。结合"文化大革命"以前发表的文章，漆侠先生还发表了《建国以来中国农民战争史的研究》⑤的综述文章。

对农民战争理论问题的探讨，漆侠先生发表了《农民战争是推动中国封建社会历史发展的动力》⑥一文。其时学界对中国农民战争的历史作用问题存在分歧：大多数人对农民战争的历史作用是肯定的，但对其积极作用的肯定程度又有所不同。漆侠先生认为农民战争是封建社会历史发展的根本动力，两千年来社会生产力和封建生产关系都是在农民战争的作用下发生变化的。孙祚民先生《论让步政策》一文（《社会科学战线》1980年第2期）则认为农民战争打击封建统治，促进了社会生产的发展和繁荣，称作"直接作用"，而农民战争后新王朝被迫实行的让步政策能引起的促进生产的作用，称作"间接作用"，两者相比前者是主要的，但有时后者对生产的促进作用往往

---

① 《西晋末年以流民为主的各地起义》一文原是漆侠先生为历史系学生授课的讲义，此为正式发表。
② 《诸葛计同志〈唐末农民战争战略初探〉序》，载《知困集》，河北教育出版社1992年版。
③ 《论"等贵贱，均贫富"——宋代农民的政治经济思想》，《中国史研究》1982年第1期，后收入《知困集》。
④ 《读〈李自成〉——论农民的革命民主主义》，《文史哲》1978年第6期，收入《求实集》。
⑤ 《中国农民战争史研究集刊》第四辑，上海人民出版社1985年版。
⑥ 《光明日报》1979年12月18日。

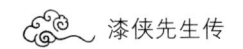

比前者还大些。

漆侠先生对于西晋末年以流民为主的各地起义的关注，20 世纪 60 年代就已开始。早于 1962 年 12 月，漆侠先生即在河北大学历史系讲授《西晋末年以流民为主的各地起义》，1979 年正式发表于《中国农民战争史研究》第一辑①，后收入《求实集》。文章论述了在庄园农奴制度下西晋社会矛盾的展开，饱受压榨和奴役的农民和各族人民，以及错综复杂局面下各地流民起义的爆发、发展及其失败。

对于宋代钟相、杨么起义中提出"等贵贱、均贫富"口号的意义，漆侠先生认为，"等贵贱、均贫富"思想的产生及其实践，具有划时代的伟大意义。这种思想的产生及其实践深刻地反映了：在经济上，广大农民不仅要求而且亲自动手消灭封建土地所有制，使自己成为土地的主人；在政治上，广大农民不仅要求而且亲自动手消灭封建等级制，使自己在社会上获得平等的身份和权利。这两者构成农民的反封建思想的核心，从属于革命民主主义思想体系，从而与全部封建思想体系相对立。正是由于它集中反映了农民的意愿和理想，自两宋以后，经过金朝末年的红袄军起义、元末红巾军起义，以及明末李自成起义，这个思想继续发展，到太平天国革命遂发展到它的极峰，由起义英雄们的集中概括，摹绘出了一个"无处不饱暖，无处不均匀"的理想国。自宋以来的九百年间，"等贵贱、均贫富"这一理想，像一根红线贯穿于整个农民革命运动中，成为一个划时代的标志，突出地反映了农民反封建斗争的巨大进步及其时代特征。②

姚雪垠先生《李自成》第一卷（中国青年出版社 1963 年版），第二卷（中国青年出版社 1976 年版）出版后，在社会上引起广泛注意。1978 年漆侠先生在《文史哲》第 6 期，发表《读〈李自成〉——论农民的革命民主主义》。肯定其历史与艺术成就的同时，对于作者有关天命观、皇权主义等直接关联到农民阶级的阶级性和农

---

① 《中国农民战争史研究集刊》第一辑，上海人民出版社 1979 年版。
② 漆侠：《论"等贵贱，均贫富"——宋代农民的政治经济思想》，《中国史研究》1982 年第 1 期。

第六章 改革开放时代的历史教学与研究（1982—1990）

民战争性质等根本问题的论述，提出了不同的商榷意见。早在 20 世纪 60 年代前期，漆侠先生就在《关于皇权主义问题》《农民是地主阶级的对立面，还是地主阶级的后备军？》这两篇文章中，提出农民政权是以皇权主义为形式，以革命民主主义为内容，作为其实质和特点。漆侠先生《读〈李自成〉——论农民的革命民主主义》中重申了自己在十几年前《关于皇权主义问题》中的观点，并指出："等贵贱、均贫富"是农民的革命民主主义思想的核心，在农民革命过程中起着巨大的作用。漆侠先生认为"作者有关天命观、皇权主义等问题的论述，直接关联到农民阶级的阶级性和农民战争性质等根本问题"，"姚雪垠同志也是根据马克思、斯大林等经典作家的个别论断，认为农民是皇权主义者。这一见解是值得商榷的"。对漆侠先生"革命民主主义"的看法，李振宏在《文史哲》发表商榷文章，提出反对意见。①

1983 年 10 月上旬，应河北省历史学会和河北师范学院历史系邀请，漆侠先生到石家庄为历史教学和科研人员讲授中国农民战争史的研究情况，漆侠先生详细介绍了中华人民共和国成立后，中国农民战争史研究的三个阶段：从中华人民共和国成立到 1958 年的开创阶段；从 1958 年到"文化大革命"前夕的理论问题探讨阶段；"文化大革命"结束后进入纵深发展阶段。此次报告会上，漆侠先生还做了题为《中国封建地主阶级的形成和演变》的学术报告。这篇文章后又提交至昆明首次"中国封建地主阶级研究"学术研讨会。

1983 年 10 月 14 日至 20 日，由《历史研究》杂志社、云南大学历史系、南开大学历史系联合发起的首次"中国封建地主阶级研究"学术讨论会在云南昆明召开。漆先生提交了与宋史研究室高树林先生合著的《中国封建地主阶级的形成和演变》，后经修改后刊发于《历史研究》1983 年第 5 期。结合此前发表的《关于中国封建经济制度发展阶段问题》一文，漆先生提出：战国秦汉为地主阶级的形成和发展时期，魏晋隋唐是代表庄园农奴制经济的世族豪强地主的演变时

---

① 李振宏：《封建时代的农民是"革命民主主义"者吗？》，《文史哲》1980 年第 1 期。

期，宋元明清是封建租佃制下地主阶级的演变时期。漆先生认为：地主阶级的产生，同私有土地的发展有着密切的联系，这比传统观点认为的中国地主阶级是由奴隶主阶级转化而来更加原始，更加重要。中国的封建主是从土地私有制发展起来的，而封建制确立后，这种私有的土地所有制更加急遽地发展起来，最终形成封建大地主所有制。到魏晋隋唐时期，封建经济制度演变到庄园农奴制阶段，代表这个制度的是世族豪强大地主阶级，寺院也从属于这个经济体系。唐中叶以后，自下层地主阶级中发展起来的封建租佃制关系，逐渐取代庄园农奴制，过渡到宋元明清的封建租佃制占主导地位的阶段。这时地主阶级内部发生了重大变化，例如从佃客、自耕农中分化出一批佃富农、富农和小地主，在国有土地如学田中出现了二地主。特别值得注意的是，从宋以后官僚、地主和高利贷者相结合，对社会经济的发展产生重大影响。至明中叶，农村中开始出现新的经济因素。

1983年10月25日至31日，中国农民战争史第三届年会在广西桂林召开。与会学者围绕农民战争中的平均主义思想和农民战争史如何向深度广度进军的问题展开了热烈的讨论，达成了农民战争史与经济史结合起来研究、加强对地主阶级研究的共识。前述漆侠先生的相关研究成果，无疑把握了研究的大方向，是具有代表性的成果。

1985年，是中国农民战争史研究的高峰年，此后的农民战争史研究转而趋于沉寂。2月10日，漆先生为诸葛计《唐末农民战争战略初探》（天津人民出版社出版）作序。序言中肯定中国农民战争史中对战略战术的研究，认为该书深刻揭示了唐末农民战争战略的规律性；6月，漆先生在《中国农民战争史研究集刊》第四辑（上海人民出版社）发表总结性的《建国以来中国农民战争史的研究》；10月，中国农民战争史学会第四届年会在江西庐山召开。会议讨论了中国封建社会农民战争与小农、中国封建社会农民阶级的思想等问题，争论仍旧激烈。据孟祥才先生回忆："宁可先生等在开幕式上发言。那时大家还在用'两条路线斗争'的套语讲农战史。孙祚民先生在发言中涉及'文革'前的论争，也按'路线'模式划分了论辩的阵营。漆先生性格直率坦诚，心里藏不住话。上午的会结束后，中午饭吃

第六章 改革开放时代的历史教学与研究（1982—1990）

过，他要我陪他在山上走走。他有点生气地对我说：你听祚民的发言了吧？这位老兄将我排到资产阶级一边了。下午我发言，要反驳他，说他代表地主阶级。你看怎样？……下午的会上，漆先生发言，心平气和地回顾了'文革'前的争论，认为就学者而言，主要是学术观点的争论，不好朝阶级和路线上扯。他笑着对孙祚民先生说：'祚民同志，你说咱们两人谁代表资产阶级，谁代表无产阶级？'孙先生笑笑，两人未再争论什么。"①

总的来看，这一时期漆侠先生的中国农民战争史研究，既是前一阶段农民战争史研究的继续，如对于具体农民起义过程的考察，包括针对农民战争理论问题的深入探讨。又是对前一阶段所提出的理论观点的坚持与进一步阐述。这一时期，漆侠先生有关农民战争史研究成果主要特点和贡献有以下两个方面：

第一，对于农民战争史基本理论问题的概括和总结。漆侠先生认为，这些基本理论问题主要包括：关于农民战争的性质问题；农民阶级阶级性的问题；农民起义的自发性问题；起义农民的指导思想问题；关于皇权主义思想问题；关于农民政权问题；关于"让步政策"和"反攻倒算"的问题。这一阶段，也有对动力问题和平均主义理论问题的新探讨。除此之外，在上一阶段争论过的一些问题，如农民战争的自发性、政权性质、皇权主义也都重新提出来了。②漆侠先生总结了史学界对这些理论问题的各种不同看法和意见，并以自己的研究实践为基础，提出了自己的观点。漆侠先生的这些观点，多是对前一阶段所提出的理论观点的坚持与进一步阐述。如对于皇权问题、农民政权性质问题。

第二，指出这一阶段研究中，一个值得注意的偏向是：以纠正过去农民战争史研究中"拔高"现象为借口，对农民战争大肆挞伐，恣意"贬低"。关于中国农民战争对我国封建社会的发展，究竟是起

---

① 孟祥才：《忆漆侠先生》，载《漆侠先生纪念文集》，第614页。
② 《建国以来中国农民战争史的研究》，载《中国农民战争史研究集刊》第四辑，上海人民出版社1985年版，与《关于我国农民战争史的研究》合并后，收入《知困集》。

破坏作用，还是起推动作用？漆侠先生认为，不能过分夸大农民战争的破坏作用，更不能因此而否定农民起义对历史的推动作用。

20世纪80年代中后期以后，中国农民战争研究在经历了两次高潮之后，陷于低谷甚至趋于沉寂，对于农民战争的关注与争鸣现象去而不返。虽然学术界涉及农民战争的研究还有很多，但以之为主要研究对象的并不多，以探讨农民战争性质和历史作用为目的的就更少。在1998年为陈士谔、陈致远《钟相、杨幺起义考》所作序言中，漆侠先生认为他们以钟相、杨幺为研究对象具有卓识，对他们的研究也进行了积极肯定。[①] 由此可以看出，漆侠先生对中国农民战争史研究仍然很重视。

（二）漆侠先生农战史研究的贡献

综上，漆侠先生中国农民战争史研究的学术贡献，主要表现在以下几个方面：

1. 成果较多，贡献突出

漆侠先生自20世纪40年代开始投身史学研究，因对王安石变法这一北宋时期最为关键的政治、经济问题的全面、深入研究而崭露头角，奠定了其史学研究的基础；50—60年代，除继续王安石变法的研究之外，漆侠先生以更大的精力投入中华人民共和国成立后兴起的新学术热点——中国农民战争史的研究。这一时期，漆侠先生在从事中国古代史教学的同时，把大部分的精力放到了农民战争史研究，共出版了4部专著：《隋末农民起义》（1954）、《唐太宗》（1955）、《王安石变法》（1959）、《秦汉农民战争史》（1962）。其中《隋末农民起义》《秦汉农民战争史》为中国农民战争史研究专著，《唐太宗》中对隋末农民起义的作用也有涉及。此外，漆侠先生还就农民战争史的重要理论问题，如关于中国农民战争的性质问题、皇权主义问题、如何正确认识历史上的封建统治阶级和封建王

---

① 《陈士谔、陈致远〈钟相杨幺起义考〉序》，岳麓书社1998年版，收入《探知集》，河北大学出版社1999年版。

朝问题、农民战争与让步政策问题等进行研究探索，发表了自己的颇有影响的一家之言。漆侠先生对于全国性的农民战争史的深入研究，属于填补空白、贯通农民战争史研究的代表性成果；对重大理论问题的探索，是他学习、运用马克思主义理论指导史学实践的成果。二者有机结合，自成一家，成就卓著，成为当时中国农民战争史研究中的领军人物之一。

20世纪70年代以后，漆侠先生的学术研究逐步转向了宋代经济史领域，但对农民战争史的研究仍继续关注。中国农民战争史研究第二个高潮中，漆侠先生虽没有再发表专门著作，但也集中发表了一些有分量的成果。如《农民战争是推动中国封建社会历史发展的动力》《关于社会历史发展的动力问题》《建国以来中国农民战争史的研究》等，都是对农民战争史研究重大问题和相关理论问题的总结与回应。

2. 勇于争鸣、积极探索的学术精神

漆侠先生勇于争鸣，在中国农民战争史的许多重大学术问题，特别是有争议的问题上，都有自己的见解，并积极撰文公开参与学术讨论。如在1960年关于中国农民战争性质问题的讨论中，漆侠先生明确提出了"在我国封建社会里爆发的农民起义和农民战争，自始至终都具有反封建的性质"的学术观点。这一观点是当时代表性的学术观点之一。在论述这一观点的过程中，漆侠先生指出，封建社会根本的核心问题是土地关系问题。谁有地，谁就有权有势。为了解除封建土地所有制对自己的奴役和压迫，农民的革命斗争也就指向封建土地所有制，同地主阶级展开对土地的争夺。这也就是农民战争的基本内容，这个基本内容贯串于封建社会的全部过程。① 漆侠先生从对封建社会根本的核心问题即土地关系问题来分析农民战争的反封建性质，可谓切中肯綮、真知灼见。

对于这些根本性理论问题的探索，也贯串于漆侠先生此后的农民战争史研究中。面对由此而引发的不同学术观点与争鸣，漆侠先生坚

---

① 《关于中国农民战争性质问题》，《光明日报》1960年2月18日。

持自己学术观点的同时,还认为各种说法是否经得住历史的检验,"只要认真学习马克思主义的有关社会矛盾的学说,上面说的理论上的分歧是不难解决的"。"中国农民战争史也就能够从迷雾中找到前进的方向。"①

真理不辩不明。当前的史学界,学术争鸣少了,各说各话、一团和气现象多了。这不是好现象。老一辈专家学者那种积极探索、积极争鸣的精神,值得尊敬,值得倡导。

3. 做了大量的组织和推动工作

漆侠先生在促进学术发展、推动农民战争史研究发展过程中也做出了突出贡献。自 20 世纪 50 年代起,漆侠先生在天津师范学院、天津师范大学(河北大学前身)历史系从事中国古代史教学工作的同时,便与历史系同人合作展开古史分期、农民战争史等问题的研究。其中《方腊的起义》是与钱君晔先生合作完成,《秦末农民战争》是与宝志强、段景轩共同完成;《秦汉农民战争史》是与宝志强、段景轩、李鼎芳合作完成,漆侠先生承担大部分章节的写作和全稿的校阅工作,是组织者和主持人。

自 1978 年中国农民战争史研究会在上海成立之后,漆侠先生连续参加了此后的三届年会(1981—1983)。因在农民战争史研究方面的卓越成就和领军人物的学术地位,于 1981 年当选为中国农民战争史研究会第二届理事长。这一时期中国农民战争史研究会的成立与《中国农民战争史研究集刊》的编辑出版,极大地推动了中国农民战争史的研究。漆侠先生能够当选理事长,负责农民战争史研究会的组织、协调工作,说明了他在农民战争史研究领域的成果和贡献,得到了学界同行们的高度认可和尊重。

(三) 漆侠先生农战史研究的特色

第一,以马列主义为指导,是漆侠先生从事中国农民战争史研究

---

① 《我的学习历程》,《河北大学学报》2004 年 3 月 10 日、4 月 10 日。此文为 2001 年漆侠先生回复《史林》的约稿,后因先生去世而未能刊发,2004 年发表于《河北大学学报》。

及中国古代史研究,乃至整个史学研究的重要特色。

从 1949 年开始,漆侠先生即听从好友殷新程先生(新华社离休的原高级编辑)的建议,开始学习马克思主义。马克思主义经典著作中译本陆续以单行本的形式出版,每出一本漆侠先生都仔细阅读,并记有笔记。1951 年 3 月到 1953 年 12 月,漆侠先生在中国科学院近代史研究所,随著名史学家范文澜先生工作。范老认为漆侠先生对马克思主义理论的学习很认真。在同时代史学家中,漆侠先生真心学习马克思主义、真心信仰马克思主义、真心运用马克思主义,理论水平突出,被认为是"一位真诚的马克思主义史学家"①。漆侠先生以马克思主义为指导的农民战争史研究,成效卓越,属于农民战争史研究的前辈学者中的佼佼者之一。

漆侠先生始终强调以马克思主义为指导研究农民战争史:

> 50 年来,中国农民战争史研究经历了一个"之"字形的发展道路,学术界在重大历史理论面前出现了分歧。有的认为:人民群众是历史的创造者,这个理论"不科学"。也有的认为:农民起义、农民战争不仅不是推动封建社会前进的真正动力,甚至连动力都不是,而是封建社会的修理工,封建社会的绵延是农民起义造成的。这些说法经得住检验吗?只要认真学习马克思的《〈政治经济学批判〉导言》,认真领会马克思主义的有关社会矛盾的学说,上述理论上的分歧是不难解决的。中国农民战争史也就能够从迷雾中找到前进的方向。②

阶级分析方法是马克思主义史学研究的基本方法。漆侠先生在对中国农民战争史重大理论问题的分析上,集中体现了这一方法。如前所述,对于农民战争的性质问题,漆侠先生始终认为农民战争自始至终都

---

① 王曾瑜:《一位真诚的马克思主义史学家》,《河北大学学报》2001 年 11 月 20 日,《漆侠先生纪念文集》,第 593—596 页。
② 漆侠:《陈士谔、陈致远〈钟相幺起义考〉序》(1998 年 2 月 11 日),岳麓书社 1998 年版,收入《探知集》,河北大学出版社 1999 年版。

具有反封建的性质;"等贵贱、均贫富"的农民革命思想,在中国封建社会后期的农民阶级反封建斗争中起着主导的、决定性的作用。

第二,以政治、经济背景为观察、认识、论述农民战争史问题的核心和基础。

无论是对各次较大规模农民起义的研究,还是对中国农民战争共同规律和特点的重大问题的探讨,漆侠先生都强调要加强对封建土地所有制及以此为基础的封建经济诸关系问题的研究;对封建统治集团的政治措施,应该具体分析各个时期政治制度等方面的变化。

漆侠先生特别重视社会矛盾,如对秦汉农民战争、隋末农民起义过程的历史背景的分析,社会矛盾的激化成为战争(起义)爆发的重要原因。对于"等贵贱、均贫富"的口号为何产生在宋代而不在宋代以前?漆侠先生认为,这一方面是宋代土地占有的不均,另一方面是当时无地的客户能够摆脱庄园农奴主的束缚,同时还能积攒一点家产,发展自己的小经济,对土地的要求变得更强烈起来。这种土地要求,在农民起义中便通过"等贵贱、均贫富"的口号表达出来。在把农民战争史同当时的政治、经济背景相联系的过程中,漆侠先生善于剖析不同历史发展阶段的各种社会矛盾,区分主要矛盾和次要矛盾,来分析问题、解决问题,这明显受到毛泽东主席《矛盾论》的影响。研究农战史,当然应该面面俱到,巨细无遗,但必须分清主次,抓主要矛盾,以政治和经济为核心。

20世纪70年代以后,漆侠先生转向了宋代经济史的研究。漆侠先生学术思想上的这种转向,也不是偶然发生的,这与他以政治、经济为观察、认识、论述农民战争史问题的核心和基础有着密切关系。同漆侠先生一样,经历了中国农民战争史研究的第二次高潮之后,许多史学家发生了学术上的转向,如赵俪生先生转向经济史的研究,白钢先生转向政治制度史的研究。显而易见,漆侠先生等前辈学者对农民战争史的研究,也推动了他们自身和整个学术界的研究范围的扩展和研究水平的提高。

第三,断代研究与通贯研究相结合。

漆侠先生中国农民战争史研究的另一特色是断代研究与通贯研究

相结合。20世纪50—60年代时,漆侠先生就与河北大学历史系中国通史教研室的同志一起,打算把中国农民战争史分卷写出,第一卷包括秦汉部分,第二卷为魏晋隋唐部分,第三卷为宋元明清(鸦片战争前)部分。《秦汉农民战争史》作为其中第一部分先行印出。[①] 虽然这一计划最终未能全部实行,但此后漆侠先生对西晋末年、隋末农民起义和宋代农民起义都进行了探索,可以看作对中国农民战争史进行断代研究与通贯研究相结合的显著成果。这种前后贯通的研究,与漆侠先生注重农民战争史重大理论问题的研究又密不可分。理论问题的探索,同样需要通贯性的研究。

之所以能够做到这种结合,与漆侠先生两个方面的水平与能力有关。一方面,漆侠先生读书多,知识面广,在西南联大读大学期间读过二十四史,注意专业知识的积累,博学多识,在同辈学者中成果突出;另一方面,与他重视理论学习息息相关。漆侠先生认真学习马列主义,又与纯理论研究者不同,他坚持以马克思主义指导史学研究的实践,这使得他能够做到个案研究与通贯研究相结合。这种能力是不易获得的,并非人皆有之。当前中国的史学界,重个案研究,轻通贯研究,并不利于学术研究的健康发展。二者的有机结合,才是可取之路。

(四)启迪和思考

漆侠先生等前辈学者对中国农民战争史的研究实践和经历,对现在和未来的相关研究仍有很大的启迪:

第一,中国农民战争史由"热"到"冷"说明了什么?

中国农民战争史研究中的"热",是时代的产物,有其必然性和合理性。中华人民共和国成立后,"在意识形态领域里要树立以马克思主义为指导的新人文社会科学,以适应社会主义的需要。长时期被地主资产阶级歪曲、颠倒了的历史,理所当然地要受到冲击、批判,并重新颠倒过来。在几千年的旧社会里,广大农民为获取物质生活资

---

① 《秦汉农民战争史》序言。

料从事了艰辛的劳动，他们创造了丰富多彩的文化、养活了贵族地主资产阶级，而他们自己则经常地在饥饿线上挣扎；为争取生存权，则又受到剥削阶级的残酷镇压和血腥屠杀。这种历史状况，经过20世纪50年代以来的探索、批判、争论，人们终于认识了它的本来面目：被鄙视为'群氓'的广大农民，以及所有劳动者，才是历史的创造者，才是推动封建社会前进的真正动力。中国农民战争史就是在这样的历史条件下建立起来的。尽管这门学科还存在种种问题，但还是值得肯定的"[1]。研究农民起义和农民战争，不仅有助于深刻揭示中国封建社会历史发展的客观规律，而且推动了经济史、政治史、军事史、宗教史、文化史等相关学科的研究，对于探索人类历史发展规律等史学理论的研究也起了很大的推动作用，成效卓著，功不可没，必定永垂青史，绝非个别人能够一笔抹杀。

中国农民战争史研究经历两次高潮之后的由"热"到"冷"说明了什么？对此，众说纷呈，各有千秋。我们认为：除社会变迁和价值取向的变化外，还应从学科本身来观察；由热到冷，说明一些基本问题已经搞清楚了，写出了多卷本、各个断代的农民战争史；如果要再深入研究下去，就必须下更大的功夫。深入研究存在一定困难，也使农民战争史的研究趋"冷"，这也是正常的。此外，中国农民战争史的研究，还引发一些新问题，特别是对宋代以后的研究，并没有终结，还是有人在研究，只是不如以前热烈。

第二，是非曲直谁来定？

20世纪颇为引人注目的中国农民战争史研究，在重大理论及相关问题上，形成了各不相同甚至是针锋相对的学术观点。有些学术问题的争论，直至第二次高潮过后，还未达成共识，现在还存在争论。对于这些学术争论的是非曲直的判定，并不是某个人、一下子所能够完成的。判定是非曲直，首先要看"裁判"本人是否有能力来作这样的判断？如果不能站在一定的高度，具有相当的学术水准，是很难断定是非曲直的。能断则断，不能断就继续争鸣下去。

---

[1] 《我的学习历程》，《河北大学学报》2004年3月10日、4月10日。

第六章　改革开放时代的历史教学与研究（1982—1990）

学术问题的研究探讨，就要在不断争鸣中前进。如对于"让步政策"与"反攻倒算"的争论，双方的观点可以说都是有根据的，两方面的历史事实又都是客观存在的。如何将这一问题进行量化研究，是判定是非曲直的依据；但古代社会的一些历史问题又是不易量化的。再如关于农民战争（起义）的性质与作用，究竟是阻碍还是推动历史发展？农民战争的历史推动作用，不是一贬低就能解决问题，不是沉默无争问题就不存在了，要继续深入研究并开展争鸣。正如漆侠先生所说，"直到今天我仍然认为中国农民战争应当再研究。过去的问题是对农民战争的评价过分拔高，不能批评，这不是实事求是的做法；但是轻易否定农民战争在历史上的作用，也不是实事求是的做法"①。学术研究，都要判明是非曲直，但前提是鼓励、不妨害"百家争鸣"。

第三，承前启后，路在何方？

首先，中国农民战争史研究有继续深入的必要。对于中国古代农民战争史的研究，关涉经济、政治、军事、宗教、民族关系等诸领域的研究，涉及人类历史发展规律（如治乱关系、社会矛盾的自觉调控等）的探索，不仅有存在的必要，而且对于未来社会的发展，也能提供一定的、独特的历史借鉴。

其次，农民战争史与农民史研究结合起来。在中国这样一个人口大国、农业大国，对农民问题的所有方面都应加强研究探索。对农民战争这样一个突出现象和重要问题，今后也不可忽视，不能一直"冷"下去。否则，吃亏的是我们自己。

最后，中外结合。中国史是全球人类史的一部分，中国农民史、农民战争史也是整体的一部分。研究外国农民、农民战争史，不仅有助于认清中国的农民史、农民战争史，特别是有助于厘清一些争论不休、分歧难决的重大问题，而且有助于探索人类社会的整体历史和未来趋势。中外结合，大有可为。

总之，要总结经验教训，创新前进。对于漆侠先生等老一辈中国

---

① 《我的学习历程》，《河北大学学报》2004年3月10日、4月10日。

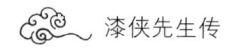

农民战争史名家学术研究特色和贡献的总结,对于未来的农民战争史研究,乃至于史学研究和社会发展,都具有借鉴意义。

四　科研与学术交流

（一）围绕宋代经济史的研究

这一时期,漆侠先生在研究中国农民战争史的同时,更多的精力是在研治、写作宋代经济史,因此参加学术会议提交和发表的论文,多数是围绕宋代经济史展开的。

1982 年 8 月,漆侠先生在《陕西师范大学学报》第 4 期发表了《宋代封建租佃制及其发展》。在这篇论文发表以前,漆侠先生已发表了《关于中国封建经济制度发展阶段的问题》《宋代以夔州路为中心地区的庄园农奴制》等文,或长时段探讨了封建经济发展的总体过程,或个案分析了地区发展的不同特色。而在这篇文章中,漆侠先生着重于两方面的探索,一是宋代封建租佃制究竟有哪些基本特征,它同庄园农奴制的显著差别是什么？二是宋代封建租佃制在生产最发达的地区,又有哪些新的发展？这都属于过去的研究中较为薄弱之处。漆先生此文的观点：在生产发展不平衡规律作用下,宋代各个地区的社会经济形态存在很大的差别,封建经济制度虽然早已在广大地区占支配地位,但它的发展阶段性在各地区表现得极为不同。例如,在以夔州路为中心的地区,庄园农奴制依然居于支配地位；但在全国广大地区,封建租佃制已经占主导地位了。

1982 年 10 月 21 日至 27 日,漆先生到河南郑州参加中国宋史研究会第二届年会,提交会议论文《宋代商业资本和高利贷资本》。《宋代商业资本和高利贷资本》后成为《两宋政治经济问题》（知识出版社 1988 年版）中的第十个问题、《宋代经济史》第三十章。《两宋政治经济问题》由漆侠先生和恩师邓广铭先生合著,全书共包括十个问题,其中经济问题由漆侠先生撰稿。此次会议上,漆先生当选为中国宋史研究会理事。

1983 年 1 月 8 日,以笔名"范今"在香港《华侨日报》发表

《读书杂志》。包括三个小问题：火柴是谁发明的，西瓜在中国的传布，宋代的果树业和福建的荔枝生产。这虽是非常小的三个问题，但涉及农业、手工业发展史的专业知识，读起来也饶有趣味。同时，在《中州学刊》第 1 期发表《宋代农业生产的发展及其不平衡性——从农业经营方式、单位面积产量方面考察》一文。此文与 1982 年出版的《求实集》中《关于宋代人口的几个问题》《宋代以川峡路为中心的庄园农奴制》等文章同为宋代经济史方面的论文。该文中提出了宋代经济发展中形成的"北不如南，东不如西"的重要特点：宋代经济发展以淮水为界，淮水以北的北方地区不如淮水以南的南方地区；以峡州（湖北宜昌）为中心，北至商洛山秦岭，南至海南岛为界，西部地区除成都府路、汉中盆地以及梓州路遂宁等河谷地外，西不如东。

1983 年 4 月 11 日至 16 日，在北京召开中国史学会首次学术年会暨中国史学界第三次代表大会。中国史学会 1950 年在北京成立，首任会长为郭沫若先生，吴玉章、范文澜先生为副会长。"文化大革命"期间停止活动，1980 年恢复活动，同年 10 月召开中国史学界第二次代表大会。1983 年 4 月 11 日至 14 日举行首次学术年会，15 日至 16 日举行第三次代表大会。年会集中讨论了马克思主义与历史科学、关于爱国主义教育、历史遗产和社会主义精神文明三个问题[①]。漆侠先生参加会议，并当选为中国史学会理事。

1984 年，全国哲学社会科学"七五"规划重点课题"中国古代经济史断代研究"立项，漆侠先生独自承担《宋代经济史》、与山东大学乔幼梅教授合作承担《辽夏金代经济史》两项子课题。

1984 年 8 月，漆侠先生至北京参加民盟中央举办的第二期"多学科学术讲座"，在北京师范大学与邓广铭先生合讲《两宋政治经济问题》，后被列为"多学科学术讲座丛书"（第二辑），1988 年 11 月由（上海）知识出版社出版。

1985 年 1 月，漆侠先生在《历史论丛》第五辑（齐鲁书社）发

---

① 参见《中国史研究动态》1983 年第 5 期。

表《南宋从差募并用到义役的演变》。在此之前，漆先生曾发表过《关于宋代差役法的几个问题》一文对宋代差役的性质进行了总体探讨。这篇文章则重点探讨了南宋役法，认为南宋初年以来差募并用，发展到向义役演变，作为封建国家劳役制残余形态的性质并未改变。

1985年4月，在香港《明报》月刊发表《陈亮的经济思想》。该文章是对事功学派陈亮经济思想的研究：陈亮是南宋永康学派的代表人物，讲实际、重事功，反对儒家正统要"义"不要"利"的义利观，极力强调"利"是"义"赖以存在的物质基础。与以朱熹为代表的儒家正统派在义利观和历史观上存在分歧。陈亮不仅重视商人，主张提高商人的社会地位，而且站在暴发起来的商人以及某些手工业主的立场上，对时政提出批评。陈亮的经济思想虽终究没有越过封建地主阶级改良主义的界限，但他本人仍不失为最早的历史进化的利欲推动论者。

1986年1月，在《中国经济史研究》（创刊号）发表《宋代社会生产力的发展及其在中国古代经济发展过程中的地位》。这是此后与邓广铭先生合著出版的《两宋政治经济问题》中的第四个问题，也是第一个经济问题。同月，在香港《明报》（月刊）发表《论吕惠卿的经济思想》。漆先生继陈亮之后，对王变石变法中的二号人物吕惠卿的经济思想进行了分析：吕惠卿在王安石第一次罢相期间坚持改革，并在宋哲宗元符二年提出关于货币问题，针对当时西北诸路铁钱贬值、物价腾涌而提出的措施和设想，独具远见卓识。

1987年6月，漆侠先生在《河北大学学报》第3期发表了《关于宋代雇工问题——宋代社会阶级构成探索之一》，后收入《知困集》（1992）。

1988年11月，与邓广铭先生合著《两宋政治经济问题》被列为"多学科学术讲座丛书"（第二辑），由（上海）知识出版社出版。本书是在1984年8月讲座提纲的基础上完成。邓先生主讲：《谈谈有关宋史研究的几个问题》《宋朝的家法和北宋的政治改革运动》《南宋初年对金斗争中的几个问题》；漆先生主讲有关宋代经济的七个专题：《宋代社会生产力的发展及其在中国古代经济发展过程中所处的地位》《宋代封建经济制度的演变》《宋代的土地占有和社会的再生产》《宋代手工业生产的发展》《宋代手工业内部诸关系的变革》《宋代城市经济、商业的发展》《宋代的商业资本和高利贷资本》。

1988年在《河北大学学报》第3期发表《〈三言二拍〉与宋史研究》；在《河北学刊》第5期发表《关于南宋农事诗——读〈南宋六十家集〉兼论江湖派》。1989年，在《刘子健博士颂寿纪念宋史研究论集》（日本同朋舍）发表《宋元时期浦阳郑氏家族之研究——宋元社会阶级结构探索之一》。以上三篇文章后均收入《知困集》（1992）。

1990年3月，《宋代榷盐制度下封建国家、商人与亭户、备丁、小火之间的关系》在《郑天挺先生纪念论文集》（中华书局出版）发表。漆侠先生运用马克思主义经济理论，认为经济史研究的主要对象是各个历史阶段经济关系发展变化的历史，而产品分配关系对生产起着极其重要的制约作用，从而在经济关系的总和中占有重要的地位。文章分析了榷盐制度下劳动生产者及其与封建国家、盐井主之间的关系：畦户、大部分亭户、备丁、小火以及私盐井中的盐工是盐业部分的生产者，却过着极其贫困的生活，90%以上的剩余劳动作为厚利而被占有；封建国家和商人则共同瓜分盐业生产者的剩余劳动，在榷盐制度下结成亲密的伙伴关系。榷盐制度在宋以后官僚、地主和商人高利贷三位一体的形成过程中起着重要的作用。

（二）参加编纂《中国大百科全书·辽宋西夏金史》

1984年2—3月，漆先生到北京参加《中国大百科全书·中国历史·辽宋西夏金史》讨论定稿，为期一个月。《中国大百科全书·辽宋西夏金史》由邓广铭先生主编，漆侠先生与蔡美彪、周良霄、王曾瑜、朱瑞熙、陈振先生为副主编，1988年5月由中国大百科全书出版社出版[①]。在此期间，漆先生还分别为北京大学研究生、中国社会

---

① 1988年5月，《中国大百科全书·中国历史·辽宋西夏金史》由中国大百科全书出版社出版。漆侠先生撰写部分辞条：草市、机户、客户、蜀洛朔党争、宋神宗赵顼、墟市、元丰改制、元祐更化、镇、王安石、制置三司条例司、主户。概论部分的起草，漆侠先生亦出力较多。

科学院研究生和北京军区理论班作学术报告。

1984年2月22日，漆先生在给时任新华社驻香港分社副总编辑的好友殷新程、刘炜夫妇的回信中，告知老友自己在新年前后的一些情况。1月31日（农历腊月廿九）接到老友来信，当天乘车回天津。漆先生原本打算不回去过年的，保定生活条件较好，有暖气，比天津暖和也方便；可是因为三个女儿联名上书，只好顺从她们的意思，回天津过年。2月8日（正月初七）返保。花十多天时间，完成一万六千字的稿件，寄给老友，请他过目，有错的地方就加以改正。还提到"到秋后《宋代经济史》完工（还有二十万字修改，完成了六十万字），就可以再寄上一批"。信中还把最新的好消息与老友分享，即1983年经国务院学位委员会讨论，漆侠先生已获批博士学位授予权。自己心心念念的入党问题也充满希望，"我没有其他野心，我希望解决这个问题就行了"。

漆侠先生在写以上这封信时，住在北京大学勺园三楼106号房间，开始参加大百科全书宋史部分的通稿工作。在为北京大学研究生作学术报告时，结识了在邓广铭先生处进修的日本学者木田知生。后木田知生返回日本后，在龙谷大学任教，1994年5月漆侠先生到京都访问交流时，便全程由木田知生教授陪同。

（三）学术讲座与国内会议交流

1983年10月14日至20日，漆侠先生至昆明参加由《历史研究》杂志社、云南大学历史系、南开大学历史系联合发起的首次中国封建地主阶级研究学术讨论会。他在写给老友殷新程的信中，提到此次在昆明期间曾"到查良钊托付处"。查良钊（1896—1994），字勉仲。祖籍浙江海宁，出生于天津。自清华留美预备学校毕业后赴美国留学，格林内尔学院肄业，毕业于芝加哥大学教育学院，后入读哥伦比亚大学两年肄业。1939年，任西南联合大学教授兼训导主任。1945年抗战胜利后，任昆明师范学院院长。漆先生青年时期在昆明读书时，曾听过查良钊教授的讲演。其所说"到查良钊托付处"，或指昆明某处，具体不详。

第六章 改革开放时代的历史教学与研究（1982—1990）

**此照片拍摄于昆明金殿三天门，
时间约为 20 世纪 80 年代**

10月25日至31日，至桂林参加中国农民战争史第三届年会。他在写给老友殷新程的信中，提到于会议期间浏览了桂林山水，惊叹于甲天下的自然风光。并提及两年以后的下一届年会，自己即将从中国农民战争史学会会长位置退下来，"站好这班岗"。

11月，漆侠先生受邀到江西吉安参加"纪念文天祥逝世七百周年"学术讨论会，并在江西省委作学术报告，到王安石家乡抚州参观考察。

12月4日至8日，至石家庄参加河北省历史学会第三届年会。

12月14日至25日，至北京参加中国民主同盟第五次全国代表大会。在会议期间，漆先生与李倬等几位绵阳六中老同学见了面。

1984年6月20日至21日，河北省邯郸市哲、经、史学会成立，应邀作学术报告。6月23日，漆侠先生经组织批准加入中国共产党。早在中国科学院近代史研究所工作时，漆先生就向所领导表达了加入中国共产党的愿望。1962年漆先生向河北大学党组织提交入党申请书。早日加入中国共产党,一直是他一个重大心愿。被批准入党后,漆先生非常高兴,告诉了许多亲朋好友。他还鼓励研究生们要积极提高政治觉悟水平,争取入党。1985年7月17日漆先生填写了《入党志愿书》,转为正式党员。

1984年8月,漆侠先生到北京参加民盟中央举办的第二期"多学科学术讲座",并在北京师范大学与邓广铭先生分讲宋史,由漆先生主讲有关宋代经济的七个专题,具体题目见前述。1988年讲座内容著为《两宋政治经济问题》,由(上海)知识出版社出版。

1984年9月8日,经河北省教育厅批准成立河北大学社会科学研究所,下设宋史研究室、地方史研究室、美学研究室、语言文字学研究室。11月2日,经中共河北大学委员会任命,漆侠先生为河北大学社会科学研究所所长,兼宋史研究室主任、教授。各研究室在党务、行政上由所党支部和办公室统一负责,也集体召开过学术研讨会,但教学、多数研究工作是各自独立的。

1984年10月,漆侠先生至山东大学历史系、山东师范大学历史系作学术讲座。受聘为山东大学兼职教授。月底,漆侠先生参加了中国宋史研究会、杭州大学宋史研究室共同主办的中国宋史研究会第三届年会。河北大学宋史研究室郭东旭老师和硕士研究生冯永林、王菱菱、姜锡东、刘秋根也参加会议。漆先生向会议提交并在大会报告的论文题目是《宋代社会生产力的发展及其在中国古代经济发展过程中所处的地位》。听完漆先生的报告演讲后,有位宋史专家感慨地说:"漆侠先生的报告,大气磅礴。"

1984年12月18日至20日,参加香港中文大学举办的首届国际宋史研讨会,漆先生提交论文《宋代社会生产力的发展及其在中国古代经济发展过程中所处的地位》。中国台湾"中研院"历史语言研究所黄宽重先生应邀参加。黄宽重先生为中兴大学文学士,台湾大学文学硕士、历史学研究所博士,美国普林斯顿大学、哈佛燕京学社访问学人,日本东洋文库终身海外名誉研究员。历任《食货》月刊编辑;"中研院"历史语言研究所助理研究员、副研究员、研究员,傅斯年先生图书馆主任、第一组主任、副所长、所长;中兴大学副校长、特

第六章 改革开放时代的历史教学与研究（1982—1990）

聘教授；河北大学宋史研究中心学术委员会委员、兼职教授等。据黄先生回忆这次第一届国际宋史学界的盛会："地点选在香港，也开启了两岸学术交流的窗口。当时大陆出席的学者有邓广铭、陈乐素、漆侠、郦家驹、王曾瑜、朱瑞熙六位先生，都是研究宋史卓有成就的前辈学者……由于两岸长期的隔阂与当时的政治气氛，致使大家初次见面时，彼此显得有点生疏、不安、态度难免拘谨。但漆先生热情洋溢的个性，以及是我们的老师傅乐成教授在西南联大的同学与至交的关系，增添了许多话题，淡化了年龄和政治的距离。学术讨论之外，有更多的交往议题和彼此的关怀，气氛更为融洽、热络。尤其在逯耀东教授家里的宴会上，两岸学者的拼酒、逗趣、热烈欢乐的场面，拉近了两岸宋史学者的情谊。"①

鉴于此会的特殊重要性，此次盛会的情况还被写进了内参。据1985年新华通讯社的《内部参考》：中国台湾与会者有宋晞、王德毅、张元、梁庚尧、黄宽重等11名学者，会议由香港中文大学历史系主任张春树主持。台北东吴大学历史系主任张元副教授宣读了《司马光对东汉三国历史的理解》论文，当时主持会议的河北大学教授漆侠先生对他的论文作了肯定的评价，并为他补充了论据，使这位年轻的学者深为感动，对漆侠先生恭敬地鞠了一躬。②张元先生毕业于台湾大学历史系，获台湾大学历史研究所硕、博士。后为新竹清华大学教授，长于中国历史研究和教学。张元先生对漆先生感佩之情溢于言表，漆先生对张元先生的研究也给予了充分肯定，后曾在课堂上向学生们介绍说张元先生研究《资治通鉴》颇有所得。此后，王德毅、黄宽重、张元先生均多次到访河北大学，进行学术交流。

1985年2月1日，漆侠先生写信给邓广铭先生，就《宋史研究论文集》（1984年年会）选编文章情况向老师汇报。

1986年9月14日至28日，漆侠先生应河南大学历史系邀请讲

---

① 黄宽重：《一个无中生有的学术事业——敬悼漆侠教授》，载《漆侠先生纪念文集》，第616页。
② 《在香港"国际宋史研讨会"上海峡两岸学者相处融洽气氛友好》，新华通讯社《内部参考》1985年1月11日。

学，作了"宋代生产力的发展及宋代在我国历史中的地位""宋统治区内各民族的经济制度""宋代土地制度、地租形态及演变与赋役制度"等系列学术报告。10月上旬，漆先生参加由河北省历史学会、中国哲学史学会、中国社会科学院哲学研究所、《哲学研究》编辑部等单位联合发起的全国首届颜（元）李（塨）学术思想讨论会。

1986年12月2日至8日，至河北廊坊参加中国经济史学会成立大会，讨论了学会章程草案。中国经济史学会下设四个分会，即中国古代经济史学会、中国近代经济史学会、中国现代经济史学会和外国经济史学会。漆侠先生与会并当选为中国经济史学会和古代经济史学会理事。

1987年5月11日，在沧州师范专科学校做了"关于怎样治学"的专题学术报告。漆侠先生从事宋代经济史的研究，对地方史志的编纂和经济史的研究也较为关注。1989年9月15日，为孟庆斌《泊头市梨业志》（河北教育出版社）作序。认为该书是第一本论述果树业中梨业的书，本身就富有特色。此后，漆先生又为《南皮县志》《任丘县志》《巨野县志》和《沧州历代名人传略》作序。

1987年9月20日至24日，由河北大学和北京大学联合主办的中国宋史研究会第四届年会在河北省石家庄市召开。会长邓广铭先生作学术报告，介绍了1980年宋史研究会成立以来国内外宋史研究交流的概况，并对当时学术研究中存在的问题提出意见。年会收到论文73篇，百余位与会代表分成政治、经济、思想、文化四组展开热烈讨论。会长邓广铭先生、副会长漆侠先生应邀赴河北师范学院历史系作专场学术报告。河北省领导对漆先生和河北大学主办的这次会议非常重视，多位省领导出席会议开幕式。

1989年12月26日，河北大学出版社成立，由漆先生兼任总编辑。为了解决当时著作出版难的问题，由漆侠先生"化缘"获省里经费支持后，漆先生主编的《宋史研究丛书》自1992年起开始由河北教育出版社和河北大学出版社陆续出版，第一辑包括：《知困集》（漆侠著）、《宋代商业信用研究》（姜锡东著）、《宋代文官选任制度诸层面》（邓小南著）、《宋代酒的生产和征榷》（李华瑞著）、《金朝军制》(王曾瑜著)、《宋朝阶级结构》(王曾瑜著)、《吴家将》(杨倩描著)、《宋代法制度研究》(郭东旭著)、《元代赋役制度研究》(高树林著)。至今已出版至第四辑。

漆侠先生还为老友作过书稿的"责编"。在此期间,为"从探索爱国民族英雄杨业及其家族的历史开始,常征不仅阅读了有关宋代文献资料,而且亲自到代北进行实地调查,借以了解宋辽战争以及杨业军事活动的路线,终于成功创作了《杨家将故事考实》一书。20世纪90年代初,我的《宋太宗雍熙北伐》一文,其中有关杨业护送代北民众撤退的路线就是采用常征同志的说法的。此后,常征同志沉潜于古史的探讨中,夜以继日地读书,夜以继日地写作,完成了《〈山海经〉管窥》等著作,其中的《〈山海经〉管窥》书稿,由河北大学出版社出版。我兼任该社的总编辑,常征兄让我给他写篇序文。我告诉他,'我对《山海经》所知甚少,不够资格写序,我作这本书的责任编辑吧!'用来答谢老友的盛意"[①]。

(四) 赴美讲学交流

1989年3月9日至4月16日,漆侠先生受邀赴美国加州圣地亚哥大学、俄亥俄州立大学和宾夕法尼亚州立大学讲学,作了题为"中国文化对世界的影响"等主题的讲演,获圆满成功。

这次赴美讲学,是由美国圣地亚哥大学教授朱葆瑨先生一手促成的。朱葆瑨,1928年生,山西太原人,美籍文史学家。1950年,考入台湾大学外文系。1957年秋,入宾州大学文理研究院,攻读国际关系学,并于1962年获硕士学位,1970年获宾州大学哲学博士学位。次年,晋升为加州圣地亚哥大学历史系副教授。1977年加入美国籍。1981年晋升为正教授。朱葆瑨教授热心于促进中美友好关系和文化交流,1988年与大学同人组建圣地亚哥大学中国研究所,任第一任所长,得到美联邦政府教育部的资助,聘请许多中国专家学者和文艺界名家到美国讲学、交流。当地还成立"中华学苑"(中文学

[①] 漆侠:《悼念常征同志》,载《漆侠全集》第12卷,第682—683页。

校），朱教授出任理事会主席。

实施改革开放的政策以后，河北大学广泛开展与国外的学术交流活动。朱葆瑨教授治中国近现代史，曾多次往返中国大陆调研查找资料，到访河北大学并受聘为访问教授。1988年圣地亚哥大学中国研究所成立后，朱教授与漆先生开始互通信函，商量漆先生赴美讲学事宜。漆侠先生是圣地亚哥大学中国研究所邀请的首批重要专家学者之一。6月29日，漆先生写信给朱葆瑨教授，并随信附上了新近发表的三篇宋代经济史的相关论文。8月1日，朱葆瑨教授回信给漆先生，对漆先生治学表达了由衷敬佩，并商量到圣地亚哥大学讲学的具体内容和时间安排。信中谈道："州大一周访问，愚见以为，可分两部进行，一部为一般学生及听众，一部为历史师生。前者讲演，以一般性题目，如'新中国之历史研究'、'中国人对世界科技史之贡献'，或'何以宋为中国现代史开始'等均善。通常一小时宣读，二十分钟发问即是，后学已预订十一月三十日于午后七时在州大学生活动中心。后者您任何一篇论文即可，时间宣读讨论以两小时为限，个别人员会后可继续讨论，地点则教室、饭店、寒舍均可，时间以晚为善，庶几各专家仍可来。"朱先生的信末又附言解释说，自己以上有关一般性题目，仅作考设，论文中"中国古代经济的发展以及宋代在这一发展过程中的地位"（指漆先生提出准备演讲的题目）如能简化，亦为理想题目，庶几可于一小时内为之讲完。时间安排上，如果漆先生无法于十一月前来，就改期至春天二月，因十二月大考，一月放假，校中无人。其后漆先生果因签证办理问题，到次年3月初方成行。朱葆瑨教授还在信中简单介绍了大学所在的圣地亚哥市的情况："圣地牙哥属地中海气候，椰林白浪，沙漠，河川均备，冬夏盛旦，是美国军港与旅游胜地。地方收入以现役与退休军人，旅游，国防工业为大宗，合计一百五十亿以上。"朱先生还表示圣地亚哥虽无悠久历史，但风景气候适宜，漆先生在讲学之余可盘桓数日，届时他愿充为向导，陪同参观浏览。

12月25日，漆先生复函表示已收到哥伦比亚大学Lawsenec. B. Feinling主任的邀请信，正在办理出国事宜，可遵照计划于

第六章　改革开放时代的历史教学与研究（1982—1990）

1989年春天赴美。

1989年3月9日，漆先生赴美，首至加利福尼亚州圣地亚哥大学，发表了"宋代文化对世界的贡献"的演讲。演讲内容采纳了朱葆瑨先生的建议，以宋代科技史为主，趣味生动，通俗易懂，大受欢迎。①（演讲具体内容，详见后文附当。）漆先生在加州停留了大约一周。3月下旬，又动身前往俄亥俄州立大学东亚系讲学。该系在哥伦布城主校区。因朱葆瑨教授有教学任务，没有陪同前往。漆先生在4月4日致朱葆瑨教授的信中谈道："该系劳延煊教授系劳员一先生之哲嗣，素治元史，声望甚高，与之把晤，甚为愉快。袁清教授亦在讲课前半到，讲课后劳、劳夫人和袁清教授邀至当地一家广东饭馆招待，谈论至为融洽。"

[附录] **宋代文化对世界的贡献**

宋代中国是当时世界上最为先进的国家。从经济上看，它的人口超过一亿，垦田7亿—7.5亿亩，亩产量最高达6—7石（折米400—500斤），甘蔗、茶、桑等经济作物向专业化方向发展，给手工业提供了大批原料，推动手工业的高度发展。

宋代文化就是在这个雄厚的基础上发展起来的。在精神文化方面诸如包括理学在内的宋学，开阔了人们的思路，文学（包括散文、诗、词、小说、戏剧等）、艺术（绘画、音乐、舞蹈等）都很发展，形成独特风格。突出的成就，给后代以很大影响，对世界文化作出了自己的贡献。今天，因时间关系，仅侧重物质文化方面，特别是其中的科学技术方面，作简单的介绍。

宋代科学技术在当时世界上居于领先地位，这一点已经得到公认。大家都知道，中国古代四大发明，是对世界的巨大贡献，其中三项即火药、活字印刷术和指南针都是在北宋一代发明的，纸发明在东汉，但在北宋有重大改进。宋代科学技术当然不限于

---

① 漆先生的美国之行，还曾得到正在美国留学的王希先生大力协助。

这四者，它在许多生产部门都表现了这一点。下面分别来说：

（一）造纸技术的重大改进

①纸除写字、绘画、印刷纸币和书籍之外，还有多种用途，做成纸衣、纸被、纸帐，有的成为商品在市场上可以买到。由此说明，纸产量多，纸韧性好，制作技术进步。

②造纸原料多。竹、麻、桑皮、楮、藤、麦秆、稻秆之类，富有地方特色，宣州纸称宣纸已经一千多年，到今天仍然用来写字作画。蜀川以竹纸著名，还有彩色的十色笺，被人称道。各地纸有其独自特点，但也有一个共同点，即厚薄均匀一致的特点。

③宋纸纸幅比前代增大了。造纸第一步将各种原料捣碎，沤成纸浆，宋人认为最冷的季节制作的纸浆为最好，称"敲冰纸"；第二步是抄浆，宋以前是抄在墙壁上，而宋抄大薰笼周围焙干，因而既匀薄如一，又纸幅可长两三丈、四五丈。

（二）利用动力方面的进步

利用水力作动力，推动各种机械，如筒车、水碓、水磨等，用来灌溉、碾米、磨面等，收到很好效果。宋代都继承下来，但宋代有新的创造和发展。一是江南一些地方自动化的水碓，"长听春声不见人"，不用人管理而在水力推动下碓尾（盛水）和杵，一上一下，不停地舂米。特别值得提出的是，北宋晚年已经有了五转连磨。过去认为元代才有，王祯《农书》上记载。实际上北宋晚期的文集（《邹浩文集》）已记载了："五磨因缘资养生"，五磨同时转运，磨麦磨茶，经济效益更大了。

（三）采掘技术的进步

采掘手工业包括煤和各种矿产品的采掘。中国古代对煤的利用很早，但什么时候采掘地下煤，还不清楚。明末清初顾炎武《日知录》说，两汉就有了，但开采规模及其情况则无法知道。

1960年河南鹤壁市煤矿遗址的调查，确证为宋代的煤矿。报告说，煤井是竖井，矿井直径2.5米，深46米，井下到采煤面有巷道可通，4条较长巷道总长500多米，所采煤田分成若干小区，以先内后外的方法，把里面小区的煤采出来。矿井下的水，利用井上的辘轳把水提出一部分，而另一部分则流到采过煤的低洼地方。这个矿是一个能容纳数百人的煤矿。

人类利用煤，是采用露在地面上的，其他矿产品也是这样，然后采用地下煤和各种矿产品。这样，人类在实践上、认识上都是一个飞跃。在近代矿山开采之前，宋代对煤的开采是当时最先进的。正是由于这类土法开采，积累无数经验，使人们知道矿的分布、埋藏深浅、数量等，著名的唐山开滦煤矿就是在以前小土窑的基础上建立，成为近代化大型煤矿。小土窑和大型煤矿直接连系着的。宋代煤矿开采技术是惊人的。

其他各矿开采也是这样。银矿深至数十丈，铜矿到七八十丈，铁矿有深及五七里处。宋代采掘有了很大发展。

(四) 冶金技术的进步

各种金属冶炼在技术上也很有进步。各种矿产第一步是采掘，前面说过了。然后又经过碎矿、洗矿和上炉冶炼三道工序才能出产品。宋代冶矿工序大体上保持到今天，当然今天全都机械化了。

在冶铜技术中，使用了胆水、胆土，用来获得铜。胆水胆土是铜的硫化物，把胆水流于池中，池又疏浚成沟，将铁片置于胆水中，铁与硫化合而把铜游离出来，然后冶炼成铜，从而充分利用胆水、胆土，降低成本，取得铜产品。宋代铜产量远远超过唐代，与新技术的采用是分不开的。

(五) 火柴和火药等

火柴称火寸，于木片上涂以硫黄，长有一寸，故称火寸，北宋初在汴京即已使用（陶谷《清异录》），元代（陶宗仪《辍耕录》）、明代（田汝成《委巷丛谈》）杭州仍然使用。欧洲1843年才发明使用火柴，而宋在960—980年已使用了。

火药就不多说，主要用硫黄、硝等配制成功，大都知道不多说了。利用火药制成武器，一是管状武器，二是爆炸性的武器（震天雷、火炮）。

(六) 造船技术的进步

唐宋之际海上交通中，中国船占重要地位。它具有以下特点：

①远航海船,"大者五千料(一料就是一石,一石92斤,五千料约460吨),可载五六百人"。长在二三十丈或四十丈;容载量大。

②尖底造型,船面宽与船底宽为10∶1,呈V字形,以防搁浅。

③多根桅杆,主桅高十丈,前桅高八丈,装帆110幅,受风面增大,加快船速;转轴桅杆可以放倒。

④坚固,隔舱(十三个船舱),"分占贮货,人得数尺许,下以贮货,夜卧其上"。

⑤利用指南针辨别方向。

漆先生美国归来后,仍与朱葆瑨教授保持通信交流①。1989年5月15日,朱葆瑨教授致信漆侠先生说:"欣闻您在俄亥俄得稍舒学养,造惠学子,如生后时间能确定,国内手续上完备,则您下次访美,各校访问定不计其数,使您忙于奔波也。"朱教授计划于当年5月26日搭机赴沪,在彼与复旦大学历史系诸大贤请益现代军史。6月1日赴南京,在第二历史档案馆查档案两周。16日左右搭火车北上济南,向山大义和团专家们请益,大约18日赴天津。计划在北京停留时间约在6月22日至29日,抽一两日赴保定拜见漆侠先生和万瑞兰老师。当年6月,朱教授按计划到达济南后,由漆先生联系了山东大学乔幼梅教授负责接待事宜。朱教授到河北大学拜望漆先生时,相谈甚欢。6月30日朱教授返美。7月27日,朱教授在写给漆先生的信中回顾此次行程,"山大与河大各方招待,均赖您妥为安排,使后学弟访问、学术上十分完满,生活上亦十分愉快",向漆侠先生表示感谢。信中还谈到:"此行携返了不少珍贵史料,包括杨成武将军面赠之《冀中平原上的地道斗争》,孙思白先生面赠之《红楼风云》及《北大一二·九运动回忆录》《彭德怀自述》及《庐山会议实录》

---

① 朱先生知悉我们在撰写《漆侠传》,特意惠赠了与漆侠先生1989—1995年的十封通信。特此致谢!

第六章 改革开放时代的历史教学与研究（1982—1990）

等，阅后感触特多，或由于后学弟十一岁而负笈陕北，国事即是家事，故近代史不仅为我之职业兴趣，亦为我之生命兴趣。此间坊间书肆不少，然尽为港台书刊之类，仅洛杉矶之利民书局稍具水准，然国内之录相带，则朝管文书，供应无缺也。此种情形古今中外是否尽然？宋时是否亦然？""近来常作斯想：有如此能干之于校长①四处奔波集款，有如此学术大家如您者，领导宋史研究，真乃相得益彰。人生不可多得，造福学界，夫复何求？他年得便，当追随学长，在贵处研习宋史若干时日，以窥堂奥于万一，而补后学弟对早期史之不足也。"也许是漆侠先生严谨治学的风格，乐观豁达的人生态度，深深感染了朱葆瑨教授，使他乃发此感慨。

1989年10月3日，漆侠先生复函朱教授，述说自己假期曾返天津，开学之后事务较多，"两位博士生的论文已经看了一遍，还要看二稿；此外还上四小时课。工作之余仍致力于经济史方面的学习"。信中还说朱教授5—6月的返国之行，"各方面都很顺利，而且给人们留下了深刻的印象。山大乔幼梅副校长对吾兄之沈潜学术赞不绝口，动乱一直未能打断您的行程，尤为不易。来年国际会议请来参加，或能再有畅谈机会"。

1990年1月29日（农历正月初三），漆侠先生写信给朱教授，向他及亲属致以问候。学术交流方面，谈到北京戒严令已解除，今后学术活动当可存更多的机会接触。盼朱教授不时地来国内，顺便到保定一叙。贵校成立的中国研究所将会在今后的学术活动中，起着重要的推动作用，向朱教授致以诚挚的祝贺。个人情况方面，说自己一切还好，虽有慢性气管炎缠人，只要注意，不感冒，也可平安无事。次女漆小凌已于正月在亚利桑那大学设计系入学，她的爱人则在那里教书，顺便奉告。

6月5日，朱葆瑨教授来信，谈到自己致力于圣地亚哥大学中国研究所，"由无生有，今已稍具规模，组织与基本法大备。一方面已请得联邦补助金五万七千元，请一中国音韵学家，另一方面在当地筹

---

① 于善瑞，时任河北大学校长。

得四千多元，承办文化节目，本期包括张君秋大师讲演，与何炳棣教授讲演"。

7月，朱葆瑨先生再次到访河北大学。漆侠先生和夫人盛情款待，万瑞兰老师于烈日下亲作佳食。朱教授写信称此次见到的漆侠先生精力充沛，宋史研究所欣欣向荣，无限快愉。拜别漆先生后，朱葆瑨教授又赴石家庄河北师院、太原山西大学、天津社会科学院、北京社会科学院、"历史研究"编辑部、中国人民大学清史研究所等单位访问，并向诸大学请益，均蒙优待。朱教授信中称：他曾访于（善瑞）校长及北京师范学院，亦经该院齐院长等欢宴，与肖克将军长谈，去近代史研究所查资料多次，并蒙张君秋、梅葆玖师弟到访并长谈。回加州时并携回史料两大箱，此行堪称"不虚"。

1995年3月15日，朱葆瑨教授来信，对漆侠先生所赠《辽夏金经济史》（由赴美留学的河北大学外文系教师邱晨转）给予高度评价："昔年李剑农先生各代经济史，独缺辽夏金，先生大作弥补了李先生系列，完整了先生宋代经济史，是国史上一大贡献。"来信还谈到了圣地亚哥大学中国研究所的活动：上学期后学曾办北京京剧团梅花奖得主，亚洲最佳艺术人物，杨淑蕊国剧讲演，及山西大学乔志强教授之"中国宗族"讲演。并计划请洛阳龙门石窟研究所温玉成教授，下月来此讲"佛教艺术"。此间宗教系、艺术系等，及当地佛教协会等，均将参与。9月或可演出京剧《望江亭》《武家坡》《铡美案》等。通过往还信件来看，朱葆瑨教授与漆侠先生有着喜欢京剧的共同爱好，见面时或有交流。

（五）指导研究生，教学成果荣获国家级特等奖

1984年年初，河北大学宋史研究室及漆侠先生获中国古代史博士学位授予权。这是河北省、河北大学第一个博士学位授权点，漆侠先生也由此成为河北省、河北大学第一位博士生导师。1985年2月，招收第一名博士研究生袁征。袁征为广东人，历史学家袁伟时之子。"文化大革命"后考入大学。1982年考入暨南大学，跟随陈乐素先生学习宋史，获硕士学位。1988年，在河北大学获博士学位。现任华南师范大学教育科学学院教授、博士生导师。

1986年，以漆侠先生为学科带头人的河北大学中国古代史学科被河北省教育委员会（今河北省教育厅）确定为重点学科。漆侠先生被中华全国总工会授予"全国优秀教育工作者"称号和"五一劳动奖章"。

1987年12月11日，经国家教委批准，漆侠先生开始招收国内访问学者。1988年河北师范大学历史系李达三老师到宋史研究室访学，在漆侠先生的指导下，撰成《试析"熙宁新法"的行废》一文，发表于《河北师范大学学报》；1989年陕西省渭南师范专科学校（今渭南师范学院）刘树友老师到漆先生处访学。刘老师研治宋史，后为渭南师范学院教授。

1989年4月，漆侠先生已在河北大学执教三十六年，积累了丰富的经验，特别是在研究生教育和培养上，卓有成效。5月下旬，按照国家教育委员会评奖程序规定，河北大学教务处邀请邓广铭、张政烺、何兹全、胡如雷、滕大春、王曾瑜等专家到校，对漆侠先生的教学成果进行现场鉴定。专家学者们对漆先生的教学成果，给予了一致的充分肯定和高度评价。

8月29日，《高等教育学报》刊发了漆侠先生的文章《坚持以马克思主义为指导治史、执教、育人》。这项教学成果荣获国家级全国普通高等学校优秀教学成果特等奖。11月2日，漆先生赴北京领奖，出席表彰大会，受到中央领导接见并集体合影留念。12月23日，漆先生参加河北省教学成果发奖大会并发言。

【附录1】《教学工作总结》（1989年4月）

　　我在河北大学从事教学工作已经三十六年了。八二年宋史研究室成立之前，我主要承担历史系本科生中国古代史和宋代经济史的教学任务；自八三年获得博士学位授予权后，我的教学重点转移到对研究生的培养上。每年都招收研究生，共六届、十七名硕士生和六名博士生。八七年国家教委批准招收国内访问学者，也有一名副教授来此进修。目前在校博士生五名、硕士生七名和访问学者一名，共十二人。根据六七年来走过的路子，对研究生的培养大体上是这样做的。

一、研究生是培养高等学校师资和从事专门研究的主要途径，做好这项工作并不是轻而易举的。传统的因材施教这一方法，依然是培养研究生的重要方法。采用这个方法，首先要了解研究生过去的学习情况，通过他们的大学毕业论文或硕士论文，了解他们的水平、兴趣和爱好、长处和不足，诸如文字表达、阅读能力等方面。然后，在这一认识基础上，将研究生的培养引导到宋史学习和研究轨道上。对博士生来说，不仅要具有坚实的业务基础，而且培养其独当一面、较为高深的研究能力。例如八二届的一位研究生，原来的论文是有关南宋对金的三次战争，并在他们的学报上发表过，因而有志于对宋代军事制度进行探索，因此就引导他继续走向这一领域，论文确定为宋代的马政。又如一位在职研究生，过去对宋史从未接触过，经过一年的努力探索，提出有关宋代矿冶的论文计划，为了尊重她的意见，又共同商量了这一问题的关键所在，以及进行研究的具体步骤，便确定了这一论文题目。从几年来采用这一培养方法，可以看出因材施教最大的好处是，能够有效地调动研究生学习的主动性、积极性，照顾了研究生学习上的连续性，同时针对他们学习中的不足或弱点采取有效的方法而加以弥补。这一做法是把导师的主观能动性（"施教"）同研究生的客观实际（"因材"）有机地结合起来，以较为切合实际的正确方法去培养每个研究生，以便充分发挥他们的才智，达到国家的要求和规格。

二、从许多著名的历史学家的情况来看，不论是新型的还是旧型的，都有一个共同点，即：在博大精深的基础上，在史学领域里作出了重大的贡献，并表现了他们自身上专才与通识紧密结合的特点。从这些著名学者成长情况看，博大精深的基础（或者说基本功深厚）是一个极其重要的甚至可以说是有决定性意义的条件。我时常对研究生们说："只学历史学不好历史；只学宋史，学不好宋史"；"要在专（或断代史）的基础上通（通史），要在通的基础上专（或断代）"。"搞断代研究，必须以通史为基础；搞通史，必须以断代研究为基础"。这些话的意思无非是说，只有具有一个扎扎实实的基础，妥善处理通与专（或断代）的关系，才能在史学上有所成就。研究生三年学习期间，一定要打下一个较好的基础，养成一个好的学风，才能在今后的工作中向更远大的目标前进。

所谓具有一个较扎实的基础指的是以下三个方面：马克思列宁主义基础理论水平较高，业务知识面要有一定广度，宋史学习方面要有一定的深度，尤其是博士生更应如此。培养研究生具有这样一个基础的办法是：课堂讲授、学术讲座、指定阅读文献资料、写读书报告等方面结合进行，加以完成。通过这些做法使研究生写出一篇具有新义、质量较高、达到硕士和博士标准的论文，同时在毕业后能够担任高等学校历史系的通史下半段（隋唐宋元明清部分），或外系中国通史以及历史系专业课程宋史这两门课，并经过三五年的锻炼，成为比较优秀的高等院校师资和专门研究人才。

三、具有一定的马克思列宁主义的理论水平，这是培养包括宋史在内的文科研究生的首要任务，或者说是决定性的条件。乾嘉考据之学，我们要继承并加以发扬；但乾嘉学者治学的老路，我们的研究生绝不能够再走。可以毫不夸张地说：马克思列宁主义理论的素养，决定一个研究工作者水平的高低。大家知道，研究甲骨文、殷周文学的，有所谓"四堂"，即罗雪堂（振玉）、王观堂（国维）、董彦堂（作宾）和郭鼎堂（沫若）。而郭老则以异军突起之势，后来居上，成为殷周史研究成绩最大的一位权威。其所以如此，郭老具有马克思列宁主义理论水平，并善于把马列主义同中国古代史具体问题相结合而致。这就是我们的研究生应走的道路，即把马列主义同中国史具体问题相结合的这样一个道路。

培养研究生的理论水平的做法是：

①指定《资本论》《反杜林论》《俄国资本主义的发展》《家

庭、私有制和国家的起源》等十种马列主义基本理论，作为研究生在校期间必读书；所列书目中有关经济理论占比重甚大，这是因为，马克思主义全部理论体系是从政治经济学开始建立起来，学习这些著作就径直地引导我们如何进行对社会经济的分析，从而对包括宋代在内的社会经济史的研究具有重要意义，因而我们特别重视这些基本理论著作的学习。

②学习的方法是自学与辅导相结合，以自学为主，基础理论书布置之后，分学期安排学习，先学《反杜林论》等，最后学《资本论》，并要求写出读书报告作为一项学分计入总成绩。近年来，我本人亲自辅导《资本论》这一课程，并为研究生讲了《〈资本论〉研究方法》等专题。

③在学术讲座中，请一些把马克思列宁主义与中国古代史问题结合得比较好的同志来讲，以收到言传身教之效。此外，介绍有关这方面较好的文章阅读。

总之，我们采取各种有效的办法，为研究生的理论学习奠定一个扎实的基础。

四、为专业打下扎实的基础做法是：

①开设隋唐五代史、宋代经济史、宋史、辽金元史等课，使研究生的知识面较宽广，为其担任历史系通史后半段创造条件。（这些课程的开设主要是为硕士研究生，博士研究生只要求选修）

②开设学术讲座，不限于隋唐宋元，凡是在史学上有造诣的专家学者，特别是史论结合得好的专家学者，我们都分期分批地邀请，以扩大研究生的眼界。这一做法，受到研究生的普遍欢迎。

③开设历史研究法专题课，内容包括历史考据法、比较方法、计量史学的方法和《资本论》的方法，引导研究生运用正确的方法学习和研究宋史，以此提高他们的科研水平。

④参加学术会议、聆听学术报告、扩大眼界。迄今历届研究生参加了三次宋史年会，研究生普遍感觉收获很大。因为不但听了宋史专家们的报告和发言，而且研究生之间也相互交流各院校

第六章 改革开放时代的历史教学与研究（1982—1990）

培养的情况，使他们感到：我们的培养方法，是可取的，信心为之大增。

⑤目前宋史研究室已经建立起一个文献比较丰富的资料室，这就为研究生提供了学习上的方便。目录学的知识主要是靠多浏览阅读书籍而丰富起来，不单是靠目录学而取得。因此，尽可能地使开架书多一些，越有利于研究生具有目录学的知识和收集文献材料的方便。

⑥有步骤有目的地指导研究生阅读文献资料。宋代文献资料千余种，至少要读二百五十种才算研究宋史。对于硕士研究生，在学习期间能读到百种左右就很不错了。对于博士研究生，在学习期间则一定要求超过二百余种（含硕士生读书）。对如此其多的文献资料，怎样来读呢？

甲，从《通考》《宋史》诸《志》作为基本材料书，仔细阅读，最好以这两书互相比勘，用这种办法读，就可发现二书间歧异，同时也就懂得校勘学的意义和作用了。几年来，初入学的历届硕士研究生大都是用这种办法来读《通考》的，这是训练基本功的一项作（做）法。

乙，根据研究范围，指定文献参考资料。一位研究生要从宋代兵制中的马政作为研究对象，曾经指定了一批材料，其中包括李焘的《续资治通鉴长编》，开始没有看这部书，后来告诉他他才看的，看过一册之后大为高兴，认为可以将其他材料按年编排，不觉零乱了。《长编》一书是研究北宋一代的基本书，其中阙落部分可根据杨仲良《续资治通鉴长编纪事本末》来补。经过这番学习，这位研究生进一步明确了基础书的重要意义和作用，进一步地细心阅读了。一位研究宋代榷酒的博士生，作硕士论文时读书有限，我引导他多读原来涉猎不多的文集、笔记、方志、类书、金石等文献，经过二年学习他感觉收获很大，对作好毕业论文很有信心。

丙，举一反三，让研究生主动地扩大阅读范围。在前面列的书目中，有《湖北先正遗书》中的《景文集》和《汉滨集》，那位硕士生都读过了，我问他，丛书中其他书看了没有？他回答没有，我告诉他，应当翻阅一下，知道这部丛书至少有些什么书，扩大目录学知识，以今后研究其他问题是有用处的，这样下去，独立阅读书籍的能力就不断增强了。

⑦写读书报告。研究生课程以写读书报告的办法代替课堂笔记。读书报告是结合课堂讲授进行的。譬如《宋代经济史》课堂将结束时，让研究生翻阅当年有关宋代经济方面的论文，结合课堂讲授，写出有叙述、有评论、有综合、有分析的报告。这样做使研究生既了解宋代经济史研究的现状，也提高他们的综合概括分析和鉴别能力，是加强研究生基本功锻炼的有效办法。当然这是针对硕士研究生而言的，对于博士研究生的要求就不仅限于此而是让他们写出有份量的读书报告，要达到稍作修改即可拿出去发表的水平。

五、论文直接反映研究生业务的质量，与研究生发展前途有密切关系，因而是研究生培养过程中极其重要的甚至是决定性的环节。

研究生论文选题十分重要。选题既是本学科关键性问题，又是前人未曾做过或做得不够充分的问题，具有新的探索性质。这样做，对研究生来说有不小困难，但这样做有助于好的学风的形成。选题既不可失之于偏、窄、小，这样易于倒退到乾嘉学派的老路上去；也不可失之过大，难于收集和驾驭材料，以致挫伤研究生学习的积极性。选题要适当，既能在学习中如期完成学位论文，又能在此后继续向这一问题的纵深方向发展，逐步完成关键性问题的探索。八一年考入的一位研究生，向我提出继续搞他的大学时的论文：南宋对金三次战争，我认为这个题目向纵深发展不易，研究前景不广阔，不赞成继续搞。他采纳了我的意见，而以宋代兵制作为研究的课题。八七届一位博士生曾选择宋代地方交通作为毕业论文的对象，我认为这个问题作为一般性文章还可以写，但作为博士毕业论文来写似显不够，建议他重新选择，他接受了我的建议，重新选择宋代地域经济作为毕业论文的题目。

第六章 改革开放时代的历史教学与研究（1982—1990）

其次，选题是在确定研究范围、阅读有关这一方面的论文和第一手资料以后，视其是否可以进行研究而后决定的。历届研究生论文的确定，大都是在他们阅读了七八十种第一手资料而后才选定的。这些资料包括了《宋会要辑稿》《续资治通鉴长编》等重要史籍，以及重要的文集和小说笔记。选题确定后即可边搜集材料，边开始写作，一般到论文完成时，征引的宋代文献资料不下百余种，资料是较为丰富的。（博士生的毕业论文大多数是在原硕士论文的基础上进行，自然征引宋代文献的数目要比硕士论文更多一些，估计约有二三百种。）这样做法的好处是，使研究生不带任何框框，从客观实际中寻找可以研究的问题，对广大研究生的知识领域，培养踏踏实实的学风，都是有益的。此外，在确实选题之后，让研究生根据事物演变的过程，将收集到的材料，对材料进行考订（阅读时已做过，这是要加以说明），并进行初步排比，以便从排比中考察材料内部的联系，遵照马克思的从具体到抽象，再从抽象上升到具体的研究方法，来研究这个课题。

六、在课堂同研究生接触外，在政治理论学习中，在日常生活中也是经常接触的，不但对研究生的业务负责，对研究生的政治思想的发展也是关心的。我常同他们谈政治方面的许多问题，包括他们的入党要求，特别注意用发展的眼光引导他们正确认识改革中出现的一些问题。在生活上力所能及地帮助他们解决一些生活中的实际困难。总之，对研究生要全面负责，以期完成党和国家交给我们的任务。

七、鼓励创新，是培养研究生工作中带有战略意义的重要方法。我常对研究生说："提出一个新观点，即使错了，也比什么都提不出来强。在学术问题上，宁为鸡先，不为牛后。"为了培养他们独立自主，勇于创新，在实际教学活动中，我给自己提出了一个教学准则，即：科研是教学之本。如果自己不搞科研，没有新的成果总是老一套，自己也就不再带研究生、不再教学。过去我是这样做的，譬如在讲授宋代经济史时，主要观点：宋代经济处在中国古代两个马鞍形中的第二个高峰上；宋代经济发展的特点从地域上来说是北不如南，西不如东。北不如南是量的差别，西不如东是质的差别；从土地所有制来说，宋代虽然以封建租佃制占主导地位，但同时还存在着庄园农奴制、奴隶制和原始公社共有制等形式。这些教学内容大都体现在研究生们使用的几种教科书：《宋代经济史》《求实集》《两宋政治经济问题》当中。今后我将继续这样做下去。

【附录2】《在河北省教学成果发奖大会上的发言》（1989年12月23日）

各位领导、同志们：

由国家教委、省委主持的一九八九年教学成果评奖活动，是中华人民共和国成立四十年来的第一次。我作为新中国培养起来的第一代教育工作者，能得到这样光荣、这样高的奖励，今天能参加这样隆重的发奖大会感到非常荣幸。这充分体现了党和国家对教育事业的重视，对人才的尊重，和对广大知识分子的关怀，同时亦体现了党和国家对教育改革的肯定和支持。

我在河北大学从事教学工作已经三十六年。八二年以后，教学重点转移到研究生的培养上来。至今已招收硕士、博士研究生二十四名。国内访问学者一人。在七、八年的教学实践中，使我清楚地认识到：作为一名史学研究生的导师，必须以马列主义为指导，把教学与科研、理论与史料、教书与育人紧密地结合起来，踏踏实实地教学；而作为学习社会科学的研究生，必须认真学习马列主义，刻苦地攻读专业知识，用马列主义指导研究中国历史问题，沿着史论结合的道路前进。只有师生共同努力，才能把研究生培养成坚持四项基本原则、合格的社会主义建设需要的高级专门人才。

在培养研究生中，我始终坚持"三个基本功"的训练。即基本理论、基础知识和基本技能的训练。我一直强调研究生经过三年的学习，马列主义基础理论水平要有一定高度、业务知识要有一定广度、专业学习要有一定深度，不断提高综合分析和文字表

第六章　改革开放时代的历史教学与研究（1982—1990）

达能力。要求研究生把马列主义原著学习作为提高研究生理论素养的主要途径。提高研究生对马列主义方法论在史学研究中的指导意义和巨大作用的认识；同时注意用新的研究成果充实和丰富教学内容。提高教学质量；尽量多地为研究生开设专业课、专题课，举办学术讲座，鼓励、支持参加学术会议，以拓展研究生的知识领域。

我的研究生在严格要求下，经过三年的学习，基本上都能打下一个比较坚实的专业基础，初步学会了运用马列主义理论研究历史和分析问题。能够自觉抵御社会上的各种思潮和厌学风的侵扰。在今年的学潮、动乱、反革命暴乱中，他们虽然也曾有过这样或那样的想法和看法，但都没有参加什么活动，仍然能够象往常一样地学习。毕业论文如期答辩，学术报告照常进行。可以说这是长期强调马列主义学习、重视政治教育而收到的效果。从业务上看，自八五年以来已毕业的十七名硕士和博士研究生，在国家一级刊物上发表论文十八篇。在省级刊物上发表论文二十二篇；即使在校的五名博士生，在学习期间，也在国家一级刊物上发表论文七篇，在省级刊物上发表论文十一篇。就已毕业的博士生、硕士生的十七篇八十多万字的学位论文，亦得到外地专家的称赞，称他们是中国现代化文化建设中的一支有发展前途的生力军。

我在教书育人中取得一些成绩是同省、校各级领导的关怀指导和支持分不开的。自我研究室建立以来，省教委领导批拨专款购置了一部四库全书。在确定宋史是我省重点学科以后，每年资助三万至五万元的经费。我们用这些钱建立起一个全国一流的资料室，研究宋史的基本资料大体上具备了。同时购置了微机，现在正和我校经济系微机信息教研室、电子系的汉字处理研究室共同开发《宋史资料库》工程。这项工程是有现代化手段推进社会科学研究的新的开发项目，完成之后，将对国内外宋史研究做出新的贡献。同时，学校领导也为我们安排了一个适宜搞研究的环境。这些有利的条件，都是对我取得成果的有力支持。

作为一个教育工作者，我深感自己的工作还做得很不够，与党和国家给予的荣誉不相称。我只有一个愿望，就是把这个荣誉作为对自己的一个鞭策，在今后的工作中，在自己的投老余年，加倍努力，更多地为党、为人民的教育事业作出贡献，不辜负党和人民的期望。

【附录3】漆侠先生指导的历届硕士、博士论文

硕士学位论文：

冯永林：北宋马政（1985届）

姜锡东：宋代交引铺之研究（1986届）

刘秋根：宋代高利贷资本（1986届）

王菱菱：宋代矿冶业经营方式及矿冶户（1987届）

杨倩描：北宋的财务行政管理（1987届）

陈峰：北宋的漕运（1987届）

沈履伟：试论曾布（1987届）

陶绪：宋代的吏（1988届）

刁仕军：宋代自耕农经济（1989届）

游彪：两宋寺院经济研究（1989届）

高聪明：北宋西北地区货币问题研究（1989届）

何玉兴：试论宋代的农事诗（1989届）

周长山：汉代城市研究（1989届）

宋东侠：宋代妇女的社会地位（1989届）

史继刚：宋代私盐述论（1989届）

王晓茹：宋代乡村的第五等户（1989届）

王善军：宋代宗族制度研究（1991届）

朱云鹏：道教和北宋政治（1991届）

吴琳：苏辙的政治经济思想研究（1993届）

高纪春：洛学兴废与宋高宗朝统治阶级内部斗争的关系（1995届）

崔勇：试论清代京旗在东北的屯垦（1995届）

王书华：荆公新学与二程理学之争（1997届）

裴海燕：北宋宦官研究（1997届）

王晓薇：从庆历新政到熙宁变法——两次变法之间的北宋政治研究（2001届）

刁培俊：在国家和乡村社会之间——两宋乡役演变研究（后改由姜锡东指导，2002届）

漆侠先生与其他导师合作指导的硕士论文：

刘春燕：石介和他的"道"（和郭东旭共同指导，1996届）

伍晓晴：试论汉武帝时期的两次政策转变（和王汉昌共同指导，1996届）

汪显超：宋朝军法初探（和李华瑞共同指导，1997届）

赵玉洁：论晁错（和王汉昌共同指导，1997届）

张利：宋代"义理决狱"——以《清明集》为基本依据（和郭东旭共同指导，1998届）

刘则永：论霍光（和王汉昌共同指导，1998届）

赵英华：宋代皇储制度研究（和王菱菱共同指导，2000届）

王志双：吕夷简与宋仁宗前期政治研究（和高聪明共同指导，2000届）

潘丽霞：秦汉时期的奴隶制与工商业（和王汉昌共同指导，2001届）

彭向前：唐末五代宋初中央财权集中的历史轨迹（和李华瑞共同指导，2001届）

刘莉亚：元代矿冶业研究（和刘秋根共同指导，2001届）

博士学位论文：

袁征：宋朝学校教育研究（1988届）

李华瑞：宋代榷酒制度研究（1990届）

程民生：宋代西北地区经济及其与国防关系研究（1990届）

苗书梅：宋代任官制度研究（1991届）

贾玉英：宋代台谏制度与政治研究（1991届）

胡建华：宋代城市管理研究（1991届）

高聪明：宋代货币流通研究（1994届）

袁一堂：论宋代便籴（1995届）

刘秋根：明清城市高利贷资本研究（1997届）

王菱菱：宋代矿冶业机构管理与政策研究（1998届）

姜锡东：关于宋代商人和商业资本的一些考察（1998届）

（韩）曹福铉：宋代官户经济研究（1999届）

杜建录：西夏经济史研究（1999届）

王书华：荆公新学初探（2001届）

王善军：辽代世家大族研究（2001届）

高纪春：道学与南宋中期政治——庆元党禁探源（2001届）

陈峰：北宋武将群体研究（2002届，漆侠先生去世后由郭东旭指导）

王嘉川：胡应麟与中国学术史研究（2002届，漆侠先生去世后由姜锡东指导）

汪天顺：章惇研究（2002届，漆侠先生去世后由李华瑞指导）

马玉臣：开源与节流——关于熙丰理财的几个问题（2003届，漆先生去世后由刘秋根指导）

1990年5月15日，在《中国青年报》"大学生谈心"栏目发表《人生需有指路灯》。漆先生强调说，自己史学研究方面所以能有些建树，主要是得益于马克思主义理论的学习。因为马克思主义理论作为人类认识史上最积极成果积累的结晶，为他进行史学研究提供了一个科学的方法，使他的眼界跳出了以往史学研究只注重考据的圈子，上升到从生产力和生产关系、经济基础和上层建筑的关系的高度来研究历史。《宋代经济史》一书，史学界之所以给予那么高的评价，就在于在这本书中，运用马克思主义观点对我国宋代的农业生产、土地关系、手工业发展、国家专利制度、商业和城市经济、对外贸易及经济思想，作了详尽系统的论述。漆先生想用自己的切身体会告诉同学们，要想在业务上有所成就，就得有一种正确思想的指导。只要我们坚持学习马克思主义理论，并将马克思主义理论在我们的业务研究中加以不断运用，日久天长，潜移默化，就会逐步养成用马克思主义的立场、观点和方法观察问题、分析问题的习惯，实际上对马克思主义的信仰也就是在这样一个过程中形成的。

1990年，《坚持以马克思主义为指导治史、执教、育人》一文转载于《河北大学学报》第3期。同年，漆侠先生受聘为烟台师范学院兼职教授。

漆侠先生不仅自己学习马列主义，也非常重视培养和提高学生的理论素养。正如弟子王菱菱教授所说："从招收第一届研究生开始，即设立马列原著选读课，要求研究生阅读十种左右的原著。我们在硕士生时开设的马列原著就有《资本论》中的部分章节、《政治经济学批判》《家庭、私有制和国家的起源》《国家与革命》《反杜林论》《路德维希·费尔巴哈和德国古典哲学的终结》《俄国资本主义的发展》《矛盾论》《实践论》等，漆侠先生还定期组织我们对经典著作进行讨论，让大家谈学习体会，各抒己见，并要求我们结合本专业及各自的研究方向写出读书报告，以培养、锻炼我们的理论水平和思维能力，并用以指导自己的学习和课题研究。经过系统的学习，我们那一代学生，虽不敢说完全地继承了漆侠先生的治史方法，却也深深地受到濡染。"①

漆先生在《宋代经济史》后记中写道，"（研究断代经济史）大体上可以采取下述两种方式进行。一种方式是，挑选自己最为熟悉的问题，进行专题式的研究，题目范围可宽可窄，文字叙述可长可短，汇集为论丛刊印出来。这种做法的好处是，扬长避短，充分发挥作者的优势，使研究的课题能够深入下去。而其不足的地方是，无法了解一代社会经济的全局。另一种方式是，对一代经济，不论是农业、手

---

① 王菱菱：《漆侠先生与宋代经济史研究》，载《漆侠与历史学：纪念漆侠先生逝世十周年文集》，河北大学出版社2012年版，第155页。

工业，还是商业、城市经济等等，给以全面的探讨和论述，这样可以给人们以比较完整的了解和认识，进而通过这一论述找到各生产部门之间的相互联系、相互制约和相互作用，达到对一代经济发展的规律性的认识"。漆侠先生的《宋代经济史》，明显属于后一种即全局性、规律性的研究成果。漆侠先生在学生培养中，以自身的研究实践为例，强调在断代史研究中要重视全局性、规律性的探索。虽然这种研究方式对研究者来说，往往困难重重，但确具有重要的学术价值和意义。《宋代经济史》"这部草稿，虽然是极其肤浅而不足以一提的，如果它能够起到这样的作用，即给人们以必要的基本的知识和一些初步认识，有助于宋代经济史的真正的科学研究的开展，即使暴露我的更多的无知，多啃几个苦果，也是甘之若饴的"。"由于探讨的范围是如此其广泛，如此其烦杂，因而好多问题有的只是开了个头，有的仍然没有弄清楚……希望更多的宋史研究的爱好者，不惮烦难，致力于这方面的研究。"①

漆侠先生对宋代经济史的研究，直接影响了最初几届学生学位论文选题方向的确定。早在1980年起，漆侠先生在为教育部承担的辽宋夏金史高校师资培训班上就已开授《宋代经济史》课，此后的近二十年间，漆侠先生一直主讲《宋代经济史》课，并鼓励学生们从事对宋代经济史的探索。20世纪80—90年代，漆先生培养的弟子们，不少选择了宋代经济史这一研究领域，包括宋代矿冶业、商业、高利贷、榷酒、货币研究等。②

（六）辽史研究

1989年，漆先生连续发表了2篇辽史方面的学术文章。早在漆侠先生在北京大学读书时期，曾有幸聆听辽史大家姚从吾先生讲授《历史研究法》。姚从吾先生善治辽史，关于契丹辽朝的君位继承和世选

---

① 《宋代经济史》下册，第1217—1218页。
② 参见王菱菱《漆侠先生与宋代经济史研究》，载《漆侠与历史学：纪念漆侠先生逝世十周年文集》，河北大学出版社2012年版，第151—158页。

第六章　改革开放时代的历史教学与研究（1982—1990）

制度，发表《契丹君位继承问题分析》《说辽朝契丹人的世选制度》等文章①，观点明晰，分析精彩。漆先生写作的《契丹辽国建国初期的皇位继承问题》②一文，开篇便提出文章是受到姚从吾先生的文章启发，内容上是对老师观点的进一步引申和发挥，以示缅怀。漆先生认为建国前耶律阿保机家族在契丹诸部中占据统治地位，通过对耶律阿保机在皇位继承问题上的纷争和耶律德光身后继承问题的分析，文章论述了契丹辽国从兄终弟及制到父死子继制的演变过程。契丹建国前，即已存在"世选"制度。耶律阿保机家族通过世选旧制，在契丹诸部中居于统治地位。而从耶律阿保机家族对夷离堇等职位的继承来看，不仅表现为世选制，而且表现为兄终弟及制。正是因为存在兄终弟及制，导致阿保机建国初皇位继承问题的纷争；耶律德光后的皇位继承斗争，把契丹建国前后的兄终弟及制表现得更为清晰明确；契丹辽国从兄终弟及制最终走向了父死子继制，成为契丹建国初期皇位继承制度的深刻变化。

同年，漆先生又就辽代社会经济结构问题，发表了《契丹斡鲁朵（宫分）制经济分析——辽社会经济结构研究之一》③。斡鲁朵（宫分）制历时二百年，与辽代相始终，与捺钵制等，在维护契丹专制主义统治过程中起了巨大作用。辽史大家傅乐焕先生留学英国时（1950）所作博士学位论文即《捺钵与斡尔鲁朵》④。此前的研究，大都着眼于斡鲁朵制在军事、政治上的意义和作用，很少对它进行经济分析。本文分析认为，就经济方面来说，斡鲁朵制：第一，斡鲁朵（宫分）有机体是由契丹正户和蕃汉转户组成的，所谓蕃汉转户是由

---

① 载杨家骆主编《辽史汇编（九）》，鼎文书局1973年版。
② 漆侠：《契丹辽国建国初期的皇位继承问题》，《河北师院学报》1989年第3期。
③ 漆侠：《契丹斡鲁朵（宫分）制经济分析——辽社会经济结构研究之一》，《河北大学学报》1989年第4期。
④ 傅乐焕（1913—1966），山东济南人，祖籍山东聊城。1936年毕业于北京大学史学系。著名历史学家，长于辽金史研究。曾任中央研究院历史语言研究所副研究员。1950年获英国伦敦大学哲学博士学位。中华人民共和国成立后，历任中国科学院考古研究所研究员、中央民族学院教授、历史系副主任。专于辽、金史研究。著有《辽史丛考》《捺钵与斡尔鲁朵》，主持编写《满族简史》，校点《金史》。

契丹人俘获的汉人、渤海人和阻卜人等，因而斡鲁朵是一个由多民族构成的共同体。第二，作为一个经济实体，斡鲁朵的经济实力是强大的，辖有契丹 1/5 以上的行政地区和户数。第三，蕃汉转户占斡鲁朵总户数的 3/5，汉户又占蕃汉转户的大多数。第四，在斡鲁朵制中，契丹正户虽然处于统治民族的地位，但并不是所有的契丹正户都处于统治阶级的阶级地位。第五，契丹社会不仅有奴隶制，而且也含有农奴制两种发展趋势。契丹正户实行世家世选制度，分为贵族、契丹"上户"、一般正户和奴隶，具有向封建依附化发展的趋势；蕃汉转户则具有农奴的身份地位。因此，斡鲁朵作为契丹社会的缩影，既包含着奴隶制经济成分，也包蕴了封建制经济成分；在其建国以来的发展中，奴隶制越来越缩小，封建制越来越占主导地位。

漆侠先生在辽史研究的基础上，与山东大学乔幼梅教授计划合著《辽夏金经济史》，申请列入国家教委"七五"哲学社会科学研究规划项目（1986—1990）。《辽夏金经济史》于 1994 年 3 月由河北大学出版社出版。

第七章

中期宋史研究:《宋代经济史》

一 《宋代经济史》的写作缘起与过程

早在北京大学读本科生和研究生时,先生在中国宋史研究第一人——邓广铭先生亲自指导下,选定《王荆公新法研究》作为毕业论文题目。而王安石变法(又称"熙丰变法"),虽然涉及政治、军事和教育等很多方面,但最重要、最复杂、斗争最激烈的是经济改革。这就促使先生在大学生阶段就开始学习、探索宋代经济史。在《宋代经济史》后记中,漆侠先生也略微提及了自己的研究初衷:一是随着对王安石变法的深入研究,迫使自己对宋代社会经济进行一定的探索;二是经济基础的决定性作用,推动其重视社会经济的意义和作用。①

漆侠先生对于宋代经济史、特别是北宋经济史的探索,正式开启于1947年。该年11月,漆先生还是本科四年级学生时,就在《经世日报·读书周刊》第65期发表第1篇史学研究论文《摧兼并——王荆公新法精神之一》,论及"青苗法""均输法""市易法""方田均税法""募役法"等。1956—1957年的两年中,又对十七八万字的硕士生毕业论文进行修改、补充、完善,定名《王安石变法》,由上海

---

① 《宋代经济史·后记》,上海人民出版社1988年版。

人民出版社于1959年出版。1955年，先生在《历史教学》发表论文《宋代手工业简况》。由此可知，先生于20世纪40年代在学术征途上正式迈出的第一步，就是研究宋代经济史，并且在50年代持续关注，在研究工作中有新开拓、新成果。

先生读书多，兴趣广，勤思索，关注、探讨的问题并不仅仅局限于宋史，还有中国古代历史的很多朝代和问题。从1952年到1966年，先生公开出版发表的宋代之外的史学著作有3部、论文25篇，涉及先秦至隋唐史、金史、明史、中国古代农民和农民战争史、中国古代史分期问题、历史教学、史学理论等。其中的许多研究成果，探讨的是中国古代最广大最重要的劳动生产者——农民阶级。探讨中国古代的农民战争和历史分期问题，必然切入经济这个基础性、背景性问题。

20世纪50年代中国大陆史学界对中国古代社会史分期[①]、封建土地所有制、资本主义萌芽和汉民族的形成、历代农民战争五大问题的热烈讨论，被称为"五朵金花"。李根蟠曾指出，"这些问题中的前三个问题直接与古代经济史有关"[②]。不少当时参与这三个问题的大讨论的专家学者，后来向纵深发展研究，转入经济史等问题的研究。中国史学界包括这三个问题在内的"五朵金花"的大讨论，对于中国历史研究工作的大发展具有非常罕见、非常重要、非常广泛的推动作用，是中国史学史上独特的精彩篇章，令人神往。前些年有些学者在新形势下加以反思，是十分正确、非常需要的。遗憾的是，也

[①] 关于"中国古史分期问题"的大讨论，最后形成了"三论五说"的8种不同意见。所谓"三论"，即三大学派：以吕振羽、范文澜、翦伯赞等先生为代表的"西周封建论"；以郭沫若、吴大琨、白寿彝、林甘泉等先生为代表的"战国封建论"；以尚钺、王仲荦、日知、何兹全等先生为代表的"魏晋封建论"。"五说"则包括：以李亚农、唐兰、祝瑞开等先生为代表的"春秋封建说"；以黄子通、夏甄陶、金景芳等先生为代表的"秦统一封建说"；以侯外庐先生为代表的"西汉封建说"；以周谷城先生为代表的"东汉封建说"；以梁作干先生为代表的"东晋封建说"。学者们对于"封建"的含义，有不同的理解。"三论五说"的前提是马克思主义总结人类社会发展的"五种社会形态说"（五种社会形态：原始社会、奴隶社会、封建社会、资本主义社会、社会主义社会）。"五种社会形态说"主要是按照社会经济形态来概括整个人类社会形态，是"三论"的前提。

[②] 李根蟠：《二十世纪的中国古代经济史研究》，《历史研究》1999年第3期。

有一些学者加以贬低,就十分错误、大可不必了。先生当时参与比较多的是中国古代农民战争史的研究讨论,其次是中国古代历史分期问题。

漆侠先生对于经济史的重视,还得益于理论学习。1949年1月后,正在北京大学读研究生的漆侠先生在党政领导和邓广铭等先生指导下,开始学习马列主义。1951年到近代史研究所工作后,在范老领导下,在读书条件更好的情况下,更加认真系统地学习马列主义。"马克思在经济史研究中抽象出的生产力与生产关系、经济基础与上层建筑等一系列经济学理论,以及历史唯物主义和辩证唯物主义世界观和方法论,更加适合于经济史研究的理论指导,更加具有方法论意义,所以中华人民共和国成立初期的经济史学家,对此更易于接受,并心悦诚服地运用于经济史研究之中。"①

正是在上述学习和实践的深刻影响下,先生对于中国经济史的极端重要性发生了飞跃性的提升。在20世纪50年代中期,就想专门研究宋代经济史,已经为此亲手抄录、收集了六七十万字的史料,并打算与几位志同道合的朋友合作,在撰写《中国农民战争史》之后,撰写一部《中国封建社会经济史》。然而漆侠先生的宋代经济史研究,却因"文化大革命"冲击而一度停顿。漆侠先生在《宋史经济史·后记》中写道:

> 不幸的是,史无前例的"文化大革命"这场灾难降临了。我因为让步政策问题,于是年四月三十日在报纸上被公开点名批判,从此便成为了反党反社会主义反毛泽东思想的三反分子了。同年八月,我还被抄了家。自学生时代积累起来的卡片资料,包括宋代经济方面的资料在内,三百多万字,以及研究生期间论文以外的一项副产品十六七万字的《章惇年谱》和其他没有发表过的文稿,都被抄走。二十多年的心血,扫地以尽,悉付东流。

---

① 陈锋:《与时代同行:中国经济史研究70年》,《光明日报》2019年11月18日。

此后几年，先生还屡遭冲击、迫害、羞辱。但是，真正的英雄一定具有钢铁般的意志，具有坚忍不拔的精神，决不会被困难和挫折吓倒，只要有一丝可能，一定会自强不息，勇往直前，再创辉煌。先生自己回忆说："怎么办呢？怨天尤人，痛哭流涕，都是无济于事的，都不能挽回失去的卡片和文稿，更不能挽回失去的时间。出路只有一条：重整旗鼓，从头做起，自基本材料下手。"（《后记》）鉴于形势和条件的变化，先生放弃了合作撰写《中国封建社会经济史》的计划，决定集中精力，专攻宋代经济史。"于是，自一九七三年二月下放劳动回校之后，我重新开始了对宋代经济史的学习，镇日沉浸在文献的海洋之中。"在河北大学、南开大学、天津市、北京、北京大学图书馆，冒严寒，顶酷暑，不辞辛劳，阅读、抄录各种史料。经过七八年的辛勤劳动，"积累了一百四十多万字的资料，开始了宋代经济史的撰写。又经过三年多的努力，到一九八一年年底完成了宋代经济史的初稿"。（《后记》）后又反复修改、补充、完善，1987年、1988年《宋代经济史》上、下册由上海人民出版社出版。

《宋代经济史》的成书过程，可谓"看似寻常最奇崛，成如容易却艰辛"。虽然这是漆侠先生计划已久的著作，很早就开始着手准备，尽览天水一朝的各类史书、文载，记下了几千张的读书卡片。然而"文化大革命"摧毁了所有的计划与努力，全部心血付之东流。《宋代经济史》出版后，漆侠先生却很少对师友和学生们提及自己"文化大革命"中的遭遇和困境，更多以意志坚定的精神作为表率，勤奋刻苦、以身作则，感染影响周围的师友。女儿漆小凌回忆父亲写作《宋代经济史》时的情形；

> 1972年，当着社会政治状况略有好转后，父亲被允许回家，从保定归来。在天津的家中，父亲几乎每天都是往返于家与图书馆之间，在图书馆中读书，查阅资料，想要补回在"文革"中丢失的卡片和追回在牛棚中费掉的时间所造成的损失。
> 天津图书馆距我家很有一段距离，父亲多是步行。为了不耽误时间，常常中午带饭，一直干到图书馆关门。每天回到家里都

会非常开心地汇报一下自己的读书成果，找回了多少曾经有的史料，又看到了多少未曾发现的记载。那时的我们不甚理解父亲的心情，现在回想起来，真是心有不可铭状的感觉。大约那冷饭、那遥路的其中之乐也只有父亲才能深深地体会和感受到。我想此时读书的意义之于父亲已不只是为"立言"。更重要的是要研究、探索和捋清两宋社会的政治经济发展命脉，而著出一部比较详尽的宋代经济史。

当史料记载收集得足够丰富时，父亲开始着手于《宋代经济史》的写作。无论是盛夏三伏还是隆冬三九，除了适当的休息，抑或家中来客，父亲从不辍笔。每次我们放学归来，父亲就会让我们猜一猜他写了多少字，这似乎也成了父亲的每日一乐。

在漆侠先生的各种学术著作中，毫无疑问，《宋代经济史》是最为厚重、最有影响的一部代表作。这部学术专著的选题、写作和问世，并非偶然，是先生长期学习研究积累、克服各种苦难而结出的一颗重要硕果。1986年10月召开的全国哲学社会科学"七五"规划会议确定"中国古代经济史断代研究"为中国古代史"七五"国家重点研究项目。此项研究预定编撰先秦、秦汉、魏晋南北朝、隋唐、宋、辽夏金、元、明、清九个分卷。漆侠先生的《中国经济通史·宋代经济卷》是其中完成最早的一部，也是唯一一部由一位作者独立完成的著作。

二 《宋代经济史》的主要内容和贡献

（一）《宋代经济史》的主要内容简介

《宋代经济史》，全面系统地考察论述了宋代农业、手工业、商业、城市经济的发展，并进而分析了社会生产关系和经济思想。《宋代经济史》约有100万字，在首篇《绪论》之后，共有5编。全书篇章结构如下：上册包括代绪论和第一编。在代绪论中，以3万字的篇幅考察了中国封建经济制度演进的总过程，指出宋代社会经济的发

177

展，在其中占有极为突出的地位。第一编专门论述农业生产力水平和农业中的生产关系，共分十二章，分别论述了农业生产力（人口、垦田、水利、工具等）的发展、商业性农业及多种经济作物的发展、各地区土地所有制的不平衡、占主导地位的土地所有制的演变、官私地租形态、国家赋役制度、地主阶级和农民阶级两大对抗阶级的状况等内容。下册包括第二编至第五编。第二编论述了手工业生产及诸关系，共九章，论述的范围包括矿冶、铸钱、军工生产、纺织、建筑、陶瓷、造纸、印刷、农产品加工等诸行业。第三编分四章，专门探讨了宋代封建国家的专利制度及其与此密切相关的茶、盐、酒、矾等的生产和流通特点。第四编分五章论述了宋代商业的发展，包括城镇商品经济、商税征收、宋与周边少数民族及海外诸国的贸易、金属货币的流通和纸币的发行、物价变动、商业资本和高利贷资本的活动等内容。第五编分三章专述宋代经济思想，主要对地主阶级改革派、保守派、浙东事功派，以及农民阶级的经济思想进行了探讨。

现依次简介如下。

先生以《关于中国封建经济制度发展的阶段问题（代绪论）》开篇。这篇文章，1978年发表于《山东师范学院学报》，后于1982年收入《求实集》。先生在书中特意说明："它代表了我对中国封建经济制度发展的基本看法，因而作为代绪论置于本书篇首，由此可以看出宋代社会经济的发展，在我国古代社会经济发展中所处的地位。"先生对中国封建社会经济发展史分期分段的探讨，始于50年代。这篇文章代表了先生对此问题的基本看法，也是最终看法：

战国秦汉时期（公元前476年—公元184年）：封建制度确立、封建依附化关系发展阶段。

魏晋隋唐时期（公元184—884年）：庄园农奴制阶段。

宋元明清时期（公元884—1840年）：封建租佃制占主导地位阶段。

这篇文章原来有四节，移置该书代绪论时有所增删，增加了第五节《认真开展宋代经济史的研究》。先生在新增的第五节中指出："宋代社会经济的发展，具有划时代的意义，占有极为突出的地位。

研究宋代社会经济的发展，对探索和发掘中国封建经济制度演变的规律，是极关重要的。"（第35页。上海人民出版社1987年版。下同）对于此前学术界研究宋代经济史的状况，先生认为：国内的研究"比较薄弱"；日本的研究，成就最大，但理论概括和贯通研究似嫌不足。对于宋代经济史研究中的史料问题，先生特别强调直接占有大量的第一手资料的极端重要性，同时强调必须防止唯材料主义和死抱理论教条的两种错误倾向。

第一编是《宋代农业生产与土地诸关系》，共有12章。

第一章《宋代的人口和垦田》，共有4节。在序论部分，首先说明探讨的范围，然后指出：宋代虽然疆域不如汉唐，但仍然是当时世界上土广民众的大国，并且是经济文化最先进的国家；宋代经济存在地域上的不平衡：北不如南，西不如东。在第一节《宋代人口的增长》中，首先根据恩格斯和斯大林的看法，指出人口蕃衍对于社会的重要性；根据史料统计宋代户口数量及其增长指数，据此推算宋代人口在北宋末期超过1亿，远超汉唐。然后探讨、剖析宋代人口的阶级构成：主户和客户的数量、比例及其变化；客户（佃户），第四、第五等户（自耕农和半自耕农）与第三等户中的富裕农民，占总户数的85%以上；加上手工匠人和作坊主、一般中小商人，劳动人口占93或94/%；由第一、第二等户和部分第三等户组成的地主阶级，加上大商人和高利贷者组成的统治阶级占6%或7%。因此，宋代人口的增长，主要是劳动人口的增长。"这是宋代人口同时也是封建社会人口增长的一个重要特点。"（第52页）第二节《封建制度对人口增长的制约》，论述了宋代户口统计中口数与户数"极不相称"和"诡名子户"问题，论述了宋代小农经济对人口增长的促进作用和封建制度的制约作用这一矛盾。第三节《宋代垦田面积的扩大》，推算认为宋代最高垦田面积是7.2亿亩；探讨了宋代垦田的统计和区域特点等问题。第四节《劳动人口的分布及其对经济发展的影响和作用》，从人口和垦田等方面探讨宋代经济的区域不平衡问题，并论述了一些地区的"人多地少"矛盾问题。

第二章《宋代水利事业的发展》，共有7节。在第一节中，主要是论述了宋代人对水利重要性的认识、政府对兴修水利的高度重视与各种各样的推动措施，热情赞扬了王安石"农田水利法"的罕见功绩。第二节论述了宋政府主导的以疏浚河道和淤田为特色的北方水利事业。第三节论述了"以太湖流域为中心的两浙路水利事业的突出发展"。第四节又进一步对江东路著名的高产稳产田—圩田加以专门探讨。第五节对"山多于田"的福建路的水利建设特点、对沿海地区人民"与海争地"进行了研究总结。第六节研究探讨的是水利灌溉技术和工程管理问题。第七节揭露和批判地主豪绅对水利工程的霸占和破坏。

第三章《农业生产工具、种子、肥料以及经营方式和单位面积产量》，共有5节，主要是研究论述宋代的农业生产力问题。第一节论述宋代农业生产工具的进步和改良。在发达地区，主要使用唐代发明的"江东犁"（曲辕犁），宋代发明、加装开荒"䦆刀"；宋代发明"铁搭""秧马""耘荡"、利用流水为动力的"筒车"，极可能发明了"下粪耧种"。在第二节《种子的引进、培养和优良品种的推广》中指出：宋代引进了占城稻、天竺菉豆、黄粒稻、西瓜；培育的优良水稻品种繁多；南方的小麦种植得到大发展，形成麦稻两作制。第三节论述了宋代人对施肥重要性的重视和施肥理论的进步，宋代肥料品种的增多。第四节《各地区的农业经营方式》，揭示出宋代农业的三种经营方式：即"刀耕火种"式的原始经营，广种薄收式的粗放经营、精耕细作式的集约经营。"大体上，西方诸路采取原始经营和粗放经营，而东方地区则以精耕细作为主，但在程度上又有差别"。（第123页）在第五节《各地区单位面积产量》中，首先总结出从南到北的农业二作制、两年三作制、一年一作制及其对粮食亩产量的影响，然后出示了收集的30多个资料数据，最后据此总结指出："南方亩产量普遍高于北方，东方普遍高于西方；水田高于旱田，大约是一与三之比，即南方水田一亩相当于北方水田三亩"；"宋代亩产量一般是二石，最差的也有一石。就单位面积产量而言，宋代显然超过了隋唐，更远远超过了秦汉"。（第137、138页）

第四章《商业性农业、经济作物的发展。多种经营的渐次展开》，共有10节。第一节探讨棉花的种植及其向江西、两浙诸路的传播（先生后来进一步探索，证明宋代已经传播到淮南。王曾瑜先生继续探索，证明金代已经传播到河北）。第二节论述麻的种植和扩大，论述蚕桑业的"独立发展"。第三节论述甘蔗种植的扩大。第四节论述果树种植及其专业化。第五节论述蔬菜业的大发展。第六节论述药物的种植及其发展，特别是四川等地的专业化种植。第七节论述花卉业的发展及其专业化。第八节论述宋代一方面林木过度采伐导致短缺，另一方面又有专业化种植的大发展。第九节论述沿海渔业、淡水渔业、鱼苗业的发展状况。第十节是《第一章至第四章结论》。第一个结论是，宋代农业获得了前所未有的全面发展。具有体现在劳动人口的激增、垦田面积的扩大、单位面积产量的提高和专业性农业、多种经营的展开等方面。第二个结论是，在生产发展不平衡规律作用下，宋代各个地区的农业生产（手工业、商业也一样）出现了不小的差别。第三个结论是，从宋代农业生产的全面发展中可以总结出三项重要经验：一是因地制宜，充分发挥人的主观能动性；二是精耕细作极力提高单位面积产量；三是大力发展多种经营。同时先生还指出宋代值得我们永远注意吸取的教训，过度垦辟导致水土流失和生态环境破坏；不可蔑视辩证法。第四个结论是，要看到广大农民所表现的伟大力量和所起的决定性作用。同时也承认宋政府一定的积极作用。最后，先生强烈强调农业在国民经济中的基础地位和决定作用。

第五章《宋统治地区内各民族的社会经济制度。封建经济制度及其高度发展》，共有7节。第一节论述了海南岛黎族及其原始共有土地制度。第二节论述了荆湖南路西部、广南西路的瑶族和壮族及其以村社土地制度为基础的奴隶占有制。第三节论述了四川边缘地区的"夷"族之向封建制过渡。第四节论述了以夔州路为中心的庄园农奴制。第五节论述了在广大地区占主导地位的封建租佃制关系及其基本特征。第六节论述了两浙等路封建租佃制关系的高度发展。第七节是《第五章结论》，认为宋代生产力发展的不平衡，必然导致生产关系发展的不平衡；在当时的各种生产关系中，广大地区的租佃制最为先进；生产关系也可能倒退；区域研究需要加强。

第六章《宋代土地所有制形式（上）：封建土地私有制的状况》，共有 4 节。第一节论述宋封建国家的土地政策，认为宋代沿袭唐末五代，对土地的垦辟、占有、买卖实行自由放任政策（当然需要办理相关手续、保证交税；严禁寺院土地买卖）；保护土地私有制。第二节论述宋代土地兼并的发展：首先论述地主豪绅和大商人、高利贷者兼并土地的范围与对象，在兼并过程中采取的 7 种具体方法和手段。其次指出：土地兼并就是土地集中，地主土地所有制随之膨胀起来；同时需要注意：一是有权势的"贵者"带头兼并土地，并时常贱价强买，而"富者"买田在土地兼并中起着经常性决定性作用。二是卖地者既有自耕农和半自耕农，也有大官僚地主的子孙。货币冲击力之强大，宋代土地买卖之频繁，贫富转换之快速，社会流动性之突出，史上罕见。第三节《封建土地私有制：封建地主阶级对土地的占有》，首先论述了宋代地主阶级的构成情况，其次论述了大地主带头掀起的三次土地兼并浪潮（第一次是宋真宗宋仁宗统治时期，第二次是北宋晚年宋徽宗统治时期，第三次是南宋时）及其土地占有状况；中小地主土地占有状况。最后总结估计："从北宋到南宋，封建大土地所有者大约从占总土地面积的三四十发展到五十，而中下层地主的土地占有大约为总面积的三二十之间，整个地主阶级占田约从百分之五十发展到六七十。"（第 268 页）第四节论述寺院对土地的占有：占有的各种合法与非法方式，占有数量的差异，在全国的占地比例约为百分之二点一五。

第七章《宋代土地所有制形式（中）：封建国家土地所有制状况》，共有 4 节。第一节首先论述了宋代国有土地的各种名目和形式，并行存在的国有土地私有化和私人土地国有化。最后论述了北宋末年宋徽宗时期"西城所"等机构公开掠夺土地的倒行逆施行为。第二、三节专门论述"职田"和"学田"。第四节论述南宋各类国有地的演变和"景定公田法"。

第八章《宋代土地所有制形式（下）：个体农民土地所有制。关于宋代土地所有制演变的几点认识（第六、七、八章结论）》，共有 2 节。第一节《个体农民的土地所有制》，首先论述宋代的户等划分、农民的户等和农民阶级的构成情况,然后论述富裕农民、自耕农、半自耕农的土地所有情况,最后估计北宋农民阶级占有百分之三十四至四十的土地,南宋日益减少。第二节总结认为:(1)土地私有制占绝对的支配地位,而地主的土地所有制又在土地私有制中占绝对的支配地位。地主占田多,是通过土地兼并造成的。宋代土地兼并有两个特点,一是品官形势之家兼并凶猛;二是商业资本和高利贷资本发挥了重大作用,并与官僚、地主日益结合,三位一体。(2)土地国有制继续衰落,占垦田总数的百分之四点三左右。(3)国有化衰落、私有化发展的原因是前者经营管理不善,后者适应时代发展的要求。(4)封建土地所有制,即地主土地所有制,一般实行租佃制,比庄园农奴制先进,但对生产力发展的促进作用还比较有限。(5)自耕农小土地所有制"最能够适应生产力发展性质"。(第343页)但她不稳定,宋代发展不足。(6)总述宋代各种土地所有制的比例和各阶级阶层的土地占有比例。

第九章《宋代地租形态及其演变——兼论地价及其与地租的关系》,共有6节。第一节论述劳动地租在夔州路等地区的存在状况。第二节论述各种形态的产品地租及其发展,依次论述对分制、四六分制、三七分制等、牛租、定额地租。第三节论述货币地租及其发展。第四节论述宋代地租日益增加的趋势及其对农民生活生产的深刻影响,但货币地租则是先进的有利的。第五节通过37种地价记载和其他史料,指出宋代地价的区域差异、不断增长的大趋势。最后论述宋人对地租决定地价的认识和实践,并论述宋代地租与资本主义地租的异同。第六节是本章总结。

第十章《宋封建国家的赋役制度(上)——封建国家、地主、农民之间的关系》,共有3节。第一节论述宋代田税(两税)制度及其实施过程中存在的税负不均等问题,宋仁宗时期税负剧增的第一个高潮。第二节论述王安石变法对赋税制度的变革、宋徽宗时期赋税剧增的第二个高潮。第三节论述南宋赋税的各种名目和空前的沉重。

第十一章《宋封建国家的赋役制度——封建国家、地主、农民之间的关系(下)》,共有5节。第一节论述北宋初年以来的差役法及其性质、弊病。第二节论述王安石变法期间的免役法（募役法）。第三节论述变法与反变法较量下免役法和差役法的交替。第四节论述南宋初年以来的差雇兼用、"义役法"。第五节总结论述宋代役法的演变。

第十二章《宋代地主阶级和农民阶级（第一编结论）》，共有3节。第一节论述宋代地主阶级各阶层的特点。第二节论述农民阶级各阶层的特点。第三节论述农民阶级的分化，即农民向小商、小工、雇工的转化。

第二编《宋代手工业生产以及手工业诸关系》，在《引言》之后，共有9章。

《引言》主要是论述宋代手工业布局，认为自然条件和社会经济发展水平的差异，导致宋代手工业发展很不平衡，各地区具有很大差异。煤炭生产南不如北；铜、银等生产北不如南，但金、铁生产南不如北；整体矿冶业西不如东；相差甚远。

第十三章《宋代采掘业和矿冶业的发展（上）：煤炭和矿冶业的发展状况》，共有5节。第一节论述宋代煤炭采掘业的发展及其在北方的广泛应用。第二节论述冶铁业的高度发展。第三节论述冶铜业的巨大发展。第四节论述金、银、铅、锡等的采冶，对各类矿产品产地、税收及其南北差别做了统计。第五节论述南宋采掘业的大幅下降及其原因。

第十四章《宋代采掘业和矿冶业的发展（下）：采冶生产内部关系的变革。宋代坑冶制度和冶户状况》，共有3节。第一节论述宋代国有采冶业劳动生产者的组织管理制度从劳役制到招募制的演变。第二节论述代替课额制的招募制之下的二八抽分制。第三节论述采煤业之外的矿冶业的其他管理制度；论述冶户和生产者的阶级阶层区分及其特点。

第十五章《宋代的铸钱业和军工工业》，有2节。第一节论述钱监的分布和内部管理、铸钱业的空前大发展。第二节论述军事工业中的火兵器制造、机构设置和管理等。

第十六章《宋代纺织手工业的发展和各种形式的纺织手工业。染色、缝衣、制帽、制鞋等的专业化》，共有 7 节。第一节论述丝麻棉（主要是丝）纺织业的发展。第二节论述与农业相结合的家庭纺织手工业及其向独立手工业的过渡。第三节论述官僚、地主、寺院的纺织手工业。第四节论述"绫锦院"等官府丝织业作坊的分布和管理。第五节论述与农业脱离的纺织作坊——机户的出现和发展。第六节论述染色业和衣、帽、鞋制造等手工业及其专业化发展。第七节总结指出：（1）宋代纺织业出现专业化、独立化的新发展。（2）官府作坊对纺织技术的改进提高有促进作用。（3）"机户"的出现极可注意。是否具有资本主义性质，值得再研究。

第十七章《宋代的粮食加工、榨糖、榨油等手工业的状况》，共有三节，论述其专业化、技术进步等值得注意的新发展。

第十八章《宋代的伐木、建筑和造船等手工业》，共有 4 节。第一节论述伐木和烧炭业，指出宋代的过度采伐造成严重后果；出现专业化和团伙化新现象。第二节《建筑业简况》，简要论述官府建筑业、技术进步等。第三节论述宋代造船业的分布、船只的种类、造船技术（转轴桅、隔密仓、指南针等）的巨大进步、官府造船业的弊病等。第四节强调宋代过度砍伐林木的教训、建筑业的分化、造船业的巨大贡献。

第十九章《宋代瓷器、漆器以及金银细工等特种手工艺的发展》，共有 3 节。其中前两节论述制瓷业，显示出先生对宋代瓷器业的特殊重视。第一节论述宋代制瓷业及其高度发展，重点论述瓷窑的分布和数量、技术创新、各著名瓷窑的水平和特色等。第二节论述制瓷业的内部关系。第四节论述漆器、金银器和特种手工艺的发展。最后提醒人们注意：工业生产的发展，一是取决于满足社会各阶层需求的程度，二是取决于内部分工细化的程度。

第二十章《宋代造纸业和刊刻印刷业的发展。墨、笔、砚的生产》，共有 3 节。第一节论述宋代纸的三个特点：产量多，韧性强；多种多样；纸幅增大。发展进步的原因，一是原料更加丰富，二是造纸技术的改进，三是专业化生产。第二节论述宋代刊刻印刷手工业的空前大发展：活字印刷术、各地区的官私刻印机构和书坊及其特点、刻匠和刻工及其雇佣关系、印刷品的商品性质。第三节论述墨、笔、砚生产的发展。第四节补充论述宋代印刷术的巨大历史作用及其局限性。

第二十一章《宋代手工业生产中的团行组织和匠师制度。雇工的广泛发展与新经济因素的积累》，共有3节。第一节论述宋代的团行组织，认为宋代这类组织的增多，是因为手工业分工的发展导致从业人数增加，宋神宗时期约有匠户八十万至百万户，约占总户数的百分之五至百分之七；团行组织的对外、对内功能。第二节论述宋代的匠师制度和考核制度。第三节论述宋代雇工在城市和乡村的广泛发展、新经济因素的积累，认为在东南经济发达的纺织业中"最有可能"产生资本主义萌芽。

第三编《宋代茶、盐、酒、矾的生产和封建国家专利制度》，共有4章。

第二十二章《宋代茶叶生产以及茶专利制度下国家与商人、茶园主、茶农之间的关系》，共有7节。第一节论述宋代植茶面积的扩大和茶叶产量质量的提高。第二节论述宋代著名官茶园——建安北苑的状况。第三节论述各种类型的私有茶园。第四节至第七节论述从北宋到南宋各区域、各阶段茶法的演变及其矛盾斗争。

第二十三章《宋代盐的生产以及在榷盐制度下国家、商人、亭户之间的关系》，共有7节。第一节论述宋代食盐的种类、产地、四川"卓筒井"技术创新。第二节论述榷盐制度下的生产者及其与封建国家、盐井主之间的三种关系（劳役关系、盐税关系、货币关系）。第三节论述宋初盐法和宋仁宗以来对解盐等盐法的变革（涉及盐利与军需粮草供应）。第四节论述北宋晚期蔡京集团的盐法改革。第五节论述蔡京盐法在南宋的继续和扩大。第六节论述封建国家、商人对盐利的瓜分，认为宋政府攫取份额最多，其次是商人。第七节是对宋代榷盐制度的进一步剖析，揭示食盐生产者的贫困、官商勾结对生产者和消费者的剥削、私盐私贩的抗争。

第二十四章《宋代酒醋的酿造和宋封建国家的榷酒榷醋制度》，共有3节。第一节论述宋代酿酒业的简况和三种管理制度（1. 自由酿卖。2. 政府禁榷专卖。3. "买扑"承包）。第二节论述南宋榷酒制度的变更，主要是赵开酒法改革和赡军酒库；宋政府酒利收入情况。第三节论述榷醋简况。

第二十五章《宋代榷香榷矾制度》，共有3节。第一节论述宋代香料产地、消费盛况和榷香制度。第二节论述宋政府榷矾制度。第三节《第三编诸章结论》总结认为：（1）宋代征榷制度比前代扩大，增加了香、醋。（2）宋政府通过对专卖品的产销全过程或部分环节（五种形式）的控制而攫取厚利。（3）在征榷制度下，封建国家、直接生产者、运输者和商人之间的关系极为复杂。（4）征榷收入在宋朝财政收入中的比重大大提高，成为宋以后专制主义中央集权统治的物质基础和支柱。

第四编《宋代商业的发展及其与周边诸族海外诸国的贸易关系》，在《引言》之后，共有5章。

《引言》论述宋代商业发展的一般趋势，是对宋代商业发展状况的概括性的基本看法。认为宋代商业得到前所未有的发展；这种发展是建立在农业、手工业发展的坚实基础上，并不是"虚假的繁荣"；然后提纲挈领地表达了对宋代商业发展情况的基本观点。

第二十六章《宋代商业、城镇经济和交通运输的发展》，共有3节。第一节论述宋代市场的发展变化。首先是城市旧格局的打破、镇市和墟市的空前勃兴、城市人口的剧增、行会的增加。其次是四大区域市场的形成。最后论述城市的特点。第二节论述交通运输业的发展及其劳动者的状况。第一是陆路交通线，第二是水路交通线，第三是官府物质运输方式和变革，第四是交通运输业的劳动者的成分及其贡献、处境。第三节首先论述宋代城市居民的阶级划分和构成，其次是商业行会及其三种职能、"市易法"的三项内容。

第二十七章《宋代的商品及其流向。商税的征收及其对社会经济的影响》，共有3节。第一节论述宋代商品的构成和流向。认为宋代商品可分为生产资料和生活资料两大类，粮食和布帛占有极大比重，宋代商品具有地方性、形成很多地方性名牌。在商品流向上，一是农副产品的"求心"集中运动，二是手工业产品的"辐射"分散运动，三是前面二者的结合（如外贸），四是北宋与南宋的特点和变化。第二节从十个方面探讨论述宋代征商条例和规定。第三节论述商税征收机构组成的层层密密的商税网，商税的扩大及其恶劣影响；从商税看宋代市场的规模、性质和特点。

第二十八章《宋与周边各族的贸易。宋市舶制度以及与海外诸国的贸易》，共有3节。第一节论述宋朝与契丹辽国、党项夏国、女真金国、西北西南诸族之间的贸易。第二节论述市舶制度和海外贸易。第三节总结认为，域内贸易促进了各民族的联系和中华民族的形成，海外贸易也有积极作用但对宋朝有深刻危害。

第二十九章《宋代金属货币的流通和纸币的发行。物价波动状况》，共有5节。第一节首先论述北宋铜钱的极端重要的地位、政府对铸币权的掌握和空前增多的产量，然后论述铜钱的沉淀储藏、外流、销毁、私铸、兑换、铁钱、大钱、面值和质量等问题，最后论述金银在流通领域作用的扩大。第二节论述交子的发生和发展及其作用。第三节论述南宋铜钱的日益减少和纸币的空前剧增及其严重后果，认为政府的重大错误导致货币危机。第四节通过粮价表、绢价表、金银价格表等，论述两宋物价的变动及其增长。第五节探讨三个问题：为什么宋代铜币沉淀下来、转化为铜器？为什么国家铸币质量下降后私铸成风、不可制止？货币与物价的关系是什么、决定物价的最根本的因素是什么？

第三十章《宋代的商业资本和高利贷资本》，共有4节。第一节论述货币的集中和贮藏，进而论述商业资本和高利贷资本的形成。第二节论述商业资本及其各种增值方式。第三节论述高利贷资本及其各种猖狂活动。第四节首先论述商业资本和高利贷资本向地主、官僚转化及其逆转，三位一体的形成，其次论述其对于宋代社会的积极作用和消极作用。

第五编《宋代社会经济思想》，共有3章。第三十一章《北宋地主阶级改革派和保守派的经济思想》，共有3节。第一节至第三节论述改革派李觏、王安石、吕惠卿的经济思想，尤其对王安石抑制兼并、开源节流并重等改革思想主张给予高度肯定。在第四节对保守派司马光的经济思想和主张给予严厉批评。

第三十二章《南宋功利主义的经济思想。邓牧对封建专制主义的批判》，共有4节。第一、二节论述陈亮和叶适功利主义学派的经济思想。第三节论述南宋士大夫关于纸币的见解。第四节论述邓牧对封建制度的怀疑和批判。

第三十三章《宋代农民的经济思想》，共有3节。第一节论述宋代农民起义时提出的"等贵贱、均贫富"思想主张及其产生的条件。第二节进一步论述了这类思想主张的层次性和最终形成。第三节是对第五编三章研究内容的总结。

在《后记》中，先生简要回顾了该书的写作缘起、甘苦历程、指导思想，也表达了自己的一些困惑和希望。

（二）《宋代经济史》的理论特色

1.《宋代经济史》逻辑结构十分科学，是非常宝贵的经典之作

如何研究、撰写经济史，是一个见仁见智、众说纷纭的事情。但是，绝不是每一种方法和主张都是科学正确的，这里面始终存在高下是非之界别。在《宋代经济史》中，漆侠先生开展论述的逻辑结构和撰写顺序，是三条大线索：一是严格按照经济运行和发展的各自地位依次展开。即：农业→手工业→禁榷专卖品的生产、流通及其管理，也是对第一编、第二编的补充→商业→经济思想。人类走出渔猎游牧时代之后，农业是最重要的基础行业。先生在书中一再强调农业的决定性重要作用，不仅在第一编，而且在以后各编都从不同领域、不同角度加以说明，非常重视农业对手工业、商业等行业的深刻影响和制约。在宋代农业中，突出的问题是土地所有制和土地兼并问题。先生花费较大篇幅论述这个问题，并且在论述其他问题时与此联系起来。二是严格按照经济运行和发展的固有法则依次展开。这就是：生产→分配→流通→消费。极端重视生产环节的重要性，极端重视科学技术的重要性，极端重视生产资料所有制的重要性。绝不是孤立的片面的僵化的探讨生产问题，而是全面的发展的探讨。既重视生产力发展对生产关系、对分配流通消费诸领域、对国家政策的决定作用，又

189

重视后者的正反两方面的巨大影响。三是辩证地看问题。高度重视不同阶级阶层、不同领域的对立统一关系和矛盾关系,高度重视经济发展的不平衡问题,极力避免论述的片面性、狭隘性。但也不是等量齐观,不分主次、轻重、是非,特别肯定农业、劳动人民、生产的重要性,特别肯定创新的重要性。

先生的做法,首先,是认真学习、继承马克思主义政治经济学的结果。其次,也是继承中有创新的结果。一方面继承了中国古代考辨史料的传统,另一方面对史料进行理论解析。对于政府的禁榷专卖制度、对于国有制经济、对于国家在经济中的特殊重要作用的大量论述,是马克思主义经济著作中所缺乏的。对于宋代货币和商品流通的论述,也与马克思主义货币理论和商品流通理论同中有异。

先生在书中的研究方法和论述方法,是值得普遍参考的榜样。此前的中国经济史研究著作,本来就比较少。这些著作,要么没有理论指导,要么逻辑混乱,不足取法。先生此书的系统性、逻辑性、整体性、科学性,前所未见,确属第一,也为后来人率先树立起一个学习参考的典范。大量事实已经证明并且将继续证明,后来人在宋代经济史专题研究方面、在具体个案研究等方面不难超越该书,但在系统性、逻辑性、整体性、创新性方面很难超越。这就是经典著作的独特贡献和崇高地位。

2. 在宋代经济史具体问题的研究方面也有非常丰富的深刻新创见

在农业编对宋代水利区域特点的研究总结,对宋代农业生产技术和生产力的研究总结,对宋代商业性农业及其专业化的研究总结,对宋代各地区农业经营方式的研究总结,对宋代土地所有制的研究总结,对宋代地租形态的研究总结,对宋代赋役制度的研究总结等,都是前所未有的新创见。在手工业编,前人在生产技术、生产力领域研究成果较多,但生产关系方面的论述论断大多数是先生首创。第三编对宋代禁榷专卖制度研究论述的系统性,至今无人超越。第四编对宋代市场的分类、特别是对区域市场的论断,对宋代商品构成和流向的分析总结,对两宋物价变动的统计、对其原因的分析,对宋代货币贮藏、流通和空前猛烈的冲击力的论述，对宋代商业资本、高利贷资本的活动、转化、作用的论述论断等，都是前人未及之新开拓。

3. 综合素质是成败关键

一部《宋代经济史》，涉及范围和领域相当广泛，绝非一般人所敢、所能涉足。首先是基础功夫（史料掌握、社会实践等）与理论素养是否具备，其次是时间投入与研究方法是否充分、是否科学。从漆侠先生的生平经历来看，从《宋代经济史》的丰富内容、巨大贡献和高超水平来看，当时唯有先生一人具备这样的综合素质。"多读书，多掌握史料，学习运用马克思主义。"这是先生对学生们的要求，也是先生的亲身实践、经验之谈。而此书的写作问世，与先生对经济的基础地位和决定作用的深刻理解、高度重视有直接关系。

总起来看：《宋代经济史》是中华人民共和国成立以来第一部大型的断代经济史，且是一部具有开拓性、创新性、有很高学术价值的著作，给经济史断代研究填补了一个空白。在此之前，中国经济史特别是中国古代经济史的研究极为薄弱。《宋代经济史》问世，系统地论述宋代农业、手工业、商业等方面，为进一步研究宋代经济奠定了基础。对宋史其他领域及中国古代史的研究，也具有重要参考价值。

《宋代经济史》出版后，一再获奖并再版。曾先后荣获河北省社会科学研究优秀成果一等奖，国家教育委员会（教育部）全国高等学校人文社会科学研究优秀成果一等奖，国家社会科学规划项目优秀成果二等奖，郭沫若历史学奖二等奖。1999年，先生加以修改后，作为《中国经济通史·两宋卷》，由经济日报出版社再版。先生2001年不幸逝世后，该书2008年收入《漆侠全集》由河北大学出版社再版。2009年作为《中国文库》（史学类）的一种，由中华书局再版；2019年由南开大学出版社再版。

三 《宋代经济史》的影响和评价

（一）《宋代经济史》是中国古代断代经济史研究的典范之作

回顾一下20世纪前数十年的断代经济史研究，我国宋代经济史的研究是相当落后的。大致在第二次世界大战前，研究中国宋代经济史成绩最著者，无疑应首推中国的全汉昇和日本的加藤繁两位先生。中华人民共和国成立后，倡导以马列主义治史，经济史研究得到了重视。但是，在五六十年代，宋史，特别是宋代经济史研究，由于各种原因，却处于落后状态。相形之下，日本同时期的宋史，也包括宋代经济史研究，却处于蓬勃发展状态，硕果累累，人才辈出。周藤吉之、宫崎市定等一大批学者的研究成果，表明了他们的学力确实达到了相当高的水平。50年代，中国大陆有关宋代经济史研究的论著，主要有张家驹先生的《两宋经济重心的南移》和漆侠先生的《王安石变法》。张先生对两宋经济重心南移的重大课题，做了认真的探索，但也尚留有较大的深入余地。漆侠先生对王安石变法的研究，不能不涉及很多宋代经济史研究课题。1980年首次中国宋史研究会上，邓广铭先生"从我国史学界对各个断代史的研究情况看来，宋史的研究是较为落后的"[①]。

《宋代经济史》对海内外宋史研究起了重要的推动作用。早在《宋代经济史》出版之前，学界就对漆侠先生的宋代经济史研究已有颇高的评价。景戎华认为漆先生的宋代经济史研究在三个方面有着重大建树：其一，中国封建时代的社会生产的发展，大体上经历了两个马鞍形这样一个过程。自春秋至隋唐为第一个马鞍形；自宋至明、清为第二个马鞍形。宋代为最高峰。其二，中国封建化在战国时期黄河中、下游地区完成，尔后逐步扩展。秦汉至长江流域；魏晋南北朝隋唐至闽江、珠江流域及西北、东北地区；两宋至西南地区；元、明、清至边疆少数民族地区。其三，系统地研究了宋代经济的各个层面，确认中国资本主义萌芽发生在宋代，特别是经济高度发展的两浙、江东、福建等路。漆侠先生的马克思主义理论底蕴深厚，遍览天水一朝之史料，信手拈来，斐然成文。其宋代经济史研究的建树，有的是发前人所未发，有的已为史坛广泛接受，当然有的尚须深入论证。但其相关成果业已震动了素以治宋代经济史

---

① 《宋史研究论文集·中华文史论丛增刊》前言。

著称的日本史坛。①

《宋代经济史》正式出版后,在学术界产生了广泛而深远的影响。乔幼梅先生评价为:"这是近年来我国古代经济史断代研究方面取得的最新成果。它的问世,无疑将有助于打开宋代经济史研究的新局面,对宋史其他领域及中国古代经济史的研究也将是一个推动。"②王曾瑜先生对《宋代经济史》也给予了高度且客观的评价,指出"确是一部里程碑式的著作,不论从中国经济史研究的角度看,还是从宋史研究的角度看,都是如此"③。

《宋代经济史》的一大特色就是重视生产力状况的研究。正如乔幼梅先生所说,"过去我国学术界对经济史的研究是非常薄弱的,而在这一薄弱的研究中,对生产力状况的研究尤为薄弱。《宋代经济史》则高度重视了社会生产力对整个社会经济发展的决定性作用,弥补了过去研究中的不足"。

《宋代经济史》中有关宋代社会生产力的论述,有20多万字,约占1/4的篇幅。书中相关宋代生产力的发展,也提出了许多重要论点:第一,中国封建时代社会生产的发展,在两千年中表现为两个马鞍形,而宋代居于第二个马鞍形的顶点。第二,宋代社会生产发展具有不平衡性,可综括为北不如南,西不如东。北不如南,是量的差别;而西不如东,则不仅是量的差别,而且是表现了质的差别。第三,宋代在内的中国古代,农业是具有决定性意义的生产部门。第四,揭示了农业经营方式同经济作物、多种经营以及商品经济的发展之间的相互制约、相互推动作用的内在联系。并由此深刻地说明了宋代农业、手工业和商业之间的关系。第五,本书对宋代官私手工业生产的发展也作了深刻的探索。第六,本书对宋代商业的发展也作了深

---

① 景戎华:《造极赵宋 堪称辉煌》,《读书》1987年第5期。景氏所认为"尚须深入论证"的问题,为中华人民共和国成立后讨论热烈的资本主义萌芽问题。在这一问题上,漆侠先生仅强调资本主义发生的条件成熟于宋代,但没有肯定资本主义萌芽于宋代,景氏的理解存在部分误解之处。
② 乔幼梅:《评〈宋代经济史〉》,《文史哲》1988年第2期。
③ 王曾瑜:《中国经济史和宋史研究的重大成果》,《晋阳学刊》1989年第4期。

刻的考察。

《宋代经济史》同样致力于对宋代经济关系方面的问题加以探讨，并取得了重大成就，相关论点包括：第一，宋代虽然以封建制度占主导地位，但是在刀耕火种、广种薄收等生产力低下的地区，如海南岛黎族地区还处于原始公社末期阶段，广南东、西路、荆湖南路西部壮族、瑶族地区则处于奴隶占有制阶段。即使封建制度居于主导地位，也因生产力发展的不平衡而有所差别，如夔州路等地区处于庄园农奴制阶段，成都府路、梓州路、利州路部分地区和广大东方诸路处于封建租佃制阶段，而在以太湖流域为中心的两浙等路封建租佃制达到高度发展阶段。第二，作者详尽地论述了宋代各种地租的形态，及其对社会再生产所产生的作用；对宋代文献中有关"计租定价"的论述，做出了高度评价。第三，全面考察了宋代土地制度的发展变化，指出宋代土地兼并有三次浪潮。随着土地兼并的发展，宋代财政结构也发生了相应的变化。第四，对复杂的手工业生产诸关系的探索，本书也做出了重要的贡献。第五，是书第三编论述了茶、盐、酒、矾的生产和宋封建国家的专利制度，并第一次揭开了封建国家专利制度下错综复杂的矛盾关系。第六，关于商业资本和高利贷资本，是书首次把宋代的"典质营运"区分为高利贷资本和商业资本，把交引铺、金银采帛铺、邸店"停塌"之家、把持各行和长途贩运的大商人作为商业资本的代表，并以它们的具体活动来说明商业资本是如何增殖起来的。

总的来看，漆侠先生在《宋代经济史》一书中，"在深入探索了宋代社会关系与生产力矛盾运动总过程中二者的相互联系、相互制约和相互作用的基础上，作者以其浑厚的史料功力和高度的理论修养，深刻地论述了宋代社会经济发展和各个方面，并对许多重大问题作了精辟的论断"。《宋代经济史》之所以取得这样的成绩，得益于以马克思理论为指导。作者在马克思主义指导下，理论与实际、宏观与微观相结合，"致广大而尽精微"，同时运用考据学、统计、计量方法、历史比较法，把宋代经济的框架建立起来，并且有血有肉地再现了宋代经济丰富的内容，因而得以写出了这样一部首尾贯串、逻辑严密、议论风发的巨著。

(二)《宋代经济史》以马克思主义理论为指导

漆侠先生在宋代经济史研究中,注重以马克思主义为指导的理论特色,成为学界的共识。如有学者评价说:作者力图以马克思主义基本理论为指导,揭开在宋代社会经济错综复杂的表象之下的历史事实。这种研究方法不仅表现在作者阐述的宋代社会生产力与生产关系之间的矛盾运动,各地区经济发展的不平衡性以及阶级分析等方面,而且表现在对土地兼并与地租、地价的关系,农业、手工业社会分工的发展、货币流通等方面,从理论上高度地概括出宋代社会经济中具有典型特征的、带有普遍规律的结论,显示了作者的马克思主义理论水平。①

要对某一断代作贯通性研究,撰写质量较高的断代经济史,困难之处在于:单凭对某个断代经济史有较广泛、较深入的了解和研究,无疑还是不够的,至少还须有两个前提性的条件,一是有浓厚的通史,包括经济通史知识,二是对某个断代的政治、军事、文化等有较全面的了解和研究。如"漆侠先生对中国封建时代经济制度发展三个阶段的论述,对中国封建时代生产发展出现两个高峰的论述,当然是一家之言,人们尽可能提出异议。但是一个无可否认的事实是,漆侠先生的论述完全不同于目前充斥报刊的大量通论性论文。漆侠先生的一家之言,是依据马列主义的基本观点,通过对二十四史等史料作认真的整理、分析、归纳而得的结论,是他精心研究的结晶,因而是很有分量的一家之言"。

为了系统性的要求,正如漆侠先生本人所说,必须强迫自己啃苦果,在研究工作中实行攻坚战,突破难度大,而他人未作研究或深入研究的课题。例如关于农业生产,日本学者已发表了不少力作。但是,关于宋代单位面积产量统计,棉花和不少经济作物生产等,是漆侠先生开拓性的工作,予以填补的。又如日本学者关于宋代土地关

---

① 史宇(此为王菱菱笔名):《一部大型的断代经济史》,《河北学刊》1988年第3期。

系、佃户制等论著，可说是多至读不胜读的地步。然而关于宋代地租形态，也同样是漆侠先生首先作了系统论述。特别是宋代手工业生产，在《宋代经济史》中占有二百余页篇幅，约占全书六分之一。手工业生产不仅资料零碎，生活在现代社会的人，对很多手工工艺的了解，反而存在困难，以往的研究又是片段的、零星的。完全可以说，《宋代经济史》的问世，将宋代手工业生产的研究，提高到了一个全新的水平。

如果从断代经济史研究的角度来看，《宋代经济史》马克思主义史学特色鲜明，超越前人，成为该领域的集大成之作。同时，《宋代经济史》也为经济史相关领域的研究指明了方向。漆侠先生在建构宋代经济史研究宏观框架的同时，善于抓取新增学术增长点，在他开始招收博士和硕士研究生时，要求学生在确定自己选题时可以多考虑商业、商品资本与高利贷资本、城市经济、矿冶业、禁榷制度等方面的课题。由于这在当时属于新的学术点，漆侠先生敏锐地抓住了它，使得若干年后河北大学以宋史为中心，对中国古代经济史尤其是宋代以后诸朝的经济史的一些重大问题，做出了若干重要成果，引起了学术界的高度重视，使河北大学成为国内社会经济史研究的一大重镇。

"二战"后，马克思主义史学在欧洲、亚洲、美洲等区域快速发展，包括了资本主义和社会主义国家，并形成了以苏联为代表的经典马克思主义史学和西方马克思主义史学等不同的发展类型。自中华人民共和国成立后，作为国际马克思主义史学的组成部分，我国的马克思主义史学虽深受国际马克思主义史学尤其是苏联史学的影响，但也形成了自己的发展路径和发展特色。漆先生是继郭沫若、范文澜、翦伯赞、侯外庐、吕振羽等新中国第一批马克思主义史学大家之后，坚持以马克思主义为指导治史的代表人物之一。漆侠先生的宋代经济史乃至中国经济史研究，均受到马克思主义史学理论的深刻影响。但其传统的乾嘉学派底蕴及西方历史主义史学对他也产生了深刻影响，故而形成了自己鲜明特色。

以马克思唯物史观为例，刘永佶先生以王安石"自缘身在最高层"的诗句来评价漆侠先生在中国20世纪史学界的地位，并说明其首要原因"就是他读通了马克思的唯物史观,并坚信唯物史观。也就是说,他治宋史,是有坚实理论基础的。他的《宋代经济史》,就是唯物史观的具体、深刻的运用……不仅是运用,《宋代经济史》这部巨著,在深入挖掘中国集权官僚制中期的经济社会矛盾时,已经发现中国古代社会矛盾的特殊性,比如对官僚、地主与农民的矛盾的规定,以及从政治、文化角度对经济矛盾的分析,民族矛盾与经济的关系等等,都既不是马克思关于唯物史观原则论述所能包括的,也不是苏联教科书所能设想的……作为中国新历史学创始期一个重要的基石,也在深入思考中丰富,乃至突破了唯物史观的一些观点"①。

又以经济史研究方法为例。在经济史研究方法论上,漆先生无疑是历史学的方法,并且是以马克思主义政治经济学理论为指导。但同时漆侠先生对西方经济学和经济史也加以关注。在与弟子刘秋根老师的谈话中,曾认真地说,如果有时间,会对西方古典经济学的著作加以系统阅读。

对于如何进一步深入研究宋代经济史,在《宋代经济史》一书出版后,漆侠先生晚年有着新的思考。1999年7月20日,为高聪明先生《宋代货币与货币流通研究》(河北大学出版社2000年版)作序指出:"我国经济史的研究起步较晚,近20年的发展则是惊人的。就古代经济史研究来说,既有少量的经济通史,更多的则是经济史的断代研究、区域经济史、部门经济史等等。专题论文数量尤为众多。应当说,经济史面临一个极好的势头,值得重视。但与这个好势头共同来临的是,今后采取什么办法,使经济史的研究更上一层楼?基于过去的实践,似乎是以断代经济史研究牵头,带动一代重要问题而进行深层次的探索,不失为一个较为有效的办法。以我较为熟悉的宋代为例。我的《宋代经济史》一书,得到好多同志的奖勉和鼓励,至为感谢。实事求是地说,这部书属于一般性的研究,仅能给人们以有关宋代经济方面的必要的系统的知识,以及给人们以如何运用和诠释文

---

① 刘永佶:《自缘身在最高层——悼老友漆侠先生》,载《漆侠先生纪念文集》,第602—610页。

献资料的基本方法，为继续作深层研究提供一个立足点，如此而已！如果以《宋代经济史》作为研究的基础，配合几个具有代表性的宋代区域研究（区域可大可小，要有特点，太湖洞庭山即此类经济形态的一个典型事例），把主要研究放在专题研究方面，诸如手工业商业中的矿冶、丝织生产及其生产关系，商业信用、商业资本，以及货币和货币流通等研究。然后对这些成果进行新的综合和概括，成为一部新的《宋代经济史》，比我写过的《宋代经济史》不知要高多少倍。我虽已届投老余年，但殷切盼望这样的断代经济史的问世。"[①] 进入21世纪以后，宋代财政、货币与国家制度仍是宋代经济史研究的重点，区域经济史的研究也有所推进，但似乎没有从框架上突破漆侠先生宋代经济研究的领域和范围。

  21世纪初，日本内藤湖南唐宋变革说传入中国大陆，在宋史学界引起了很大关注。漆侠先生对此也发表了自己的观点。他不同意所谓宋代近世说，认为宋代虽然发生了土地和租佃制度的发展、人身依附关系的松弛，以及由此而引起的思想文化领域里的变化，但仍处于是封建社会阶段。两税法之后，宋代封建租佃制在生产方式中占主导地位，导致封建国家以直接剥削农民转变为间接剥削农民，即赋税主要征收自地主阶级。也就是说，漆侠先生在扎实严谨的研究基础上形成了《宋代经济史》中的观点和认识，并始终坚持未变。

[①] 《漆侠全集》卷20，第633—635页。

第八章

晚期的历史研究与教学
（1991—2001）

一　宋辽金史研究

（一）《知困集》出版

1992年5月，《知困集》由河北教育出版社出版，这是漆侠先生的第二部个人论文集。漆侠先生杏坛耕耘近五十载，常自称"教书匠"，该论文集的名字就取自《礼记·学记》"学然后知不足，教然后知困"。

《知困集》共收录文章19篇。其中《关于史可法的评价问题》发表于《历史教学》1952年第12期，属旧作；《中国封建时代兵制的变革与封建经济制度推移的关系》一文，为首刊。除此之外，其他17篇文章，是第一部个人文集《求实集》（1982）出版之后新发表的文章。研究内容包括宋史、辽史、中国农民战争史。简略介绍如下。

1. 宋史10篇

①《关于宋代差役法的几个问题》，原载《宋史论集》，中州书画社1983年8月出版。漆先生对我国古代役法问题的关注由来已久，早在写作《王安石变法》时，就对北宋时期从差役到募役的历史演变作了论述，并进而指出：差役法不仅仅是宋代财政制度的组成部分，对宋代社会经济以及各阶级都具有重要的影响和作用。这篇文章分析了四种类型的宋代役法：一是各州县之间的吏役，二是衙前役，

三是耆户长、弓手、壮丁等职役,四是承符、人力、手力等杂役,并对宋代差役的性质又进行了探讨。宋代役法是一个比较复杂的问题,治宋史者还没有取得一致认识。漆先生认为:宋代差役法近承隋唐、远继魏晋,是魏晋隋唐国家劳役制的继续,虽然这种劳役制在宋代已经进一步地缩小。

②继1979年在《书林》第1期发表《宋史学习漫谈》之后,1983年9月,漆侠先生在《文史知识》第9期发表《关于宋史研究》(又名《怎样研究宋史》)。该文再次介绍了学习宋史的基本方法。漆先生认为到20世纪80年代的近百余年来,日本宋史研究论著达三千余种,而国内仅两千多种,远处于落后局面。出于追赶并超越日本学者的目的,文章主要介绍了宋史研究的现状和主要争论的几个问题,包括宋与辽、西夏、金、蒙元等少数民族政权的斗争,宋代政治、军事制度及北宋两次变法,宋代农民起义,宋代社会经济的研究,对《宋史》的考证等。漆先生主张宋史学习以通史为基础,注重政治经济制度史的研究,并介绍了研究宋史的必读参考书。

③《宋代市舶抽解制度》,原刊于《河南大学学报》1985年第1期,收入《知困集》。唐代在广州设立市舶司,专门管理海外贸易。宋承唐制,先后又在泉、明、杭诸州及密州板桥镇置司。三百年间,有关海外贸易各项制度日趋完备。中日学者《宋代市舶司及市舶司条例》《蒲寿庚考》《宋元时期的海外贸易》等论著已对此制度进行了较多的考察。漆侠先生在前人研究基础上,对市舶抽解制度进行了详细考察:宋太宗淳化二年订二分抽解之制,较唐代减轻了三分之一;宋真宗以后十取其一;宋神宗到宋徽宗时抽解制度的演变:从十取其一到十五取其一;又从十五取一倒退到十取其一;南宋抽解率不断变动,税率不断提高,陷于"重征""强买"。

④《宋代在我国历史上的地位》,原刊于《文史知识》1985年第2期,收入《知困集》。文章提出要重新认识宋代的历史地位:传统看法宋代是封建社会从盛到衰、从前期向后期的转折点。其实宋代是我国古代经济文化高度发展的时代,居于当时世界文明的最前列,承前启后,继往开来,在我国历史发展的总过程中占有极为重要的地

位。文章虽篇幅不长，却立论于对宋代经济发展进行全面研究的基础之上，综括了宋代农业生产的发展、手工业的巨大进步和发展，和城市经济、商品货币流通的发展等。宋代文化高度发展，典章制度对元明清诸代的影响极为巨大。漆侠先生指出：对于这个朝代，我们的了解和认识还很不够，需要花更多的气力去进行研究，才能使它在我国历史上的地位清晰地表现出来。

⑤《再论王安石变法》，原刊《河北大学学报》1986 年第 3 期。

⑥《关于王安石变法研究中的几个问题》（与郭东旭合著），原刊《中国史研究》1989 年第 4 期。两篇文章均收入《知困集》。详见本节"《王安石变法》修订版"部分。

⑦《关于宋代雇工问题——宋代社会阶级构成探索之一》，原刊于《河北大学学报》1987 年第 3 期。文章指出：雇工问题广泛存在于我国古代社会生产领域内的各个部门，中外学人较早关注并写有不少论文，但雇工在各个历史时期具有什么特点，研究得还不够充分。宋代雇工广泛发展，已形成社会的一个阶层，在农业生产、手工业、城镇商业和交通运输业中大量存在。"一贱二饿"是宋代雇工阶层共同具有的两大特征。对于雇工和资本主义萌芽的关系问题，漆侠先生认为：从宋代生产、生产关系总和，以及地域经济发展不平衡状态加以考察，宋代东南地区雇工的发展，已经为新的资本主义经济因素的孕育创造了重要条件。

⑧《〈三言二拍〉与宋史研究》，原刊于《河北大学学报》1988 年第 3 期。漆先生提出：从晚清百年来发现的新材料如殷墟甲骨文、敦煌写卷、流沙坠简等，大大丰富了我国古代历史和文化。新材料的发现和发掘，对于历史研究具有重要的意义。但新材料的发掘有限，开阔眼界，发掘一切可以发掘的材料如文学作品，对历史研究来说同样具有一定价值。"三言二拍"虽为明代冯梦龙、凌濛初的作品，但据学者深入研究，系来自宋元的话本和拟话本，和宋代文献关系密切，因此对宋史研究具有史料价值。他以自己《宋代经济史》为例，说明其在对宋代社会经济研究的史料价值，并认为亦可以反映宋代政治生活诸方面的情况。

⑨《关于南宋农事诗——读〈南宋六十家集〉兼论江湖派》，原刊于《河北学刊》1988年第5期。文章认为：《南宋六十家集》继承和发扬了《诗经》以来文学艺术中现实主义传统，所收诗文尤以南宋江湖派诗集为多，江湖派农事诗反映了南宋农村生产劳动的两面，租、债压榨下的佃农等的生活，官府敲骨吸髓下的自耕农民、半自耕农民的生活状况。从这一角度肯定了南宋农事诗特别是江湖派诗歌的社会意义。⑧⑨两篇文章，体现了漆侠先生扩大宋史研究的视域，从诗歌、小说等资料中挖掘宋代史料的理念。

⑩《宋元时期浦阳郑氏家族之研究——宋元社会阶级结构探索之一》，原载《刘子健博士颂寿纪念宋史研究论集》，日本同朋舍1989年出版。早在《宋代货币地租及其发展》（《河北大学学报》1979年第1期）一文中，漆侠先生就曾对宋元时期浦阳郑氏家族作了初步考察。此篇文章重在从社会经济的阶级结构中进行考察，说明浦阳郑氏家族的地位：郑氏家族起自北宋哲宗元符中，由郑淮自睦州淳安迁至婺州浦阳，形成了十世同居的封建大家族，历二三百年未衰，是宋元大地主、商人和官僚三位一体的具有典型意义的大家族。为维护家族地位，郑氏很好地处理和官府、宗族邻里、佃户等上上下下的关系，但它对经济发展的适应性是非常有限的，随着时间的流逝，到明清时期，越来越成为阻碍社会前进的力量了。

这篇文章，是漆侠先生对宋元时期浦阳郑氏家族的个案研究。而对于贯通中国古代的宗族和宗族制度，漆侠先生也较为关注。在1999年6月15日，为王善军先生《宋代宗族和宗族制度研究》（河北教育出版社2000年版）作序时。漆侠先生指出："宗族和宗族制度是贯串中国古代史的重要课题，在其演进过程中，随着中国古代社会历史的发展，几经起落。""早存在于殷周之世的宗族，其中贵族多建立诸侯之国。而这些宗族的发展，与契丹、党项、女真诸族的发展，多有类通之处。如果对契丹诸族进行研究，作为殷周之世宗族演进的借鉴，对问题的解决，是有益处的。""唐末农民战争之后，随着以山东士族为首的大地主集团的覆灭，宗族谱牒之制亦告烟消云散之际，宋代著名的士大夫在理论上为宗族叫魂，在实践上为敬宗收族补血，以重建宗族和宗族制度。唯物论哲学家张载一再阐述建立宗族的重要，他指出：'管摄天下人心，收宗族，厚风俗，使人不忘本，须是明谱系世族与立宗子法。'张载甚至说：'宗子之法不立，则朝廷无世臣'；'宗法若立'，'朝廷大有所益'（《张载集·经学理窟·宗法》）。前于张载的范仲淹，则在苏州设立义庄，以救助宗族成员。自此后，义庄义田遍布各地。而朝廷对一些几代同居的大家族奖勉有加。于是，宗族和宗族制度再度兴发起来，元明清诸代的宗族和宗族制度就是缘着宋代的老路下来的。由此可见，宋代宗族和宗族制度不仅对当时社会起着重要的影响，而且对元明清诸代宗族和宗族制度亦具有重要的作用。"① 对于宋史学术界日渐兴起的宗族个案研究，漆侠先生认为研究研究者们多着重于家族世次、婚姻仕宦、科举教育诸方面，对于名门世家的经济力量，则很少论述。这是研究中的最大不足。

《关于宋代雇工问题——宋代社会阶级构成探索之一》《宋元时期浦阳郑氏家族之研究——宋元社会阶级结构探索之一》两篇文章的分析和探讨，都注重以马克思主义阶级理论为指导，是理论与研究完美结合的典范之作。

2. 中国农民战争史 4 篇（序文 1 篇）

《论"等贵贱、均贫富"》《中国封建地主阶级的形成和演变》（与高树林教授合著）《建国以来中国农民战争史的研究》《诸葛计同志〈唐末农民战争战略初探〉序》②。具体内容，详见本书第六章第三节《在中国农民战争史研究的第二个高潮中》。

3. 辽史 2 篇

《契丹辽国建国初期的皇位继承问题》《契丹斡鲁朵（宫分）制

---

① 《漆侠全集》第 12 卷，第 628—630 页。
② 《知困集》所收录的 4 篇中国农民战争史文章，原发表于《中国史研究》1982 年第 1 期；《历史研究》1983 年第 5 期；《中国农民战争史研究集刊》第四辑，上海人民出版社 1985 年版；天津人民出版社 1985 年版。

经济分析》①。参见本书第六章。

4. 序文1篇

《孟庆斌同志〈泊头市梨业志〉序》（河北教育出版社1989年版）②。文章指出：由梨而及桃李杏梅柑橘荔枝等果树业，由果树业而及种植业，随着农业的发展而发展起来。泊头梨业大约在明代走上了专业化道路，品种甚多，而以鸭梨为最。泊头鸭梨应该是以产地命名。泊头明清时期隶属于河间府，河间府明以前称为瀛州。最早应被称为"瀛梨"，"鸭梨"则为"瀛梨"之转音。在这篇简短的序言中，既有对泊头梨业经济发展的宏观概括，又有细致入微的音韵学考证。

5. 新作1篇

《中国封建时代兵制的变革与封建经济制度推移的关系》一文为首刊。漆侠先生就古代兵制与经济发展的关系问题，曾在为研究生开设的宋史专题课中加以讲授，现留存有相关录音资料。该文章属于贯通性研究，主要观点是中国封建时代的兵制，随着它的基础——封建经济制度的变革而变革。这个变革的过程表现为：（1）战国秦汉时期（前476—184年）是封建经济制度确立、封建依附化关系发展阶段，它的兵制是全民兵役制。战国秦汉时期实行的全民兵役制，是建立在封建制初期占有一块土地的、数量众多的自耕农这一基础之上的，随着土地兼并的发展、封建大地产的形成，自耕农民数量的锐减，这种全民兵役制走向崩溃；（2）魏晋隋唐时期（184—884年）庄园农奴制阶段，则转向为世兵制。这种兵制特征是，部分居民世世代代为兵，兵的地位低下，与农奴地位相同，这是此前自耕农民失去土地，经济地位下降为部曲、依附农在身份上的一种表现。世兵在魏时期为庄园大地主豪强控制，成为他们的部曲、私家武装。北周行府兵制，至隋，逐步把私人控制下的武装纳诸中央集权的统治轨道，成为维护隋唐封建统治的武装力量。但随着均田制的衰落，府兵制也因

---

① 《知困集》所收录的2篇辽史文章，原发表于《河北师范学院学报》1989年第3期；《河北大学学报》1989年第4期。
② 《漆侠全集》第8卷，第291—293页。

之而衰落下来；（3）宋元明清时期（884—1840年）封建租佃制占主导地位阶段，实行募兵制。由于土地私有制的高度发展，在土地兼并下不少农民从土地上被排挤下来，成为危害封建统治的一个重要因素，因此自宋开始募兵养兵，以便把"无赖不逞之人"（《续资治通鉴长编》卷三二七元丰五年六月神宗与大臣议兵制时所言）这个危害因素变成为维护封建统治的积极因素。国家能够募养大量军队，反映社会经济的发展，但这种制度，需支付"万数浩瀚"（《续资治通鉴长编》卷五〇七哲宗元符二年三月甲子枢密院言）的军费，对经济的发展带来不利的影响。本文主要侧重各阶段兵制的内容，以及兵制演变与经济基础推移变化的关系，即两者之间的相互联系、相互制约和相互作用，揭示封建时代经济基础与上层建筑之间的关系。

如前说过，漆侠先生于1978年写作了《关于中国封建经济制度发展的阶段问题》，发表于《山东师范学院学报》，后为《宋代经济史》"代绪论"。对于中国古代兵制的探索，建立在中国封建经济制度研究基础之上并与之密切相关。此篇文章也集中运用了马克思经济基础与上层建筑关系理论，体现了漆侠先生论著的理论特色。在此之后的宋学研究中，漆侠先生也曾探讨唐宋之际社会经济关系的变革及其对文化思想领域所产生的影响，回应日本学者提出的"唐宋变革论"。不难看出，漆侠先生在学术研究中坚持马克思主义，是"一以贯之"的。

（二）宋辽战争与宋朝国策

20世纪90年代初，漆先生写有关于宋辽战争的系列文章3篇：1991年在《河北大学学报》第3期发表论文《宋太宗第一次伐辽——高梁河之战——宋辽战争研究之一》[①]，1992年在《河北学刊》第2期发表《宋太宗雍熙北伐——宋辽战争研究之二》[②]，在《河北大学学报》第3期发表《辽国的战略进攻与澶渊之盟的订立——宋辽战争

---

① 《漆侠全集》第9卷，第159—176页。
② 《漆侠全集》第9卷，第177—194页。

研究之三》①。这三篇文章后都收入了漆侠先生的第三部个人论文集——《探知集》。

关于宋朝初期的治国策略，早在跟随邓广铭先生学习宋史之初，漆先生就对邓先生讲《宋史专题研究》课时强调宋以"防弊之政，作立国之法"，印象深刻："（邓）先生则从宋的立国形势，北有强邻契丹辽国，京都开封又系四通八达之地，由此论述宋代'以兵立国'，以养兵作为基本国策。与此同时，对凡是有危害于专制统治的诸因素，'事为之防，曲为之制'，结果是以'防弊之政，作立国之法'，为历代所未有。先生对宋代立国规模的论述，无论从广度上还是从深度上看，不仅是当时学术界绝无仅有的，而且这些论点，经住了历史的检验，愈益证明它的正确。我追随先生学习宋史，自此开始了第一步。"②

以上三篇文章，围绕宋辽订立澶渊之盟前三个阶段的战争展开论述：

高梁河之战。宋太宗篡位后，一反乃兄所为，进起了第一次伐辽。太平兴国四年（979）春，在"先去枝叶，后取根柢"的进攻幽州的战略决策下，宋太宗不顾天时、地利、人和三方面的不利因素，仓促开始其军事行动，结果导致了高梁河之战失利，没有实现收复幽州以及燕山要区的统治；辽虽有满城之战的失利，但确保了幽州以及燕山要区的统治，取得了战略上的胜利。

雍熙北伐。宋太宗于986年发动的雍熙北伐，是宋对辽的第二次战略进攻。宋兵分三路：东路军为幽州行营前军马步水路都部署曹彬、西北道都部署米信为帅的两支大军，为进攻幽州的主力军；定州路都部署田重进为中路军，出飞狐，以切断契丹西去通道；云应朔等州都部署潘美为帅、杨业为副帅的西路军，攻击代北诸郡。曹彬所率十余万主力在涿州会战中败亡，宋军从胜利转入失败，最终导致西路

---

① 《漆侠全集》第9卷，第195—214页。
② 漆侠：《悼念恩师邓广铭恭三先生》，载《仰止集——纪念邓广铭先生》，河北教育出版社1999年版，第89页。

军溃败，杨业殉国。高梁河之战和雍熙北伐两次失利，宋丧失了战略进攻的主动权，陷入消极防御、被动挨打的局面。宋太宗转而对内加强专制统治，采取加强中央集权的一系列措施。

辽国的战略进攻与澶渊之盟的订立。宋辽东自燕山要区，西至雁北地区，千余里的接壤线上，河北路一直是辽国战略进攻的重点。宋第二次战略进攻失败后，辽先后发动对宋君子馆之战、瀛州之战、望都之战，更于辽统和二十二年（宋真宗景德元年1004）举兵南侵，宋真宗御驾亲征，达成求和纳币的城下之盟，漆侠先生认为这是屈辱性、不平等的盟约。

此后，漆侠先生发表《宋太宗与守内虚外》[①]，继续发挥恩师邓广铭先生在北宋立国规模上的观点。文章中指出：南宋吕祖谦在《历代制度详说》中提出宋王朝的所谓"守内虚外"问题，并提出这一政策兆始于宋太宗。邓广铭先生最先对吕祖谦的这一见解加以解释，并将其提到相应的原则高度。这篇文章则继承师说，认为高梁河之战的失利是宋太宗"守内虚外"政策转换的关键。宋太宗对武将的防制来自太祖，是宋太祖强化专制主义中央集权的继续和它的一个组成部分。但"守内虚外"政策的恶性发展，也把专制主义中央集权制推到绝路上。总起来看，漆侠先生20世纪90年代初有关宋辽战争的三篇文章，成功解析了宋太宗守内虚外政策的形成过程，同时客观分析了辽国战略攻宋与宋辽订立澶渊之盟的过程与性质。

漆侠先生为弟子陈峰《武士的悲哀——北宋崇文抑武现象透析》（陕西人民教育出版社1998年版）一书写作的序言中指出："在'守内虚外'的政策下，武将成为防范的重点，所谓'重文轻武'、'以文驭武'的局面，在宋太宗时即已形成，真宗、仁宗两朝不过是此前政策的继续，由此所造成的恶果则在这两朝彻底暴露出来。对上述宋朝立国国策及其演变，先师邓广铭先生的研究给后人开创了广阔的道路，我们应当继承下来，并沿着这个途径继续探索，使此前的研究得

[①] 漆侠：《宋太宗与守内虚外》，载《庆祝邓广铭先生九十华诞论文集》，河北教育出版社1997年版。

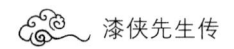

到更进一步的发展。"漆先生由对宋辽战争的研究，进而扩大到对宋朝国策的讨论，承继师学，启迪后学。

（三）辽金经济史研究

如前所述，漆侠先生在1989年发表了《契丹斡鲁朵（宫分）制经济分析》一文，探讨了契丹的斡鲁朵制、契丹正户的阶级构成及其向封建依附化发展、对蕃汉转户的经济分析等问题，并以之为"辽社会经济结构研究之一"。

1992年4月21日至24日，漆先生参加由河南大学和开封市社联联合主办的中国宋史研究会第五届年会暨学术研讨会，并提交论文《契丹的役》[①]，对于因史料缺乏而罕有论及的契丹兵役、徭役及其民族性、地域性特征进行了开拓性研究。后收录于《宋史研究论文集》（1992年年会编刊）。

以上对契丹斡鲁朵（宫分）制经济和徭役制度进行的专题研究，是漆侠先生展开辽夏金经济史研究的先声。1994年《河北学刊》第1期，发表了漆侠先生与乔幼梅先生合著《论辽夏金经济的发展及其历史地位》。乔幼梅先生早在1982年曾撰文指出："宋元以后，我国形成为越来越巩固的统一大国，中华民族这个共同体日益发展，边疆和内地联系越来越不可分割，就是由于包括商品货币在内的各种经济力量所固有的冲击力，打破人为的障碍而推动起来的。"[②] 在涉及对契丹、党项和女真诸族的评价问题时，二位先生提出：在中华民族形成和建立一个统一的多民族国家之前，汉族固然有权建立自己的国家政权，汉族以外的其他民族，包括契丹、党项和女真诸族在内，同样有权建立自己的国家政权。契丹辽国（907—1125）、党项夏国（980—1226）、女真金国（1115—1234）的评价要同汉民族宋朝用同样的标准评价；契丹、党项和女真对边疆地区的初步开发，是不可磨灭的伟

---

① 漆侠：《契丹的役》，载《宋史研究论文集》（1992年年会编刊），河南大学出版社1993年版。

② 乔幼梅：《宋金贸易中争夺铜币的斗争》，《历史研究》1982年第4期。

大业绩；在政治上虽然形成了宋辽夏或宋、金、夏三国鼎峙的局面，不是一个统一的国家，但中原和边疆的经济联系却不容忽视。

（四）《探知集》出版

1999年12月，漆侠先生的第三部论文集——《探知集》由河北大学出版社出版。论文集共收录了论文、序、跋35篇。主要包括以下几部分：

20世纪50年代旧作5篇。包括《范仲淹的历史地位》《论李密在历史上的作用》《从农民的分化看汉代社会性质》《伟大的史学家司马迁》《正确认识历史上的封建统治阶级和封建王朝》[①]。

90年代以来发表的文章14篇。包括前述90年代前半期发表的宋辽史文章7篇：《宋太宗第一次伐辽—高梁河之战——宋辽战争研究之一》《范仲淹集团与庆历新政》《宋太宗雍熙北伐——宋辽战争研究之二》《辽国的战略进攻与澶渊之盟的订立——宋辽战争研究之三》《从对〈辽史〉列传的分析看辽国家体制》《宋太宗与守内虚外》《宋代植棉考》[②]。其中《范仲淹改革集团与庆历新政》一文，是1991年中国宋史研究会第二届国际学术研讨会召开时提交的会议论文，后发表在《历史研究》1992年第3期。与以往对范仲淹本人和庆历新政的研究不同，文章提出了"范仲淹改革集团"的视角。文章附记中，漆侠先生表明了写作此文章的源起："一九四六年秋后，本师邓广铭先生讲授《宋史专题研究》一课，曾论及范仲淹等是作为一个政治集团进行改革的。这一问题，一直积压心中，至到投老之

[①] 5篇文章先后发表于：《大公报》（上海）1952年2月7日；《历史教学》1954年第3期；《天津师范学院科学论文辑刊》，1957年1月；《中国历史人物论集》（李光璧、钱君晔主编），生活·读书·新知三联书店1957年版；《新建设》1963年第1期。又据《探知集·序》，《范仲淹的历史地位》《正确认识历史上的封建统治阶级和封建王朝》均写作完成于中国科学院近代史研究所。

[②] 7篇文章先后发表于：《河北大学学报》1991年第3期；《历史研究》1992年第2期；《河北学刊》1992年第2期；《河北大学学报》1992年第3期；《历史研究》1994年第1期；《纪念邓广铭先生九十华诞论文集》，河北教育出版社1997年版。《宋代植棉考》初写成于20世纪70年代，收入《求实集》。后阅读元人文集，写成《宋代植棉续考》，《史学月刊》1992年第5期。收入《探知集》者，是将两文合并，汰其重复，而为一篇。

年方从事探索，未审能否符合吾师原意。"文章认为范仲淹等是以政治集团的面貌出现的，并分析了这个改革集团大部分是由中下层地主阶级及其士大夫组成，在政治改革上具有共同的认识和主张，其中范仲淹具有远大的政治抱负和抗夏的卓著业绩，团结同道，是这个改革集团的领袖人物。庆历新政从官僚政治改革入手，触动了保守派的利益，最后昙花一现般走向失败，却留下了深远的影响：改革派站在地主阶级广泛利益的立场上，减轻赋税负担，和缓社会矛盾，有利于社会生产，对外加强了对辽夏的防御能力。新政虽然失败，以范仲淹为代表的封建士大夫为改变国家积贫积弱所做的努力和尝试，对后来的熙丰变法有着必然联系，产生了深远影响。

20世纪90年代后半期发表的文章7篇（包括跋文1篇）：《宋学的发展和演变》《释智圆与宋学——论宋学形成前儒佛思想的渗透》《晁迥与宋学——儒佛思想的渗透与宋学的形成》《释智圆〈闲居编〉跋》《王安石的〈明妃曲〉》《读先师邓广铭教授〈北宋政治改革家王安石〉》《悼念恩师邓广铭恭三先生》[①]。从90年代后半期开始，漆侠先生的研究重点转向宋学这一新的领域。并在《探知集·序》中言明，论文集取意于"探求新知，充实暮年"。

序文12篇。包括师友《乔幼梅教授〈宋辽夏金经济史研究〉序》《郑熙亭教授〈汴京梦断〉序》《王育济〈天与人欲〉序》《陈士谔陈致远〈钟相杨幺起义考〉序》《〈花冈暴动——中国"劳工"在日本的抗日壮举〉序》，弟子《姜锡东〈宋代商业信用研究〉序》《刘秋根〈中国典当制度史〉序》《李华瑞〈宋代酒的生产和征榷〉序》《杨倩描〈吴家将〉序》。此外还有中国宋史研究会1994年年会和1996年年会编刊《〈宋史研究论文集〉序》2篇和《〈巨野县志〉序》1篇。

史学理论与方法4篇。《中国古代史记编纂形式探源》发表于

---

① 7篇文章先后发表于：《文史哲》1995年第1期；新加坡国立大学中文系1996年单行本；《河北大学学报》1996年第3期；《河北大学学报》1998年第3期；《中国文化研究》1999年春之卷；《光明日报》1999年12月13日；《仰止集——纪念邓广铭先生》，河北教育出版社1999年版。

《中国史研究》1993年第3期。漆侠先生认为：关于中国古代史记编纂形式的研究，王国维从"史"字的内涵和外延入手①，梁启超从史官建置的时代考察②，论证了我国古代史学发轫于殷周之世。同时根据司马迁有关文史星历"近乎卜祝之间"的议论，指出那时的史官是处于低下的社会地位的。本文认为，这种左史记言、右史记事的两种体裁史书是经过史学发展相当长的过程才出现的，还不能算作最早的或原始的编纂形式。在文字创制以前，人类经过了结绳记事、刻契记事、口头传说，最后形成了以文字记载的历史。边疆诸族早期历史编纂形式则包括两个方面：一是没有本族文字而靠中原王朝的史官或其他国家给以记载，二是有自己本民族文字如女真、蒙古、藏族，其最早的历史编纂形式是以氏族显贵世次为中心的编年史。漆侠先生指出：《世本》虽然不是中国古代史记最早的编纂形式，但它则保留了最早最原始的史记编纂形式，即是以氏族显贵人物为中心的编年史，是从父家长制转变为奴隶制，从口头传说转变为文字记载的历史。这篇就史记编纂形式进行探讨的文章，在发表之前，漆侠先生曾广泛征求学友们的意见。王曾瑜先生说："漆侠先生最早曾以未定稿的形式，让我提意见。我没有什么意见可说，如果要说什么感想的话，一是自己不会想到这个论文题目，二是也没有能力写这篇论文。此文广泛引用了从《周易》《周礼》《诗经》《庄子》到西夏文《文海》《金史·世纪》《蒙古秘史》等史料，并用对今已佚亡的《世本》作了考证，将各民族的古代史记，从口头传说到文字记录，作了贯通性的研究和论述，这绝不是治一二个断代史的研究者所能胜任的。"③

《论历史科学研究的基本方法——历史方法探索之一》一文为首次发表。自1987年起，漆侠先生为宋史研究室的博士、硕士研究生开设了关于历史研究方法的课程。这篇文章是就历史科学研究的基本方法角度进行的总结和论述。文中对历史科学发展的总过程进行了考

---

① 《观林堂集》卷六《释史》，中华书局1959年版，第263页。
② 《中国历史研究法》第二章《过去中国之史学界》。
③ 王曾瑜：《一位真诚的马克思主义史学家》，载《漆侠先生纪念文集》，第594页。

察，对中国古代史学则注重考察了著名历史学家如司马迁、司马光的实践活动，指出考据方法是中国古代史学研究的基本方法，并把中国古代的史学方法和德意志历史语言学派的方法进行了比较；中国近代史学的研究方法以胡适先生、傅斯年先生、陈寅恪先生为例，则体现了传统的考据方法与西方近代研究方法的结合。总体来看，无论中国古代史学、近代史学，还是西方近代史学，都建立在反映客观历史实际的资料基础之上，考据方法可以说是历史科学的基本方法。最后，文章论述了马克思主义史学与考据方法的关系，认为马克思主义同样以考据方法作为基本的研究方法，也是历史科学最高层次的研究方法。

20世纪90年代以后的一段时间，中国的意识形态领域里比较混乱，哲学、经济学、史学等领域里马克思主义过时论兴起。甚至以马克思否定列宁、斯大林，以马克思早年论述否定马克思晚期论述，把马克思列宁主义肢解净尽。学界少部分人对于马克思主义的认识存在错误或加以歪曲解释。1985年第5期《历史研究》上发表的《试论历史规律》一文认为，马克思主义所阐释的人类社会所经历的五种生产方式这一历史规律，乃是"特定条件"下的产物，不足以作为普遍规律的。"由于历史规律归根到底是人对历史发展规律性的认识"，而人的认识又"并不是同一的和一成不变的"，历史规律就只有不确定性。有学者撰文对此加以批评讨论，却遭遇压制。漆侠先生有感于此，以笔名"范今"发表《报刊必须坚持双百方针　必须坚持马克思主义方向——从一篇文章的遭遇谈起》①。漆侠先生观点鲜明，认为史学研究离不开马克思主义的理论指导，学界与学人都必须坚持马克思主义方向。

《河北大学学报》1991年第3期发表了漆侠先生《坚持以马克思

---

① 漆先生曾三次使用"范今"这一笔名：最早于1948年1月28日在《经世日报·读书周刊》第76期以笔名"范今"发表《北宋元祐旧党的贬逐》；后于1983年1月8日，以笔名"范今"在香港《华侨日报》发表《读书杂志》。《报刊必须坚持双百方针　必须坚持马克思主义方向——从一篇文章的遭遇谈起》为以"范今"笔名发表的第三篇文章，发表于1991年第1期《河北大学学报》。

主义为指导治史、执教、育人》一文，同年第 4 期《高等教育学报》加以转载。内容详见前面第六章。

1994 年 5 月 29 日，漆侠先生为《宋史研究论文集》（1994 年年会编刊，与胡昭曦先生共同主编）作序中，分析宋史研究迟缓原因：一是受商品经济大潮的冲击，另一是学风问题。对马克思主义恣意诋讥，在学术界表现为崇洋和复古两个极端。如以南宋财政困难为理由，否定南宋抗金斗争。甚至有的还为宋高宗评功摆好，连岳飞之被惨杀也不屑一顾了。[1] 1997 年 8 月 4 日，漆侠先生为《宋史研究论文集》（1996 年年会编刊，与李埏先生共同主编）作序中再次强调学习马克思主义理论的重要性："在论文集付印之际，当前学术界值得注意的有两个问题，一是学风问题；一是学习马克思主义的问题。关于学习马克思主义的问题，这 10 多年来，与商品大潮的侵蚀息息相关，出现几起几落的厌学，一部分中青年厌学马克思主义。……曾经翻阅一本有关经济史方面的书，居然有什么'土地生产率'，与劳动生产率并列。社会财富是由劳动创造出来，著名的古典政治经济学家李嘉图早就作出了这个科学论断。土地无价值，地价是由地租决定的；土地更谈不上生产率，土地的单位面积产量，是由投放的劳动决定的。……只有加强学习，加强马克思主义的学习，才能使研究工作有所前进，有所发展。"[2]

（五）《王安石变法》修订版

自 1959 年 3 月《王安石变法》由上海人民出版社出版后，漆侠先生以更大精力投入中国农民战争史的研究。后历经"文化大革命"挫折，转而奋起完成了《宋代经济史》巨著。1979 年 1 月，《王安石变法》出版 20 年后得以再版。漆侠先生在 1978 年 3 月 25 日《重版后记》中说："这次修订，主要对王安石的哲学思想作了补充，对王安石变法的改良主义性质也作了一些说明，这也是来自同志们的建

---

[1] 《漆侠全集》第 9 卷，第 316—317 页。
[2] 《漆侠全集》第 9 卷，第 319—320 页。

议。"《王安石变法》一书初版时赶上我国经济困难时期，纸张印刷质量都不算高。再版主要是为了满足当时的读者需求，内容上改动不大。

自20世纪80年代起，随着中国改革开放，王安石变法再次成为史学界的研究讨论热点。1986年是王安石逝世九百周年，漆侠先生发表《再论王安石变法》；1989年完成《关于王安石变法研究中的几个问题》（与郭东旭合著）[1]。有了研治宋代经济史的丰厚基础，漆侠先生打破陈规，从社会经济关系重新审察王安石变法的得失所在。漆先生认为变革不适应生产发展的陈旧制度是王安石变法具有历史进步意义的重要表现，但变革最根本最重要的是什么？早年所著《王安石变法》一书中并没有说得很清楚。经过对宋代经济史十多年的研探，漆先生有了新的认识。认为王安石变法过程中所碰到的最大问题是国家劳役制的问题，即：在农业中以募役制代替差役制，手工业中以招募制代替应役制，而在商业中则有纠行负役的问题。进而指出，在农业、手工业和商业中残余劳役制是社会生产发展的严重障碍，王安石变法对残余劳役制的变革是王安石经济变革意义最大的变革。[2] 众所周知，人身依附关系的逐步减轻或削弱是人类社会不断进步的主要特征，王安石变法对残余劳役制变革的进步性也由此得到彰显。

得《王安石变法》一书对王安石变法是维护和代表了中下层地主阶级的利益作了充分的论述，而对自耕农特别是其中上层农民的关系虽有涉猎，但尚不够清晰。到20世纪90年代，在为《汴京梦断》一书做的"序"中，漆先生对此有了新的全面的表述：变法的总方针、总政策是：以王安石为代表的变法派，站在地主阶级和专制主义统治的广泛利益的立场上，抑制豪强兼并势力（大官僚大地主大商人和大高利贷者组成），稳定中间阶级（中下层地主阶级和

---

[1] 两篇文章先后发表于《河北大学学报》1986年第3期、《中国史研究》1989年第4期。
[2] 漆侠：《再论王安石变法》，《河北大学学报》1986年第3期。《漆侠全集》第2卷，第269—291页。

上层农民），缓和对广大劳动人民的剥削，以巩固宋封建统治。① 正是王安石变法时期对社会经济关系的调整，使得社会经济关系有利于生产力的发展，因此，"如果说，宋代的社会生产，在整个封建时代居于两个马鞍形的最高峰；那就应当说，王安石变法时期的社会生产则居于这个最高峰的最高点"②。

20世纪90年代初，漆侠先生完成出版了《宋代经济史》的同时，对以王安石变法为核心的宋代政治史研究又有了新的认识和论断。1992年发表《范仲淹集团与庆历新政——读欧阳修〈朋党论〉书后》，深入分析了范仲淹改革集团的组成和改革主张，并指出庆历新政对此后王安石变法的影响。1992年在《河北师院学报》第4期，与郑熙亭教授合作发表《关于长篇历史小说〈汴京梦断〉的序言和通信》。1992年在《河北学刊》第6期，发表《九百年前一场伟大改革的再现——〈汴京梦断〉序》③。在序言和通信中，漆侠先生又重申了对王安石变法的性质的认定和变法的评价。与此同时，漆侠先生又写有一组宋辽战争的文章，以此加深学界对于王安石变法前宋代政治军事情况的全面认识。1994年漆侠先生转向宋学研究后，又写有《王安石的〈明妃曲〉》，对反变法派对于王安石政治观点，乃至文学创作上的指责加以分析揭露。以上这些文章收入了2001年河北人民出版社修订版《王安石变法》的附录部分。

这些文章用社会经济关系的变化重新考察王安石变法，对王安石变法在历史上的进步意义有了新的认识。漆先生在《王安石变法》（增订本）序中说："'文章千古事，得失寸心知。'依我来看，这本书的情况是，第一部分有关宋代立国规模和专制主义集权制度，来自于先师邓恭三先生多年的研究，是经得住时间的检验的。第二部分有关新法的制订和实施，是通过对大量事实材料的钩稽而写成的，但无任何出奇制胜之处，只要认真读书都可以达到或超过现有水平。第三

---

① 《漆侠全集》第2卷，第319页。
② 《漆侠全集》第12卷，第612—613页。
③ 后以《郑熙亭教授〈汴京梦断〉序》为题，转载于1993年2月23日《河北日报》，10月13日转刊于《光明日报》。

部分有关变法过程中的斗争,是我用心思索致力之处,为前人从未道及的。不论怎样说,这本书不是依样葫芦,而是力图打破陈规,把王安石变法的研究纳入科学的研究轨道。"

这些文章涉及对王安石变法的评价问题。漆侠先生再次申明:王安石变法是宋神宗君臣们为扭转北宋百年来积贫积弱的局势,于熙宁二年(1069)举行的一个从上到下的改革运动。改革以富国强兵为目的,理财(包括发展生产和解决国家财政问题两个方面)为中心,调整农业生产诸关系为急务,从而在政治、经济领域实施了一系列的方针、政策和措施。变法的总方针、总政策是:以王安石为代表的变法派,站在地主阶级和专制主义统治的广泛利益的立场上,抑制豪强兼并势力(大官僚大地主大商人和大高利贷者组成),稳定中间阶级(中下层地主阶级和上层农民),和缓对广大劳动人民的剥削,以巩固宋封建统治。变法收到了预期的效果:国家财政有了极大的改善,西北边防有了明显的好转,积贫积弱局势有所改观。特别值得提出的是,宋代社会生产力有了巨大发展,垦田面积大幅度增加,全国高达七亿亩,单位面积产量普遍提高,多种矿产品产量为宋初、唐中叶的数倍甚至数十倍,城镇商品经济取得了空前的发展。如果说,宋代的社会生产,在整个封建时代居于两个马鞍形的最高峰;那就应当说,王安石变法时期的社会生产,则居于这个最高峰的最高点。尽管变法在司马光反对派的复辟活动中以失败告终,但它所产生的巨大作用和深远的历史影响,则是永远不会磨灭。

《王安石的〈明妃曲〉》也体现了漆侠先生的"王安石情结"。漆先生谦虚地说:为了廓清横加给《明妃曲》的种种污尘,邓广铭恭三先生在其遗著《北宋政治改革家王安石》一书中特意列出《为王安石〈明妃曲〉辩诬》一节[①],进行了考辨和分析。本文则是为先生的《辩诬》作一注释,无甚发明。文章推定王安石写作《明妃曲》的时间应是嘉祐五年三月作为伴辽使归来后,这一时期是宋辽澶渊之

---

① 邓广铭:《北宋政治改革家王安石》,人民出版社1997年版,第45—49页。

盟后的相对和平时期，但王安石具有深切的爱国情怀，伴送辽使所见触发了他恢复旧疆的宿愿，借诗咏志。南宋宋高宗秦桧反动逆流欲把亡国罪责加于王安石及其变法，对王安石《明妃曲》加以曲解，甚至20世纪80年代《司马光评传》中"尊马抑王"，对王安石的《明妃曲》也加以贬低。漆先生在文章中对王安石《明妃曲》做了深入辨析，批评了一些错误言论。

二　学术活动与国内外学术交流

（一）中国宋史研究会年会等

自20世纪80年代末开始，先生因寒冬感冒长期未能治愈，每年秋冬季饱受哮喘折磨。但漆先生全身心投入繁忙的科研和教学中，并继续组织和参加中国宋史研究会的诸项事务性工作和活动。最后二十多年里，哮喘这一顽疾始终困扰着漆先生，最后竟致2001年治疗时不幸因医疗事故逝世。

1980年10月，全国宋史研究者代表在上海师范学院举行了中国宋史研究会成立大会。大会推选邓广铭先生为中国宋史研究会会长，陈乐素先生为副会长，程应镠先生为秘书长，组成了中国宋史研究会第一届理事会，其中理事9人，漆侠先生为理事之一。

80年代，中日学术交流增多。中日宋史研讨会原定于1989年7月召开，学者们都提交了学术论文，但因故未能召开。漆侠先生和恩师邓广铭先生共同主编的《中日宋史研讨会中方论文选编》主要汇集中方论文，于1991年5月由河北大学出版社出版。在编者《序言》中，漆先生指出："回顾十多年来国内外宋史学界辉煌而巨大的成就，确实令人欢欣鼓舞、高兴万分。可是，面对蕴涵无比丰富的内容的'宋代'这个研究对象，过去的成就还是很不相称，远远不够的。""如果对宋代政治和经济，以及宋人所做出的上述成就，作更加深入的探索，用宏取精，写出大型的断代宋史和许多专门史，如半个世纪前陈寅恪先生所提出的建立新宋学，那就不仅对宏扬中国古代文化产生重大的作用，而且对于推动世界文化的发展也具有深远的意义。"

以此文和漆先生的一些相关谈话来看，至少从此时开始，漆先生已经萌发完成恩师嘱托，"写出大型的断代宋史"的想法。

1991年6月4日至6日，漆侠先生参加山东大学与滕州市联合主办的全国首届墨子学术研讨会暨墨子研究会成立大会。漆先生在开幕式上即兴发言，并背诵《墨子》中的一段话作为结束语，令人印象深刻。

1991年8月9日至14日，漆侠先生和恩师邓广铭先生联合发起，由北京大学与河北大学共同主办的第二届国际宋史研讨会，在北京盛唐大饭店召开。出席此次会议的专家学者来自美、日、韩国及港台共计60余人，提交论文40余篇，涉及宋代政治、军事、文化、经济、人物、科举、典籍、宗教（包括民俗）等各个方面。邓广铭先生致开幕词，就宋史研究的学术问题作了演讲；漆侠先生对会议讨论情况，作了全面的总结。

1992年漆侠先生继邓广铭先生之后，当选为中国宋史研究会会长，直至2001年去世。1994年，研究会挂靠单位和秘书处由上海师范大学（原上海师范学院）迁移至河北大学。漆侠先生承担了宋史研究会更多的组织性、事务性工作。

1994年是王小波、李顺起义1000周年。6月10日至14日，中国宋史研究会第六届年会在成都召开。会议期间，漆侠先生参观王小波、李顺纪念馆，并拍照留念。

1995年，中国社会科学院历史研究所组织二十四史今注，由张政烺先生任总主编，《宋史今注》则由河大历史研究所承担。1996年10月28日漆先生致信浙江大学古籍研究所龚延明教授，请他负责注释《宋史职官志》部分。

1996年9月12日至18日，中国宋史研究会第七届年会暨学术讨论会在云南昆明召开。本次会议由云南大学和云南省社会科学院共同主办，90余名专家学者参会，提交论文近70篇，涉及宋代政治、军事、经济、思想文化、社会生活以及民族关系诸多方面。漆先生与会，并和学者们一起到大理实地考察了大理国的历史文化遗迹。

1998年8月20日至23日，中国宋史研究会第八届年会暨西夏建都兴庆府 960 周年学术研讨会在宁夏银川召开。漆侠先生在开幕式中致辞：此次会议时值宁夏回族自治区成立四十周年，要把银川建成具有权威性的西夏学研究中心，一方面要作资料收集工作：把域内外的特别是域外的有关西夏学的文物资料尽力搜罗无遗，并加以科学的整理工作；与西夏往还的各种史料，也要分期分批地予以收集；对晚清以来的研究论文和专著应分门别类集中起来。另一方面则是集中现有的学术力量共同培养一批既懂西夏文字又懂西夏历史文化的高层西夏学人才。

1999 年 3 月 16 日上午，漆先生在北京大学光华管理学院学术报告厅参加了邓广铭先生去世周年纪念大会。漆生讲话重点有二：其一为邓先生成功的特点和背景原因；其二为如何学习邓先生。

海峡两岸关系的学术交流是从香港开始的，香港中文大学举办的首届国际宋史研讨会于 1984 年 12 月 18 日至 20 日召开，为两岸学者的首次会面。此后两岸学术交流互动增多。1998 年前后，台北"中研院"黄宽重先生曾借在北京大学讲学之机，到保定河北大学拜访漆侠先生。1999 年 5 月 10 日至 11 日，漆侠先生应台湾大学历史系之邀，赴台参加"转变与定型：宋代社会文化史研讨会"。漆侠先生利用会议间隙，拜祭了胡适先生墓园。

2000 年 8 月 2 日至 5 日，国际宋史研讨会暨中国宋史研究会第九届年会在河北大学召开，漆侠先生致开幕词。会上漆侠先生见到了国内外的许多老朋友，相谈甚欢。会议期间，与新加坡国立大学陈荣照教授在河北大学白楼（留学生公寓）前拍照留念。

2000 年 8 月 11 日至 14 日，到天津参加南开大学和中国唐史学会主办的"中国中古社会变迁国际学术讨论会"。在这次会议上，漆侠先生对学界讨论热列的"唐宋变革说"有了进一步了解，他在稍早发表的《唐宋之际社会经济关系的变革及其对文化思想领域所产生的影响》一文中，从经济和思想文化的角度，已阐明了自己的观点，未再专文论述。

2000 年 10 月 24 日，教育部专家组来河北大学宋史研究中心，实地考察教育部研究基地建设情况。专家组成员有北京大学王天有先生、南开大学冯尔康先生、东北师范大学赵毅先生、吉林大学刘桂云先生，厦门大学郑振满先生。漆先生出席汇报会，听取专家们的意见和建议。

2000年11月15日，漆先生应冯尔康先生邀请，赴南开大学做学术演讲。

漆侠先生参与主编的中国宋史研究会年会论文集有：《宋史研究论文集（1987年第四届年会编刊）》（邓广铭、漆侠主编，河北教育出版社1989年版）、《宋史研究论文集（1994年第六届年会编刊）》（漆侠、胡昭曦主编，河北大学出版社1996年版）、《宋史研究论文集（1996年第七届年会编刊）》（漆侠、李埏主编，云南民族出版社1997年版）、《宋史研究论文集（1998年第八届年会编刊）》（漆侠、王天顺主编，宁夏人民出版社1999年版）、《宋史研究论文集（2000年第九届年会编刊）》（漆侠主编，河北大学出版社2002年版）。

漆侠先生组织中国宋史研究会的工作中，提倡辽夏金史和宋史研究并重，并强调要端正学风。如在1999年7月15日《宋史研究论文集》（1998年年会编刊，与王天顺先生共同主编）所作序中指出："本届年会论文集共收录了三十三篇，其中辽夏金史占十一篇，恰好是三分之一。这是这些年会论文集从未有过的，值得庆贺。辽夏金与宋史的研究，是互相促进的，辽夏金史研究的进步，一定能够促进宋史研究的发展，反之亦然。至于论文质量由读者们评判，这里勿须多说。值得一提的是，近来学术刊物上谈论学术规范问题。所谓学术规范，从来没有明文规范，而是长期形成、并由人们共同遵守的'不成文法'。例如，写文章引用别人论文专著的意见，一定要注出来；即使别人率先引用的资料，转引时也应当注出来。老一代的学者非常重视这类问题，遇有这种情况，则口诛笔伐，斥之为'穿窬之行'，可是，今天的一些论文岂止是抄录别人用过的材料不予注明，连通篇文章或上万字甚至十多万字的别人书稿亦敢于攘归己有。即使是揭发出来，还呶呶不休地曲加辩解，简直不知人间有此等羞耻事！报刊上揭发的这类事情，日益增加。近年来学术水平不断下降，与这类败坏的学风也显然是分不开的。我们应当以此为戒，到任何时候也要端正学

第八章　晚期的历史研究与教学（1991—2001）

风，踏踏实实地做学问，保持和发扬前辈学者树立的优良学风，推动宋辽夏金史的研究不断提高！"①

（二）赴日本访问交流

1994年4月1日—5月26日，漆侠先生应日本文部省学术振兴会之邀赴日本进行讲学、学术访问交流。据东京都立大学佐竹靖彦教授早于1986年3月1日给漆侠先生的信中说："现在，日本宋史研究方面，没有一个名副其实的学会性组织。过去，宫崎市定先生和佐伯富先生主持'宋计划'，实现各种国际交流。他们退休前后，日本也猖獗了极左派运动，各种学术活动都受到了摧残，'宋计划'也名存实亡，国内外学术活动，都停滞不前。最近，我先后与京都大学梅原郁教授、大阪大学斯波义信教授，商量重建宋史研究组织，进行正常的国际交流，获他们赞成。因为斯波教授由今年四月起当东京大学教授，东京方面以他为主，京都方面以梅原教授为主，追求这个目的。我们的计划是先请您和邓广铭先生先后来到日本，教导我们研究宋史，靠此为出发点，组织正常的国际交流骨干，这样我们不得不请求您的援助，有了您的帮助以后，我们的活动应该飞跃前进。"

据佐竹靖彦教授介绍，日本国际交流资金有两个系统，一个是文部省系统的学术振兴会，另一个是外务省系统的国际交流基金。日本学者们计划用国际交流基金邀请邓广铭先生，由京都方面的梅原郁教授负责。用学术振兴会资金邀请漆侠先生，由佐竹靖彦教授申请。1987年，邓广铭先生访问日本两个月，到东京、京都、大阪、奈良四地。1994年4月1日至5月25日，由东京都立大学教授佐竹靖彦提议，日本学术振兴会的批准和邀请，漆侠先生在日本进行了学术访问交流，到东京、京都、奈良等地。

漆侠先生在日本进行的学术访问大致可以分成两个阶段。前一阶段在东京的时间比较长，后一阶段移至京都，仅十天左右。以下是两个阶段的学术访问活动的具体情况。

---

① 《漆侠全集》第12卷，第632页。

4月1日起,漆侠先生首先到东京访问。停留东京期间,因住在东京都立大学的国立交流会馆,故进行学术交流非常方便。漆侠先生和东京都立大学佐竹靖彦教授经常往来,多方面交换有关学术意见。为了方便漆侠先生的学术访问交流,佐竹靖彦教授请他的学生清水刚担任翻译,连同照料日常生活,令漆先生十分感动。佐竹靖彦教授还带着漆侠先生参观了历史学部和文学部的图书馆。文学部所藏汉籍之丰富,令漆先生印象深刻。在准备学术报告期间,漆先生也充分利用了历史学部的藏书。在东京同日本学者的深入交流,也进一步加深了漆先生对日本学者的认识。

在此期间,漆先生准备了几份报告,准备在东京大学的东洋文化研究所和京都大学的人文科学研究所演讲。这些报告有"北宋时期宋学的形成和发展""宋代理学的兴废""关于辽、夏、金社会的宗族问题""宋代职官制度研究的五十年"。

5月6日上午,访问东洋文库。东洋文库位于东京都文京区,是日本最大的亚洲研究图书馆,一个专门把中国与中国文化作为主要研究对象的图书馆兼研究所,日本三大汉学研究重镇之一。访问时,漆先生受到东京大学斯波义信教授的热情款待。斯波义信教授向漆先生介绍了东洋文库成立的过程和藏书情况,并一起参观了书库。书库有许多善本,甚至还有海内外的孤本。漆先生回国后于5月31日写给日本学术振兴会的报告中说,东洋文库和其后参观的东京都立大学图书馆以及后来访问的京都大学人文科学研究所等,在图书保存和管理方面都井然有序,使用了现代化设备,非常先进。

5月6日下午,在东洋文库作了题目为"宋代理学的兴废"[①]的报告。报告会由斯波义信教授主持,佐竹靖彦、东一夫、渡边纮良、伊原弘等教授出席。漆先生去日本前,继承恩师邓广铭先生开辟的宋学研究之路,正在写作一篇长文《宋学的发展和演变》。在日访问时,因为时间关系仅宣读了长文的一部分。漆先生回国后,于当年7月1日开始承担国家国社会科学基金年度项目《宋学的发展和演变》,

---

[①] 《漆侠全集》第12卷《宋代理学的兴废》,第569—577页。

第八章 晚期的历史研究与教学（1991—2001）

并将长文修改发表于《文史哲》1995 年第 1 期。出席东洋文库报告会的斯波义信、渡边纮良、伊原弘等诸先生都是漆先生多年的老朋友，交换意见和会后宴席上的会谈也非常融洽。报告会结束后，漆先生在日本学者陪同下，去往日本关东山地东部边缘的高尾山赏花。然后又前往日本关东地方南部的神奈川县横滨市观光。至 5 月 10 日结束。

5 月 11 日去京都，开始第二阶段的学术访问交流。漆先生在京都只停留了 10 天左右，时间安排满满的，形式也很多样，有参观学习、访问、座谈和报告会等。新干线的火车一到京都车站，龙谷大学的副教授木田知生来迎接漆先生。木田于 1980 年时在北京大学留学，为邓广铭先生指导的研究生。当时因漆先生也作为北京大学的兼职教授讲授《宋代经济史》，木田也听了这个课。木田知生精通汉语，加之又是往年的熟人，在京都期间，他花费精力和时间给予照顾并做翻译，漆先生从心里感谢他。在木田的陪同下，漆先生参观了京都最古老的寺院清水寺、京都清凉寺、三十三间堂（莲华王院本堂）、二条城和京都博物馆等名胜古迹。漆先生回国后，在 5 月 31 日写给日本学术振兴会的报告中说，"京都是一座环境优美的文化古都，加茂川横贯市中，周围群山充满了绿色，我想'最是江南堪爱处，城中面面是青山'（南京清凉山扫叶楼题诗，诗句出自清末诗人易实甫）的诗句非常适合京都"。此后，漆先生还到奈良参观了东大寺和法陆寺，不过令人遗憾的是因正仓院闭馆没有能看成。随着参观这些名胜古迹和寺院，使漆先生深切感到日中两国文化交流的密切关系。

5 月 14 日，在京都大学的人文科学研究所，由梅原郁教授主持，木田知生副教授翻译，漆先生作了题为"关于辽、夏、金社会的宗族问题"的报告。和在东京东洋文库作报告时一样，报告会气氛非常热烈。梅原郁先生的评议说，漆先生的报告利用了新资料，有新观点。报告结束后，漆先生又在日本学者的陪同下，实地考察了京都人文科学研究所和龙谷大学图书馆。承蒙梅原郁教授的热情招待，亲自引导参观了藏书楼。所藏的书籍尽管没有善本，但也都是对研究有帮助的。龙谷大学图书馆也很大，其中大谷书类（敦煌资料的部分抄本）

确为宝物，对日本敦煌学研究起了重大作用。

京都之行，漆先生既参观欣赏到美丽的景色，精美的建筑和文物，又浏览了丰富的藏书，感到增长了很多知识，在和老朋友见面的同时，又结识了新朋友。5月20日离开京都返回东京时，梅原郁、木田知生先生特来相送，在车站一直目送火车出发，他们的真情厚谊令漆先生非常感动。

5月26日结束访问交流，乘机返回国内。这次访问虽然说是短短不足两个月的时间，但有很多方面让漆先生深受感动，留下了深刻印象。

5月31日，漆先生写了一份《关于在日本进行学术访问的报告》，呈给日本学术振兴会。在报告中，漆先生对于日本学术界特别是日本宋史研究者的情况，给出了自己的认识和建议：

> 日本学术界对中国历史和文化的探求和研究从六十年代以来一直驰名国际学术界，特别是对宋史和宋代文化的探求和研究，例如对宋代经济史的研究，多年以来走在前列。年长一代的学者名家辈出，风流相继，不仅给日本学界，也给世界学界增光添彩，确实值得赞美和庆祝。
>
> 据我所知，日本史学界依然继承前代学者，在学术界独成一派。寺地遵教授在其关于宋史研究现状的文章中指出，作为宋史研究的代表人物有柳田节子、梅原郁、草野靖、斯波义信和佐竹靖彦等诸教授，我也赞成，这是非常公正的说法。阅读诸位教授的著作、论文等发现，他们都拥有坚实的汉文学基础，不但能熟练地利用大量历史资料，而且在研究方法上实行宏观和微观相结合的方法，解析争论问题。还有，在这里必须特别指出的是，在这些专家中，除梅原郁教授倾注精力研究职官制度等外，都是把研究重点放在宋代经济史的研究上，他们继承和发展了前代学者们的研究，这是非常值得称赞的。
>
> 在与日本学者的接触中，他们认为在日本对中国历史和文化的研究趋于衰微。据说是年轻一代，因为汉语太难，不想在中国

第八章　晚期的历史研究与教学（1991—2001）

历史和文化研究上投入更多精力，认为这确实是应该充分注意的问题必须采取什么适当措施来改变这种状态。果真如此，怎样做才好呢？作为在日本访问考察的一名中国学者，愚见是给予方方面面的支持，充分发挥现有已取得成果日本专家的力量，指导更多的专业学生和修士（研究生），这样在继承前人成就的基础上，着手创造出新的研究成果。我认为唯有这样，日本的中国历史和文化研究才能繁荣和发展。

漆先生准备的学术报告中，还有两份关于中国宋史研究情况的介绍，其一为《漆侠教授的教学、研究情况》，其二为《中国宋代职官制度研究的五十年：从邓广铭先生教授〈宋史职官志考证〉到邓小南〈宋代文官选任制度诸层面〉》，参见附录。

【附录一】中国宋史研究情况介绍之一：漆侠教授的教学、研究情况

我于1944—1948年先后在西南联合大学和北京大学历史系读书，1948—1951年又至北京大学文科研究所史学部读研究生；导师是邓广铭先生教授，现已是八十七岁高龄，依然从事研究；我的论文题目是《王荆公新法研究》，全稿十六万字，后来在五十年代末发表的《王安石变法》一书，就是在这篇论文的基础上完成的。五一年三月，我到中国科学院近代史研究所任助理研究员（相当于大学中的讲师），协助当时的近代史研究所所长范文澜先生修改他的著作《中国通史简编》，是范的助手，他任通史组的组长，我任该组的干事。1953年年底，我来到河北大学，当时称天津师范学院，天津师范大学，六〇年才改为今名的。我现在任河北大学历史研究所的所长、教授，在社会上还有不少的兼职，是北京大学、山东大学等学校的兼职教授，中国宋史研究会的会长等等。我在河北大学任教四十年，讲授中国古代史，从战国秦汉魏晋南北朝教到宋元，一度讲过明清，并因教学而编写过这方面的教材约八十万字（从战国到宋元）。八二年以后，我

的教学任务主要是研究生，为硕士生、博士生开课，先后讲过宋代经济史、宋史专题研究和历史研究法等课。由于我的教学范围较为宽广，我的研究面也就较为广泛。我今年已是七十一岁，但我的求知欲依然旺盛，总希望在有生之年，还能够多长点学问，学术上能上个台阶。下面我把过去四十多年学习和研究分做三个方面向诸位先生、朋友和同道们汇报，请多加评正。

一是关于农民战争史方面的研究。

一个时代有一个时代的学术风尚。中华人民共和国成立之后，中国农民战争史的研究成为热门课题，在五十年代，它同历史分期、资本主义萌芽问题、汉民族形成和历史人物评价问题，是历史研究领域的五朵金花。

在五十年代至六十年代中的十多年里，我除了教课、编写教材之外，学习和探索的主要课题是中国农民战争史方面的问题。我先后发表了《隋末农民起义》（1954）、《秦汉农民战争史》（1962）和有关这方面的多篇论文，其中较为重要的有《农民是地主阶级的对立面，还是地主阶级的后备军？》等篇，收集在《求实集》和《知困集》中。

《隋末农民起义》是我三十岁写出的而且是出版的第一个小册子，篇幅仅六万多字，却是我克尽自己的最大努力完成的，从结构到行文到今天来看还可能及格。这个小册子有两个问题说明得较为透彻：一是隋炀帝侵略高丽的战争与隋末农民起义的内在联系，三次伐高丽推动了三次起义浪潮的发展；二是反隋农民起义与统一战争的内存联系，即在亡隋之后，反隋的各种势力，即使是反隋的农民起义，也都在为争取建立新的统治权而参加了封建统一战争，反封建的农民战争与封建统一战争有着内存的联系。由于我具有上一理解和认识，个人的行动、作为决定不了历史发展的总趋势，而历史发展的总趋势则决定个人的活动及其性质，所以我对两次借突厥兵反唐的刘黑闼，看作是争取封建统治权而起兵的，不具有反封建的性质。我的这个意见尽管得不到包括隋唐史专家在内的学者们的赞同，但直到今天我还是坚持的。

第八章 晚期的历史研究与教学（1991—2001）

是书出版后，1956年苏联《历史问题》杂志曾予以介绍。

《秦汉农民战争史》是我国国内农民战争史断代研究的第一本，该书从秦汉农民战争同社会经济诸关系作为一个统一的整体，从其相互联系、相互制约和相互作用进行考察，从而阐述了这个时代农民战争的特征是反对封建依附关系和奴隶制残余的斗争，而这正是中国早期封建制发展的基本特征。由此也就说明了战国秦汉时期封建大地主所有制的完成和奴隶制残余的缩小，而封建大土地所有制也就构成为魏晋隋唐庄园制的基础。附带一提，我在这本书中提出农民战争的一个重要作用是迫使当权者实施让步政策，并得出"斗争—让步，再斗争—再让步"的公式，引起极大的争论。直到"文化大革命"结束，这个问题又重新提出来，许多同道承认，统治阶级的让步政策是客观存在的。

《农民是地主阶级的对立面，还是地主阶级的后备军？》等篇论文是对农民战争在理论上的探讨。就农民战争研究情况看，五八年以前是有关农民战争具体问题的论述和探讨，而五八年以后将许多具体问题上升到理论上进行探索，是农民战争史研究的进一步深入。有关主要的理论问题是：农民战争有没有反封建性质？农民阶级有没有自己的思想？农民阶级的思想是"等贵贱，均贫富"呢，还是升官发财当地主？农民战争是以农民思想为指导还是以封建纪纲作指导？在农民战争中能否建立短暂的农民政权？农民战争是否是推动封建社会前进的真正动力？这些根本性的原则性的重大问题，是无法回避的，我在这方面的一组论文约六七篇，表达了我的看法。"文化大革命"以后，有关农民战争的研究不象从前那么热闹了，但我认为，还应当继续深入探索。这些年由于忽视这方面的探索，好多问题不是前进了，而是有所倒退，应该说它并不是好的正常的现象。

二是关于中国古代史方面重大问题的探索。

我在北京大学学习时，是学习宋史的，五一年工作以后，因协助范文澜先生修改《通史简编》，把研究的范围伸展到隋唐。以后由于教学，上自战国秦汉，下到宋元，一度教过明清，范围是如此广泛，因而接触的史料也就相应的扩大；而史料范围的扩大，使我对中国古代史上许多问题感到有兴趣。

我最感觉有兴趣的问题是中国古代从奴隶制到封建制过渡的问题，以及中国封建制发展阶段或内部分期问题。《关于中国封建经济制度发展阶段问题》《中国封建地主阶级的形成和演变》《中国封建时代兵制的变革与封建经济制度推移的关系》等文（分别收于《求实集》和《知困集》中），表达到了我对上述问题的看法。

中国古代从奴隶制向封建制过渡问题，以范文澜先生"西周说"和郭沫若"春秋战国之交说"影响最大，两种说法都存在问题，范说更为严重。我同意郭沫若中国封建制形成于春秋战国之际一说，但对他的一些具体问题的论述则认为犹有商榷之余地。我认为，封建制因素的形成，应当从土地私有制发展过程中去探寻，只有西周春秋土地公有制破坏，土地转归私人所有，一部分占有更多的土地，而另外大部分占有甚少甚至没有占有土地，在这样的条件下，占有土地多的人则以其土地占有没有土地或土地甚少的人们的剩余劳动，从而形成封建剥削。申鲜虞"仆赁于野"就是这类封建因素在奴隶制母体中孕育和发展，值得重视。上面的论文表达了我的这一想法。十年以前我在山东大学作了《从奴隶制到封建制过渡》这一问题的报告，今后我将抽时间详细地论述这一问题。

关于中国封建制内部分期问题，我注意得较早。1956年年初，高校（师范院校）为编写教材而制订教学大纲在北京召开预备会议，我参加了这次会议。会上，北京师范大学历史系白寿彝教授提出了以唐两税法（780）把中国封建社会划分为前期后期两大段；我则提出了以184年的黄巾起义、884年的黄巢起义为断限，把中国封建社会分为三大段，戏称为二黄分期。1960年辛亥革命六十周年纪念，一位权威学者称"二黄分期是怪论"，我则认为，这是少见多怪。在科学思想史发展过程中，新见解、新学说往往被视为邪说、谬论、异端，但只要这些新学说、新见

第八章 晚期的历史研究与教学（1991—2001）

解符合真理，就一定能够得到确认。我对自己的这一看法，充满信心，两三年后在学校学报（当时称天津师范学院学报）上发表了封建社会分期的文章，"文化大革命"后修改充实，在山东师范大学学报发表。这个二黄分期法的内容就是：（一）我国秦汉时期（公元前476年—公元184年）是封建制度确立，封建依附关系发展阶段；（二）魏晋隋唐时期（公元184年—884年），庄园农奴制阶段；（三）宋元明清时期（公元884年—1840年），封建租佃制占主导地位阶段。这些意见是否正确、可取，放在历史发展的实际中加以检验。

为了说明中国封建社会的发展，我在1984年冬于香港召开的国际宋史研究会上，发表了题为《宋代社会生产力的发展及其在中国古代经济发展过程中所处的地位》一文中，从冶铁技术和铁制工具进步、人口增长、垦田面积扩大和单位面积产量提高四个基本方面，论证了中国封建社会生产力的发展，经历了两个马鞍形，秦汉是生产发展的第一高峰，魏晋下降，隋唐回升，从而形成第一个马鞍形，宋在隋唐基础上继续发展，达到封建时代的最高峰，元代下降，到明中叶恢复到宋的水平，形成第二个马鞍形，而宋在两个马鞍形中居于最高峰点。这篇文章既扼要地说明了中国封建社会生产力的规律性的发展，也说明宋代在中国古代史上的突出地位。

我不仅从封建经济制度的演变中叙述了中国封建社会发展的三个阶段，而且从上层建筑的演变中也说明了中国封建社会发展的三个阶段。《中国封建时代兵制的变革与封建经济制度推移的关系》一文就是这样的一篇文章。该文认为：（一）战国秦汉时期实行的全民兵役制，是建立在封建制初期占有一块土地的、数量众多的自耕农这一基础之上的，随着土地兼并的发展、封建大地产的形成，自耕农民数量的锐减，这种全民兵役制走向崩溃；（二）魏晋隋唐时期的世兵制，北周到隋唐的府兵制也是世兵制。这种兵制特征是，部分居民世世代代为兵，兵的地位低下，与农奴地位相同，这是此前自耕农民失去土地，经济地位下降为部曲、依附农在身份上的一种表现。世兵在魏时期为庄园大地主豪强控制，成为他们的部曲、私家武装。北周行府兵制，至隋，逐步把私人控制下的武装纳诸中央集权的统治轨道，成为维护隋唐封建统治的武装力量。但随着均田制的衰落，府兵制也因之而衰落下来；（三）宋元明清时期以募兵制占主导地位。由于土地私有制的高度发展，在土地兼并下不少农民从土地上被排挤下来，成为危害封建统治的一个重要因素，因此自宋开始募兵养兵，以便把"无赖不逞之人"这个危害因素变成为维护封建统治的积极因素。国家能够募养大量军队，反映社会经济的发展，但这种制度，需支付"万数浩翰"的军费，对经济的发展带来不利的影响。

去年在《中国史研究》第二期上发表了《中国古代史记编纂形式探源》一文，从人类社会历史发展趋势出发，人类从结绳记事、口头传说到有文字记载的历史，经历了一个漫长过程；就社会发展看，口头传说大抵是父家长制到奴隶制初期的历史，到奴隶制有了文字，口头传说成为文字记载的历史，因而是编年体的历史，内容是父家长制到奴隶制时期英雄人物（父家长们）活动的业绩，是父家长制过渡到阶级社会的历史。这种情况，不限于中国少数民族和汉族是这样，世界其他各国最初的历史也可能是这样，但有待于继续研究。

今后我想继续进行这一方面的探索。

三是关于宋史方面（指大宋史，包括辽、夏、金诸代）的探索，大体上分作以下三个方面：

（1）有关宋代政治史方面的，是我最早的学习、研究方面，在读大学高年级时即开始发表这方面的文章，48—50年发表了一组关于王安石新法的文章，而后在56—57年我在原有论文的基础上完成《王安石变法》一书，59年在上海出版。这本书最早在贵国《史林》或是《东洋史学》介绍过，苏联的杂志也作过介绍。这本书对有关新法的各种记载进行了校勘，予以补正，作为附录放在书后；对变法总过程作了叙述，其中变法过程中各

第八章 晚期的历史研究与教学（1991—2001）

派政治力量间的斗争写得较为充实，是此前研究中所未有的。近一二十年对宋代经济史作了较为完整的探索，有些问题更加清楚和明白，应当对《王安石变法》作一次补充修订，还没有抽出时间来改，仅在《再论王安石变法》《关于王安石变法研究中的几个问题》中谈了一些。

此外，54 年发表的《赵匡胤与宋专制主义中央集权制的发展》，对宋初解决地方割据的问题以及宋代制军、设官任职的特点作了分析，影响不小。因为是用季子涯笔名发表的，直到八十年代中有的朋友才知道季子涯就是漆侠。我曾告诉这位朋友，文章的主要内容属于邓先生，是"邓氏之学"，我代老师宣传而已。

因搞经济史的关系，政治史方面的探索较少了，直到近三四年，发表了《论范仲淹政治集团》以及有关宋辽战争的一组文章，算是重理旧业，我准备花三五年的时间，写出《宋代政治史》一书。

（2）有关宋代经济史方面的，主要的有八五年完成、八七年八八年先后付印的《宋代经济史》上下册，另外还有若干篇论文。贵国在宋代经济方面的研究，成绩极大，我至为钦佩，很多大家我是以师长论之，并认真向他们学习。我在这方面的研究，还很不够，主要的在宋代农业生产力发展（包括分工等方面）、宋代地租形态及土地关系、手工业生产诸关系、茶盐特别是盐的剩余劳动的瓜分、宋代阶级的构成和宋代经济思想的某些方面，提出了自己的粗浅想法，今后还需要作更进一步的努力。

（3）有关辽夏金方面的研究。在我出国之前，我同乔幼梅教授合作的《辽夏金经济史》一书已经印出，因而能够带来向贵国同道们请教。这本辽、夏部分是由我完成，夏的最后一章西夏社会阶级构造则是由乔幼梅教授写成的。有关辽夏金经济方面的研究较少，金还算有一本书，可以说这本书较为系统地探索一些问题，有利于今后进一步深入研究。

对金代经济，我也有所涉及，有金建国前的社会制度变革的文章，收集在《求实集》中。对辽代政治方面，我写过《契丹建国初期皇位继承问题》的文章，收入《知困集》中，是文提出从阿保机到太宗、世宗、穆宗都是兄终弟及制，因而使辽国统治内部为争夺继承权而进行不断斗争。在最近《历史研究》第一期中，发表了《从对〈辽史〉列传的分析看辽国国家体制》一文，指出以契丹人、汉人在辽国多民族国家中分别占有主导和次要的地位；耶律氏皇族和萧氏后族在有辽统治二百年中之所以能够据有统治地位，是靠政治上的世袭特权和经济上特权；决定辽国国体的是以耶律氏皇族和萧氏后族所代表的贵族领主制度，辽代的政体即是这两族牢牢控制中央政权而实行的贵族专政。

四是对学习和研究的几点想法。

（1）关于知识领域，博与约等问题。

我们中国人常说：博学高识。博学未必就有高识，高识一定建立在博学的基础上。历史学是一门综合性质的学科，同哲学、经济学、文学艺术以及自然科学有着密切的联系，因此只学历史，学不好历史，只学宋史，也学不好宋史。一个历史学者要想学好历史或宋史，知识领域要开阔，特别是对于哲学、经济学与历史学关系最为密切的，不是一般的了解，而是有一定的研究，这对于历史的学习和研究都有很多的好处。当然知识领域也不可过宽，特别是自己的研究领域更是如此。知识面窄，无从深入下去，而知识面过宽，也只能浅尝辄止。事物的长处和短处、优点和缺点总是紧密地联系着的。因而知识领域、研究领域也有一个适度的问题。

（2）任何科学研究都贵乎创新，即提出新见解、新学说、新观点。一些学术上有成就的大家都有他们自己的独特的贡献，而异乎一般的常人。陈寅恪先生曾说他自己"不肯随队"，也就是不跟着别人而人云亦云。在学术上，应当是，宁为鸡先，不肯牛后，大胆地提出自己的见解，即使不够完整、不够准确，也没什么，因为还可以继续拓深加宽，使见解更成熟一些。见解既令是错了，也比没有强，也比人云亦云强。但是，学术上的新见解、新观点、新学说，或者说学术上的标新立异，一定要建立在大量事实材料的基础上,有根有据,经得住客观实际的检验。严格地说,真正的新见解、新观点、新学说,只能建立在博学高识的基础上才经得住检验,才能形成为好的学风。而这一点,我觉得,我国史学界有认真注意和加以改进的必要。

(3)对历史的学习和研究来说,方法是至关重要的。然而由于各个国家学术传统不同,对历史的考察和视野也不同,因而所使用的方法也就不同。但有一个基本点是相同的,都希望写出真实可靠的信史,因而也都力图使用反映信史的真实可靠的史料。唯其如此,为使用可靠史料,写出可靠的信史,也就需要从多种角度和多种方法去考察去探索历史。唯其如此,在观点上,以及在方法上,也就需要求同存异,更需要通过交流,通力合作,共同探索,在探索中互相取长补短,为宋史,或者更扩大一点说,为新宋学的发展和繁荣,共同作出贡献。

【附录二】中国宋史研究情况介绍之二:中国宋代职官制度研究的五十年:从邓广铭先生教授《宋史职官志考正》到邓小南《宋代文官选任制度诸层面》

宋代职官制度之错综复杂,远比其他各项制度为甚,从而成为研究中的一个难点。开创宋代职官制度研究的,是本师邓广铭先生,一九四一年写出的《宋史职官志考正》一文,是研究这个制度的第一篇文章。

《宋史职官志考正》通过对大量文献材料的比勘,指出《宋史职官志》的作者们,并没有认真研究宋代史官们编纂成功的历朝国史志,而是了草将事,多抄自南宋的一些类书。在抄袭中,尤以《文献通考》一书最为重要,如职官志总序即来自《通考》。经过比勘、考索,《宋史职官志》史源才有了清楚的认识。这样,凡此前诸书中的各种错误,《宋史职官志》亦因袭下来;而此前诸书未有的错误,或由传抄中的伪篡,又增加了新的错误。为纠正这些错误,《宋史职官志考正》不仅征引了《宋会要辑稿》《续资治通鉴长编》等史籍,还征引了许多文集、方志和私人笔记,从而开始恢复了《宋史职官志》的原貌。

《宋史职官志考正》是基础性质的研究工作，但它的意义则是非常重大的。由于《宋史》仓促成书，明代以来，烦言啧啧，王洙、柯维骐等从事新编，试图代替《宋史》。但，由于改编者们没有抓住《宋史》一书的症结所在，率尔操觚，不仅对《宋史》一书无所是正，而且迂腐冬烘之气引惹了四库提要的作者，认为柯维骐《宋史新编》"其板可斧"。《宋史职官志考正》洞察了《宋史》一书中事实材料上的各种问题，从而为研读是书找到了一条切实可行的途径。特别值得提出的是，古今中外的历史学家，观点方法可以大不相同，成就自然也不一样，但却有一个最基本的共同点，即都力图使用确凿可靠的事实材料，从事自己的研究。而确凿可靠的史料之获得，便建立在对事实材料批判、审查这一基础性研究的基础上！《宋史职官志考正》就是史学的基础性研究，为宋史的研究奠定基础。对这类基础性的研究工作，过去要做，今天也要做，以后也还要做，它是历史科学的一个重要组成部分。

邓广铭先生教授《宋史职官志考正》开拓了对宋史职官制度的研究。自是文发表后的五十年间，有关这方面的研究，不论是在中国国内，还是在日本和海外其他各国，雨后春笋般的发展起来，或者是论文，或者是专著，不一而足。概括起来，宋史职官制度的研究，约有下述三种情况：

（一）资料性的汇集。梁天锡《宋枢密院制度》巨著堪称这方面的代表作，林天蔚在是书的序言中称之为"宋代枢密院资料长编"。此书就其长处而言，是资料丰富，表格特多，便于检索。就其不足而言，好多问题与枢密院关系不够密切，可以置而勿论，而是书均加叙述，显得臃肿；因牵涉问题过多，单就某一问题而言，探索得又很不充分；特别是一些重要资料，对论述宋代制军以及枢密院情况者，如王明清《挥麈录余话》《祖宗兵制名枢廷备检》条，未予引用，则又显得疏漏。不论怎样说，是书的出版，为后来研究宋枢密院制提供了方便。

（二）在《宋史职官志考正》一书的基础上进行考索的，有

第八章 晚期的历史研究与教学（1991—2001）

龚延明的《宋史职官志补正》一书。作者以中华书局校点本《宋史职官志》为底本，作了全面校勘，耗五年多之功力，成此一书，收获甚多。即使如此，书中可商榷之处亦自存在，于此可见科研工作之难。《宋史》中存在职官记述上的各种问题，不限于《宋史职官志》，《宋史》列传中传主的官职升迁、名称等也有很多问题。这方面工作虽然有了一些，但还很不够，因而也需要加强这方面的研究。

（三）再一类的研究，是关于各种职官职能的研究，建国以来，有关这方面的研究最多。概括性的研究，如《赵匡胤与宋专制主义中央集权制的发展》，发表于1954年，当时以季子涯笔名发表的，后收于《求实集》中。这类概括性的研究较少，主要是以单一职官在职能上在名称上的演进这类研究为多。从上到宰辅制度，下到巡检、县尉地方官，无不在研究之列。其中陈振、王曾瑜等都曾发表过文章。这方面的成果多、成绩大，应当肯定，但问题亦自不少。例如宋代相权到底是扩大了还是缩小了，就是一个争论的没有解决的问题。尽管如此，这方面的研究还需要开展下去的。

同其他的事物发展一样，一部优秀的科学研究成果，也需要经过长时期的积累、孕育、酝酿，而臻于成熟。自本师邓广铭先生教授《宋史职官志考正》一书问世以来，弹指一挥，已经五十年过去了。经过这五十年的努力，终于出现了一本真正名副其实的学术价值甚高的科学研究正果，这就是邓小南《宋代文官选任制度诸层面》一书。

邓小南是本师邓广铭先生教授的小女儿，生于1950年，毕业于北京大学历史系，为邓先生的硕士生，现为北京大学历史系副教授。从读硕士生时即发表有关宋代职官制度的文章，1990年完成《宋代文官选任制度诸层面》，1993年由河北教育出版社出版，并列于《宋史研究丛书》之第二本。

宋代职官制度，如上所说，是一个比较困难的研究课题。正如邓广铭先生教授所说："宋代的职官制度，就其部门与层次来说是错综复杂的,就其相互间的关系来说,又是胶葛混淆的。因此,它自来被宋史的研究者们视为畏途,望望然去之,避之唯恐不远。"邓小南不畏困难,不畏险阻,勇于攀登,终于完成是书,将宋史职官制度的研究推上了高峰。

概括看来,《宋代文官选任制度诸层面》一书,解决了宋代职官制度中下面几个难点甚大的问题,从而形成了是书的特色和成就。

(一)宋代职官制度是极其复杂的,所谓"其官人授受之别,则有官、有职、有差遣。官以寓禄秩、叙位著,职以待文学之选,而别以差遣以为治内外之事。"这种官、职、差遣的分离,是从前代历史衍进过程中形成的:

(1)历代统治者为加强皇帝的统治力量,总是采取"以小驭大""后来居上"的政策的。汲黯曾对汉武帝发牢骚说:"陛下用群臣如积薪耳,后来者居上。"因此,在西汉既已出现了秩卑命尊,官小权重的御史制度,从而表现了"秩""命"相离,"官""权"不符的现象。

(2)接着,本书作者又指出了在隋唐散官与职事官并存局面下,治事系统与品官等级秩序分立,于是在职事官系统中发生了"职事官"与"差遣"相分离的变化,具体地表现在旧职事官随着政局的变化而职官旁落,继之而来的是别派"使""职"以代替原职事官,从而造成原职事官成为空衔虚职,加上原散官授予的冗滥而不被重视,不得不以中央职事官作为赏功勋、叙位著的头衔,从而进一步促使职事官只留下空壳,加速度的导致了职事官的阶官化,使职事官与差遣分离。

(3)从上述演变情况出发,作者指出了:(甲)宰相往往以他官典领,如魏征以秘书监参预朝政;(乙)以检校、摄、刺、知等作为临时对某一职事官的差遣;(丙)使职差遣普遍化,尚书六部渐失职守。

(4)上述几种情况综合起来,便造成了北宋前期职官制度中上述官、职、差遣分离状况。在此情况下,北宋统治者为使职官制度正常运转,以利北宋王朝的中央集权统治的强化,作了如下的整顿:(甲)限制地方节镇辟署属官,使幕职官全部由中央铨授;(乙)逐步形成了以京朝官"知军州事""知县事"形式,使带中央官衔到地方任官,以利于强化对地方的统治;(丙)此前的"官"(职事官)与"差遣"的分离也随之固定化亦即制度化。在这样的情况下,北宋官制便表现了它来自历史上的以及其时代需要相结合的特殊面貌。

总之,北宋前期职官制度是我国秦汉以来职官制度这一总链条中的一个新的环节,它又有其历史的特点,又具有时代的需要,两者紧密结合,使北宋前期职官制度更显得突出,作者邓小南解决了北宋职官制度的这一难点,也就使这一难点成为北宋职官制度的特点了。

(二)作者解决宋代职官制度中的第二个难点是铨选制度。

"本书侧重于已经进入仕途的宋代文官,特别是中下层常调文官的选任问题"。中下层常调文官是进入仕途的宋代文官的主体,选任问题也就特别复杂,因而作者的这一选择,是从难度最多最大的问题入手的。在这个难点中,作者解决了:

(1)文官铨选机构演变的问题。为收夺地方藩镇人事权,赵匡胤对地方幕职官和京朝官,是由宰执大臣"堂除"的办法加以任命。"堂"即都堂,系宰执办公的地方。堂除一般地"比较重人材而不泥于资格",在政治变动较剧烈的时期为熙宁、绍兴年间堂除授官的比重较大;这种铨选办法,如宰执出自公心则较为公平,如章惇坚持法度,不以官位授予自己的亲属,而受到后人的赞佩。但,具有野心或任人唯私的宰相,则利用这项办法扩张自己的势力!为削弱或分割宰相的这一人事权,宋太宗先后置差遣院和考课院,分别选用京朝官和幕职官。后来几经变动,到宋神宗熙宁年间文武官铨选分别由审官东院、审官西院掌管。铨选机构的因革经过作者的条分件析,给人们以非常清晰的概念。

(2)对宋代铨注依据的"条"和"例"也作了史的考察。"条"亦即条法,系铨选部门所奉行任官设职的法规,既包括令文,也包括格敕。宋代铨选制度在这方面也是继承唐制的,唐文宗时有所颁的《长定选格》亦即《长定格》,"包括有关入流、授官、考课以及铨选程序等方面的一系列规定"。与《长定格》并行的还有《循资格》,始行于唐中叶,主要内容"是关于依照停替参选的前任官之资序以及未曾任官(所谓"无前资")的选人之出身年限注官的种种规定"。所谓的"资格"就是由此演化而来的。《长定格》和《循资格》自宋建国以后即分行删定颁布,其后历仁宗、英宗、神宗、哲宗诸朝,均曾把新增的敕令格式加以汇集整理,如哲宗元年三月(1086)尚书省《吏部四选敕令格式》即是其中之一。所有上述这些谓之"条",亦即"法",但"条"之外还有"例",即一般"条"规上所无者,是参考铨选的事例和习惯办法。条与例,通常认为,"有司所守者法,法所不载,然后用例"。由于"例"数量多,涉及面广,适应性强,所以汇集起来作为"条"的补充形式,作为处理同类问题的依据。有了铨选机构,又有了铨选的依据,然后张官置吏,即可实施官员的选任。尽管法令严密、完备,但官吏上下其手,宋代铨选中的弊端依然不少。

(3)作者在第三章中对宋代考课制度也作了探索,首先叙述了宋代以前的考课制度,指出"年资与治绩,成为考课的两大要素"。接着,作者指出宋代考课制度就是在此前"两大要素"的基础上的继承和发展,因而"循名责实"和"岁月序迁"这一对矛盾体就贯穿于宋代考课黜陟之法的总过程中。所谓"循名责实"的考绩方法,即各级官员实际任职中所做的实际成绩,是否符合国家的规定和要求,根据这种规定要求而给以优劣评定,根据这种评定而升迁任用,这种做法是务实的。宋代大体上是以务实的办法考课官员,但北宋比南宋要好一些,换句话说,"岁月序迁"的现象,南宋要比北宋严重些。

(4)在第四章中,作者又对铨选中的《循资格》及循资原则作了进一步的探索。作者从历代考课制的演变出发,指出在我国古代对"资"的认识是与"绩""劳"相联系的,"事功曰劳;

绩者，功也，业也；资者，积也、蓄也，凭藉也"。因而，"资"既包括了任官期间年日的积累，又包括了"劳绩"的积累。但由于衍进的结果，劳绩一分为二，即"年劳"和"绩效"，这样铨选中的年资与业绩之间的矛盾便由此逐步扩大了。在汉代既已出现了这一矛盾，所谓"累日以取贵，积久以致官"，专凭年资而用人。北魏时，崔亮任吏部尚书，为平息武将的反对，而有"停年格"的施行，即按年资选拔官员。唐代虽累加变革，从《停年格》《长名榜》到《循资格》，但年资毕竟成为铨选中的重要一项。宋即是在唐制基础上修订的，而且制度细密，经作者一一翻译出来。

（三）作者对宋代铨选制中所解决的再一难点是磨勘制度。

这项制度也创始于唐代，它指的是审核、推究各官员们簿历文状等一系列的做法和程序。宋承唐制，太宗时期曾设磨勘院，以便考课黜陟京朝官和幕职官。由于名不雅训，引起臣僚们的评议而改称为审官院和考课院。到宋真宗时形成一套完备的磨勘制度。它是历史上"考功课吏"和"依资序迁"这两种做法相互矛盾作用的产物，"它所奉行的原则是限年校功，循阶进秩"，实质上依然是以年资、岁月凌驾于课绩、功效之上。这项制度是对北宋建国以来官秩迁转制度的一次总结，大体上是在宋真宗年间形成的。它的主要内容甚为复杂，本人必须交纳解状（选人赴阙的证明文状）、举状（举主的推荐书）、家状、考状。考核的主要内容是对于资格的考核、对于课绩的考核以及对于举主条件的考核。上述种种合格之后，选人得以"引见"，觐见皇帝，皇帝可以发问，用这种"引对"的办法录用选人。其次，选人改官，京朝官选叙，同磨勘直接联系，因而也是磨勘法的重要内容，对幕职州县官与京朝官的磨勘办法也各有区别。到宋神宗元丰改制时，磨勘制度亦有所调整。由于磨勘法关系到每个官员的前程，因而也就成为士大夫们极为关注的一个问题。苏轼曾对王安石说："今之君子，争减半年磨勘，虽杀人亦为之。"这种办法，名义上是资格与考绩并重，实际上资格成为第一位的。由于磨勘法在宋代铨选制度中日益重要，而且忽略实绩却注重考核文状，于是人事权实质上转移到审核这些文案的吏人手中。尽管磨勘法百弊丛生，但是同魏晋六朝士族把持下的用人制度比，则显得更加开放和对地主士大夫的相对平等。

《宋代文官选任制度诸层面》一书，由于作者把握住中国古代官僚制度演变的历史的联系，阐明了复杂而又繁难的宋代职官制度中的重大问题，从而给人们一个极其清晰的轮廓。于此同时，由于作者以缜密的思路，将凡所能够搜罗到的所有文献资料，取精用宏，又纤细无遗地把铨选制、磨勘法的种种问题探索出来，使人们对宋代职官制度获得了科学的知识。

当然，宋代职官制度还存在不少问题，例如官员的回避制度，对边远州郡、川峡诸路任官也有其特殊规定，此外吏的出职等，也都需要研究。一个较为完整的职官制度还等待去做。但，不论怎样说，《宋代文官选任制度诸层面》一书是《宋史职官志考证》开创以来宋史职官制度研究的最高水平。

本师邓广铭先生教授《宋史职官志考正》开创了宋史职官制度的研究，经过五十年的努力，他的女儿邓小南《宋代文官选任制度诸层面》把这项研究推进到最高水平。作为邓先生的学生，我把这一研究状况介绍给贵国同道们，是感觉荣幸的。

（三）讲学新加坡

1995年春，漆侠先生在保定市人民医院（后被并入保定市第一中心医院）做保健性治疗时发生输液过敏事故，一度昏迷。被紧急送医院抢救治疗后，得以迅速康复，未影响已经排上日程的访问新加坡之旅。

1995年7月，受新加坡国立大学陈荣照教授的邀请，漆侠先生至新加坡国立大学访问讲学。因为病后初愈，由女儿漆平陪同前往。新加坡国立大学承担往返国际机票及讲学期间的全部食、宿、行费用，漆先生还特意向河北大学领导说明出行费用情况。据漆侠先生子女回忆说："1995年父亲应邀赴新加坡国立大学讲学，那里给父亲一份报酬，河北大学也仍然按月发给父亲工资。众所周知，一般因公出国讲学都会受到如此待遇。父亲回来后，河大没有任何一个人要求父亲返还河大发放的这部分工资，而父亲主动找到学校说：'我在那边已经领了工资，学校这边的工资我不能要，我不能沾国家的便宜。'他硬是将学校发给他的一年工资2万余元退给了学校。"① 安顿好之后，漆平回国，漆侠先生则独自在新加坡讲学一年。讲课之余，他常常自己煮饭吃，回国后对同事讲在新时常拿平鱼炖鸡。新加坡地处热带，温热多雨，漆侠先生感觉生活环境舒适，自己的哮喘顽疾得到了极大的缓解。

在新加坡国立大学期间，漆侠先生为中文系研究生讲授宋辽夏金史，为本科生讲授中国古代史。漆侠先生归国后，曾教授过的学生杨敏枝、李志贤到河北大学访问拜望。1997年，陈荣照教授偕夫人到河北大学历史研究所访问。

在新加坡期间，除去授课之外，漆先生大部分时间是去图书馆查阅《续藏经本》、释智圆《闲居编》及佛教《中论》《般若波罗蜜多心经》等佛教典籍，并以单行本（新加坡国立大学中文系学术论文第118种，1996）发表《释智圆与宋学——论宋学形成前儒佛思想的渗透》。1998年在《河北大学学报》第3期，发表《释智圆〈闲居编〉跋》，对北宋僧人释智园《闲居编》加以简要介绍。释智圆是北宋初年佛教天台宗的杰出代表人物，居于杭州西湖孤山玛瑙院，著《闲居编》51卷，收入《续藏经》（漆先生新加坡讲学期间见到续藏经本，特意复印带回国）。释智圆主张儒家的中庸之道即佛家龙树提出的中论或中道义。跋文还利用《闲居编》中的一则材料，对宋初以及以前经书刊刻形制加以考订，通行的经书刊刻"以十七字为行"，科举考试的策试试卷也"以十七字为行，二十五行为纸"。

讲学期间，漆先生受到新加坡国立大学陈荣照教授等热情招待。陈荣照教授研治宋史，发表有《北宋贫弱局势述评》《论北宋社会危机》《论范氏义庄》《论庆历新政》《论宋初教育家胡瑗》《欧阳修史

---

① 漆燕生等：《忆我们的父亲》，载《漆侠先生纪念文集》，第672页。

观析论》等论文。1997年9月，陈教授到河北大学历史研究所拜访漆侠先生。2000年8月2—5日在河北省保定市召开河北大学历史研究所与中国宋史研究会联合主办的"国际宋史研讨会暨中国宋史研究会第九届年会"，陈先生出席会议并和漆先生拍照留念。

讲学期间，漆先生还与新加坡国立大学中文系李志贤博士相识。李博士研治唐史，后撰成专著《杨炎及其两税法研究》，请漆侠先生作序。漆侠先生回顾了与李博士相识的过程："新加坡为东南亚汉学研究之重镇，而新加坡国立大学中文系复为此重镇之中坚，在此环境中陶冶，李志贤博士之汉学功力宜其有如此之深厚也。五六年前，我执教于国立大学，与博士邂逅相识，不时过从，深知博士好学深思，勤奋有加，于繁重教学工作之余，从事唐史研究。不意别后数年，博士竟完成此一专著，欣喜赞佩，乃写此序为博士贺。""这部专著可以说是对此前两税法研究的一个扼要的系统的总结。有关研究当中的不同的乃至争论的意见，作者或择善而从，或断以己意，以期对许多问题作出正确结论。对两税法重大问题，如两税法实行后，自陆宣公到白居易等对两税的非议责难，作者特辟专章详加评论，持论平实中肯。为论述两税之适应时代需要，在两税法平议一章中加以论述，以具体史实辨明有关两税是非，尤足以见作者之识见。作者于是书不仅吸收前人成果，而且尤为重要的是，作者研究的独创性，最突出的例证是对杨炎的事迹钩沉探微，作出较为详尽的论述，而这一方面则是此前研究中非常欠缺的。总之，这本专著，治学谨严，论述确当，实为中青年学者中不可多见的一部学术著作。"[①]

1996年7月，由新加坡国立大学归国。回来时，漆侠先生用自己的劳动所得，为每位同事都购置了一份贵重的礼物。当年8月，漆侠先生就新加坡访学见闻在河北大学图书馆作报告，介绍了新加坡的地理位置、环境气候及新加坡国立大学的学术人文、资料建设状况及人才培养教育状况。

---

① 《漆侠全集》第12卷《李志贤博士〈杨炎及其两税法研究〉序》，第648—649页。

第八章 晚期的历史研究与教学（1991—2001）

三 教书育人、薪火相传

（一）纪念师友及书评、书序

1. 缅怀师友

缅怀范文澜先生。因新中国研究生制度改革，1951年3月漆侠先生将由北京大学史学科肄业，范文澜先生看过漆侠先生发表的几篇文章，与北京大学历史系主任郑天挺商量，调他到近代史研究所工作。1951年12月，漆侠先生入中国科学院近代史研究所（历史研究所三所）任著名史学家范文澜先生助手，协助范老修订《中国通史简编》第三编，并兼任"通史组"干事和《进步日报》史学周刊编委会编委。1953年虽因所谓"反党小集团"的政治冤案而离开近代史研究所，但漆侠先生一直感念范先生指引自己重视和加强马克思主义理论学习，曾赋诗一首缅怀范文澜先生："春风早沐恰三年，蕴泪惊闻归道山。生花妙语传真义，奋举铁笔除奸顽。一生革命除旧秽，千载史册著新编。天不憖遗同一哭，伤心无路吊灵鉴。"今河北大学宋史研究室保存有漆侠先生1991年12月18日手书此诗。

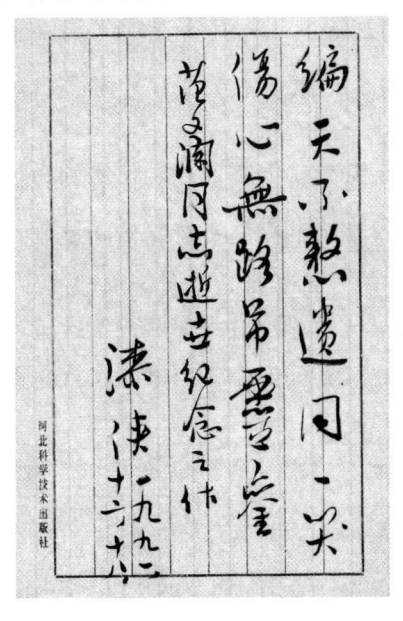

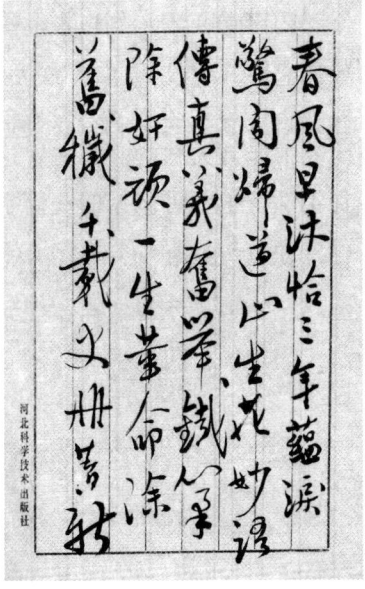

悼念恩师邓广铭先生。1946年，漆侠先生夏从昆明西南联大回到北京，就读于北京大学历史系三年级，秋天开学后，选修了邓先生开设的《宋史专题研究》课。后又考入邓先生门下，成为邓广铭先生的第一个硕士研究生。漆先生自称是追随邓先生达半个世纪之久的老学生，对恩师教导感佩终身，并以无愧于恩师教导自策。邓先生晚年病重住院期间，漆先生曾赴北京中日友好医院探望。1998年1月10日，邓广铭先生于京仙逝，漆先生抱病赶赴北京为恩师送行。漆先生回忆了邓先生在自己学业成长过程中的重要作用："1948年到解放后的两三年，我所发表的文章，都是由先生过目并修改的。"漆侠先生对王荆公新法的研究，更是接受了邓先生严格要求和指导。对邓先生的细致教导，漆先生晚年仍时常感铭于内，"前几个月，为《宋代经济史》的再版，我作了一番较为细致的校对，出自粗疏而使引文脱衍和注释上的差错，不下一百多处，我在愧对读者的同时，想到刚刚逝世的邓先生，更觉有愧于先生的教导"①。

漆先生将邓先生所开辟的研究领域，总结为四个方面。对恩师《北宋政治改革家王安石》这部经典著作，漆侠先生给予高度而准确的评价，认为是书从三个方面表现了王安石的风貌和形象。②

悼念同事常征。③ 常征同志十三四岁即参加抗日战争，1957年却被下放到山西平遥劳动，1964年调到天津河北大学历史系，与漆侠先生同在古代史教研室工作，因而相识的。日常接触中，漆侠先生对常征留下的印象是："对同志非常谦和，遇事总是替别人着想；在经常的会议中，不论是学术问题还是时事政治问题，思路清晰，发言既非常中肯而又有分寸。""文化大革命"中常征老师对学校两派学生，都很关心，劝他们不要武斗，团结一致。特别对于那些违背政策的各种做法，表现了极大的愤慨，刚正之气充分地流露出来。也许是因为

---

① 漆侠：《悼念恩师邓广铭恭三先生》，载《仰止集——纪念邓广铭先生》，河北教育出版社1999年版，第88—93页。

② 漆侠：《读先师邓广铭教授〈北宋政治改革家王安石〉》，《光明日报》1999年12月13日。

③ 《漆侠全集》第12卷，第682—683页。

同具知识分子的正直的风骨,漆侠先生将常征称为老友。常征历经挫折之后,对祖国历史热爱不减,不仅阅读了有关宋代文献资料,而且亲自到代北进行实地调查,借以了解宋辽战争以及杨业军事活动的路线,著有《杨家将故事考实》。漆侠先生《宋太宗雍熙北伐》中有关杨业护送代北民众撤退的路线就是采用常征同志的说法。漆侠先生还曾为常征著作《〈山海经〉管窥》出版时的"责编"。常征于1998年7月15日在京逝世,漆侠先生当时在天津第一中心医院医治喘疾,"展转听到这个消息,却无从与老友告别,深感遗憾!"写了这篇悼念文章。

2. 为学友著述写书评、作序

1995年第1期的《中国图书评论》发表书评《弘扬中华文明的壮举》。此前,河北教育出版社出版了多卷本《中华文明史》,规模庞大,内容丰富,写作精确,漆先生在书评中给予该书高度肯定和称赞。

1995年4月18日,漆侠先生为乔幼梅教授《宋辽夏金经济史研究》(齐鲁书社1995年版)作序。在序中,漆侠先生对乔先生在50年代反右扩大化中蒙受的苦难深表同情,对其在平反后的迅速进步感到高兴,对其学术研究成果与贡献表示赞赏。

华东师范大学裴汝诚先生的个人论文集《半粟集》(河北大学出版社2000年版),收入"宋史研究丛书"第二辑。1999年7月25日,漆侠先生在为其文集所作序文中,肯定了裴先生在宋代学术上所作出的贡献,包括对《宋史》《续资治通鉴长编》《文献通考》三部宋代重要典籍的整理、研究和在宋史研究方面的重要成就,并赞扬其谨严笃实的学风。漆侠先生与裴汝诚先生相识于困顿之时,有着四十余年亦师亦友的学术友情,并对裴先生古道热肠、宽厚正直的学人品格赞赏有加。虽仅一篇简单的序文,却又不止于此。

3. 为新纂修的地方志书等作序

20世纪70年代末开始,全国方志学事业获得全面恢复和发展,80—90年代兴起了地方志编撰与研究的热潮。漆侠先生分别于1992年2月15日和2月20日,为《南皮县志》(河北人民出版社)、《任丘市志》（书目文献出版社）撰写序言。南皮县曾于明清民国时期四修县志，而从民国志到90年代的新修县志，已相隔60年之久；而新纂修的《任丘市志》与清道光年间纂修的《任邱县志》，更是已相隔了150年之久。南皮县和任丘市的发展和变化则可谓翻天覆地。南皮县从经济基础到上层建筑，以及意识形态领域，都产生了全面而本质的变化。南皮县著名的清流派代表张之洞，不仅对清末政局产生了重要作用，他所提出的"中学为体，西学为用"主张，在思想界产生了相当广泛的影响。民国时期的张继投身反清斗争，青史留名。《南皮县志》则把旧南皮到新南皮的伟大转变，忠实地记录下来。同样，《任丘市志》也踏实地记录了半殖民地半封建的旧中国向社会主义的新中国，贫穷落后的旧任丘向生机勃勃的新任丘发生的伟大转变。作为华北油田中心的任丘市，随着石油的开发突兀而起。《任丘市志》的作者，有力地抓住这个变化，不但详细记述了石油的勘探、开采总过程，对在石油开发的带动下，任丘市城市建设、各门类工业以及服务性行业的发展，也作了叙述，从而突出地表现了任丘市这悠久的石油城市的风貌，并以此作为任丘市的新特点而记录下来。

1993年2月10日，漆侠先生又为乡邦《巨野县志》（齐鲁书社1996年版）作序。巨野历史悠久，因境内的大野泽而得名，并因彭越于大野泽率众起义反秦而著名。巨野以西百余里的陶，为春秋战国五都之一。从春秋到北宋，巨野一直在为陶都发展、宋代漕运做出贡献。同时也孕育了为宋初古文运动贡献卓越的王禹偁，书香世家巨野晁氏等文化名人。然而自金元以后，由于地理条件发生变化，巨野经济每况愈下。漆侠先生回忆童年时还看到太平溜舟楫上下，到抗日战争初期已遗迹无存。虽自少年读书离开乡邦几十载，漆侠先生却一直挂怀家乡，感慨于家乡改革开放以来的飞跃发展，而"怀着无比的激情来写这篇序文，并衷心地祝愿我的乡土之邦昌盛发达！"[1]

1997年5月10日，为《沧州历代名人传略》（内蒙古人民出版

---

[1]《漆侠全集》第9卷，第312—315页。

社 1997 年版）作序①。序言内容包括两点：一是地方人物志的源流所自，二是地方人物志的功能作用。其一，地方人物志起源于汉魏之世，见诸《隋书》卷三三《经籍志·史部》杂传，有《益部耆旧传》《陈留耆旧传》《零陵先贤传》等，《汉书·艺文志》未见。这类史籍的产生，同汉魏选拔人才的乡举里选、九品中正有着密切关系。其二，地方人物志的功能在于记录乡邦人物，激发人们爱惜乡土，具有乡土教材的功能。是书的作用与贡献，也正在于此。

同样怀着对乡土和国家的热爱，漆先生为刘宝辰先生《花冈暴动——中国"劳工"在日本的抗日壮举》一书（人民出版社 1993 年版）作序。刘宝辰教授为河北大学马列主义教研部教师，从 1988 年起对日本侵华后期强掳中国战俘劳工这一历史遗留问题，进行了艰苦细致的全面调查研究，在此基础上写成编著了这部著作。漆先生"怀着对死难者和幸存者的无比缅怀和崇敬之情来写这篇序文"，对刘宝辰先生的艰辛探索工作及其重要成绩，给予充分肯定。②

（二）为弟子著作写序

1991 年 9 月 25 日，为姜锡东《宋代商业信用研究》（河北教育出版社）作序，后收入《探知集》。漆侠先生虽然已完成出版了《宋代经济史》（上、下册）巨著，但他认为"经济史研究的重心所在是，不是生产了什么，而是采用什么工具什么技术进行生产，特别是在人们结成的什么样的经济关系中进行生产。过去对这方面的研究还是很不够"。"《宋代商业信用研究》这部书稿，可以说是向宋代经济史作更深层次探索的一本。作者姜锡东同志，在读硕士学位时，即以宋代交引铺作为研究的课题，由此揭示交引铺作为政府榷货务与茶盐钞持有者的中介，从事金银买卖和茶盐钞兑换买卖中的各项活动，对宋代财政、经济所产生的影响。硕士生卒业以后这几年中，在原有研究基础上，扩大了研究范围，对各类票证以及商业信用诸关系，作了

---

① 《漆侠全集》第 12 卷，第 618—619 页。
② 《漆侠全集》第 9 卷，第 288—289 页。

进一步的探索和研究，写出了这部专著。宋代商业信用关系的发展，是此前诸代从来未有过的。它的发展，从这一侧面反映了宋代城镇经济和商业的发展，而另外，也许是更加重要的一方面，它说明了，纸币之只能够在宋代而不能够在此以前产生出来。因而，《宋代商业信用研究》也就使这些问题的研究深入了一个层次，研究这一课题的意义和作用也就从这里表现出来。"①

1993年3月20日，为刘秋根《中国典当制度史》（上海古籍出版社）作序，后收入《探知集》。漆侠先生在《宋代经济史》中指出："在城市经济发展中，自唐以来，商人资本和高利贷资本也随之而发展起来。这一经济力量对豪绅势家等老牌地主起着冲击、瓦解的作用，但另外，它又同封建势力结合起来，形成为官僚、地主和商人的三位一体。这个三位一体，经过两宋到明代有了不小的发展，对历史的发展起了严重的阻碍作用。"② 典当业属于高利贷资本，也是一种古老的资本形态。《中国典当制度史》是中华人民共和国成立以来较为系统研究这一课题的第一本专著。

1994年国庆前夕，为李华瑞《宋代酒的生产和征榷》（河北大学出版社）作序，后收入《探知集》。漆侠先生在《宋代经济史》第三编第二十四章《宋代酒醋的酿造和宋封建国家的榷酒榷醋制度》，论述了宋代的榷酒榷醋制度。序文指出："经济史的研究，主要是研究经济关系发展史。对盐茶酒等部门的研究，一方面要着眼于这些部门专门生产关系的演变，而另一方面，则需要着眼于这些部门在国家征榷之后形成的更加复杂的经济关系。通观此前这些领域的研究，虽然也不乏一些有价值的优秀的论著，但着眼于上述两个方面经济关系演变的论著还不多见。李华瑞同志的《宋代酒的生产和征榷》书稿，则是这类研究中的一本。"③

1995年4月25日，为杨倩描《吴家将——吴玠、吴璘、吴挺、

---

① 《漆侠全集》第9卷《姜锡东〈宋代商业信用研究〉序》，第290—292页。
② 《漆侠全集》第3卷，第32页。
③ 《漆侠全集》第9卷《李华瑞〈宋代酒的生产和征榷〉序》，第301页。

第八章　晚期的历史研究与教学（1991—2001）

吴曦合传》（河北大学出版社）作序，后收入《探知集》。漆侠先生认为，面对女真贵族的侵掠，南宋政府内部地主阶级形成了各派政治力量：一是以宋高宗—秦桧为核心的、代表最反动腐朽的大地主阶级投降派，二是以张浚为代表的大地主抗战派，三是以中下级军官士大夫及少数高级将领组成的地主阶级抗战派，本书传主吴玠吴璘就是这类抗战派的代表人物。"把宋金双方的政策和方针同它们的军事行动结合起来，论述宋金战争全局的变化是极其不易的。即使对某一次战役或某一战场局部变化，也是很不容易的。而杨倩描同志的《吴家将》对西北战场的论述，却极其出色地完成了这一课题及其任务。"①

1998年7月9日，为陈峰《武士的悲哀——北宋崇文抑武现象透析》（陕西人民教育出版社）作序。漆侠先生说："宋初立国国策及其演变，先师邓广铭先生的研究给后人开创了广阔的道路，我们应当继承下来，并沿着这个途径继续探索，使此前的研究得到更进一步的发展。""不论从哪方面说，陈峰同志的这部书稿，为深入探索'崇文抑武'这一重大历史问题作了良好的开端，兼之本书文字流畅，可读性甚强，我认为可以作为一本好书向广大读者推荐。"②

1999年6月5日，为王善军《宋代宗族和宗族制度研究》（河北教育出版社）作序。漆侠先生认为宗族和宗族制度是贯串中国古代史的重要课题，在《辽夏金经济史研究》中，指出殷周的发展，与契丹、党项、女真诸族的发展，多有类通之处。"宋代宗族和宗族制度不仅对当时社会起着重要的影响，而且对元明清诸代宗族和宗族制度亦具有重要的作用。善军同志紧紧抓住这一关键问题，进行了较为深入的探索，终于完成一部首尾贯串、逻辑严密、论述详赡的断代史宗族和宗族制度研究，实为近若干年来同类性质著作中的优秀作品。"③

1999年6月5日，为高聪明《宋代货币与货币流通研究》（河北大学出版社）作序。漆侠先生认为自己的《宋代经济史》"属于一般

---

① 《漆侠全集》第9卷《杨倩描〈吴家将〉序》，第307页。
② 《漆侠全集》第12卷《陈峰〈武士的悲哀——北宋崇文抑武现象透析〉序》，第616—617页。
③ 《漆侠全集》第12卷《王善军〈宋代宗族和宗族制度研究〉序》，第628—630页。

性的研究，仅能给人们以有关宋代经济方面的必要的系统的知识，以及给人们以如何运用和诠释文献资料的基本方法，为继续作深层研究提供一个立足点，如此而已！"漆侠先生希望看到更为综括和深入的研究成果问世。"是书广泛地涉及了宋代货币的许多方面，但其重点则放在宋代货币制度和货币流通上，从而获得了此前未有的成就。是书探索了宋代西北地区与西夏对峙而形成的这一市场特殊性。商人人中与政府间形成复杂的关系，由于铜铁钱的并用而造成的两种货币比值波动及其带来的种种影响，北宋政府以盐钞来解决这些繁杂问题，缕分件析，井然有序，最后概括为'以钞权钱'富有理论意义的结论，是前所未有的。""这本著作是对宋代货币制度和货币流通进行了认真探索的，在理论上具有创造性活力的一本优秀作品。"①

2000年1月7日，为高纪春《宋史·本纪考证》（河北大学出版社）作序中指出："《宋史》一书卷帙之多，居廿四史之首位。但，《宋史》一书问题之多，也居廿四史之首位。明清学者试图对是书予以厘正修订，有的甚至于另起炉灶，创为新编。然而由于这些学者对天水一朝史事不甚了了，未能抓住《宋史》一书症结所在，以至所创新编既未能纠正原有的失误，反倒增加了新的弊端。如柯维骐《宋史新编》等著之所以不为史林所重、并遭到讥讪者，原因即在于此。本世纪四十年代初，先师邓广铭恭三先生从问题最多最难的《宋史·职官志》入手，清理其史料来源，疏通扞格难通之处，抉发《宋史》纂修者们所以造成误失的种种因素，著成《宋史职官志考正》一书。这本著作既为如何订正《宋史》一书提供了范例，又为进一步研究宋代典章制度开拓了新的领域，从而使《宋史》研究跨上一个新的台阶。是书当时誉满学术界，陈寅恪先生之所以给予高度的评价，一称先生当时治宋史者'未能或之先也'，又称他日新宋学建立、先生为最有功之人，就是从这部书的成就及其对宋史研究所起的作用而言的。中华人民共和国成立以来，特别是在八十年代以来，宋史研究就

---

① 《漆侠全集》第12卷《高聪明〈宋代货币与货币流通研究〉序》，第633—635页。

是沿着先生所开辟的这两个方向前进的，而且获得了丰富的研究成果。"①

2001年4月16日，为硕士阶段曾在宋史研究室学习的周长山《汉代城市研究》（人民出版社）作序。"城市为人类社会文明的重要标志之一。它是社会历史发展到一定阶段的产物，并且受到社会经济发展、政治兴替的制约，其规模、制度，以及盛衰，是不断变化的。当然，地理条件与城市的发展也是息息相关、极其密切的。城市既在一定的社会历史条件下，成为政治经济文化的中心，它又成为一种强大的力量，反作用于该时期和地区的政治经济和文化。""周长山博士的《汉代城市研究》一稿，则以断代层面的城市研究作为特色，给城市研究增加了新的内容。"②

（三）主编《宋史研究论丛》和《宋史研究丛书》

《宋史研究论丛》为学术集刊，创刊于1990年，由河北大学宋史研究室主办，主要收录河北大学教师的宋史研究成果。至2001年漆侠先生逝世前，共主编并出版了四辑《宋史研究论丛》。《宋史研究论丛》创刊后，漆侠先生为扩大学术界的宋史交流，希望创办一个新的学术刊物，以发展面向海内外的学术交流平台。1993年11月29日，向河北省新闻出版局申请创办《新宋学》期刊，1995年4月5日再次提出申请，虽获省局同意，但在国家新闻出版总署未获批准③。两篇请示内容基本相同，均强调了刊物对推动国内外宋史研究的重要价值和意义：

> 宋学是相对于研究儒家经典的汉学而言的。宋学因以义理为主，兼谈性命，故亦称性理学。《新宋学》的内涵又比原来宋学的范围广阔得多，既包括宋辽夏金各朝的政治、经济发展变革

---

① 《漆侠全集》第12卷《高纪春〈宋史·本纪考证〉序》，第639—641页。
② 《漆侠全集》第12卷《周长山〈汉代城市研究〉序》，第645—646页。
③ 河北大学校字（1993）第92号《关于创办〈新宋学〉学术期刊的请示》；河北大学校字（1995）第15号《关于创办〈新宋学〉杂志的请示》。

史，发轫于宋儒的理学，也包括宋辽金的文学、艺术、科技、教育、民俗、宗教、学术、史学等文化史。

宋学研究已有80多年的历史，自日本学者内藤虎次郎提出宋代是中国近世文化开端说，四十年代陈寅恪先生指出中国古代文化的发展"造极"两宋，又提倡建立"新宋学"之后，宋代在中国历史上的重要性渐被肯定。1963年法国汉学家白乐日又倡建"宋史计划"，宋学研究为欧美汉学界所重视；1955年日本成立了"宋史提要协力编纂委员会"；1963年中国台湾成立了"宋史座谈会"；1970年美国汉学界创办了"宋代研究通讯"，介绍各国宋学研究动态。在此期间，中国的宋学研究远远落后于日本。1980年中国大陆成立了"中国宋史研究会"之后，宋学研究才得到蓬勃发展。国内外学术交流亦开始频繁。迄至今日，宋学研究已遍及亚、美、欧、澳四大洲近20个国家和地区，宋学已经成为一门国际学，并已形成了一支庞大的研究队伍。但至目前，国内外尚未有一个反映宋学研究成果的权威性学术期刊，这与宋学的国际地位很不相称，同时也落后于其他断代史和专门学科，所以自八十年代以来，国内外宋学研究者一直寄希望于中国宋史研究会会长漆侠教授，由他领导主办一个能够集中反映国内外宋学研究最高水平、最新成果的综合性学术刊物，而且呼声越来越高。

2001年，河北大学宋史研究中心成为"教育部省属高校人文社会科学重点研究基地"，为促进宋史研究事业的发展，扩大宋史研究界的学术交流，《宋史研究论丛》遵从漆侠先生生前的意愿与主张，面向海内外开放征稿，并常态化为每年一辑，2015年起变更为半年刊。《宋史研究论丛》广受海内外宋史学界的重视，众多宋辽金元学者借以发表高见，在学术界产生了良好影响。

20世纪90年代以后，受商品大潮的冲击，学术类著作出版尤为困难。漆侠先生凭借宋史专家的身份，努力向河北省教育厅申获经费支持，1992—1999年，由河北教育出版社和河北大学出版社陆续出版《宋史研究丛书》第一辑。漆侠先生第二部个人论文集《知困集》（1992）列为首部出版，以起到表率作用。

《宋史研究丛书》既包括河北大学宋史研究室（后合并为历史研究所）老师的著作，又包括宋史学界其他高校或单位学者的优秀著作。如在丛书第一辑中，《宋代文官选任制度诸层面》一书的著者邓小南，为邓广铭先生的女儿。如前所述漆侠先生于1994年4—5月赴日访问讲学时，报告有《中国宋代职官制度研究的五十年：从邓广铭先生教授〈宋史职官志考证〉到邓小南〈宋代文官选任制度诸层面〉》，对恩师邓广铭先生及其女儿邓小南教授在中国宋代职官制度研究上的成就加以介绍。自1999年开始，《宋史研究丛书》全部改由河北大学出版社出版，至今已出版四辑。漆侠先生《探知集》入丛书第二辑，遗著《历史研究法》入丛书第三辑。

（四）学风建设与出版获奖情况

20世纪90年代，随着改革开放的发展，意识形态领域受到资产阶级自由化思潮的冲击，反对马克思主义之风甚嚣尘上。正如《哲学的使命》一书所说，"近些年来，在意识形态领域里，由于资产阶级自由化思潮的影响，思想、理论界一度很混乱。除了最低级最下流这一层次的黄色淫秽书刊、录像带属于'六害'范围应在严厉清扫之外，再一层次则是通过电影、电视等宣传媒介宣扬了一些形形色色的剥削阶级思想和生活方式。在最高层次的学术领域里，不论是在哲学、经济学、史学、社会学，还是在文学艺术领域里，在不同场合、不同政治形势下，有时以细微的隐晦的语言，更多时候是以公开的甚至狂妄的叫嚣，正如本书作者们所指出的，'其矛头所指，涉及马克思主义的各个领域，尤以对唯物史观的冲击为甚'"。在《探索与求是》1992年第2期，漆先生发表《〈哲学的使命〉评介》一文中指出：

《哲学的使命》一书不仅对上述观点作了评述，而且对前几年贩卖来的西方哲学流派诸如实用主义、存在主义、结构主义、弗洛伊德主义等等，也都做了评述。这样，也就清理了那些反马克思主义唯物史观的所谓"新"观点同西方哲学流派之间的来龙去脉，从而揭示了这些"新"观点不过是西方哲学流派的余唾，自欺欺人而已。马克思的一句名言是，"在这里，所谓'新'，几乎总是倒退到早已被驳倒的观点"①。本书对西方马克思主义这一流派，也专立一章加以评述。……《哲学的使命》一书，不仅对人们了解几年前理论界、思想界斗争的实际情况，而且对划分马克思主义与假马克思主义、反马克思主义的界限也很有帮助。

1993年3月12日，河北大学举办漆侠先生执教四十周年座谈会。恰逢漆侠先生七十大寿，河北省教育界、学术界和河北大学都很重视，举行隆重的祝寿暨执教四十周年的庆典活动。乔幼梅、王曾瑜先生在《漆侠全集》的《前言》中写道："漆侠先生特别是在生命最后的二十年间，付出了极大的精力，努力培养中国大陆的宋史研究后继者，组成了不同年龄层次的研究群体，这在中国史学界中，同样是仅见的。在'文革'后几乎是一片学术荒漠上，漆侠先生苦心经营，造就了今天不论是中国，还是世界上堪称第一流的宋史研究中心。他刻意创设一种专心致志的学习环境，使青年人不至于经受大千世界的各种诱惑，老实读书，不偷懒取巧，不心猿意马，在各方面进行最严格的要求和训练。漆侠先生不仅重视图书设备的建设和不同年龄层次研究人员的梯次配置，更重要的还是树立代代相传的好学风。不少有成就的中青年学者都是经过漆侠先生的培养。漆侠先生向他们不仅传授了高学识，也传授了好学风。学术民主是学术正常发展的重要条件。学生公开向老师漆侠先生提出异论，而老师不以为忤。"这些评价平实客观，是对漆侠先生执教育人所取得成果的总结。

1997年漆侠先生在《河北大学学报》第4期，发表《〈中国改革

---

① 《资本论》第3卷，人民出版社1978年版，第881页。

通史〉序言》（与姜锡东合著）。文中重点阐述《中国改革通史》的写作背景：改革，是当前神州大地的主旋律。它激烈地撞击着人们的心扉，变幻着各行各业的言行举止，振荡冲刷着社会生活的方方面面。中华民族能否重振雄风，能否傲立世界强国之林，与改革的成败得失息息相关。这是海内外炎黄子孙的强烈共识，人们已无太大异议。但是，究竟怎样改革？这不是哪一个人或哪几个人所能解决的大问题，是一个众说纷纭而行动上决不能众说纷纭的大问题，是一个需要大家参与、长期探求的大问题。《中国改革通史》是一部河北大学历史研究所、历史系教师们共同参与的集体著作。

关于学风建设，1999 年漆侠先生在《河北学刊》第 5 期"史学与社会"笔谈栏目，发表《"在齐太史简，在晋董狐笔"——以献身的精神投入历史学》。文章指出："在商品大潮的冲击和重理轻文的外部社会环境之下，更重要的是由于史学理论上困扰和历史科学研究人员的素质问题，导致了所谓的'史学危机'。只有认真学习马克思主义，培养合格的专业人才，历史科学才能够兴旺发达起来。历史这门学科不仅要具备才、学、识，而且还要具备史德。这个'德'，不仅仅是一般所谓的职业道德，而是这种职业道德升华了的维护历史科学的那种献身精神。其所以如此，乃是由于历史科学所追求的是人们所信赖的信史，而信史必须是亦只能是建立在真实可靠的史事材料的基础上。求真是历史科学的最根本的一条。"

1995 年 11 月，《辽夏金经济史》（与乔幼梅先生合著）荣获第二届全国高等学校出版社优秀学术著作优秀奖。

1995 年 12 月，《宋代经济史》（上海人民出版社）荣获全国高等学校人文社会科学研究优秀成果奖著作类一等奖。这是该奖项的首届评奖。1999 年 1 月，《中国经济通史·宋代经济卷》（上、下）修订版，经济日报出版社出版。

1996 年 11 月《辽夏金经济史》（与乔幼梅先生合著）荣获河北省哲学社会科学优秀成果一等奖。1998 年 3 月，《辽夏金经济史》（与乔幼梅先生合著）修订再版。获教育部第二届人文社会科学优秀著作二等奖。8 月，《中国经济通史·辽夏金经济卷》由经济日报出版社出版。

1996年11月，与田昌五先生共同主编的《中国封建社会经济史》（四卷本）由齐鲁书社和台湾文津出版社联合出版发行，分大陆简体字和台湾繁体字两种版本。全书包括总论和正文四卷九编五十六章，近220万字。上起战国，下迄鸦片战争，是一部系统完整的中国封建经济通史。

1997年12月，在《中国社会科学家自述》（上海教育出版社）发表《漆侠自述》。主编的《中国改革史》（一卷本）由河北教育出版社出版。

2000年1月4日，据河北大学校人字〔2000〕2号文件，漆侠先生和滕大春先生、孙执中先生三人为河北大学文科资深教授。

2000年1月，主编《中国改革通史》（十卷本）由河北教育出版社出版。

2000年，为申报教育部人文社会科学重点研究基地，河北大学历史研究所改组为宋史研究中心。漆侠先生担任中心名誉主任、中心学术委员会主任。当年，漆侠先生联合乔幼梅先生等申请了教育部课题《宋辽金代史》。2001年11月2日漆侠先生去世后，按教育部有关领导建议，该课题转由宋史研究中心主任姜锡东教授承担。在王曾瑜先生、乔幼梅先生和李锡厚先生等60多位专家学者共同努力下，2010课题结项并由人民出版社出版《辽宋西夏金代通史》（7卷8册）。

四 《辽夏金经济史》出版

（一）主要内容

1994年3月，漆侠先生与乔幼梅先生合著的《辽夏金经济史》由河北大学出版社出版。该书运用马列主义观点，全面论述和总结辽、西夏和金朝社会经济的各个专门领域，对中国10—13世纪宋朝统治区以北地区社会经济深入研究分析。该书与《宋代经济史》合在一起，完成中国10—13世纪的主要社会经济的研究。该书荣获河北省第五届（1994—1995）社会科学优秀成果著作类一等奖。

该书除《绪论》外，包括三编二十二章。

绪论《论辽夏金经济的发展及其历史地位》中，总结了建立辽、夏、金王朝的契丹、党项、女真诸族发展的共同特点：第一，契丹等族都经历了原始社会阶段，并从父家长制阶段进入奴隶制，而后又演进到封建制。第二，从其建国之前到亡国，宗族一直作为经济实体贯彻其终始，对于社会经济制度的发展具有重要的意义。第三，宗族这个经济实体之所以重要，尤其在于它孕育着奴隶制和封建制两种经济成分，对以后的社会经济制度的演变起着决定性的作用。第四，事物的发展变化依赖于时间地点条件的转移变换。在契丹、党项和女真的宗族中，前两者寓存了两种经济成分，而女真族在进入中原地区之前宗族内没有封建经济成分。契丹、党项宗族内的封建经济关系发展成为一种主导的经济制度，从外部条件看，它是受到了邻近的中原地区汉族高度发展的封建经济制度的影响，而女真人在其进入中原地区前，则缺乏这样的一个外部条件。契丹、党项和女真社会经济制度的发展，特别是契丹、党项宗族内部包孕的两种经济成分和两个发展方向，具有重要的理论意义，对我国古代殷周到春秋社会经济制度的演变也具有重要的借鉴作用。同时，契丹、党项族的奴隶制发展，局限于边疆一隅之地，虽然有所破坏，还不算大。女真贵族集团把奴隶制推广到北中国，情况就大不相同了。女真贵族入主中原的结果，民族斗争取代了阶级斗争，不仅腐败的宋皇朝得以苟延残喘，偏安一隅，而且女真贵族所代表的奴隶制渗透、侵蚀到高度发展的社会有机体中，从而造成了北中国的局部倒退。

第一编《契丹辽国经济史》，包括九章。

第一章《契丹建国前社会经济的发展与契丹原始公社制解体》。契丹辽国自916年耶律阿保机称帝建国，到辽天祚帝被俘亡国，历时210年。契丹人多年来繁养生息于潢河一带，建国前契丹人、奚人从事采集经济和畜牧经济。唐开元后由父家长制阶段进入阶级社会。

第二章《耶律阿保机、耶律德光建国初期契丹疆域的扩大；奴隶制与农奴制相结合的契丹经济体系》。契丹到耶律阿保机时期开始插手中原政治，到耶律德光时期扩大疆域，推动既有草原、丘陵，又有平原的多种形态的社会生产。这一时期契丹人口激增，建立有"汉城"和头下军州，在畜牧业、农业和手工业诸方面，取得了全面的发展。契丹社会内部奴隶制和封建依附化关系也发生变化，封建经济关系越来越占上风，并居于主导地位。

第三章《契丹辽国的社会生产（上）：畜牧业和农业》。辽国的社会生产以长城为南北分界：契丹人居住的草原地区是以畜牧业为主，穿插上一点农业；大定府以南奚人居住的部分草原和燕山山区，畜牧业与农业相兼；燕山以南至白沟以北，西达代北，东至辽东，这一狭长地带，则以农业为主，加杂上一部分畜牧和果树业。

第四章《契丹辽国的社会生产（下）：各种手工业生产》。契丹手工制造业以制车为最早，到契丹进入阶级社会、开展了冶铁手工业之后，才真正发展起来了手工业。到阿保机建国，受到中原地区先进技术的重大影响，契丹的纺织、制瓷、建筑等多种手工业都获得了明显的发展和提高。手工业的这一发展，与畜牧业、农业构成了一个坚实的经济基础，极大地增强了契丹的综合国力，为其称雄草原二百年提供了可靠的保证。

第五章《契丹辽国的城市和商业及其与周边诸族（国）的贸易》。契丹辽国北部草原畜牧业生产区，建有上京临潢府、中京大定府及东京辽阳府等城市建筑，为契丹诸部和周围诸部诸国的交换场所；燕南地区商业贸易发展，形成了以南京为中心的村镇、州县城邑组成的网络。辽与五代、宋存在榷场贸易，与西夏、吐蕃、回鹘是贡易贸易，对女真诸族则是科索和掠夺性的贸易。辽与域外诸国，如西亚诸国和东方的高丽、日本，都有交往。

第六章《契丹辽国的赋役制度》。契丹辽国的经济体制主要由三部分组成：（1）契丹皇帝的直辖领地——斡鲁朵（宫分）制；（2）契丹贵族的领地——头下军州制；（3）包括赋役在内的契丹辽国的财政经济制度。本章主要叙述第三部分。役在契丹社会经济关系中占有极为重要的地位。它既具有广泛性、普遍性的意义，又具有地区的民族的特点。契丹的役主要包括兵役和徭役。契丹实行全民兵役制，按规定年龄征调兵役，主要由中下层牧民承担，沉重的兵役使中下层牧民日益贫困化；半牧半农的奚人地区和燕京以南的汉族农业区、辽东渤海人农业区承担兵役的同时，还承担与契丹人不同的各项杂徭。上述不同地区在赋税征收方面设官分职，区别明显，构成契丹财政经济上的一个显著特色。

第七章《辽代社会经济制度（上）：辽代社会经济结构中的"族"；契丹皇帝的领地——斡鲁朵（宫分）制》。在契丹社会发展中，形成以耶律氏和萧氏为核心的强大的宗族或族系。这两大族系以婚姻的方式联结起来，一族为皇帝，一族为皇后，形成为耶律氏萧氏的皇权统治。斡鲁朵（宫分）制是907年耶律阿保机继任契丹汗位，着手建立、后代嗣君继续奉行的一项制度。通过斡鲁朵的建立，皇帝扩大了他的直接领地，使其拥有更多的财富和甲兵。

第八章《辽代社会经济制度（中）：契丹头下军州制和社会诸等级；奚人的封建制；契丹奴隶制及其萎缩》。在契丹建国前后，契丹贵族在掠夺战争中也俘获了大量人口，并同契丹皇帝建立翰鲁朵一样，建立了以畜牧业为主、农业生产为主、手工业生产为主三个类型的头下军州，有媵臣、部曲和被俘汉民三类劳动者。契丹社会中，还有下层贵族、牧主、牧民诸等级；奚人地区则发展了封建农奴制，由汉人从事农业生产；在阿保机建国前后，契丹奴隶制母体中孕育了封建制因素。从此，契丹社会内部两种经济制度展开了竞争，封建制则日益发展，而奴隶制则呈现了萎缩，终于在辽景宗圣宗时期，封建制居于主导地位。

第九章《辽代社会经济制度（下）：燕南辽海地区土地关系；辽代的寺院经济》。燕南地区的土地所有制，大体上分为三个类型：一是为辽国占有的国有制，二是以韩赵马刘等大族占有的土地私有制，三是寺院占有的土地。辽海地区由大氏等40个家族统治，向庄园农奴制方向转化；辽代寺院是在辽代统治者的积极扶植下发展起来的，其政治经济力量与日俱增。寺院拥有二税户，利用手中的钱物进行高利贷剥削。

以上第七、第八、第九章，对辽代的经济制度、社会阶级结构作了论述。辽代社会阶级结构如何？漆侠先生从对《辽史》列传的分析来看辽的国家体制[①]。所谓辽国国家体制，包含两层意思，一是指辽国国体，即辽国由哪个阶级掌握政权，并由哪个阶级所代表的社会经济制度决定国家的性质；二是指辽国的政体，即居于统治地位的阶级，采取什么样的政治形式来统治这个国家。以契丹皇帝为首的贵族领主阶级掌握国家政权，辽国国家性质是封建农奴制；以耶律氏、萧氏两族系所组成的贵族世代把握中央政权，同契丹皇帝共同主宰这个国家，同时由于燕山地区的重要地位，在这个政权中吸收了以韩、马、刘、赵四大家族为代表的汉人地主阶级，分享部分政权。漆侠先生对《辽史》305名传主进行统计，从而证明：在辽所建立的这个多民族政权中，契丹人占最大优势，其次是汉人，辽朝建立了契丹人为主、汉人为副，二者据有统治地位的国家体制。在对契丹人的统计分析中得出结论：耶律氏皇族和萧氏后族在辽二百余年统治中居于统治地位。从而说明辽是以耶律氏、萧氏两大族系结合的贵族专制。辽的国体和政体由此得到了进一步的说明。

第二编《党项夏国经济史》，包括五章。

第十章《党项建国前史（400—980年）》。西夏是由党项拓跋氏家族建立起来的。党项属"西羌之别种"，隋代开始东迁，唐安史之乱后迁至银夏诸州。拓跋思恭协助镇压黄巢起义后，赐姓李，为定难军节度使，辖有银、夏、绥、宥、静五州之地。党项夏国建立前，从原始公社制解体到阶级社会过渡。

第十一章《党项夏国的建立和发展；党项贵族统治集团的建国方针》。自拓跋思恭以来，银、夏诸州即成为党项贵族们的世袭领地。李继迁"联络豪右"，伺机扩张，攻下灵州为西平府，牢固地据有了银、夏五州。其子赵德明据有河西走廊。赵德明子李元昊于1038年改兴州为兴庆府，称帝建国。

第十二章《党项夏国的社会生产》。由于林木茂密，西北地区的自然生态环境相当良好，给党项夏国的社会生产，特别是畜牧业农业

[①] 《漆侠全集》第9卷，第123—142页。

生产创造了有利条件；农业生产则主要分布在黄河南灵州一带，以及横山、天都山若干片段，河西走廊地区；手工业包括矿冶和冶铁业，冶铜和铸钱业，制盐业，纺织业，陶瓷、建筑材料业，刊刻印刷业。

第十三章《西夏的商业贸易及其与各族之间的交换》。西夏国内交换主要集中在所辖州府及诸监军司所在地，这里是居民、军队、官府集中的地方。西夏与宋的交换与贸易包括贡使贸易、榷场贸易和双方边民的私自贸易。夏辽之间，主要是贡使贸易。宋夏议和后，西夏利用中原地区的赐茶换取西北诸族的畜产品，或从中双方贸易中抽税。夏金之间，主要是榷场贸易。

第十四章《西夏的宗法封建制》。（一）宗族不仅是党项社会的基本组织，而且是一个经济实体。早在党项建国之前即已广泛存在，并与夏国兴亡相终始。（二）在宗族这个经济体内，包孕着奴隶制和封建制两种经济成分；一分为二，形成党项社会发展的两种前途。（三）在宋夏边界上有不少的熟户，也同样是党项的一些宗族，由于在宋封建租佃制高度发展的影响下，向封建租佃制的方向发展。（四）在夏兴灵银夏统治腹心地区，党项社会则沿着宗法封建制方向发展。（五）党项宗法封建制的基本特征是，在保留氏族宗法大量残余情况下，既发展了奴隶制，但党项的奴隶有着自己的私有财产，不像奴隶制下的奴隶；同时又急剧地进入初期封建制，牧人、农夫是社会的主要生产者，但他们的社会地位低下，不像封建制下的牧人和农夫，而这些恰反映了党项社会形态的特征。

第三编《女真金国经济史》，包括八章。

第十五章《女真自原始公社制到奴隶制的飞跃》。女真是我国东北地区的古老的民族之一，长时期地居住在白山黑水之间。从后汉到唐代（2—10世纪），女真过着畋猎生活，还从事农业生产，过着以氏族、部落为单位的社会生活。10世纪中期至12世纪20年代，是女真族从原始公社制跃入奴隶制的重要的转折时代。

第十六章《金国建立后女真奴隶制的发展》。1115年正月，阿骨打建立金国。阿骨打继续实行兄终弟及制。其宗亲分掌军政大权，形成了完颜氏贵族奴隶主专政的局面。阿骨打贵族统治集团立国的最根本的国策是，发展奴隶占有制。女真贵族扩展奴隶制的手段主要包括：在军事上发动战争，在政治、经济上用屯田等土地占有方式，将猛安谋克户大量迁移到新占领区。

第十七章《从残破到恢复的金国农业生产》。金代人口具有分布不平衡性，东北地区和西北地区约占金统治区面积的 3/4，户数仅占 16.55%，地广人稀。金代的户口经历了一个初期锐减、中期骤增的过程。金代的农业按地理条件可划分为东北地区和华北地区。东北地区为女真族故地和部分辽统治区，原来就是以农业生产为主，辅以畜牧渔猎业，农牧业互为依辅。华北地区为原北宋统治区和部分辽统治区（燕云地区），是金国农业生产最为发展的地区。

第十八章《恢复和发展中的金国手工业生产》。矿冶是金代手工业中较为重要的门类，它直接关系到生产工具、军事实力、生活用品、货币流通以及财政税收，因而矿冶一向受到女真统治者的高度重视。纺织、陶瓷、制盐业等手工业生产，也获得恢复和发展。

第十九章《金代的商业、贸易》。金代中原地区商业的恢复和发展，以城镇的恢复和兴盛为重要标志。金代货币，经历了以钱为主、钱钞并用的阶段，后期币制混乱，走向崩溃。金代前期伴随着奴隶制发展，以借贷为主要形式的高利贷剥削曾使无数平民沦为债奴；中后期，女真奴隶主向封建地主转化过程中，高利贷资本又与官僚、商人结合投向土地，推动了女真的土地兼并和高度集中。金与宋设置榷场贸易，展开对铜币的争夺。金与夏有贡使和榷场贸易，但时断时续，非常有限。

第二十章《金代的土地制度》。金代的土地占有形式可分为官田和私田两类，官田是以政府或皇帝的名义占有土地，然后进行分配或赏赐或开采运营。除了山林川泽这些天然的国有土地之外，主要包括牛头地、屯田、寺院田、学田、牧场和围场等；私田则包括汉族、契丹、女真、渤海等族的贵族、官吏、地主和自耕农私有的土地。女真建国后，由氏族制向奴隶制发展，大量私田变为官田；随着由奴隶制向封建租佃制的发展，官田私田化。

第二十一章《金代的赋役制度》。金代赋役制度具有两个特点：

一是由于在相当长时间内同时存在着封建土地所有制和奴隶主土地占有制，就出现了两种并行的田赋制；二是以汉族为主的被统治各族人民赋役负担的沉重。金代田赋分地税、地租和物力钱三大类。地税有两种，女真猛安谋克户纳牛头税，汉族等封建地主和自耕农纳夏秋两税，以及丁口、资产总和为征收对象的物力钱。还有其他税课与杂役。金世宗大力推行通检推排，加重了对人民的掠夺。

第二十二章《金代社会阶级结构及其演变（1137—1234）》。1137年女真统治集团废伪齐刘豫政权，对北中国进行直接统治。女真奴隶制衰落，被迫转向封建化。金攻破汴京之后，以伪齐刘豫政权为其鹰犬。废伪齐后，继续依靠汉人地主阶级及其士大夫加强其对北中国的统治。金统治下，燕京地区的寺院经济发达。农民阶级遭受阶级和民族的双重压迫，掀起了反抗和斗争。

（二）对辽夏金史研究的贡献

《辽夏金经济史》可以看作《宋代经济史》的姊妹篇，补充完成了中国古代经济史断代研究的重要内容之一。"在辽夏金史这样一个举步维艰的研究领域中，过去曾有人分别就某个王朝的经济或个别问题撰文、著书，进行探讨；本书则是将辽夏金三个北方少数民族建立的王朝作为中国北方一个独具特色的经济区域进行全面、深入研究的拓荒之作，从而为辽夏金史、特别是这一时期的经济史的深入研究提供了范例。"[①]

该书系统论述了辽夏金三王朝的经济发展过程和各自具有的特点，结构完整，内容全面。该书第一编《契丹辽国经济史》9章，论述契丹族建国前的经济活动，建国初期奴隶制与农奴相结合的契丹经济体系，契丹辽国的社会生产、城市和商业贸易、赋役制度和辽代的社会经济制度等；第二编《党项夏国经济史》5章，论述党项夏国的社会生产，商业贸易及其与各族之间的交换，宗法封建制等；第三编

---

① 李锡厚、王曾瑜：《评〈辽夏金经济史〉》，《历史研究》1995年第3期。下文评介中多有参考，不再一一注明。

《女真金国经济史》8章，论述女真族建国前后的经济活动及其社会性质的发展演变，金国的社会生产、商业贸易、土地制度和赋役制度、金代的社会阶级结构等。

该书对辽夏金三王朝的经济，进行了长时段、贯通性的研究。如对契丹建国前社会经济的发展与契丹原始公社制解体考察，前溯至北魏登上历史舞台，历北齐北周而至隋唐；对党项建国前史（400—980年）加以考察，厘清拓跋氏族源，叙述党项从原始公社制解体向阶级社会的过渡；女真族的早期历史和经济生活，最早开始于两周之际，汉唐时期由氏族民主制发展到家族继承制。10世纪中期至12世纪20年代，才由原始公社制跃入奴隶制。

该书以马克思主义为指导，研究辽夏金统治下的社会形态方面的特点。如在该书《绪论》中总结出建立辽、夏、金王朝的契丹、党项、女真诸族发展的共同特点之一，是都经历了原始社会阶段，并从父家长制阶段进入奴隶制，而后又演进到封建制。但又有所区别，在契丹、党项和女真的宗族中，前两者寓存了两种经济成分，而女真族在进入中原地区之前宗族内没有封建经济成分。又如在对辽夏金"宗族"问题的分析中，漆侠先生认为。从其建国之前到亡国，宗族一直作为经济实体贯彻其终始，对于社会经济制度的发展具有重要的意义。契丹、党项和女真社会经济制度的发展，特别是契丹、党项宗族内部包孕的两种经济成分和两个发展方向，具有重要的理论意义，对我国古代殷周到春秋社会经济制度的演变也具有重要的借鉴作用。

该书把辽夏金的经济发展置于民族交流与融合的背景之下，充分揭示了汉族在这三个王朝社会经济发展中的重大作用。契丹辽国建立有"汉城"和头下军州，受到中原地区先进技术的重大影响，契丹的纺织、制瓷、建筑等多种手工业都获得了明显的发展和提高。华北地区为原北宋统治区和部分辽统治区（燕云地区），是金国农业生产最为发展的地区。

该书重视揭示辽、夏、金在当时中国与外部世界的经济联系中所起的特殊作用。如在第一编第五章指出契丹辽国在北部草原畜牧业生产区建立城市，和周围诸部诸国发展贸易。辽与五代、宋存在榷场贸易,与西夏、吐蕃、回鹘是贡易贸易,对女真诸族则是科索和掠夺性的贸易。辽与域外诸国,如西亚诸国和东方的高丽、日本,都有交往。西夏占有河西走廊后,在中原与中亚地区经济联系上起着中介作用。

在对辽夏金三个王朝社会性质、经济发展进行分析、研究的基础上,作者在该书中提出了一些真知灼见。如从《辽史》列传分析辽代的国家体制,指出所谓国家体制有国体、政体两个层面,辽朝建立了契丹人为主、汉人为副,二者据有统治地位的国家体制,并实行耶律氏、萧氏两大族系结合的贵族专制。又如关于契丹的役,因史料缺乏学界少有关注,该书中对契丹兵役、徭役及其民族性、地域性特征进行了开拓性研究。又如对宋金贸易中,双方争夺铜币的独特现象进行了分析,指出铜钱北流、南流都是货币流通基本规律的表现。

五　最后的日子

漆侠先生于2001年11月2日因医疗事故遽然离世,距离5月师母万瑞兰老师病逝仅半年时间。漆侠先生与万瑞兰老师相识于北京大学读书期间,后结为伉俪。夫妇二人感情至深,相守五十余年。万瑞兰老师陪伴漆侠先生共同经历种种挫折与磨难,从北京到天津,由天津到保定。成家后,漆侠先生把幼弟接来读书。1953年年底去天津后,夫妇二人要靠薪酬养育四名子女(长子漆燕生、长女漆平生于北京,次女漆小凌、幺女漆小瑾出生于天津),又把母亲和侄女等亲属从老家接出来奉养,经济上一直十分拮据。1970年河北大学由天津迁往保定,万瑞兰老师暂留天津照顾子女,后全家搬到保定。据女儿漆小凌回忆:

为人诚实守信是我母亲生而具有的特质,也不啻于对我的父亲。倒是她对父亲的相濡以沫、患难与共才是使父亲受益良多而无后顾之忧,才能放手家事、一心一意地读书、写书和教书。如果说父亲能享有今天之功名,除去他自身的勤奋,老师的教诲,更多的是源于母亲。在母亲与父亲五十多年的相守中,她为了父亲可以义无反顾地从北京搬到了天津;"文革"时期,为了牛棚中的父亲抽到一根好一点的烟,她可以一根一根地把"恒大"烟丝换到"永红"烟的卷纸中。对父亲的细腻情感,不是我们能够完全看得到,体会得到的。父亲曾经说过:"如果有一天你的母亲走了,我也会很快地离开。"不幸的是一语成谶。

万瑞兰老师去世后,漆侠先生依旧每天来宋史研究中心的小院读书、写作、教学。可能投入忙碌于教学、科研,是他化解悲痛的办法。漆先生有时谈到万老师,不免潸然泪下。

以下是先生留给我们最后的身影:

2001年春,河南大学在郑州召开211学科建设论证会,漆侠先生作为专家组成员与会。会后到开封参观考察了大梁门附近刚刚挖掘的古代城墙"城摞城"遗迹,并给河南大学历史系师生作学术报告。

2001年4月,河北大学宋史研究中心被教育部确定为"省属高校人文社会科学重点研究基地"。漆侠先生在中心成立前的近二十年岁月里,从宋史研究室到历史研究所、到宋史研究中心,亲力亲为,呕心沥血,为中心的创立、发展倾注了大量心血,为河北大学和海内外宋史研究事业的长足发展,建立起一个实力雄厚、十分难得的基地平台。

2001年9月27日,至北京师范大学参加庆祝何兹全先生九十华诞研讨会。

2001年10月9日至11日,参加由河北大学宋史研究中心举办的宋代经济史研讨会。在开幕式发言中,漆侠先生阐述了宋代经济史研究的重要性。

2001年10月18日,上午参加河北大学80周年校庆大会,下午参加"省属高校人文社会科学重点研究基地"河北大学宋史研究中心揭牌仪式,与河北省人民政府副省长刘建生同志一起为基地揭牌,晚上出席河北大学校庆文艺晚会,观看演出。

2001年10月20日,在《河北大学校报》(校庆特刊)发表《我为校庆献一言》中，提出六点意见和建议：一、总结建校以来 80 年的历史，特别是中华人民共和国成立以来 50 年的校史，概括教学、科研诸方面工作的长短得失，找出自己的优势所在，以及同重点院校的差距是什么，作为今后起步的开端。二、加强校、院（系）领导班子建设，以教学和科研作为学校重点，由此带动其他工作。三、教师队伍对学校起着决定性作用，因而学校的工作应以教师为重点，解决教师的多种问题。把改善教师工作条件、提高教师收入，作为学校当务之急。四、贯彻教学三基本（基本理论、基础知识、基本技能），力争三五年内使各科教学规范化。本科毕业生水平比重点院校毫无逊色，除部分学生深造外，都能够适应国家建设事业的需要。五、加强对研究生的培养。本着宁缺毋滥的原则，精选研究生导师，赋以培养高级人才的重任。一般地说，硕士生 3 年要能初步承担一门专业课，博士生 3 年则具有较为深厚的专业知识，写出有创见的论文，具有独立研究能力。六、积极培植重点学科。当代世界名流大学亦仅是在某几个学科处于领先地位，而不是普遍开花。河大应筛选五六门学科，重点培植创造各种条件，使其在 10 年到 15 年内成为国内先进学科，其中一二学科能在世界学术之林有自己的独特地位。以上几点，大体上可以概括为四句话："整顿巩固、狠抓基本、重点突破、带动全局。"今天看来，漆先生的见解，对河北大学乃至各高校的发展，仍具有非常重要的指导意义。

10 月 23 日，为研究生上了《历史研究法》的最后一课。先生自 1985 年至 2001 年，共招收培养中国古代史专业博士研究生 22 人（去世时尚有 6 人在读），硕士研究生 28 人。

2001 年 11 月 1 日，为周一良先生治丧委员会拟发唁电。周一良先生是山东青岛人，比漆侠先生年长 10 岁，青年时期曾先后就读于北平辅仁大学历史系和燕京大学历史系，毕业后任中央研究院历史语言研究所助理员。1952 年以后任北京大学历史系教授，兼任中国古代史教研室主任。周先生于 2001 年 10 月 23 日逝世，漆侠先生于一周后才收到讣告信函，便马上向北京大学周一良先生治丧委员会拟发唁文，向这位师辈学长表达深切哀悼。不幸的是，翌日漆侠先生遽然

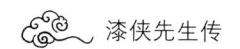

离世。

2001年在《历史教学》第1期上发表《〈历史教学〉创刊50周年贺》。漆侠先生在贺词中说：《历史教学》创刊于1951年，著名的历史学家、现依然健在的张苑峰（政烺）先生即是该刊创始者之一。这是中华人民共和国成立后较早的一个专业性刊物。漆侠先生指出：20世纪50年代，针对某些错谬观点，《历史教学》采取了批判态度。1958年，曾经有人借口打破王朝体系，提出把包括皇帝年号在内的朝代名称一律废止不用。针对这种幼稚病，《历史教学》发表文章指出：所谓打破王朝体系主要在于，打破以帝王将相为中心的封建史学体系，至于朝代年号是年代的标志，仍然是可以充分利用……建国以来，对历史人物评价问题风靡于各个刊物。《历史教学》在这方面的工作极为突出，它所发表的人物评论文章，极其广泛，既有帝王将相如秦皇、魏武、宋祖，也有农民起义领袖人物如黄巾、李密、刘六、刘七、李自成，也有如前面提出的一些发明家，等等，应有尽有。评论文章有的非常中肯，评价客观公正。特别值得提出的是，1952年《历史教学》曾经对史可法这个人物提出讨论，看看他是否够得上一位民族英雄。作者们观察的角度有所不同，视野自然也就不同，立论、结论当然就有了差异、不同。尽管有如此不同，但都是为了取得共同的正确的认识，心平气和，摆事实，讲道理，以理服人，从而为学术的自由讨论，为学术民主开创了好风气。这一点尤为值得重视。

2001年11月2日上午8时40分，漆侠先生因医疗事故在河北保定家中不幸逝世，享年七十八岁。海内外学界闻讯纷纷发来唁电，数百名各界人士亲自到漆先生家中吊唁或参加遗体告别仪式，表达对一代学界泰斗的敬仰和哀思之情。漆侠先生的逝世，确实是河北大学和学术界的一大损失。

先生以其卓越的学术成就和非凡的学术贡献，在海内外学界享有崇高的声誉，终成一代宗师。"史学巨擘，宋学泰斗，盛名垂千古；学界宗师，教坛昆仑，桃李竞芬芳。"留给后世的不仅有里程碑式的煌煌巨著，更有卓尔不凡的高尚品格和执着追求的敬业精神。他的各项功绩，必将万古长青，永世长存。

第九章

晚期宋史研究:《宋学的发展和演变》

一 《宋学的发展和演变》的主要内容

史学大家陈寅恪先生曾说,宋学的产生和形成"犹有未发之覆";邓广铭先生在《略谈宋学》中强调以前以理学代替宋学的说法是错误的。从1994年前后起,漆侠先生沿着前贤与恩师所指明的方向,学术研究重点开始转向宋代学术思想史方面,承担了国家社会科学基金项目《宋学的发展和演变》(1994年7月1日立项)。直到去世前,漆侠先生晚年一直从事该书的写作,著成《宋学的发展和演变》一书(2002年河北人民出版社出版)。该书突破了此前以理学为主体的思想史旧框架,建立包括荆公新学等在内、全面涵盖宋代学术的全新理论框架。虽非完璧,但凝结了漆侠先生晚年宋学研究的全部心血。特别是该书从研究方法与写作方法上对以往思想史研究的模式提出了批评,被认为代表了宋代学术思想史研究的新方向,开辟了宋学研究的一条新路,影响深远。

《总论》把宋学作为一个整体进行考察,探讨它是怎样形成和怎样发展的,它又是怎样从兴盛中演变的。文中认为:大体上宋学的发展和演变可以划分为如下三个阶段,即:宋仁宋统治期间(庆历前后)为宋学的形成阶段,其代表人物为宋初三先生的胡瑗、孙复、石介和李觏、欧阳修,而以范仲淹为核心人物。宋仁宗晚年

（嘉祐）到宋神宗初是宋学的大发展阶段，形成各具特色的荆公学派、温公学派、苏蜀学派和以洛（二程）关（张载）为代表的理学派四大学派。其中荆公学派影响最大，在学术上居主导地位达60年之久，即使到南宋初横遭压制，但与二程、三苏之学依然鼎立而三，足见其影响的深远。到南宋，经过杨时、胡安国胡宏父子的积极努力，特别是宋高宗对荆公学派不遗余力地打击，到乾道淳熙年间（1165—1189）形成了在社会上拥有一定势力的道学（理学）。至此，形成二程理学派独领风骚的局面，而继承二程之学的为陆九渊的心学和朱熹的理学。整个南宋学术思想界是以朱熹为代表的理学居统治地位，而与之对立的则是以吕祖谦、陈亮、薛季宣、陈傅良和叶适为代表的浙东事功派。宋学处于演变阶段，而从宋学演变来的理学虽然处于鼎盛阶段，但在其内部也隐伏了衰落的因素。

《宋学的发展和演变》除总论外，还包括宋学形成前自唐中叶以来经济文化思想领域里的变化、宋学的形成阶段、宋学的发展阶段和宋学的演变阶段等四编内容。该书第一编论述了自唐中叶以来到宋学形成以前的学术思想情况，指出了宋学的形成受到了佛道两家思想的深刻影响；第二编论述了北宋初年以来学风、文风、政风的巨大变革，指明了范仲淹、欧阳修等思想家重视对社会实际的改革，此时以他们为代表的宋学开始形成；第三编在宋学的发展阶段中，分别论述了荆公学派、司马光哲学、苏蜀学派和二程洛学等各学派的地位、作用和特点，并指明以王安石为代表的荆公学派占宋学发展的主导地位；第四编论述了二程理学的突然兴发，成为占主导地位官学的过程。此时宋学发生演变，出现了以朱熹为代表的理学及以陈亮为代表的浙东事功派。最后分析了理学集大成者朱熹的思想，并对程朱系统的"明天理，灭人欲"进行了总结和批判。

第一编《唐中叶以来经济文化思想领域里的变化》，包括三章内容。

第一章《唐宋之际社会经济关系的变革及其对文化思想领域所产生的影响》。进入20世纪后期以来，日本学者内藤湖南提出的"唐宋变革论"受到中国学者的重视。① 相关的学术会议也已有很多，2001年10月10—12日在河北大学召开宋代经济史研讨会，相关议题就是关于唐宋变革。此前漆先生《唐宋之际社会经济关系的变革及其对文化思想领域所产生的影响》已发表于2000年第1期的《中国经济史研究》，对此问题也略有回应。文章指出：唐宋之际社会经济关系是否发生变革，变革的内容是什么，以及变革的规模和程度究竟怎样，一直为国内外学者所关注，也一直成为学术界的困扰问题。漆先生认为日本内藤湖南先生的宋代近世说曾风靡一时，可是近世说的含义是什么，却说不清楚。域外如美国的治宋史的学者称宋代为官僚社会，这个说法的含义也难以说得清楚。20世纪50年代，对中国封建社会的形成、发展及其内部分期进行了探索。在对中国封建社会内部分期的一些说法中，其中之一是以两税法作为封建制内部分期的界标，以前为中国封建社会前期，此后为中国封建社会后期。这个说法确实反映了唐宋之际赋税制度的重要变革，同时也反映了由这一变革引发的社会经济关系的某些变革。但，放在唐宋之际社会变革的总体上看，它既不是唐宋社会变革中唯一的一次变革，而且在变革中也不是主要的。因此，这个说法也没有能够把唐宋之际社会变革说得清楚。唐宋之际的社会变革是一个比较烦杂的问题，还须要进行多方面的探索。漆侠先生认为：这个时期的变革虽然是中国封建经济制度内部的推移演化，但值得密切注意的是，它是从唐代农奴制向宋代封建租佃制转化的全局性的重大问题。② 为进一步说明这个问题，这篇文章叙述如下几个问题：一、唐中叶以来封建国家土地所有制日益衰落，向土地私有制转化；二、新的土地兼并势力代替了旧来的如山东士族等老牌土地势力；三、封建租佃制关系占支配地位；四、两税法实施后封建国家与土地所有者（地主）、佃户这三者之间的关系，以及封建国家与土地所有者（自耕农民诸阶层）之间的关系；五、唐宋之际土地

---

① 参见张其凡《关于"唐宋变革期"学说的介绍与思考》，《暨南学报》2001年第1期；李华瑞《20世纪中日"唐宋变革"观研究述评》，《史学理论研究》2003年第4期。
② 漆侠：《关于中国封建经济制度发展的阶段问题》，原刊于《山东师范学院学报》1978年第6期。后为《宋代经济史》代绪论，上海人民出版社1987年版。

关系的变化对文化思想领域所产生的作用。漆先生对"唐宋变革"问题,是从古史分期、土地所有制、租佃制、两税法入手,并涉及文化思想,较当时一般学者所论,更加广阔。

第二章《唐中叶以来文化思想领域里的变化(上):汉章句之学及其衰落 唐中叶春秋学研究的突破》。唐中叶文化思想领域里的变化主要是:(1)两汉研究经学的传统方法,由于它自身内在弱点暴露无遗,已经无法适应经学的发展,而且在佛道两家思想咄咄逼人的兴旺势头之下,儒学日益相形见绌,不能不加以变革;(2)在旧的经学研究陷于穷途末路之际,啖助、赵匡在多年探索《春秋》的基础上,突破旧的局限,提出了总览全局的新思路、新方法;(3)在佛道兴发势头下,在文化思想领域里,儒家从此前独领风骚的局面衰落到"不断如带"的地步。儒生们从不同方面维护儒学,其中韩愈、李翱则给儒学的复兴提出新的途径,不仅给宋儒以重要启示,而且使宋儒沿着这条道路迅猛前进。以上几点变化,在唐中叶不过萍末之风,没有产生多大影响。但是,一旦获得了适合生长的土壤,这些不起眼的变革发生了意想不到的巨大力量,从而催化了气势磅礴的宋学的诞生。

第三章《唐中叶以来文化思想领域中的变化(下):以韩李柳刘为代表的儒生士大夫对复兴儒学所做出的努力》唐中叶儒生士大夫需要解决的主要问题是:如何挽救日益滑落的儒学统治地位,以及如何对付佛道两家特别是佛家的挑战。以韩愈、李翱、柳宗元、刘禹锡为代表的儒生士大夫,努力复兴儒学。韩愈提倡古文,著作《原道》《原性》,排斥佛教;柳宗元、刘禹锡则主张"统合儒释"以复兴儒学;李翱著作《复性书》,对佛教"阳拒阴习",将佛教心性之学与儒家经典《中庸》结合起来,把儒学引进了新领域。

第一编结论:唐中叶是我国古代史上发生重大变革的一个时代,经济、学术文化思想领域里都发生了重要的变化。土地制度和土地关系的变化,引起了社会阶级结构的变化:(1)均田制衰落后形成了一个自耕农民阶级,他们是自均田制下的农民转化而来;(2)以山东士族为代表的大地主阶级倾圮衰落,新兴庶族地主阶级居于主导地位；（3）随着封建租佃制的发展，前此居于农奴地位的佃客因依附关系削弱，身份上以及在生产上有了前所未有的自由。经济领域里的变革，唐中叶以来文化思想领域里的变化，推动了宋学的兴起和蓬勃发展。

第二编《宋学的形成阶段》，包括六章内容。

第四章《宋学形成前儒释道三家思想的渗透、沟通及其向纵深处发展（上）：释智圆对儒学思想的认识》。陈寅恪先生曾评论说："北宋之智圆提倡中庸，甚至以僧徒而号称中庸子，并自为传以述其义（孤山《闲居编》）。其年代犹在司马君实作《中庸广义》之前，似亦于宋代新儒家为先觉。"①漆侠先生分析了释智圆其人，《中庸》及其在宋代儒经中的地位，释智圆所理解的儒家中庸与佛家中道义的关系，释智圆的儒家道统观和文艺观。漆侠先生认为：智圆的贡献不只"于宋代新儒家为先觉"，他把儒家的《中庸》和佛家的《中论》绾连起来，从而沟通了儒佛两家思想，因而释智圆是从佛家思想到儒家思想演变的中间环节。释智圆反映出北宋前期儒佛的渗透，并非儒佛的合流。

第五章《宋学形成前儒释道三家思想的渗透、沟通及其向纵深处发展（下）：晁迥对佛道思想的认识》。释智圆为北宋前期佛教和佛家思想的代表，而晁迥则是北宋前期儒家学者的代表人物。作为儒生士大夫之一的晁迥，与释智圆生活在同一时代，而年寿远较智圆为长，著述则稍后于智圆，是从儒家思想向佛家思想渗透的，对宋学的形成也同释智圆一样产生了非常重要的作用。而且，他对宋学中的一支——理学的形成，产生了尤为显著的作用。晁迥对宋学形成具有的重要意义和作用主要有：继承唐代士大夫向释道学习的遗风，给宋代士大夫开创了和树立了向释道百家学习的新学风；学习佛家从治心入手，强调静坐的治心方法；晁迥是宋代士大夫第一个明确提出中庸具有重要意义和作用的。

---

① 陈寅恪：《冯友兰著〈中国哲学史〉（下册）审查报告》；后收入《金明馆丛稿二编》，上海古籍出版社1980年版。

本章之后，还附录《儒家的中庸之道与佛家的中道义——兼评释智圆有关中庸中道义的论点》。儒家的中庸之道在宋以前的发展的阶段性可以分为：(1) 由孔夫子率先提出的中庸之道的初期阶段；(2) 子思的《中庸》把中庸之道推进到系统化的阶段；(3) 经过将近千年的沉寂，到唐中叶古代经济文化发生巨大变动，由韩愈、李翱特别是李翱吸收了佛家思想，把中庸之道提到"复性"的境界，于是中庸之道不仅具有方法论的意义，而且进入到世界观的领域。宋学就是以此为契机，开创了新时代和新风气的。佛家的中道义集中体现在龙树创立、由鸠摩罗什大师译成汉文的《中论》，主旨在于"般若真空观"。龙树以真谛（第一义谛）批驳俗谛（世俗谛）来阐明"般若真空观"，以真谛中所具有辩证法思想来反对俗谛中的形而上学，即佛家的"中道义"。总起来看，孔夫子的中庸之道，反对"过犹不及"，反对极端化、绝对化，具有辩证法思想；而佛家的中道义，以之反对有无两边的"边见"，以中为胜，同样是反对极端化、绝对化，二者则是相同的。儒家讲入世，肯定现实世界和一切事物的存在，也因此承认事物的质的稳定性。而佛家讲出世，讲空、寂，虽然不是"顽空绝虚"，但现实世界和一切事物都是虚幻地存在的，而且在变动不居中是"无自性"的，因此一切事物既然不是真实的存在，一切事物的质的稳定性，即使短暂的相对的稳定性也是不存在的。儒佛两家既然存在这一根本性的差异，中庸之道与中道义也就存在根本性的不同。释智圆将儒家中庸之道与佛家的中道义作了比较，并通过这两者沟通儒佛两家思想，认为是"言异而理贯"。

第六章《北宋初年文风学风的巨大变革 欧阳修在宋学形成阶段中的先锋作用》。在宋仁宗天圣（1023—1032）前后一批才华之士纷纷投身于文风变革的古文运动中，在散文、诗歌等许多方面都作出了富有自己特色的贡献，而欧阳修在宋初古文运动和文风变革中则起着中流砥柱的巨大作用。欧阳修具有大胆怀疑精神，在《诗》学上有破有立，以其义理之学取代了汉代的章句之学，对宋学的建立起了重要作用。更为重要的是，欧阳修把变革社会的政治实践放在第一位，通过庆历新政把文风、学风和政风的变革统一起来，从而在宋学形成中起到先锋表率作用。

第七章《宋学的奠基者：宋初三先生在经学上的贡献》。三先生中，孙复强调儒家师道，著作《春秋尊王发微》对专制主义加以歌颂；石介反骈文、排佛老，尊经重道，为复兴儒学而奔走呼号；胡瑗的《周易口义》《洪范口义》，是两部具有深厚政治哲学意味的教科书。他在教育上有着杰出贡献，特别是其教诲学生"心宜正"，强调个人身心修养，对程颐为代表的理学派形成产生影响。

第八章《李觏：一个面向社会实际、与时代息息相关的杰出思想家》。李觏是排佛和非孟的代表人物之一。他还著有《礼论》《易论》，提出义利王霸问题，在理学产生之后成为一个热门话题。其《平土书》《富国》《强兵》《安民》诸策和《周礼致太平论》等重要著作，构筑起了一个空想的社会改革蓝图。他本人支持庆历改革，上书范仲淹并附录《庆历民言》，是一位面向社会实际、与时代息息相关的杰出思想家。

第九章《以范仲淹为领导的庆历新政与宋学的形成》。范仲淹"长于《易》"，引用《周易》"穷则变，变则通，通则久"这句话，提出了社会变革的问题，为庆历变革在认识上奠定了基础。为反对时文而进行的文风改革、为探索经学新路子而进行的学风变革和庆历新政即政风变革息息相关。在这三者的推演、激荡之下，最终形成了宋学。

第二编结论。第一个结论是，经过宋仁宗天圣以来几十年的努力，以范仲淹为首的宋学建立者们终于以所谓的义理之学代替了两汉章句之学，形成经学探索过程中的一个新的转折，一个划时代的重大变化。第二个结论是，宋学虽然是一门探索经学的学问，但这门学问并不是自然而然地产生的，而是通过长时期的矛盾斗争才形成的。这个矛盾斗争既表现为对时文、对汉代章句之学的斗争，又表现为在社会现实生活中的政治斗争，斗争又是非常复杂的。因此，在这种环境中形成的宋学，它本身也就具有时代环境所赋予的特征，或者说它铭刻了时代的烙印。

第三编《宋学的发展阶段》，包括七章内容。

第十章《荆公学派与辩证法哲学》。在宋仁宗嘉祐年间这个"合变时节",各派政治力量都在寻求对策,以应付宋封建统治所面临的"多难"局面。王安石则在这个关键时刻,著作《洪范传》《老子注》《致一论》,通过对道德之意、性命之理的探索,找到了辩证法,从而成为变法革新的一个思想武器。在宋学的发展阶段,以王安石为首的荆公学派在政治上得到变法派的支持,称之为官学,自熙丰以来"独行于世者六十年"学术上亦处于压倒的优势地位,影响亦最大。这个学派却蕴有浓郁的辩证法思想,并且远远超过了其他学派。

第十一章《王雱:一个早慧的才华四溢的思想家》。王雱一生不过33岁,却具有非凡才华。其保存较完整的著作有《老子注》和《南华真经新传》,集中体现了其"道德性命之学"。王雱《老子注》既包括了其政治思想,又极具荆公学派的辩证法特色,同时体现了融合儒释的宋学特色。王雱的《南华真经新传》,"就《庄子》以解庄子,而不附合于儒理,亦为以道家之言还之道家,不至混二氏于孔门"①,对两宋及明清产生了不可磨灭的影响。

第十二章《中庸之道与司马光哲学》。在宋以前,儒家的中庸之道从孔夫子到子思,从朴素的辩证法向形而上学均衡论转化。中庸之道沉寂千年之后,唐中叶经过韩愈、李翱,又向更深、更广的方向发展,亦即向世界观领域发展。司马光在经学足以成家,以及他对宋学的发展所起的重要作用,就是他对《中庸》的论述和阐释。司马光是宋代士大夫中最先对《中庸》进行了论述和阐释的。而这些论述和阐释都是有关中庸之道的基本问题,尽管还不够完备、周适,但它为宋人对《中庸》的探索奠定了初步基础,司马光不愧为《中庸》一书的第一个功臣。朱熹以其狭隘的道统观否定了司马光同伊洛之间的关系,但司马光有关《中庸》的重要阐释,诸如"治方寸之地",以及正心、诚意等方法,毫无疑问对程氏兄弟

---

① 《庄子口义》提要,载林希逸《庄子口义》,《四库全书》影印本,第1056册第356页。

创建的理学给以有力的影响。司马光对中庸的解释与其天命论、才德论、社会观等哲学思想密切相关，司马光形而上学的哲学思想又与其社会经济、政治生活息息相关，与王安石变法派辩证法的思想相对立。

第十三章《王安石、张载哲学比较研究——兼论张载的社会观》。从王安石、张载的学术历程看，王安石在宋仁宗嘉祐年间学术上即有所成就，早于张载；二人对于客观世界的认识都属于唯物主义自然观的范畴，值得肯定；二人对《老子》的辩证法思想、对立统一法都有深刻的认识，虽亦有所差别，但都做出了不可磨灭的历史性贡献。但张载的社会思想和学说，主要是宗族论和井田说，则与王安石变法革新思想相对立，极其落后。

第十四章《苏蜀学派及其对〈易〉〈老子〉哲学思想的阐发》。蜀学的建立者三苏即苏洵、苏轼、苏辙父子。苏氏父子文章擅天下，在社会上具有广泛的影响，南宋孝宗一朝形成苏文热。在经学上，苏氏父子亦有其独到的造诣，对《易》《老子》哲学都有所阐发，并在元祐年间与程颐所代表的洛学相抗争。

第十五章《理学的主流——程颢程颐所创建的洛学》。张载的关学与程颢、程颐所创建的洛学，组成为宋学兴盛时期的理学，亦即道学。张载身后无传人，关学零落，弟子吕大钧转师二程，二程洛学成为理学的主流。二程构筑了"理"为核心的哲学王国，提出"存天理，灭人欲"。然终北宋之世，二程理学一直在民间，社会影响不大。经南宋初的四十年，却突然暴发起来，成为宋学中居于主导地位的显学。南宋中叶以后，历元、明、清，一直得到官方的支持，在社会上起着广泛的影响和作用，成为封建地主阶级的统治思想。

第十六章《苏轼"蜀学"与程颐"洛学"在思想领域中的对立》。"元祐更化"之后，以司马光为首的反变法派内部发生分裂，形成具有地方色彩的派别斗争即"蜀洛朔党争"。其中以程颐为首的所谓的洛党，以苏轼兄弟为首的蜀党的交恶，矛盾表面化的事件则是苏轼兄弟在朝廷的明堂祀礼后去吊唁司马光，被程颐指责不合礼制。

苏轼指程颐所说礼制为"鏖糟陂里叔孙通"[①]所制，意在讽刺。"敬"在程氏洛学思想体系中占有极其重要的地位和作用，苏轼却要"打破这'敬'字"。蜀学与洛学在哲学领域里的对立，根源于对《中庸》一书认识上的分歧。苏轼和程颐，虽然在反对熙丰变法中的政治立场一致，但由于生活道路、所受教育环境不同，终于在哲学思想领域中形成对立。

第三编《宋学的演变阶段》，包括四章内容。

第十七章《二程理学突然兴发》南宋初年，宋学发生了巨大的演变。前此居于主导地位近六十年的荆公新学，在宋高宗反动统治打击下衰落下来；而一直处于民间、影响不大的二程理学，却在南宋初四十年间突然兴发起来，在社会上逐步取得主导地位，成为学术上的暴发户。随着宋学的这一发展演进，宋学学风也呈现了巨大的蜕变。抽象的道德性命之论取代了此前通经致用的学风，作为个人道德修养的内心反省工夫，成为独一无二的法宝，代替、抹杀了生机勃勃的社会履践；熙丰一代由王安石倡导的刚刚萌起的辩证法思想，又重新被淹没在形而上学的泥淖中。

第十八章《南宋乾道淳熙年间鼎足而立的讲学形势及其演进》。南宋孝宗乾道淳熙年间，理学大振，形成广汉张栻、东莱吕祖谦和新安朱熹三家鼎足而立的讲学形势。以胡宏、张栻为代表的湖湘学派，寓存向心学演进之态势。吕祖谦所代表的金华学派，则有向浙东事功派演进之态势。独有新安朱熹所代表的闽学，坚守小程一脉于理学系统，进而集理学之大成，居南宋思想界之主导地位。

第十九章《浙东事功派代表人物陈亮的思想与朱陈"王霸义利之辨"》。浙东事功派的形成，有其深厚的社会经济的、政治的以及学术思想的根基。永康陈亮是一位终身为恢复大业而奔走呼号的杰出思想家。陈亮、朱熹"王霸义利之辨"的意义，远超朱熹、陆九渊"鹅湖之会"的辩争。浙东事功派形成了与居于主导地位的朱熹

[①] 漆侠：《释"鏖糟陂里叔孙通"》，《河北大学学报》1999年第3期。《漆侠全集》第12卷，第246—248页。

所代表的正统派理学之间的对立,从而在哲学思想领域中大放异彩。

第二十章《叶适献身于恢复事业的不懈努力及其对理学的批判》。叶适是永嘉学派的集大成者,著作有《水心文集》《水心别集》《习学记言序目》等。叶适唯物主义认识论和功利主义哲学思想,反映了商人、商人兼地主、新兴经济力量的利益。对理学的道统问题、对二程理学体系中的"敬"、理学杂有佛老思想加以批判。但与陈亮不同,叶适的历史观与朱熹基本一致,属于形而上学唯心主义历史观。

二 《宋学的发展和演变》评价

在中国古代经济文化发展过程中,宋代是一个高度发展的时代。不仅它的社会经济发展到了最高峰,而且它的文化也发展到了登峰造极的地步。陈寅恪先生曾说:"华夏民族之文化,历数千载之演进,造极于赵宋之世。"① 宋学在中国古代学术思想史上,占有极为重要的地位,因而也是一个值得深入研究的课题。然而对宋学的研究,也被认为是宋史研究最大的难题。"其困难在于即使作一个案研究,也需要很广的知识面,从纵的方面需要有儒家经典、诸子百家、佛经道藏等广博知识,从横的方面需要有宋代政治、经济、文化、制度等方面的广博知识。"② 漆侠先生在中国古代史,尤其是宋代政治、经济史等方面建树非凡。其《王安石变法》一书被视作马克思主义原理与丰富史料相结合,超载同类、影响深远的扛鼎之作;《宋代经济史》被史学界誉为中国经济史和宋史研究中的"一部里程碑式的著作"。正是以如此深厚的学力为基础,先生于投老之年,全身心投入宋代学术思想史研究这一全新领域,研读了《大藏经》《道藏》等佛道典籍,写出了近50万字的皇皇巨制。

《宋学的发展和演变》,突破了此前以理学为主体的思想史旧框

---

① 陈寅恪:《邓广铭先生〈宋史职官志考证〉序》,载《金明馆丛稿二编》,第245页。
② 王曾瑜:《宋史研究的回顾与展望》,《历史研究》1997年第4期。

架，建立包括荆公新学等在内、全面涵盖宋代学术的全新理论框架。漆侠先生认为，以往的宋代学术思想史研究，从内容到方法上都存在许多不足之处，大体存在两个偏向：一是以理学代替宋学。在宋学建立过程中起着奠基者作用的宋初三先生的学术思想，仅被看作理学的一个来源，使得宋学的奠基者反倒成为理学的附庸，这显然有悖于历史实际。二是大多数研究者们贬低了荆公新学，否定了其在当时学术界的主导地位，甚至将其置于二程理学之下，亦违背了历史实际。①漆先生认为："长期以来，学术界不仅以理学思想史代替文化史，而且以理学代替宋学。这一结局不能不是：学术研究领域日益狭窄，无法与前辈学者的规模相比，而学术见解亦只能在其师长研究范围内求其细密而已。绚丽多彩的宋代文化因此而减色不少，气象万千、博大精深的宋学为之苍白而无力。"为此漆先生对杭州大学杨渭生先生致力于荆公新学研究，突破旧有的理学樊篱大加褒扬，认为其《两宋文化史研究》"是论述荆公新学的继续，全面地突破了学术界的樊篱，使宋代文化研究领域、宋学研究领域开阔起来"②。

《宋学的发展和演变》以宋学涵盖有宋一代学术，使此前被摒弃于宋代学术之外的如王安石及其代表的新学派、苏蜀学派等也得到了充分的论述。由此摒弃了此前以理学为主体的旧的学术框架，形成了一个更富有内容、更切合宋代学术实际的新框架。从而纠正了此前的偏颇，并补其不足。

在这个全新的理论框架之下，该书在对宋代学术思想的探索过程中，极其重视从整体上把握宋学形成、发展、演变的历史过程。在《总论》中从总体上概括了宋学发展和演变的历史过程，将宋学划分成形成、发展和演变三个大阶段，并在此后的诸编中分别给以详细的论述。该书第一编对唐中叶以来到宋学形成以前的学术思想做了深入探讨分析，论述了释智圆、晁迥等对宋学的贡献，从而阐明了儒佛道

---

① 漆侠：《宋学的发展与演变》，《文史哲》1995年第1期（是书《总论》）；李华瑞：《漆侠先生访谈录》，《史学史研究》2001年第3期。
② 《漆侠全集》第12卷，第625—626页。

第九章　晚期宋史研究：《宋学的发展和演变》

三家思想的斗争及其相互渗透，表明宋学是儒学汲取佛道思想的一个产物，而宋学之所以绚丽多彩，与汲取佛道思想是分不开的；第二编论述了北宋初年来学风、文风、政风的巨大变革，指出了范仲淹、欧阳修等思想家重视对社会实际的改革，以他们为代表的宋学开始形成；第三编宋学的发展阶段中，分别论述了荆公学派、司马光哲学、苏蜀学派和二程洛学等各学派的地位、作用和特点，并指明以王安石为代表的荆公学派占宋学发展的主导地位；第四编论述了二程理学在南宋的突然兴发，成为占主导地位官学的过程。理学的兴发，标志着宋学进入演变阶段。此后理学内部又分化为以朱熹为代表的理学及陆九渊为代表的"心学"，并出现了理学的对立面——以陈亮为代表的浙东事功派。此编最后，漆侠先生还计划对理学集大成者朱熹的思想进行深入分析，并对程朱系统的"明天理，灭人欲"进行总结和批判，惜乎对陆九渊唯心主义哲学与最后两章对理学的总结批判，先生还未及完成，便遽然辞世，对后学读者们而言，是最大的遗憾。然而这并未影响是书对宋学形成、发展和演变的历史轨迹的总体把握，《总论》部分与以后诸篇互相呼应，脉络清晰。各编最后，还附有一个总括全篇的小结（第三、四编的小结未及完成），使读者对于宋学发展各阶段的内容和特点有一个全面了解。

《宋学的发展和演变》一书中，漆侠先生还着力探讨了此前学术界论述不够充分或全未接触的新问题。如在该书第三编第十二章《中庸之道与司马光哲学》中，作者指出司马光在宋代士大夫中最先论述《中庸》，最先提出了"道之要在治方寸之地"，亦即"治心"，以及正心、诚意等方法，尔后的理学家包括二程、朱熹在内，都受了司马光的影响，因而对理学的形成有着重要的意义。由此肯定了以司马光为代表的温公学派在经学上的成就及其对宋学发展所产生的重要作用，使我们对于温公学派认识更深入了一步。第三编第十一章《王雱：一个早慧的才华四溢的思想家》，对这个由于当时时代政治斗争的影响，遭到反变法派横加诬蔑的才华四溢的思想家的思想给予了初步的整理，对王雱的《道德真经注》《南华真经新传》等著作进行了深入分析，肯定了其在老庄学探索中所做出的贡献，使读者第一次对于这个荆公学派的重要代表人物的思想有了一个全面的了解。其他又如对欧阳修在《诗》学上的贡献的分析（参见该书第六章第三小节），此前学者们普遍注重研究了欧阳修在经学上贡献，而对其在《诗》学方面贡献的研究则失之简略；对苏蜀学派，把它作为一个在元祐年间与程颐所代表的洛学相抗争的学派进行了深入研究，探讨了苏氏父子在经学上的独到的造诣、对《易》《老子》哲学的阐发；对"蜀学"与"洛学"在哲学领域里的对立，也在是书中予以开拓性的探索，指出"敬"是苏轼、程颐两派哲学思想领域中对立的焦点，但推演其对立的由来，则是苏、程两家对《中庸》的认识和看法存在根本性的分歧（参见该书第三编第十四、十六章）。这样在宋学的新框架下，开阔了宋代学术研究的领域，使宋代学术思想更丰富，内容更加新颖。

在宋代政治史、经济史的研究中，漆侠先生一直注重以马克思主义理论原则为指导。在考察宋学的发展和演变过程中，漆侠先生也十分注重分析宋代社会经济、政治发展对思想文化领域所产生的影响。漆先生认为"穿靴戴帽，轻易地把某些思想家称为某某阶级阶层利益的代表者，固然为人们所诟病，但，对各种思想，仅仅从认识上作出某些分析，找不到它的社会的阶级的根源，只停留在表象的思想关系上——这样的论述和分析，正如朱熹所说的'理'如果离了'气'，亦'无从挂搭处'等形象比喻那样"①。从思想到思想，恰恰是学术思想史研究中一个非常薄弱、不足之处。

总的来看，该书在研究方法上具有以下的特色：

第一，反对过去研究中的从思想到思想倾向，而是把思想与各时期的政治经济联系起来考察。

"宋代文化兴盛""活的源头"是什么？渭生教授也有精辟的论述。他认为："宋代社会深刻的变化"，"即物质生产的发展和阶级关系的变化"，"从而引起整个上层建筑各个领域、各种典

---

① 漆侠：《王育济〈天理与人欲〉序》，载《漆侠全集》第9卷，第293—296页。

第九章 晚期宋史研究：《宋学的发展和演变》

章制度以至风俗习惯的深刻变革"，是第一个源头。从社会经济根源探索文化思想的变化，这种见解在当前学术界并不多见。诸如诸子百家孔墨名法等，以及佛道等教，仅是作为思想资源供后人选择、汲取，但人们的思想风貌，归根结底，是由各该时代的经济生活、政治生活来决定的。长时期以来，学术界仅是从思想上辨别哲学思想家歧异，这自然是必要的，但仅仅停留在从思想到思想这一方面，作深层次的探索，就裹步不前了。①

《宋学的发展和演变》第一编诸章首先对唐中叶以来经济文化思想领域里的深刻变化进行了概括性、总体性的分析，指出正是基于经济领域里封建土地所有制关系的重大变革，思想文化领域亦相应产生三个方面的重大变革：儒佛道三家思想的斗争及其相互渗透，儒生士大夫为恢复儒学正统地位而做出的努力，治经方法的新探索对宋儒的影响。这些变革因素都有力地推动了宋学的形成与发展，宋学正是在这样的历史背景之下，同时适应时代发展的需要而诞生的。又如在对二程理学在南宋突然兴发的历史原因的分析中（参见第四编第十七章），作者指出，理学正是适应了南宋初宋高宗卖国投降的反动统治的需要，与最高统治者的政治权力迅速结合，从而成为学术上的暴发户。当时的社会历史环境，为理学的发展提供了有利条件。一定的思想、意识形态是在一定的经济基础之上建立的，受着政治经济的决定性影响，并反转过来作用于经济和政治，这正是马克思主义理论的基本原则。

第二，该书还极为注重从理论与实践的关系来考察有宋一代的学术发展。如在第二编宋学形成阶段与第三编宋学发展阶段中，深刻指明了宋学之所以具有强大生命力并获得蓬勃发展，正在于其经世致用的经学思想之应用于社会实践。范仲淹、欧阳修等人都重视对社会实际的改革，把他们所认识和理解的道理应用于现实的政治改革中，王

---

① 漆侠：《〈两宋文化史研究〉序（1998年8月15日）》，载《漆侠全集》第12卷，第625—626页。

安石更是其中的典范，南宋功利思想家则继承了这一思想。反之，在宋学演变阶段中，理学家们却脱离社会现实，空言理论而不着边际，导致了理学的蜕变。漆侠先生指出："哲学史、思想史的研究，静态研究是必要的，但不是唯一的，似应放在社会生活政治生活中去探索。这是因为，哲学史或思想史，是思想斗争史、思想更替史，只有放在社会经济生活、政治生活中，从动态中更容易看到这个时代思想的风貌。"（引自该书第十章《荆公学派与辩证法哲学》，第 340 页）在对荆公新学的探索中，作者着力分析了其辩证法哲学与时代的关系，指出了变革时代需要辩证法，而以王安石为首的变法派用辩证法叩开了变法的大门，通过变法实践而丰富、发展了辩证法。实践证明，荆公新学适应了时代发展的需要，亦在实践中获得了丰富发展。这样不仅对荆公新学的哲学思想作了探索，而且使人们对理论与实践的关系有了进一步的认识。

第三，在对某个思想家的考察中，漆侠先生一直反对简单的穿靴戴帽的做法，主张既要考察某一思想家的阶级出身、成分，更重要的是看这个思想家的哲学思想倾向及其在社会生活中的实际。《宋学的发展和演变》一书就更为注重考察思想家的社会经济地位及其所代表的阶级利益。如在分析张载社会思想时，首先明确了张载的社会经济地位，作者不同意以往认为"张载出生于一个不甚富裕的地主家庭"的看法，指出张载既是官户，又属于大地主阶层，因而其宗族说和井田论都是从维护官僚大地主阶层的利益出发的。又如，在肯定了司马光哲学对推动宋学发展做出巨大贡献的同时，更强调了其哲学思想与当时的社会经济、政治生活密切相关，以司马光为代表的保守派维护豪强兼并势力的既得利益，始终反对王安石为首的变法改革，体现了其哲学思想的保守性与落后性。

总之，漆侠先生这部遗著虽非完璧，但无论从主体架构，还是从具体写作方法与思路，都为同道后学们探索宋学这一广阔的领域奠定了扎实的基础，为更进一步地深入研究这一领域指明了方向。同时，是书对中国哲学史的研究，从理论与方法上也提供了有益的借鉴。

第十章

漆侠先生的史学方法、体系和特征

一 遗著《历史研究法》①

漆侠先生的遗著《历史研究法》，是建立在五十余年从事史学研究与教学的基础上，蕴含了他的治史经验，对史学理论的重视和史学方法的思考。20世纪80年代后期，漆侠先生专门为研究生开设了一门有关历史研究法的课程。这些课程，是和为研究生开设的《宋代经济史》《宋史专题研究》《马列著作选读》等课程，结合在一起讲授。据弟子李华瑞老师回忆："漆侠师在我们第一学期先开设《〈资本论〉专题讲座》，共讲了三次（1987年12月8—18日），主要讲历史研究的方法论问题、历史考据方法、历史比较法、统计学和计量学的方法、资本论的研究方法；接着开设《宋史专题研究》讲了三次（12月22日至1988年1月15日），侧重讲秦汉至清历代中央官制、监察制度、选官制度的发展源流，第二学期接着讲《中国历代兵制变革》《宋朝立国形势》《从庆历新政到王安石变法》《宋金战争》，这些课是漆侠师带研究生以来首次系统讲授，故让宋史研究室所有的硕士生和青年教师也来听课。记得在一间只能容纳三十人的小教室里，漆侠师每每会提前十分钟进教室，看着济济一堂的学生，那种喜悦之情溢

---

① 本节内容见《历史研究法》，载《漆侠全集》第10卷。相关评论见毛曦、王善军《漆侠先生对马克思主义史学理论与方法的运用》，《史学理论研究》2008年第3期。

于言表。《〈资本论〉专题讲座》一课后来成为漆侠师的保留课,只是名称改作《历史研究法》。其他课都先后让我们这些留校工作的学生代为开设。现收入《漆侠全集》的《历史研究法》就是在漆侠师的讲稿和不同年级同学记的笔记基础上整理出来的。"①

漆侠先生遗著《历史研究法》,包括《绪论》《论治学》《论史学》《论史料》《论史观》《论方法》《论中国古代史学(上)》《论中国古代史学(下)》八讲内容。"附录"部分,收录了漆先生关于学习历史、研究历史的10篇文章。在课程讲授过程中,漆侠先生并不局限于已出版的讲稿,而是结合研治宋史的具体经验来谈,惜未有录音或影像资料留下来。仅留有一张照片,是漆先生在去世前一周,在为研究生所上的该课时,留在黑板上的字迹。如下图所见,漆侠先生应该是介绍了19世纪至20世纪历史循环论的代表者斯朋格勒及其著作 The Falling of the West,同时也讲到辽代王鼎的《焚椒录》其所记述的辽代皇后萧观音受诬冤死案。

漆侠先生去世前为研究生上课之板书

---

① 李华瑞:《跟随漆侠师学宋史》,《历史教学》2012年第1期。

第十章 漆侠先生的史学方法、体系和特征

第一讲《绪论》

历史研究法这门课讲授的主要内容是历史研究的方法，包括当前、前代大师们的研究方法和漆侠先生自己的治史经验。既有历史学家和大师们在研究历史中所用普遍性的方法，亦即历史研究法，也有研究者的个人特色。漆侠先生介绍的历史研究法的著作有《历史研究法》（何炳松：商务印书馆《万有文库》本）《中国历史研究法》《中国历史研究法补编》（梁启超，弟子姚名达记录整理）。如果以漆侠先生个人而言，提倡以马克思主义研究方法指导史学研究，无疑是其最鲜明的特色。

第二讲《论治学》

引王国维《人间词话》境界说，比喻做学问的三种境界。第一种境界，"昨夜西风凋碧树，独上高楼，望尽天涯路"是找准学术方向；第二种境界，"衣带渐宽终不悔，为伊消得人憔悴"即坐冷板凳苦读；第三种境界，"众里寻他千百度，蓦然回首，那人却在灯火阑珊处"。只有这样，才能做出成绩来，而且要坚持不懈，不断进步。如何治学？其一，考察学术发展趋势，明白这种趋势，决定自己的行动。其二，扎实基本功，包括基本知识、基本理论两个部分。其三，处理好博与约的关系，从广博中提炼出见解、结论，或者是抽象化概括。其四，处理好通与专的关系，搞断代史应以通史为基础。其五，"吾道一以贯之"，即以理论和方法贯穿始终。

第三讲《论史学》

一、史学是一门基础学科。历史学是一门古老而又年轻的学科，历来史家对其学科问题多有论述。自近代学科分类体系传入中国，尤其是马克思主义理论融入其中之后，中国史学又焕发出时代的青春，成为社会科学中的一个重要分支。漆侠先生以其丰富的治史经验，站在时代的潮头，对于史学学科问题具有较为全面系统的认识，并形成了不少新的见解。

二、历史科学研究的对象是什么？史学家们有着不同看法：或者以人事，或者以政治，或者以社会，或者以文化，还有所谓的以社会心理（以德国著名历史学家、经济史专家兰普莱希特为代表，其方法

被称为文化历史方法)作为历史研究的对象。此外，还有一派为社会结构说（以著名人类学家、结构主义的主要倡导者法国列维·斯特劳斯为代表）。

三、历史科学的几个基本点。第一，历史是客观存在的，有它自己的发展过程。第二，历史是连续的。第三，历史学科主要是指人类社会的历史，即在政治上、经济上、文化上，人类社会是怎样全面地有机地发展起来的，又是怎样变化的。第四，历史科学是一门很重要的学科，既是一门基础学科，又是一门综合性的学科。历史在其发展过程中，有着必然的规律性的东西，要使历史真正成为科学，就要抉发人类社会历史发展的规律。

四、历史的客观和主观的问题。第一，客观世界是第一位的，而人们的主观认识则是第二位。一些现代西方史学流派观点，如克罗齐提出"一切历史都是当代史"，历史的存在的条件是"它所述的事迹必须在历史家心灵中回荡。"[①] 克罗齐反对一般的历史或者普遍性的历史，认为这种客观实际的历史是不存在的。漆侠先生反对上述观点，坚持认为历史是客观存在的，强调主观历史与客观历史的一致性；第二，人们的主观世界是反映客观世界的，按照人们认识的程序及其对认识的深化，只能是由浅入深、由低到高，不是一下子就认识终结的；第三，人们的主观世界对客观世界的认识不是随意性的，要符合客观世界，要受到现实的检验，任何科学的发展都要主客观一致，尽可能地高度一致；第四，越是能够反映客观世界，你的主观认识、著作论文的科学价值就越大，水平就越高。如果放到历史研究中来说，反映客观历史的各类材料，包括文献的和发掘的东西等，即史料是第一位的，因此在历史研究中最忌讳的是主观随意性。漆侠先生认为：

> 历史科学是对史料（包括文献的和实物的）诠释和运用的一门学问。历史科学建立在客观历史实际的基础之上，因而包括文献和实物在内的各种材料是第一位的；而对史料的诠释和运用则

---

① ［意］克罗齐：《历史学的理论和实际》，商务印书馆1981年版，第2页。

决定于史学工作者的主观认识，主观认识的正确与否又决定于史学工作者的观点和方法。①

五、论历史科学的功能作用。第一，辨别是非，扬善去恶。史学工作者往往通过臧否历史人物，对社会进行教育。在20世纪50年代，历史人物评论的热烈讨论中。漆侠先生对宋代范仲淹、包拯和明代民族英雄史可法加以评论。后又在曹操问题的大讨论中发展了自己的看法。第二，为一定时期的政治、一定的统治阶级服务。"《春秋》以道名分"，"在齐太史简，在晋董狐笔"，都是强调传统史学为政治服务。但这丝毫也不损害历史学的伟大光辉，不损害历史学以其鲜明的爱国主义对社会对人民进行教育的功能。

六、论历史学的研究。漆侠先生提出：第一，历史学研究只能从后向前看，从后向前进行，即所谓"珍珠倒卷帘"。第二，历史研究有必要确定一定范围，再加以深入研究。如以断代史研究为例，要从贯串一代的典章制度入手，从寓存典章制度材料的基础材料书做起。如宋史研究要以《宋史》《文献通考》为基础书。第三，选择研究的问题。选题要属于关键性的重要问题，要适中，既不过小，亦不可过大。还要照顾研究的连续性，由小到大，循序渐进。对于问题的相关材料要加以审查，提出创新性的观点。

七、论与历史学密切相关的几门学科。要学好历史学，光学历史，是学不好的。必须扩大知识面，同其他学科结合起来，其中重要的是：（1）哲学，特别是马列哲学著作，一些重要篇章要精读，反复读，如毛泽东《实践论》《矛盾论》。目的就是学好哲学辩证法，锻炼思维方法，使一些哲理能融会于史学著作中，提高史学著作的思想性。（2）政治经济学。经济是历史发展的基础，不懂经济就很难搞好历史研究。马克思主义的高明之处，就在于用经济分析的方法分析问题。（3）中国古典文学。中国古代文史不分，陈寅恪以诗证史、以史证诗，就是很好的说明。（4）

---

① 漆侠、乔幼梅：《辽夏金经济史》，河北大学出版社1998年版，第463页。

其他与历史相关的学科：年代学、目录学、地理学、文字学、音韵学、校勘学，等等。

第四讲《论史料》

一、论史料及其作用和意义

历史科学是建立在反映历史实际的事实材料的基础之上的。因而史料对历史科学来说是第一位的、至关重要的。

史料的分类。按形态，我国古代的史料包括文献记载类史料和古器物、石碑等实物类史料；近代史学又按史料性质，分为第一手、第二手资料。傅斯年先生对史料的分类有：（甲）"直接史料对间接史料"。（乙）"官家的记载对民间的记载"。（丙）"本国的记载对外国的记载"。（丁）"近人的记载对远人的记载"。（戊）"不经意的记载对经意的记载"。（己）"本事对旁涉"。（庚）"直说与隐喻"。① 漆侠先生认为陈寅恪先生"以史证诗""以诗证史"的方法最值得称述，其《元白诗笺证稿》《柳如是别传》为诗史互证的代表著作。而漆侠先生自己也写有《〈三言二拍〉与宋史研究》《关于南宋农事诗》等文，一方面重视诗歌、小说等"不经意的记载"对历史研究的独特价值，另一方面运用了诗史互证的研究方法。

论新史料的发现对史学研究的重要意义。陈寅恪先生在《陈垣〈敦煌劫余录〉序》中曾经指出："一代之学术，必有其新材料与新问题。取用此材料，以研求问题，则为此时代学术之新潮流。"② 甲骨文和甲骨学，流沙坠简，敦煌学，黑水城西夏文书都属于新发现史料，对相关的历史研究起着重大的推动作用。但新材料的发现可遇而不可求，这就要求史学工作者开阔眼界，在最常见、最一般、最大量的事实材料中，发现和解决新问题。

二、史料的收集和选择

史料既是客观历史实际的反映，是历史科学的第一位的东西，因

---

① 傅斯年：《史学方法导论》，载《傅斯年全集》第二册，（台湾）台北联经出版事业公司1980年初版（下同），第7—48页。

② 陈寅恪：《金明馆丛稿二编》，上海古籍出版社1980年版，第236页。

而收集丰富的史料也就成为史学研究的一个基本任务。傅斯年先生曾论考古为"上穷碧落下黄泉，动手动脚找东西"，其实同样适用于史料收集。20世纪50年代，邓广铭先生提出治史的"四把钥匙"，即职官制度、历史地理、年代学和目录学。漆侠先生也非常强调目录学在收集史料中的作用。晁公武《郡斋读书志》、陈振孙《直斋书录解题》、马端临《文献通考·经籍考》以及《宋史·艺文志》等这几部目录学著作，对宋史学习有帮助。漆侠先生的研究虽然是以王安石变法、宋代经济史和宋学为主要内容，但他同时十分强调对宋代职官制度的学习。1994年日本讲学期间，漆侠先生除向日本同行介绍了自己最新研究成果外，对从恩师邓广铭到其女邓小南的职官制度成果加以专门的介绍。

　　史料搜集的重要来源是基本史籍。在《宋史学习漫谈》（《书林》1979年第1期）、《关于宋史研究》（《文史知识》1983年第9期）中，漆先生介绍了宋史研究的基本史籍。同时，漆先生强调，不仅要详细占有材料，大量占有材料，而且要选择典型性、具有普遍意义的材料，这种典型材料最能说明问题和解决问题。

　　三、材料的分析和审查

　　材料的分析和审查，基本上可分做两类：一是对材料外形，二是对材料内涵，加以分析和审查。对材料外形的审查，指校勘学。陈垣先生总结为校勘四法：对校法，本校法，他校法，理校法。漆先生在写作《王安石变法》时，曾对每项新法都做了勘校工作，除是正文字之外，还增补了新法的一些内容，作为附录，放在正文之后。此外，音韵学对史料的审核具有重要作用。对材料内涵的分析和审查比对材料外形的审查要困难得多，因为真正把握材料内涵的真实意义是很难的。这就要从多种记载的比较中鉴定审查材料。在我国历史上，政治斗争影响史书记载。如宋代王安石变法，元祐更化大量修改《神宗实录》，绍圣时期重加改正，南宋高宗时范冲又修改，于是有所谓"朱史""墨史""朱墨史"，需要对相关记载加以比较和审辨。

　　第五讲《论史观》

历史观的内涵及意义。历史观是对历史的认识和理解，或者说是对历史的看法。历史观虽可有多种多样，但只有一种是正确的。历史观有唯心主义的和唯物主义的，形而上学的和辩证法的，机械唯物主义的和历史唯物主义的。区分判断种种不同的历史观的性质，是根据这种历史观对客观历史实际反映的正确与否，而不是个人对这种历史观的爱憎或者偏见。

中国古代史学的历史观及其演变。（1）殷周时，史学受到鬼神观念的统治。殷周春秋以来，对历史的看法渐次形成了。大体上是沿着两个方向发展。（2）一是由子思、孟轲造作的五行说——邹衍的五德终始论——董仲舒的三统说为代表的历史循环论。（3）另一方向是，由于人们地位改变、人的价值提高而形成的，由人创造历史的、以司马迁为代表的帝王将相创造历史的英雄史观。（4）正统观。在《明正统论》中，欧阳修明确提出："居天下之正，合天下于一，斯正统矣"；"始虽不得其正，卒能合天下于一，夫一天下而居其上，则是天下之君矣，斯谓之正统可矣。"①统一天下是正统的一个基本标准。（5）中国古代历史观中有些进步的思想见解。历史变化、进化的，今胜于古。柳宗元《非国语》《封建论》，王安石《老子解》都是唯物、辩证的。

近现代中国史学历史观。（1）社会进化论，庸俗进化论历史观。社会学家斯宾塞等，把达尔文关于自然科学的进化论移植到社会历史上去，便成为历史进化论。恩格斯对这种说法作过多次评论。（2）阶级斗争论历史观。阶级斗争论，由法国资产阶级及其知识分子在1789年法国大革命时率先提出。马克思则是把这个学说做了更进一步的发展，提出：阶级的存在仅仅同生产发展的一定历史阶段相联系；阶级斗争必然要导致无产阶级专政；这个专政不过是达到消灭一切阶级和进入无阶级社会的过渡。（3）文化史观。持文化史观者，以文化为历史研究的主要对象。欧洲文化史观派的主张者甚多，这一派对我国近代史学影响也最大。这一派学者与德国历史语言学派的治

---

① 《欧阳文忠公文集》外集卷九，四部丛刊本。

史方法有着极为密切的关系，放在方法论中加以介绍。（4）其他如英雄史观、机械史观（经济决定论、唯生产力论等）等。（5）唯物主义历史观，或者说马克思主义的唯物史观，这种史观亦可以说是历史唯物主义。

第六讲《论方法》

任何一门学问、学科，都是研究一种特殊的对象的，因而也都有它自己的特殊研究方法。自然科学是如此，社会科学也是如此。历史学研究是将人类社会发展演变作为对象，当然有它自己独特的研究方法。除了最基本的研究方法之外，还有各种层次以及最高层次的研究方法。大体讲有以下几种：（1）最基本的方法：收集与考订材料的方法，即考据。（2）历史比较法。（3）统计方法。（4）计量方法。（5）马克思主义的研究方法。

（1）最基本的方法：史料的收集和考订。历史学自产生之日起，就存在对史料的收集和考订的问题。中西史学都形成了悠久的考据学传统，值得我们加以批判地继承。司马迁为了尽可能扩大史料的来源，采取了调查访问的方法，并提出了"考信于六艺"的材料考订标准。清代乾嘉考据学讲章句训诂，以经学考据为主。史学考据，则有王鸣盛、赵翼、钱大昕三大史家。

漆侠先生主张对乾嘉考据学应当批判地继承，而不是重回老路："对清代考据学，后人应当加以继承和发扬，因为考据方法是史学工作者的基本功的组成部分，应当读他们的书，核对他们是正于原书的地方，由此来掌握他们的考据方法。但应当认识到，这种考据方法，只是点，不是面；只见树木，不见森林；只能从个别的细微之处窥探史学，而不能从这种方法中取得对史学的系统知识和对史学深层次的理解和认识。"

中国近代史学的发展，受到了乾嘉学派和德国普鲁士历史语言学派的重大影响。德国普鲁士学派亦即历史语言学派，重视考据，与中国乾嘉考据之学有相通之处。姚从吾先生在《历史方法论》中说：

> 他们对史料，不但不杂宗教、种族与文学的偏见；并且对史

料常持寻源、怀疑与批评的态度。第一，要问材料的来源如何？即是史料本身是否是原手的史料？第二，要问所用材料是否掺杂有后人的意见？曾否被人修改？第三，原手史料不存，方许用最早的副料（转手的史料），但副料不能代替原料。第四，原料与副料价值的判断，依时间、地域、亲见或传闻为主；不偏重文辞的是否优美与形式的是否完备。第五，要注意记载人记载事实的动机与态度。①

姚从吾先生还总结了考据的基本方法：归纳法、演绎法、类推法、比较法、以反证解决史料中的歧说与冲突。漆侠先生认为，近代中国史学名家如陈寅恪、傅斯年、姚从吾、韩儒林等，都受到德国历史语言学派的影响。历史语言学派与乾嘉考据学派的结合，对近代中国史学影响之大，是其他学派无法比拟的。直到中华人民共和国成立之前，居于中国史学的主导地位的就是这个系统。

（2）历史比较法。历史比较法或称比较史学。最早是文学比较研究，后来发展到比较宪法、比较史学。比较史学有两个方面：其一为纵向比较，即上下古今；其二为横向比较，包括朝代、国家、地域之间的比较。人类历史总体发展以及它的各个方面前后上下的变化的面貌，诸如政治、经济、文化以及各种制度的演变，靠断代研究不够，必须打破断代局限，进行上下比较研究。横向比较，则多为国内诸地区间的比较研究以及国与国之间的比较研究。历史比较法，一要注意可比性，二要注意以一种模式为中心，如欧洲中心论。

（3）统计方法。这是一种较为具体的史学研究方法，在经济史、人口史等的研究中应用得特别广泛。在过去的史学研究中，定性多，定量少，因而在说服力方面是不足的。弥补这方面的不足要靠加强对社会生产力的研究，以统计方法将所收集得来的数据系统化，用来说明事物的量的发展。从这种量的发展中，达到对事物的质的认识。统计方法，还可应用于政治、科举史等研究领域。

---

① 《姚从吾先生全集》第1卷《历史方法论》，第10页。

(4) 计量方法。这也是一种较为具体的史学研究方法。计量史学率先在美国流行，还有诸如信息论、系统论等理论和方法不断兴起。这些史学新方法如果真正有其科学合理之处，马克思主义也定能够将其吸收。

(5) 最高层次的研究方法：马克思主义的研究方法。首先，从方法论上来看，唯物史观是历史研究的最为根本的指导思想。"唯物主义历史观即历史唯物主义，既是马克思主义的历史观，也是马克思主义研究包括历史在内的一切人文社会科学的方法论。"如果从具体的层面来看，马克思主义的历史研究方法就是"具体情况具体分析"。"具体地分析具体情况，既包括唯物主义，也包括辩证法。唯物主义—辩证法，对马克思主义来说，它是一块钢板铸成的，互相包蕴的（或者说互相涵蕴的），永不可分的。"① 这种"具体情况具体分析"的方法包括了诸如阶级分析方法在内的众多的马克思主义的史学研究方法。

①阶级分析法。阶级分析法是马克思主义观察世界、观察国情的基本方法，也是观察研究历史的基本方法。漆侠先生认为，"研究历史科学，必须坚持马克思主义的阶级斗争理论和阶级分析方法。在充满着各种矛盾的迷离混沌的阶级社会中，只有牢牢地把握阶级划分的事实作为基本指导线索，才能揭示历史的规律。"② 在历史研究当中，阶级分析方法可用于经济、政治、军事、文化、意识形态以及历史人物等诸多领域。对于阶级分析方法在历史研究中的应用范围和应用时效问题，漆侠先生提出了自己的见解："正是马克思主义的社会形态学说、阶级分析法，把阶级社会和无阶级的原始社会给以清晰地划分出来。因而不应当把阶级分析法当作局限于阶级社会才能使用的方法。即使到共产主义社会，人类进入大同社会，这个方法也不至于废而不用，因为分析在它以前的社会形态时毕竟还需要使用。"③ 但阶

---

① 漆侠：《历史研究法》，第90页。
② 漆侠：《王安石变法》（增订本），河北人民出版社2001年版，第13页。
③ 漆侠：《历史研究法》，第94页。

级分析法并没有上升到哲学层次，因而也不是最高层次的方法，最高层次的方法只能是辩证的分析方法。

②辩证的分析方法。辩证的分析方法，即是用辩证法分析具体的矛盾事物。辩证法基本上有以下三种法则：一是对立统一法则；二是质量转化法则；三是否定之否定法则。毛泽东《矛盾论》中说，对立统一的法则，是唯物辩证法的最根本的法则。

在历史研究中运用辩证的分析方法，要注意："一切以条件、地点和时间为转移"；"把问题提到一定的历史范围之内"；同一种思想，在不同的历史条件下，可能产生不同的历史作用。运用辩证的分析方法，就要反对各种形而上学的方法：反对片面性、平衡论、诡辩论、主观主义等。

在历史研究中运用辩证的分析方法，就要以分段研究的方法处理一些大的复杂的长期发展的矛盾。漆侠先生将中国封建制度划分为三大段，即"二黄分期说"。前475—184年，春秋战国之交到黄巾大起义，中国封建社会初期阶段；184—884年，魏晋隋唐阶段，由黄巾大起义到黄巢起义，庄园农奴制阶段；884—1840年，宋元明清阶段，封建租佃制占主导地位阶段。兵制发展变化也是这三个阶段；史学四个时期两个高潮也同样是如此。

从具体到抽象、从抽象上升到具体的研究方法。马克思主义观察问题的方法，从无数现象中看到事物的本质，即从具体到抽象，亦即从事物的量看到事物的质。而后再从本质的认识回到现象中，对现象的认识更加丰富，对质的认识更加深刻。

历史学研究的独特方法。历史学研究方法既要有抽象思维，也要有形象思维。历史科学的重要任务之一就是发掘历史发展的规律，但规律是看不见摸不着的东西，只能根据史料去探索，这就必须使用抽象思维，或者理论思维。同时，历史既是人类活动的历史，因而它本身应当是生动的、活泼的、丰富多彩的。如何以生花妙笔，再现历史，则要通过形象思维。据刘秋根等前几届的学生回忆，漆先生曾要求他们多读文学作品，如为了文字表达精练、通达，曾提出背诵三十篇唐宋八大家的散文的要求，对于唐诗宋词甚至明清小说，都曾要求同学们尽量多多阅读,这种阅读除了写作锻炼之外,也与扩大史料范围、培养形象思维有关。

历史人物研究方法。人是历史的主体,因而对历史人物的研究十分必要。马克思主义重视人民群众的决定性的历史作用,但从来不否认不低估更不抹杀个人在历史上的作用。

怎样研究历史人物?漆侠先生认为:(1)阶级分析法同样适用于人物研究。"每个人生活在社会中不同的阶级中,因而他的思想、行为当然要受阶级的影响","社会阶级存在,决定社会阶级意识,每个人的思想无不打上阶级的烙印,阶级分析方法就是从社会生活中这一实际情况入手,区别社会中人与人之间的同点与异点"①。但运用阶级分析法要严谨客观,要看人物的活动和思想的实质。(2)对一个历史人物,也可以按不同时期的具体情况进行分段研究。如漆侠先生在《李觏与孟子》一文中,用的就是这种方法。

怎样评价历史人物?漆侠先生认为,应当以历史唯物主义尺度去评价人物。所谓以历史唯物主义为尺度,不是说以今天的标准衡量和要求古人,而是要把人物放到当时历史发展的洪流中去,考察其对时代所起的影响和作用。如以北宋包拯为例,漆先生指出:

> 包拯是北宋名臣,他所享有的崇高的历史盛誉罕与伦比。包拯为官清正,廉洁自律,始终不渝。包拯一生关心民间疾苦,反对官府各种摊派,税外加税,竭泽而渔的极度剥削;极其重视吏治,主张严惩贪赃枉法,革除弊政;在其任职开封府期间,刚毅严明,"贵戚宦官为之敛手"。随着宋以后元明清诸代社会历史的需要,包拯个人某些特点,不断扩大,不断升华,从而包拯的社会地位便陡然地提高了。对包拯的研究,学术界已经做了大量工作,取得了重大成就,但还需要作更深层次的探索和研究。如果我们把包拯的所作所为放在当时历史发展的洪流中去考察,就能够更清楚地看到其所作所为与时代的息息相关,以及对时代所产

---

① 漆侠:《论历史研究的方法》,载《漆侠全集》第12卷,第261—262页。

生的影响和作用。从北宋初年经济发展的趋势看,残存于农业、手工业等生产部门的劳役制,愈益成为经济发展的阻力。包拯就是变革劳役制的封建士大夫中的一个。在三司使任上公开提出,以召募制代替劳役制,这对手工业生产的发展有着重要意义。①

同样的,关于曹操的评价问题、李密在农民战争中的作用问题、史可法是否是民族英雄等问题,都要坚持历史唯物主义。

第七、第八讲《论中国古代史学(上)(下)》

漆侠将中国古代史学发展划分为四个时期:(1)殷、周、春秋时期,是中国史学形成时期;(2)战国秦汉时期,是中国古代史学发展的第一个高峰期;(3)魏晋隋唐时期,是中国古代史学发展的第三个时期;(4)宋元明清时期,是中国古代史学发展的第四个时期。其中宋朝是中国古代史学发展的第二个高峰期。

(1)殷、周、春秋时期,是中国史学形成时期。由结绳记事、刻契记事、口头传说,最终发展为有文字记载的历史。中国古代史记最早的编纂形式是编年体,以氏族显贵为中心,以从父家长制向奴隶制过渡为内容。史学之所以形成于殷、周、春秋时代,亦即奴隶制时代,第一个条件是文字的创制,即甲骨文。第二个条件是史官的建置。最后形成《诗》《书》《礼》《乐》《易》《春秋》六经,"六经皆史",亦可看作史书。这一时期的历史观,是天地鬼神、宗教迷信的历史观。

(2)战国秦汉时期,是中国古代史学发展的第一个高峰期。第一高峰的表现为:①《左传》《国语》《战国策》《史记》《汉书》《汉纪》《三国志》等著名史学著作相继产生。②《史记》是我国第一部纪传体通史,《汉书》为纪传体断代史。二者为此后的纪传体正史树立了楷模。③从《左传》到《汉纪》,属于编年体;《史记》《汉书》属于纪传体。这两种体裁直到宋代才有所突破,取得新的发展。④《史记》

---

① 《漆侠全集》第12卷《〈包拯研究与传统文化——纪念包拯诞辰千年论文集〉序》,第642—643页。

是一部伟大的史学巨著。这一时期，人的地位和作用已从前此鬼神束缚中摆脱出来，反映到记录人类活动的史学著作上，强调了人对历史创造，帝王英雄人物对历史的创造。

（3）魏晋隋唐时期，是中国古代史学发展的第三个时期。魏晋时期虽属战乱频仍并形成南北对峙，但史学著作数量惊人。《三国志》《后汉书》与《史记》《汉书》合称前四史，还有《续汉志》《后汉纪》《宋书》《南齐书》《魏书》等。著作形式多样，如地方史《华阳国志》、谱牒学《姓系簿状》《百家谱》等。隋唐时期官修史书盛行，有《梁书》《陈书》《北齐书》《北周书》《隋书》《晋书》（重修）《北史》。史学评论也随之兴盛，代表性著作为刘知几《史通》。典章制度的通史性著作，杜佑《通典》。

（4）宋元明清时期，宋朝是中国古代史学发展的第二个高峰期。第二个高峰的表现为：①史学体裁突破性的进展。两宋保留了史籍编纂的两种主要形式编年体和纪传体，如《旧五代史》《新五代史》《新唐书》属于纪传体，《资治通鉴》《续资治通鉴长编》属于编年体。南宋袁枢著作《资治通鉴纪事本末》，创纪事本末体。②开辟或拓展了新的领域。宋代方志著述达到前所未有的水平，体例已臻完备，后代方志大抵遵照宋志体例，未能有所创新。宋代有多种地理总志，如《太平寰宇记》《元丰九域志》《舆地纪胜》《方舆胜览》。州县、镇志，如《长安志》《淳熙三山志》《吴郡志》《景定建康志》《咸淳临安志》《澉水志》《乌青镇志》等。金石学则是宋代史学开辟的崭新的领域，代表性著作为《集古录》《金石录》《考古图》《宣和博古图》。③官府修史制度更加完备，为后代提供了更为丰盛的资料。宋设有实录院、国史院等机构，由《日历》编成《实录》，再进一步编成记录各种典制的《会要》和纪传体的《国史》。现存《宋太宗实录》（残本）《宋会要辑稿》（清徐松辑），为研究宋史的最重要的第一手资料。④宋人对于当代史的撰修极为重视，而且成果累累，颇多优秀著作。如《续资治通鉴长编》《三朝北盟会编》《建炎以来系年要录》《建炎以来朝野杂记》《隆平集》《东都事略》《宋史全文》《两朝纲目备要》《宋季三朝政要》，专史性质的《宋宰辅编年

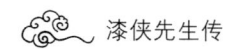

录》《宋大诏令集》《直斋书录解题》《玉海》《诸臣奏议》等。

元明两代史学均甚衰落。元末脱脱领衔所修的《宋史》《辽史》《金史》，均不尽如人意。明由宋濂等所修《元史》，以及清张廷玉修的《明史》，这五史都列为正史，合前为廿四史。清初史学代表性人物和著作有：黄宗羲，著有《明儒学案》《宋元学案》等；顾炎武，著有《日知录》《天下郡国利病书》《肇域志》等；王夫之，著有《读通鉴论》《宋论》等；顾祖禹，著有《读史方舆纪要》等。乾嘉考据学派代表性人物和著作有：王鸣盛《十七史商榷》，赵翼《廿二史劄记》，钱大昕《廿二史考异》《十驾斋养心录》《潜研堂文集》等。

综上，《历史研究法》一书，一定程度上可以看作漆侠先生治史经验的全面总结。漆先生在研究王安石变法、宋代经济史和宋代学术史过程中的心得与体会，贯穿在课堂和本书的每一讲。该书强调马克思主义理论对历史科学的指导作用，在治史方法上也以辩证分析方法为最高层次的研究方法。观点鲜明，特色显著。

二　漆侠先生的史学体系与治史特色

（一）漆侠先生的史学体系

乔幼梅先生《简论漆侠先生的史学体系》[①]，认为漆侠先生以他的博学高识，在中国古代史的各个重要领域和重大问题上都提出了富有创造性的观点，从而构建了一个独具特色的中国古代史研究的理论体系。概而言之有以下十点：

第一，根据物质资料生产方式变更的普遍规律，对中国封建社会历史提出了三段分期法。

第二，对中国古代史学发展史提出了四个时期两个高峰论。

第三，以经济史研究作为突破，带动全局性的研究，是研究中国

---

① 乔幼梅：《简论漆侠先生的史学体系》，载《漆侠与历史学——纪念漆侠先生逝世十周年文集》，河北大学出版社2012年版，第106—117页。

古代史的有效途径。

第四，漆先生认为必须高度重视中国封建社会生产力水平和社会经济制度发展的不平衡性。

第五，研究古代哲学史、思想史，固然要对思想家的哲学思想进行追源溯流的静态研究，还必须要将其思想放在该时代的社会生活、经济生活和政治生活中进行动态研究。

第六，必须正确认识历史上的汉族与边疆少数民族的关系。

第七，宗族与宗族制度是我国古代历史发展中的一个突出的特点。

第八，关于中国封建社会农民战争的研究。

第九，关于历史人物的评价。

第十，关于历史研究的方法。

上述观点涉及中国古代史政治、经济、文化、民族关系、历史人物评价和研究方法等各个领域。它是漆侠先生五十余年来运用马克思主义进行史学研究的实践中总结提炼出来的中国古代史研究的理论体系。这一体系的形成，既是先生对前辈大师，特别是邓广铭先生学术思想的继承，更有匠心独具的创新，这一理论体系与先生皇皇十二大卷五百万字的瑰玮篇章（《漆侠全集》）一起构筑了当代中国史学的一大学派——漆氏学派。

（二）漆侠先生的治史特色

1. 教学中重视马克思主义理论和方法

漆侠先生十分重视学习马克思主义理论。曾开设有《经典作家论历史科学》的理论课程。[①] 这门课主要讲授马克思主义历史科学基本面貌是什么，马克思主义历史科学同以前的历史学有什么差别。

漆侠先生义为，马克思主义的历史科学同以前的历史学的不同之处在于：

（1）唯一的科学的历史观——历史唯物主义、历史科学。马克思

---

① 《漆侠全集》第12卷，第525—550页。

主义历史科学是以历史唯物主义作为科学的观点方法建创的,而一扫过去的种种错误观点,过去一些积极性的东西都吸收到这里边了。

(2) 人类历史是在社会基本矛盾运动中发展的。在这一历史观的观察下,人类社会历史是在生产力与生产关系的矛盾运动中进行,物质生产方式决定各个历史阶段的面目,而这一点是以前所没有的,这就把历史从扑朔迷离的状态中找到它的规律性,历史发展的规律(历史发展的多样性,一般规律,民族特点)。

(3) 自有文字记载的全部历史都是阶级斗争的历史。

(4) 人民群众是历史的创造者及个人在历史上的作用。

(5) 历史的发展是辩证的。

(6) 研究历史的方法。

虽然这份讲课提纲更多地偏重于对马列主义原典的引述,但也可以从中看出漆侠先生在马克思主义学习过程中的认识和观点。这种认识和观点,融会到漆侠先生对史料的阅读和理解中,对上述漆氏理论体系的形成有着重要作用。

20世纪80年代以来,中国史学获得了很大的发展,成果数量之多前所未有,然而泥沙俱下,低劣论著数量巨大,够得上所谓的"传世之文"则少得可怜。究其原因很多,其中一个重要的原因就是历史科学研究人员的素质偏低。而一个史学工作者治学水平的高低,往往取决于马克思主义理论水平的高低。漆侠先生倡导历史研究者应不断提高自身的理论素养,特别是要提高马克思主义的理论水平,用以推动历史研究水平的不断提升。他曾明确指出,历史研究者只有以马克思主义为指导,"才能把历史的研究推进到科学的领域。研究有无成果,以及成果的大小,决定于马克思列宁主义水平。马克思列宁主义水平不同,对材料的发掘和取舍也就不同;掌握同等的材料,马克思列宁主义水平较高的人就能做出较好的成绩。"① 因此,历史研究者在阅读材料书时,丝毫不能忽略对马克思主义理论的学习。

对于历史研究的方法,漆侠先生在《历史研究法》中提出的马克

---

① 漆侠:《宋史学习漫谈》,载《求实集》,第514页。

思主义史学考据法，是对马克思主义史学理论与方法的继承和发展。漆侠先生认为：通常说，阶级分析方法是马克思主义史学研究的基本方法。这是非常正确的。不过，运用阶级分析方法，也必须以可靠的历史资料为前提。因此，漆侠先生通过分析，进而提出马克思主义史学同样以考据方法作为基本的研究方法。漆先生以"甲骨四堂"① 为例，认为郭沫若之所以后来居上，凌驾前哲，是因为郭沫若在马克思主义指导下进行考据研究的结果。以此认识为基础，漆侠先生进而提出了建设马克思主义史学考据方法的构想：

> 就考据的目的而言，马克思主义史学容许有所不同，但就考订资料中的一字一义、年代、地点、职官制度，等等，此前的考据方法与马克思主义史学的考据方法，则是一致的、无任何差异的。就两者的关系来说，马克思主义史学的考据方法，是继承了此前的考据方法的。真正认识到这一点，马克思主义史学更应当进一步汲取此前的考据方法，使自己的考据方法精益求精，成为考辨材料的更加锐利的工具；对此前的考据成就，则应当批判地继承，以丰富马克思主义史学的内容。②

2. 马克思主义理论指导治史

曾在河北大学经济学院工作过的刘永佶先生，是漆侠先生的忘年好友。他对于漆侠先生马克思主义指导治史的研究方法给予了高度的评价。刘永佶先生认为：

> 20 世纪初以西方自由资本主义为理论的学者，都有这样的共性：一方面深受儒家道统影响，能够熟练地阅读和掌握古代典籍；另一方面又接受了比较初级的自由资本主义思想，可以用其

---

① "四堂"即罗雪堂（振玉）、王观堂（国维）、董彦堂（作宾）和郭鼎堂（沫若）。
② 漆侠：《论历史科学研究的基本方法——历史方法论探索之一》，载《探知集》，第106 页。

观点和方法界说中国历史。他们的史学著述,就是这两方面的结合。对于由帝王将相主宰的中国史学界来说,这些新派著述确实令人耳目一新:原来历史还有另一种读法。然而,由于所据理论的特性,以及这些史学家对这些理论理解的肤浅,他们除对旧史料做过一些新解说外,并没有对中国历史的性质、分期等规律性问题做出创造性的论说。时下人们对这些史学者的吹捧,实在有些过分——甚或别有用心。

此外,还有一派学者对中国历史进行了新探讨,这就是郭沫若、范文澜先生等据苏联哲学教科书阐释的唯物史观及《社会发展简史》,来界定中国历史的尝试。他们也都能比较熟练地阅读古代典籍,而且也努力认真。相比之下,他们要较自由主义者占有理论上的优势——这是各自所据理论之比较,而非论他们本人的理论程度,注重以经济发展论证历史性质和分期,并以阶级矛盾来演绎历史事件。

以上两派,是中国新史学的开始,虽说都幼稚、肤浅,但确实是一个必要的开始。但据我来看,以这个开始到真正创立中国新史学,还有相当的一段路,其中一个大问题,或许不是史学家所能解决的,就是源自中国社会历史矛盾与世界历史矛盾统一的历史观,即从中国历史这个主体规定其自身的基本规律。……没有中国历史观的中国历史学则站不住脚的。司马迁以儒家道统为理论的历史观,是中国的,所以它能贯通两千多年。我们可以批判它,但要取代它,必须拿出新的中国历史观。而作为20世纪中国的历史学家,漆侠先生并不能超脱他的时代,但他却以自己的努力和独立思考,走在了时代的前列,并做出了创造性的成就。[1]

刘永佶先生用王安石的诗句"自缘身在最高层"来评价漆侠先生在中国20世纪史学界的地位,并认为漆侠先生读通了马克思的唯物

---

[1] 刘永佶:《自缘身在最高层——悼老友漆侠先生》,载《漆侠先生纪念文集》,第602—610页。

史观。也就是说,漆侠先生治宋史,是有坚实理论基础的。漆侠先生的《宋代经济史》,就是唯物史观的具体、深刻的运用。也正因此,20世纪中国史学界中对宋史的研究,成就突出于其他断代史的研究。《宋代经济史》这部巨著,在深入挖掘中国集权官僚制中期的经济社会矛盾时,已经发现中国古代社会矛盾的特殊性,比如对官僚、地主与农民的矛盾的规定,以及从政治、文化角度对经济矛盾的分析,民族矛盾与经济的关系等,都既不是马克思关于唯物史观原则论述所能包括的,也不是苏联教科书所能设想到的。

刘永佶先生认为漆侠先生实际上是在研究历史的同时,也在探讨新的历史观。20世纪90年代中期,漆侠先生曾对西方马克思主义感兴趣,多次跟刘永佶先生问相关的情况。二人探讨较多的是卢卡奇的《历史与阶级意识》中的一些观点。《历史与阶级意识》[①]是匈牙利伟大思想家卢卡奇·捷尔吉(1885—1971)的所有哲学著作中影响最大、引起争论最多、也是最重要的著作之一。卢卡奇的世界观是在20世纪第一个十年里初步形成的,而这是一个思想极其混乱、旧的价值观念沦丧殆尽,新的价值观念尚在艰苦求索中的时期。青年卢卡奇受到当时各种资产阶级哲学流派的影响,其中既有新黑格尔主义、新康德主义,也有西美尔的文化哲学、麦克斯·韦伯的社会学。在第一次世界大战爆发前的几年中,卢卡奇越来越倾向于把整个资本主义看成是毁灭文化的异化社会,要完全予以否定,与之彻底决裂,然而他丝毫看不到现实的出路。这是一种对世界抱有纯粹空想观念的浪漫的反资本主义。战争爆发后,卢卡奇从德国回到匈牙利,开始参加反战运动。现实促使他去探寻一种能有助于改变世界的哲学。他的目光转向了黑格尔和马克思。卢卡奇在中学时代就接触过马克思和恩格斯的著作,现在又开始对他们的著作进行细致的钻研。不过,这时在他的思想中黑格尔还占有特殊的地位,他是通过黑格尔的三棱镜来了解马克思的。如第一篇文章"什么是正统马克思主义?"卢卡奇说,马克思主义的正统仅仅是指一种方法,即辩证的方法。而只有辩证的方

---

① [匈]卢卡奇:《历史与阶级意识》,杜章智等译,商务印书馆1999年版。

法，唯一能再现和把握现实，即具体的总体性。第三篇"阶级意识"。马克思提出了"一种关于理论的理论，一种关于意识的意识"。揭示了社会结构是历史地形成的，历史恰恰是这些形式的历史。而之前的资产阶级思想则完全摒弃历史过程，并把现存的组织形式看作永恒的自然规律。第四篇"物化和无产阶级意识"长达160多页，也是全书的精华所在。这一物化结构会在社会中普遍拓展，甚至"深入地、注定地、决定性地侵入人的意识里"。也延伸到法律和国家结构中，法律和官僚系统也都合理化和机械化了，与商品具有同质性。

从总体上来看，卢卡奇并没有质疑马克思的经济史观的，只是突出了历史的辩证法。刘永佶先生认为漆侠先生研究"新宋学"，即宋代文化史的系统研究，明显受到卢卡奇思想的启发。

三 马克思主义史学家的四个特征与漆侠先生的学术成果

中国史学界的"五老"，即郭沫若先生、范文澜先生、翦伯赞先生、侯外庐先生、吕振羽先生，是学者们公认的马克思主义史学家。笔者比较熟悉的漆侠先生、胡如雷先生、宁可先生等，也是学者们公认的新中国成长起来的马克思主义史学家。中国社会科学院王曾瑜先生专门写过一篇论述漆侠先生的文章，认为漆侠先生是"一位真诚的马克思主义史学家"[1]。北京师范大学张守常先生撰文纪念时，同样认为："说他是马克思主义史学家是当之无愧的。"[2] 还有许多专家学者通过公开发表文章等方式，肯定漆侠先生是一位马克思主义史学家。[3] 但是，究竟什么是马克思主义史学家？换言之，马克思主义史

---

[1] 王曾瑜：《一位真诚的马克思主义史学家》，载《漆侠先生纪念文集》，河北大学出版社2002年版，第593—596页。

[2] 张守常：《怀念漆侠学长》，载《漆侠先生纪念文集》，河北大学出版社2002年版，第611—612页。

[3] 相关文章参见《漆侠先生纪念文集》，河北大学出版社2002年版；《漆侠与历史学：纪念漆侠先生逝世十周年文集》，河北大学出版社2012年版。

学家有哪些特征？对于这个问题，鲜有具体而专门的论述。笔者在撰写《漆侠传》的过程中，时常思考这个问题。现在把一些看法公开发表出来，以期我们在今后的史学研究中会更注重马克思主义理论的学习和运用。如有不妥之处，欢迎大家批评指正。

（一）马克思主义史学家的四个特征

国内外的史学家为数众多，各有自己的学习成长路径和学术贡献，从而形成各自的特色。然而，被称为"马克思主义史学家"者却并不多。由此看来，在众多史学界同人的心目中，或多或少、或明或暗地存在一个评判标准。笔者认为，判断一个史学家是不是"马克思主义史学家"，要看他是否具备以下四个特征。

（1）高度重视经济的基础地位和决定作用。马克思主义认为：生产力和生产关系的矛盾运动，构成社会历史的经济基础，并且决定上层建筑（由政治、法律、军事、教育、文化、宗教、风俗等组成）的变化发展；上层建筑对于经济基础具有反作用，深刻影响经济基础的变化发展。① 在纷纭复杂、炫人耳目的历史现象中，在人类社会历史的整体演变中，经济是第一位的、最重要的，具有决定性的作用。因此，一个真正的马克思主义史学家，必定高度重视历史上的经济问题，必定充分认识到经济在社会历史中的基础地位，必定充分认识到经济基础对于上层建筑变化发展的决定性作用。具体来看，一个真正的马克思主义史学家肯定在经济史领域下过一番学习、研究的功夫，并且能够在他们的言行和学术成果中显示出来：有的发表过或多或少的经济史论文著作；有的虽然没有发表经济史论著，但在论述其他历史问题时肯定高度重视经济的基础地位和决定作用。这个特点，是马克思主义史学家最重要的一个特征。但不能由此引申说：研究经济史的著名专家学者，一定是一个马克思主义史学家。

（2）高度重视阶级斗争。如果说经济史、特别是生产力发展史主

---

① ［德］马克思：《政治经济学批判（序言）》，载《马克思恩格斯选集》（第二卷上），人民出版社1972年版，第82—83页。

要是人类与自然界之间的关系史，那么，生产关系和上层建筑的历史主要是人与人之间的关系史。自古到今，人与人之间的关系，表面上看好像是错综复杂、杂乱无章的。但是，早在19世纪，法国资产阶级学者就已经发现，人与人之间的关系并非一团乱麻，而是分成不同的阶级。由此一来，我们在学习、观察、研究、论述人类社会历史的时候，就不再笼统的抽象的不加区别的看待人类，而是应该科学的具体的区分为不同的阶级和阶层。马克思主义的重大发展和发明在于：①阶级不是天生就有的，而是历史发展到一定阶段的产物，并且一定会随未来社会的发展而消亡。②在阶级社会中，人们处于不同的阶级、阶层，主要是由其不同的经济条件和地位决定的。③不同阶级之间的矛盾斗争，是社会发展的动力。④资本主义社会的阶级斗争必然导致无产阶级专政。就史学界而言，不区分无阶级的原始社会与阶级社会，在阶级社会中不区分不同的阶级、阶层，是很不科学、非常落后的做法。在阶级社会中，仅仅区分不同的阶级、阶层，不肯承认阶级斗争的必然性、对社会历史的推动作用，也是很不科学、非常落后的做法。凡是马克思主义史学家，都高度重视阶级分析，都高度重视阶级斗争。阶级斗争的方式和方法是多种多样的，战争、暴动、起义等是斗争方式之一，抗议、谈判、批评、逃亡等也是斗争方式之一。当然，我们也清楚地看到，以前的马克思主义史学家在这方面存在简单化等缺陷，但大方向是正确的。

（3）高度重视人民群众的决定性作用。旧时代和现代的史学家，普遍重视历史上的神仙上帝、帝王将相、英雄豪杰的历史作用，有意无意地忽略甚至贬低最广大的人民群众的历史作用。马克思主义并不否认帝王将相、英雄豪杰的特殊历史作用，但是，空前的无与伦比的高度重视最广大的人民群众的伟大历史作用；更加深刻地认为：占人口绝大多数的人民群众是生产力的代表，是推动社会历史发展的主力军，决定着社会历史发展的水平和方向。对于历史上的被统治阶级（奴隶、农民、工人等）给予充分的肯定和同情，把人类社会未来发展的前途和全人类的解放事业寄托在广大的无产阶级身上。当然，马克思主义史学家也或多或少地存在忽略甚至美化人民群众历史局限性和缺点错误的问题。尽管如此，高度重视、充分肯定人民群众在社会历史发展中的决定性作用，在观察、分析、评价阶级斗争时站在被统治阶级或弱势群体一方，进行历史研究的最终目的是为现在和未来的最广大人民群众服务而不是为少数人服务，这是马克思主义史学家高明于、深刻于其他史学家的地方之一，是区别于其他史学家的特征之一。

（4）高度重视辩证法。任何一个史学家在观察、研究、论述历史的时候，或多或少、有意无意地都会采用一定的方法论，或采用一定的指导思想。这些方法论和指导思想，毫无疑问，有高下优劣之分。目前比较来看，迄今为止的各种各样的方法论和指导思想，各有优点和缺点，整体上最优胜的是辩证法。辩证法是关于宇宙事物联系、运动、变化和发展的普遍规律的哲学学说。主要由古希腊哲学家和黑格尔创立，在中国古代的《易经》《道德经》中也有论述，由马克思、恩格斯、列宁、毛泽东等改造发展完善。其核心内容是辩证法三大定律，即：①对立统一规律（矛盾论）。②质量互变规律。③否定之否定规律。与孤立的片面的历史观世界观不同，辩证法认为：世界上的事物都分为上与下、左与右、内与外、正与负、阴与阳、好与坏、利与害两个方面，决不可只见其一不见其二。与教条主义、折中主义的历史观世界观不同，它认为事物这两极的相互关系是对立统一的关系，既有对立性、矛盾性，又有统一性、和谐性，而对立性和矛盾性是第一位的、根本性的，统一性、和谐性是第二位的、暂时的；决不能只看到统一性、和谐性，看不到对立性、矛盾性，也不能颠倒两者的主次地位。与僵化的静止的历史观世界观不同，它认为宇宙万事万物及其对立矛盾的两极绝不是固定不变的，而是处在或大或小、或明或暗的不断的变化中；变化的原因，分为内因和外因，内因是根源；变化的速度有快有慢，但都有阶段性，都有一个孕育、出生、生长、成熟、衰落、灭亡的过程，都是从量变到质变；新事物否定旧事物，新事物又被更新的事物否定；世界上没有永恒不变的事情。史学工作者真正掌握辩证法并非易事，需要具有广博的知识、高明的洞察力和逻辑思维能力。在史学研究实践中运用辩证法更加不容易，一般都会经历一个从低级到高级的提升过程。马克思主义史学家的一大特征，是高度重视辩证法、学习辩证法、运用辩证法。

上述四大特征，构成一个有机整体，缺一不可，是我们判断一个史学家是不是马克思主义史学家的硬指标。

在研究、比较的过程中我们还看到，对待马克思主义的不同态度，是能否成为一个马克思主义史学家的前提和基础；没有这样一个前提和基础，不可能成为一个马克思主义史学家。对待马克思主义的态度，可以从一个人的早期、中期、晚期三个阶段来观察，大致可以分为五种：

第一种，始终不渝的热诚学习、拥护并且努力践行。

第二种，早期冷漠但中晚期热诚学习、拥护并且努力践行。

第三种，早期或中期热诚学习、拥护并且努力践行但晚期冷漠、放弃甚至排斥。

第四种，既不努力学习，也不努力践行，甚至阳奉阴违。

第五种，始终排斥。

在史学界，对待马克思主义只有采取第一种和第二种态度者，才可能成为一个马克思主义史学家；采取第三种、第四种、第五种态度者，绝不可能成为一个马克思主义史学家。

（二）漆侠先生与马克思主义：由冷淡对待到热诚学习、努力践行

通过查阅、分析《漆侠档案》（河北大学档案馆藏）和其他一系列相关资料，我们可以比较清楚地看到，漆侠先生对待马克思主义的态度属于第二种类型，经历了一个从早期的冷淡对待、中晚期转变为热诚学习拥护并且努力践行的过程。

1. 早期（1923—1948年）

漆侠先生1923年3月出生于山东省巨野县龙堌集。这个家庭并不富裕，主要依靠漆侠先生的祖父开中药铺维持生活。漆先生的父亲于1927年在山东曲阜师范讲习科毕业，上学期间加入国民党，后在国民党统治区担任过17年左右的小学教师和基层干部。从1928年到1948年，漆侠先生主要在国统区读小学、中学、大学、研究生。其中，1937年11月至1938年8月，因为日本全面侵华、打到山东省而失学在家；1938年8月至1941年11月在山东国民党游击队受训、任职，后来辗转到达四川绵阳六中读高中。1948年（25岁）之前，漆侠先生在国统区接受的是国民党公开允许的各种教育，政治上主要是接受孙中山先生的三民主义、蒋介石和国民党的各种政令训令、包括部分反对共产党和马克思主义的教育，学术上主要是接受旧传统学术和近代新学术教育。学习、研读最多的是传统古籍，其次是各种相关的教科书和流行的文史书籍。在西南联合大学和北京大学读书期间，因为他的老师和同学中有少数共产党员或左派进步人士（如吴晗、翦伯赞、黄楠森、孙鸿冰等先生），漆侠先生多少接触过一点马克思主义学说，但总体上是持冷淡态度。

1948年，随着解放战争战场上共产党解放军的节节胜利和国民党的节节溃败，特别是一部分大学同学从国统区投奔共产党解放区（漆先生曾经帮助他们接头、联系路线），漆侠先生对于共产党及其信奉的马克思主义转而刮目相看，开始主动阅读一点相关文献。

2. 中期（1949—1979年）

1949年1月，北平和平解放。正在北京大学跟随著名历史学家、宋学泰斗邓广铭先生攻读研究生的漆侠先生，主要精力仍用于学习、研读历史学文献，但从此开始正式的公开的学习马克思主义理论。

1951年3月，漆先生从北京大学研究生肄业，进入中国科学院近代史研究所担任助理研究员，协助范文澜先生修改《中国通史简编》，后兼任通史组干事等。据漆先生在1961年回忆说："进近代史所前后，有一种要求上进的想法，好好改造自己，争取入党，后来同范老谈过，范老也同别的同志说过。"（《漆侠档案》）因为新中国的整体政治环境，特别是因为范老是延安出来的著名马克思主义史学家，漆先生对于马克思主义理论的学习，就非常便利、非常积极。只要是能够看到的中文版的马克思主义、毛泽东主席的著作，他都找来认真阅读。据先生自己后来说：对部分马列著作，当时一开始理解起来比较吃力，感觉"枯燥乏味"（《漆侠档案》）；"在解放战争时期已开始接触马克思主义，起初我对学习不甚了了。50年代初，抱着配合业务研究的目的买了不少马列著作,也确实下功夫读了不少。当我读进去之后,才仿佛觉得进入了另一个天地,真是'青冥浩荡不见底,日月照耀金银台',眼前豁然开朗,想不到世界上竟有这样好的文章,缕析历史,解剖社会竟如此高明!我佩服得五体投地。"① 在近代史研究所范老身边学习工作的两年多时间里,漆先生的马克思主义理论水平进步很快,这可以从他1953年7月发表的《正确认识历史上的封建统治阶级和封建王朝》等论文中清楚地看出来。

1953年12月,漆先生因故转到天津师范学院(后来改称天津师范大学、河北大学)历史系工作,历任讲师、副教授、教授。一到天津师范学院历史系,他就以马克思主义理论水平高而颇受尊敬。② 他继续积极认真地学习马列主义、毛泽东思想,从其中摘录了许多卡片,并且向学生们讲授马列主义。据刘敬忠先生回忆说:1964年9月,漆侠先生给河北大学历史系本科生"上过几次有关马列主义史学理论的专题课。当时,先生刚过不惑之年,风华正茂。他生动的语言、丰富的表情、深入浅出的讲述均深深地打动了我。"③

3. 晚期(1979—2001年)

1979年后,因为国内外形势的变化,在反思前30年经验教训的同时,史学界开始分化、多元化。多数史学工作者继续坚持马克思主义,也有部分人开始公开怀疑、放弃、冷淡甚至排斥马克思主义。漆侠先生是坚持派。一是公开反对、多次在文章中批评"非马"言论。二是继续深入学习。据他的"忘年交"、著名经济学家刘永佶先生回忆说:

> 90年代中期,他曾对西方马克思主义感兴趣,多次跟我问相

---

① 郭东旭:《漆侠先生的追求精神》,载《漆侠先生纪念文集》,河北大学出版社2002年版,第626页。
② 王岸茂:《学术大师政见超人:回忆漆侠先生》,载《漆侠与历史学:纪念漆侠先生逝世十周年文集》,河北大学出版社2012年版,第41、42页。
③ 刘敬忠:《我与漆侠先生在"文革"中的交往》,河北大学出版社2002年版,第622页。

关的情况……他并不是一下子同意,而是要找书看。我向他推荐了重庆出版社出版的"国外马克思主义和社会主义研究丛书",他让资料室订了一套,认真读了卢卡奇、弗洛姆等人的著作。在以后的谈话及他的研究中,对西方马克思主义的态度有明显变化,特别是卢卡奇的《历史与阶级意识》中的一些观点,对他搞"新宋学",即宋代文化史的系统研究,有明显的启发。①

三是继续践行:①把马克思主义与中国的历史实际结合起来研究历史(详见下文)。②倡导学生们学习马克思主义。漆先生给指导的研究生开设马列原著选修课,并亲自讲授、辅导其中的《资本论》《家庭、私有制和国家的起源》《反杜林论》《矛盾论》等,还曾邀请马列主义理论教师来讲课。1989年5月,邓广铭、张政烺、何兹全、胡如雷、王曾瑜先生等著名史学家亲自光临河北大学,对于漆侠先生申报的教学成果——《坚持以马克思主义为指导治史、执教、育人》进行认真审查后,给与高度的肯定和赞扬。不久,该教学成果荣获国家教委颁发的"国家级优秀教学成果特等奖"。

2001年4月,漆侠先生回顾说:

> 我学马克思主义是从1949年开始的,那年我的好朋友殷新程(现新华社离休干部)从解放区托人带信给我,说全国就要解放了,希望我学习马克思主义,并运用马克思主义理论指导历史研究,我听从了他的建议,开始学习马克思主义。我学的第一本有关马克思主义理论的书籍是普列汉诺夫的《论个人在历史上的作用》。解放后,马克思主义经典著作中译本陆续以单行本的形式出版,每出一本我都仔细阅读,并记有读书笔记。到近代史所,范文澜同志认为我对马克思主义理论的学习很认真。近年有同志说我是真心学习马克思主义、真心信仰马克思主义、真心运

---

① 刘永佶:《"自缘身在最高层"——悼老友漆侠先生》,载《漆侠先生纪念文集》,河北大学出版社2002年版,第607页。

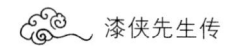

用马克思主义,这个评价基本符合我的实际情况。①

从 1949 年到 1979 年的中国大陆史学界,像漆侠先生这样对于马克思主义从冷淡对待转变为热诚学习拥护并且努力践行的专家学者是大多数,并不罕见。然而,从 1979 年以后,像漆侠先生这样坚信不疑、坚持不变的史学工作者并不多见。

(三)从漆侠先生的研究成果看马克思主义史学家的四大特征

1. 早期(1941—1948 年)

在 1949 年 2 月正式接触、学习马克思主义理论之前,漆侠先生共发表 6 篇史学文章:(1)《摧兼并——王荆公新法精神之一》。(2)《宋代对武人的防制——从释兵权削弱藩镇以外来看》。(3)《北宋元祐旧党的贬逐》。(4)《尹洙王安石论"校事"》。(5)《李觏与孟子》。(6)《李觏不喜孟子(上、下)》。② 这 6 篇文章,都是对北宋具体历史事实的简单阐释,与马克思主义理论没有任何直接联系。

2. 中期(1949—1979 年)

在这一阶段,漆侠先生共发表 45 篇文章,大致可以分成 6 类:

第一,中国古代、特别是宋代经济史研究类,6 篇。

第二,阶级分析、阶级斗争(农民战争)研究类,9 篇。

第三,中国古代农民阶级研究类,3 篇。

第四,马克思主义理论和综合研究类,7 篇。有的文章是运用马克思主义理论批评学术界的错误理论、特别是史学界的错误历史观方法论,有的是综论新社会制度产生于旧社会制度中的问题、如何正确认识历史上的封建统治阶级和封建王朝问题、中国封建社会的分期分段问题。尤其是 1953 年发表的《正确认识历史上的封建统治阶级和封建王朝》一文,针对当时普遍存在的"中国三千年来的封建统治阶级中,没有一个好家伙"的"片面反封建"倾向,根据马列主义

---

① 李华瑞:《漆侠先生访谈录》,《史学史研究》2001 年第 3 期。
② 此 6 篇文章均收入《漆侠全集》(第 11 卷),河北大学出版社 2008 年版。

毛泽东思想的历史主义理论、辩证法和矛盾论，进行了相当精辟的辨析。文章认为："关于封建制度，我们同样地可以说，它在今天说来，是我们所要彻底消灭的东西，但在古代的历史上，它代替了奴隶制度，却是历史发展中的一个重大进步。"① 著名史学家王学典先生认为：

（漆先生这篇文章）是中国马克思主义历史学诞生以来，第一篇，也是唯一一篇正面阐发中国封建社会存在的地位与意义的文章……六十年代初期范文澜、翦伯赞、吴晗等反对"见封建就反，见地主就骂"，力保"帝王将相""封建王朝"在历史上的地位，所持的理论根据，无不与此文有关。②

文章发表时，漆先生学习马克思主义毛泽东思想只有3年多的时间，但其理论水平、史学见解提高得非常快。

第五，中国古代历史人物研究类，4篇。

第六，中国古代历史专题研究类，16篇。

其中的第一类至第四类，完全契合马克思主义史学家的四大特征；第五类、第六类，多数努力运用马克思主义理论来研究论述中国古代历史的有关问题。

同时，漆侠先生还独立或合作撰写出版了4部学术专著，即：(1)《隋末农民起义》。(2)《唐太宗》。(3)《王安石变法》。(4)《秦汉农民战争史》。这4部著作，都主动运用马克思主义理论进行研究论述。第1、2、4部著作，是中华人民共和国成立后在认真学习马克思主义理论后而展开的新研究工作的结晶。第3部即《王安石变法》，则是先生中华人民共和国成立前在北京大学读本科生和研究生时就已经开始研究（毕业论文）、中华人民共和国成立后学习马克思

---

① 漆侠：《正确认识历史上的封建统治阶级和封建王朝》，载《漆侠全集》（第11卷），河北大学出版社2008年版，第360页。

② 王学典：《历史主义思潮的历史命运》，天津人民出版社1995年版，第38页。

主义理论后又重新修改的研究成果。邓广铭先生认为："漆侠教授的《王安石变法》一书，对于熙宁新法进行了认真的探索，超越了此前所有的同类著作。"①

3. 晚期（1980—2001 年）

漆先生共撰写、发表了122篇文章，大致上也可分成6类：

第一，中国古代，特别是宋代经济史研究类，30篇。

第二，阶级分析和阶级斗争（农民战争）研究类，10篇。

第三，中国古代农民和雇工研究类，3篇。

第四，马克思主义理论和综合研究类，10篇。

第五，中国古代历史人物研究类，20篇。

第六，中国历史专题研究类，49篇。

第一类至第四类文章，完全契合马克思主义史学家的四大特征。第五、六类，多数显示出马克思主义的指导作用。尤其值得注意的是：第一，在史学界排斥马克思主义的思潮愈演愈烈的情况下，漆先生多次在文章中公开予以批评、反击，公开倡导人们坚持马克思主义。第二，针对史学界过分夸大"乾嘉学派"、重视"考据"而忽视马克思主义理论的错误倾向，他专门撰写文章辨析"考据"在历史研究中的地位、专门辨析马克思主义与"考据"的关系，倡导马克思主义考据学。

在人生的晚期，漆侠先生共撰写、出版了5部史学著作，即：(1)《宋代经济史》（上、下册）。(2)《两宋政治经济问题》（与邓广铭先生合著）。(3)《辽夏金经济史》（与乔幼梅先生合著）。(4)《宋学的发展和演变》。(5)《历史研究法》。另外，还出版了3部个人史学论文集，主编出版了十几种史学论著。其中，《宋代经济史》影响最大，屡获大奖，"确是一部里程碑式的著作，不论从中国经济史研究的角度看，还是从宋史研究的角度看，都是如此"②。《辽夏金

---

① 邓广铭：《北宋政治改革家王安石（序言）》，生活·读书·新知三联书店2007年版，第5页。

② 王曾瑜：《中国经济史和宋史研究的重大成果》，《晋阳学刊》1989年第4期。

经济史》是第一部把这三个少数民族政权的经济历史贯通起来研究的力作,对于其中的宗法制的特殊关注和论述是别开生面的。《宋学的发展和演变》摆脱了"从思想到思想"的窠臼,努力从社会存在决定社会意识原理来研究论述宋代思想文化史。《历史研究法》主要是根据漆先生的讲课遗稿、研究生们的听课记录、相关文章整理编辑而成,比较集中地反映了漆先生的历史观和历史研究方法论。大力倡导马克思主义理论与历史实际的结合,是该书的一大特色。

漆先生的论著,绝大部分收录于《漆侠全集》(河北大学出版社2008年版)。早期(1949年之前)的6篇文章,与马克思主义没有直接关系。中期和晚期的167篇文章,除了少数考据性、专题性文章外,大多数都能够看到马克思主义理论的深刻影响。在中华人民共和国成立后出版的10部左右的著作中,都可以看到马克思主义理论的深刻影响。中华人民共和国成立后,马克思主义史学理论成为中国史学的主流,后经历挫折与失误,"文化大革命"结束后重获新的发展。20世纪80—90年代,"西化论"兴起后,一些人进而对马克思主义唯物史观产生怀疑。刘永佶先生认为:"作为20世纪中国的历史学家,漆侠并不能超越他的时代,但他却以自己的努力和独立思考,走在了时代的前列,并做出了创造性的成就。"所谓"创造性的成就"是指漆侠先生"读通了马克思的唯物史观,并坚信唯物史观","而且精通辩证法……有熟练的掌握与运用。"刘先生以漆侠先生的《宋代经济史》为例,认为这部巨著"在深入挖掘中国集权官僚制中期的经济社会矛盾时,已经发现中国古代社会矛盾的特殊性,比如对官僚、地主与农民的矛盾的规定,以及从政治、文化角度对经济矛盾的分析,民族矛盾与经济的关系,等等,都既不是马克思关于唯物史观原则论述所能包括的,也不是苏联教科书所能设想到的。我读此书,常有这样的感觉,作者实际上是在研究历史的同时,也在探讨新的历史观"[①]。

---

① 刘永佶:《"自缘身在最高层"——悼老友漆侠先生》,载《漆侠先生纪念文集》,河北大学出版社2002年版,第606、607页。

我们今天再次阅读、总结漆侠先生和其他史学家的论著,还可以看到:在1949年至1979年,漆先生的马克思主义历史学见解还存在一定的不足与变动,但是已经开始超越一般的同辈史学家;在1980年至2001年,先生的马克思主义历史学见解就相当成熟和稳定了,明显远远地超越一般的同辈史学家。正如刘永佶先生引王安石诗句"自缘身在最高层"来评价漆侠在中国20世纪史学界的地位。漆侠先生的学术成果与贡献,使其在中国马克思主义史学家中占据崇高的学术地位。

结语　几点思考与体会

一　漆侠先生的学术道路

　　对于漆侠先生的一生，特别是对于先生的学术道路、学术成果与贡献，人们的感受、看法肯定存在差异，甚至是巨大差异。我们认为，判断一个史学家是不是马克思主义史学家，主要是看他是否符合上述四个特征、四个硬指标，缺一不可。同时还要看他对于马克思主义的态度。漆先生不是天生的马克思主义史学家，也不是一下子就成为一个马克思主义史学家，而是经历了从早期的冷淡到中期的热诚学习拥护运用到晚期的坚持坚信这样一个清晰的转变、成长过程，经历了一个长期的勤奋学习、努力工作、勇敢探索、献身史学、矢志不渝的奋斗成长过程。从漆侠先生1949年以后的学术道路和学术成果来看，他符合上述四个特征和指标，确实是新中国成长起来的马克思主义史学家，而且是成绩突出的马克思主义史学家。

　　在今天，值得我们认真比较、清醒反思的是，1979年之后，史学界的理论导向大变，部分史学工作者公开放弃、甚至反对马克思主义理论。孰是孰非？孰得孰失？毫无疑问，1979年之后中国史学界的发展和成绩是有目共睹、非常巨大的。这些巨大成绩的取得，马克思主义理论功不可没。有人可能会说：史学家对于一些具体历史文献、历史事实的考证，对于历史文献的初步整理，并不需要马克思主义理论。表面看来，确实如此。但是，深入看来，并非如此，要真正深入理解这些历史文献和历史事实的本质、相互联系，进一步提升研究论述的水平，还是离不开马克思主义理论。部分史学家在1979年以后、在晚年，表面上削弱、放弃了马克思主义理论的指导，也做出了很多成绩。然而，我们冷静观察可以发现，他们并没有，也不可能完全摆脱马克思主义理论的影响，马克思主义仍然对他们发挥着潜移默化的深刻影响；如果他们继续坚持、加强马克思主义理论的学习与指导，研究成果的水平就会更上一层楼。

在目前这样一个社会急剧变化、思想多元化的时代，史学工作者的世界观和方法论也是五花八门，多元化的趋势日益明显、不可阻挡，要千篇一律、统一口径是不可能的。但是，当人们进行总结、比较的时候，终究还是会分辨出各个学术流派的高下与优劣。从漆侠先生等老一辈史学家的学术道路和贡献中，可以看到，马克思主义史学是科学的发展的史学，应该理直气壮的发扬光大。漆先生在生前曾经说过：以前有人说我"右"，那是因为他们"左"；现在有人说我"左"，那是因为他们"右"。不管别人怎么说、怎么做，我们在今天和未来还是要热诚坚持、大力倡导马克思主义，像漆侠先生等老一辈马克思主义史学家那样勤奋学习，投身科研工作。

目前的历史观和方法论，至少有几十种。我们并不反对其他的有科学根据的历史观和方法论，很尊重考据法、比较法、数量统计法、系统论等方法论。这些方法论与马克思主义史学，是相辅相成的关系，是不同层次、各有优长的方法论。把这些方法论与马克思主义结合起来，取长补短，综合运用，才是正确的方向。当然，历史研究工作是分步骤、分层次的，不可能一蹴而就，也不能要求中青年学者一下子达到高水平。因为中国历史和世界各国历史资料的繁多、分散，初步的收集、整理、辨别工作是首先需要大力开展、长期开展的，也确实不太需要那么多的理论（包括马克思主义理论）——在这方面也能够做出巨大贡献而成为一个著名史学家。对于那些比较简单的历史问题、事实的考辨与研究，也不一定需要太多的理论。但是，在史料的搜集、整理和初步的辨别工作结束以后，就必须做由表及里的深入研究，做由此及彼的全面研究，在从点到线、到面时，就离不开理论的统驭，就离不开马克思主义理论的指导。即使对于比较简单的历史问题、事实的考辨研究，要达到精辟、深入的境界，也不能没有理论的依据。毫无疑问的是，问题越复杂，研究越深入，对于理论的需求就越迫切。当前，一些具有远见卓识的史学界同人，对于史学研究中的"碎片化"、低位徘徊现状深感忧虑，呼唤理论的提升与突破。其实，认真回顾反思史学史，认真总结经验教训，肯定能够找到解决办法。这就是，一方面加强基本功训练，掌握尽量多的确切史料，另一方面加强理论、特别是马克思主义理论的学习、运用和发展。漆侠先生的治学经验和主张，归纳起来就是："多读书多掌握资料，学会运用马克思主义。"①

马克思主义是100多年前的历史发展的理论结晶，马克思等理论家对于中国也不是十分了解，马克思等理论家之后的世界也发生了巨大变化，因此，马克思主义理论需要不断发展完善。如果中国的史学家、理论家能够继承前人全部优秀成果，借鉴吸收马克思主义理论的精粹，推陈出新，开创新的理论体系，无疑会更好。

二 漆侠先生的人生道路和性格

漆先生的学术道路，虽经历过不少的曲折与困顿，也在"文化大革命"中遭受严重冲击，但整体而言，"（前半生）打下了极好的国学底子，青年时代赶上了学习马列主义理论的新时代，又打下了极好的理论基础，这就使他无论微观还是宏观都能左右逢源。所以，先生的学术研究起步早，起点高，从青年时代写作投稿，就没有尝过被退稿的滋味。他的论著规整犀利，大气磅礴，而且用电脑行家的话说，很适合做模版"②。漆先生学术上学识渊博，视野开阔，志存高远，不懈进取，重视理论，善抓关键，20世纪50年代就成为著名学者；教学中高标准、严要求，富有爱心，重视细节，善抓本质，成绩非凡。漆先生终其一生，都在投身于真理和学术的不懈追求之中，在不

---

① 漆侠：《历史研究法》，河北大学出版社2003年版，第3页。
② 程民生：《凝聚的怀念》，载《漆侠与历史学：纪念漆侠先生逝世十周年文集》，河北大学出版社2012年版，第63页。

同阶段具有不同的重点和特色，通与专结合，为世人留下丰厚的学术遗产。

漆先生的人生道路绝不是一帆风顺，颇多艰辛。少年立志，抗战失学，流离辗转，入学北京大学，才终于找准了人生的方向。勤学苦读，发愤著述，却因性格耿直，为他人打抱不平而遭受政治审查，精神苦闷。漆先生在"十年内乱"，因为"让步政策"学术文章等原因，遭受公开批判、政治迫害、人身侮辱，甚至被抄家、"关牛棚"。但漆先生意志坚强，没有被各种各样的冤屈和迫害击垮，并能坚持原则不动摇。他说："别人自杀，我不自杀，我还要工作"；"'让步政策'如果是政治问题，我就放弃。如果是学术问题，我就坚持"。漆先生政治上忠于祖国，忠于人民，追求真理，刚到中国近代史研究所就提出希望加入中国共产党，1962年递交入党申请书，1985年正式入党，在遭受各种打击和压力下，仍然具有坚定的共产主义信仰。漆先生以自身为榜样，时常勉励学生和弟子们立志向学，爱岗敬业。先生在六十岁左右，政治环境、物质条件和学术条件才得到好转，但又面临着疾病的困扰。虽有疾病和各种琐事的困扰，但他惜时如金，更加勤奋，成果倍增。如果先生不是十分强烈地执着于学术，晚年放慢工作脚步，把较多时间用于身体保健，就不会因为医疗事故而突然去世，就不会那么早地离开我们。这种"献身精神"，既铸造了先生的丰功伟绩，令人钦佩，也酿成了早逝悲剧，使人哀叹。

漆先生性格刚直开朗，待人坦诚，富有豪迈正气。有些人说漆侠先生"脾气大"，在河北大学和学术界也一直流传着这方面的许多故事。实际上全面来看，先生确实偶尔发火，甚至爆发雷霆之怒，但并不是乱发脾气，多是针对他认为错误的事情，是为别人的事情、公共的事情，不是为自己，多是"恨铁不成钢"，"爱之深、责之切"。在中国这样一个盛行"中庸之道"、喜欢绕弯子、推崇"老好人"的国度，实属难得。同时，更加多见的占主流的是，很多人说漆侠先生"脾气好"，平易近人；称他是河北大学的"包青天"。他确确实实富有同情心，特别同情穷人、弱者，特别乐于助人，甚至不计前嫌帮助过以前整过他的人；仗义执言，打抱不平；待人接物非常热情，如沐春风，也比较喜欢讲笑话、开玩笑；既敢于批评别人，批评上级，也勇于自我批评，虚心接受别人的正确意见；对历史上的英雄人物和现实生活中的好人好事非常尊敬，对屈膝投降、祸国殃民之徒极端痛恨；对教育过自己的好老师，毕恭毕敬，终身感恩不绝。他自己志向高远，勤勉坚韧，也看不惯别人自甘平庸、奴颜婢膝、懒惰脆弱。他很关心现实问题，很有政治眼光，对学校的发展、国家大事、国际问题、人类未来前途等常有独到见解。先生阅人无数，见多识广，尤其是到晚年看问题更加深刻、更加准确，切中要害。

漆先生性格耿介，爱憎分明。在许多弟子的记忆中，不仅在学业上得到过先生的点拨指导，生活上也常得到先生的细心照顾。漆先生虽为名学者，晚年待遇较为优厚，但生活简朴，几无享受。去新加坡访问讲学一年，回校后将河北大学支付的全年工资如数退回，并告知自己在新加坡领有薪酬。讲学归来时，用自己的讲课薪酬为历史研究所的每位老师购买了一份贵重礼物。偶有学生贫困，生活困顿，先生也会解囊相助。夏日炎热，请历史研究所的师生们吃雪糕。在大是大非的原则问题上，漆先生则高瞻远瞩，立场坚定，旗帜鲜明，绝不轻易放弃自己的观点。

三 薪火相传永不熄

漆侠先生自中华人民共和国成立后开始学习马克思主义，并终身坚持以马克思主义为指导从事史学研究。同时代史学家中，漆侠先生真心学习马克思主义、真心信仰马克思主义、真心运用马克思主义，理论水平突出，被认为是"一位真诚的马克思主义史学家"[①]。漆侠先生始终坚持以马克思主义为指导治史，不仅取得了卓越的史学成就，而且建构了完备的理论体系。无论是对当前还是今后的史学研究，都具有重要的启迪意义。

---

① 王曾瑜：《一位真诚的马克思主义史学家》，《河北大学学报》2000年11月20日。

先生生前未来得及完成的十年计划，在宋史中心师生的努力下，已基本完成：遗著《宋学的发展和演变》《历史研究法》已经出版；《漆侠全集》（12卷）在宋史研究中心全体师生的共同努力下，已结集出版；遗留下来的教育部课题《辽宋西夏金代通史》在宋史研究中心及学界好友的支持下也得以顺利完成。这些努力，或可稍稍告慰恩师的在天之灵。

漆侠先生留给我们最可宝贵者，是坚持不懈、刻苦追求的学术精神。

  《中庸》曰："尊德性而道问学，极高明而道中庸。"先生自然不会赞同此言，改为："极高明而道马列"。多次对我讲："你们不要学我，要向陈寅恪学，向马克思、列宁学！"这是何等的眼界！何等的胸襟！①

漆侠先生虽然离开了我们，但他开创的河北大学宋史研究中心业已成为海内外宋史研究人才最集中、宋辽金史资料最丰富、宋史研究信息最灵通的科研机构。河北大学宋史研究中心作为主要承担者的河北大学历史学科，2005年被评定为河北省强势特色学科，2007年获准设立历史学博士后科研流动站，漆侠先生创办的《宋史研究论丛》自2006年以来连续被评为CSSCI来源集刊。漆侠先生当年艰苦创业所奠定的基础，终于发展壮大。

漆侠先生坚持马克思主义信仰，学识渊博，敬业奉献，几十年如一日献身于学术事业，永远是我们学习的榜样和楷模。让我们共同努力，继承漆侠先生的学术精神，在学业上认真努力、精益求精，在工作中勤勉努力、奋发有为，发扬光大先生的学术事业，将河北大学宋史研究中心——我们共同的学术家园建设得更加美好！

---

① 程民生：《凝聚的怀念》，载《漆侠与历史学：纪念漆侠先生逝世十周年文集》，河北大学出版社2012年版，第63页。

【附录】遗著发表出版情况：

《朱熹与史学》，《历史教学问题》2002 年第 1 期。

《中庸之道与司马光哲学》，载《揖芬集——张政烺先生九十华诞纪念文集》，社会科学文献出版社 2002 年版。

《宋学的发展和演变》，河北人民出版社 2002 年 10 月出版。

《论历史研究的方法》，《中国文化研究》2003 年第 4 期。

《历史研究法》，河北大学出版社 2003 年 12 月出版。

《漆侠全集》（十二卷），河北大学出版社 2008 年 12 月出版。

《东向阳日记》，《历史学家茶座》2009 年第 3 辑（总第 17 辑）。

《辽宋西夏金代通史》（漆侠主编，七卷八册），人民出版社 2010 年版。

附录

漆侠先生学术年表

漆先生,讳侠,原名漆仕荣,字剑萍,笔名范今、泛金、张戈阳、方若生、季子涯、万钧、齐力。

1923 年,一岁

3月12日,出生于山东巨野县龙堌镇蔡桥一个贫苦家庭,全家主要靠祖父开中药铺维持生活。

1928 年,五岁

夏,入巨野县龙堌镇小学读初小一年级。

1930 年,七岁

随父至单县文昌阁小学读初小三年级。

1931 年,八岁

夏,入济宁北门里第一小学,至1933年暑假读至小学高级一年级上,暑假后转至济南南城根一师附小,至1935年2月读完初小(高级三年级)。1935年2月至1937年暑假,在济南私立育英中学读初中。抗日战争爆发后,随私立育英中学迁至汶上读书,11月之后回到家乡。(据河北大学《漆侠先生档案》)喜读历史故事、名人传记。"九一八"事变时读小学四年级,更加钟爱历史上的民族英雄岳飞、文天祥、史可法等。(《中国科学家自述·漆侠先生自述》)

1938 年,十五岁

8—9月,漆侠先生到鲁南新泰羊流(羊留)国民党秦启荣部队参加了抗日游击队。

1939 年，十六岁

5 月，至"国民政府军事委员会别动总队鲁冀边区游击队"副司令王尚志部游击队。

1940 年，十七岁

随父亲漆信鲁辗转后方：经潍坊、济南、徐州、高邮、亳州、临汝、郾城、洛阳、潼关，至西安。漆父在去往宝鸡途中，在双石铺遭遇车祸摔断腿，被迫返回西安。

1941 年，十八岁

多方筹措经费，辗转入四川绵阳六中，寄宿求学。

1942 年，十九岁

读高中二年级，立志学史。因抗战初失学三四年之久，自入高中后倍加勤奋，阅读大量史籍，包括前四史（史记、汉书、三国志、后汉书）中的本纪、列传和分志等。（《中国科学家自述·漆侠先生自述》）

1944 年，二十一岁

高中毕业，老师赵新儒以《金刚经》"应无所住，而生其心"句相赠。

9 月，考入设在昆明的国立西南联合大学历史系。

1946 年，二十三岁

北京大学复校。由昆明至北京，仍在北京大学历史系学习。结识同校学习教育学、心理学的万瑞兰女士。

1947 年，二十四岁

11 月 1 日，在《经世日报·读书周刊》第 65 期发表《摧兼并（王荆公新法精神之一）》。

12 月 31 日，在《经世日报·读书周刊》第 72 期发表《宋代对武人的防制》。

1948 年，二十五岁

1 月 28 日，在《经世日报·读书周刊》第 76 期以笔名"范今"发表《北宋元祐旧党的贬逐》。

2月2日，在《申报·文史》第9期发表《尹洙、王安石论"校事"》。

4月3日，在《申报·文史》第17期发表《李觏与孟子》。

4月10日，在《申报·文史》第18期发表《李觏不喜孟子》（上）。

4月17日，在《申报·文史》第19期发表《李觏不喜孟子》（下）。

7月，北京大学历史系毕业。

9月，考入北京大学文科研究所史学部读研究生，师从著名宋史专家邓广铭先生，为邓先生第一位研究生。以《王荆公新法研究》为研究生毕业论文题目。

1950年，二十七岁

6月21日，在《光明日报》发表《北宋熙宁时代农田水利事业的发展——王安石新法研究之一》。

1951年，二十八岁

3月，北京大学文科研究所史学部研究生肄业。至中国科学院近代史研究所任助理研究员，担任著名史学家范文澜先生助手，开始系统学习马列主义原著。

在《历史教学》1951年第4期发表《王安石新法的渊源》。

1952年，二十九岁

2月2日，在《光明日报》发表《论王安石的保甲法》。

2月7日，在《大公报》（上海）发表《范仲淹的历史地位》，2月8日转载于《进步日报》（天津）。

5月15日，在《大公报》发表《胡适先生的实验主义与其历史学的反动本质》，5月16日转载于《进步日报》。

在《历史教学》第10期，发表《包拯是一个什么样的人物》。

在《历史教学》第12期，发表《关于史可法的评价问题》。

1953年，三十岁

3月26日，在天津《大公报》发表《学习斯大林学说，反对历史研究工作中的教条主义》。

4月8日，在《人民日报》发表《关于"高级中学本国近代史"（上册）》。

6月30日，在《人民日报》发表《由批评初级中学课本〈中国历史〉第一册引起的几个问题——答读者韦立群同志》，7月8日转载于《文汇报》。

7月11日，以笔名"张戈阳"在《光明日报》发表《关于王丹岑的〈中国农民革命史话〉》。

9月19日，以笔名"张戈阳"在《光明日报》发表《关于李密问题的讨论》。

在《新建设》第7期，发表《正确认识历史上的封建统治阶级和封建王朝》。文章初稿完成于1952年在中国科学院近代史研究所任范文澜先生助手期间。当时，范老收到《人民日报》转来的一封读者来信称：三千年来的封建统治阶级中没有一个好东西，朝朝代代都是坏蛋坐江山。范老遂命漆侠先生写作此文，正面肯定封建王朝存在的历史意义。

在《新建设》第9期，发表《关于新社会制度发生于旧社会制度中的问题——学习〈辩证唯物主义与历史唯物主义〉笔记》。

12月，背负"反党集团"的政治结论，由中国科学院近代史研究所转到天津师范学院（今河北大学）历史系，任讲师。讲授《中国中世史》。

1954年，三十一岁

7月，《隋末农民起义》由（上海）华东人民出版社出版。

8月，《有关隋末农民起义的几个问题》《方腊的起义》（与钱君晔合著），发表于《中国农民起义论集》，五十年代出版社。

在《历史教学》第3期，以笔名"方若生"发表《论李密在历史上的作用》。

在《历史教学》第10期，以问题解答的形式发表《宋朝的"差遣"和"通判"的职责和性质怎样区别？》。

在《历史教学》第12期，以笔名"季子涯"发表《赵匡胤与宋专制主义中央集权制的发展》。

1955 年，三十二岁

4 月，《唐太宗》（笔名万钧）由上海学习生活出版社出版。

在《历史教学》第 5 期，以笔名"季子涯"发表《宋代手工业简况》。

1956 年，三十三岁

9 月，加入中国民主同盟。

12 月 4 日，在《人民日报》发表《关于我国农民战争史的研究》。

1957 年，三十四岁

1 月，在《天津师范学院科学论文辑刊》（人文版）发表《从农民的分化看汉代社会性质》。

2 月，以笔名"齐力"发表《伟大的史学家司马迁》，与此前在《历史教学》发表的《关于史可法的评价问题》（1952 年第 12 期）、《论李密在历史上的作用》（1954 年第 3 期），一起收入《中国历史人物论集》（李光璧、钱君晔主编，生活·读书·新知三联书店出版）。

6 月 1 日，以笔名"子涯"在《天津日报》发表《读〈宋书·徐豁传〉和〈王弘传〉——试释晋代占田制度》。

在《历史教学》第 2 期，发表《学习宋代历史的一个读书报告》。

1958 年，三十五岁

7 月，《秦末农民战争》（与苏从武合著）发表于《中国农民起义论集》（李光璧主编，生活·读书·新知三联书店出版）。

在《教学理论与实践》第 1 期，发表《女真建国及建国初期的社会状况》。

在《历史教学》第 11 期，执笔发表《关于中国古代中世史封建社会部分的分期分段问题》。

任天津师范大学历史系讲师、中国古代史研究室副主任。（是年夏，河北省教育厅将"天津师范学院"扩建为"天津师范大学"）

1959 年，三十六岁

3 月，《王安石变法》由上海人民出版社出版。

5 月 16 日，执笔在《天津日报》发表《关于曹操评价的根本问题》，后收入《曹操论集》（生活·读书·新知三联书店 1960 年版）。

1960 年，三十七岁

1 月 4 日至 12 日，在天津师范大学历史系第一届学术讨论会上，发表《中国农民战争发展规律的问题》（草稿），引起与会学者的热烈讨论。

2 月 18 日，在《光明日报》发表《关于中国农民战争的性质问题》，转载于《天津师范大学学报》第 2 期。

任河北大学历史系讲师。（是年夏，河北省人民政府委员会将"天津师范大学"改为综合性大学，定名为"河北大学"，校址仍在天津）

1961 年，三十八岁

6 月 23 日，在《河北日报》发表《我国封建社会中农民的经济地位》。

9 月，晋升为河北大学历史系副教授。

在《河北大学学报》第 1 期，执笔发表《中国封建社会历史分期问题》。

在《历史教学》第 11、12 期，发表《二十等爵与封建制度》。

1962 年，三十九岁

1 月 3 日，在《天津日报》发表《关于皇权主义问题》。

6 月，《秦汉农民战争史》（与宝志强、段景轩、李鼎芳合著），由生活·读书·新知三联书店出版。

12 月，著有河北大学历史系铅印本讲义《西晋末年以流民为主的各地起义》。

在《河北大学学报》第 2 期，署名"漆侠先生等"发表《秦末农民战争》。

1963 年，四十岁

5 月 16 日，在《人民日报》发表《论王安石变法》。

11 月 6 日，在《天津日报》发表《谈观点材料的统一》。

1964 年，四十一岁

到河北保定参加"四清"工作一年。

在《哲学研究》第 3 期，发表《农民是地主阶级的对立面，还是地主阶级的后备军？》。

1966 年，四十三岁

3 月 10 日，在《文汇报》发表《农民战争与让步政策》。

4 月 30 日，因"让步政策"被《光明日报》《天津日报》等点名批判。

5 月，河北大学历史系召开批判会，批评"让步政策"。他坦言：如果让步政策是政治问题就放弃，如果是学术问题就坚持。

8 月，在河北大学历史系召开的"'文革'成果"展示会上作为"反动学术权威"被批斗。不久又被抄家，部分书稿、一批藏书和三百多万字的卡片资料被抄走。

1968 年，四十五岁

住河北大学历史系、河北大学（天津河西区马场道）牛棚。

1969 年，四十六岁

随河北大学历史系由天津至保定，家属暂留天津。（是年秋，河北大学由天津市迁至河北省保定市合作路，今五四东路）

1970 年，四十七岁

秋，到唐山开平马家沟煤矿，接受"再教育"。

1972 年，四十九岁

1 月，随河北大学文科到邢台任县唐庄办学。

10 月，下放到河北省保定安新县东向阳农场劳动改造，有 1—28 日东向阳农场日记数篇（后经整理发表于《历史学家茶座》2009 年第 3 辑）。

1973 年，五十岁

2 月，从下放劳动返回河北大学。开始重新收集写作《宋代经济史》的资料，到河北大学图书馆、天津图书馆、南开大学图书馆、北京图书馆（今国家图书馆前身）、北京大学图书馆等处查阅 780 种以上史籍，抄录了 140 余万字的卡片。

1974 年，五十一岁

带学生去河北遵化县马兰峪搞教育改革。

1976 年，五十三岁

8 月 30 日，在《辽宁日报》发表《地震不可怕，人力能胜天——读〈梦溪笔谈〉关于登州地震的记载》。

1978 年，五十五岁

在《河北大学学报》第 3 期，发表《王安石的哲学思想》。

在《文史哲》第 6 期，发表《读〈李自成〉——论农民的革命民主主义》，

在《山东师范学院学报》第 6 期，发表《关于中国封建经济制度发展阶段问题》。

1979 年，五十六岁

1 月，《王安石变法》再版。

6 月，应邀至河南开封参加《简明宋史》（人民出版社）讨论会。

9 月，河北省历史学会在承德成立，参加并当选为第一届理事会副会长。

10 月，晋升为河北大学历史系教授。

12 月 18 日，在《光明日报》发表《农民战争是推动中国封建社会历史发展的动力》。

在《书林》第 1 期，发表《宋史学习漫谈》。

在《河北大学学报》第 1 期，发表《宋代货币地租及其发展》。

在《社会科学战线》第 3 期，发表《宋代学田制中封建租佃关系的发展》。

在《河北大学学报》第 4 期，发表《关于社会历史发展的动力问题》。

《宋代经济史》被列为 1979 年全国史学规划会议重点项目。

1980 年，五十七岁

5 月 24 日至 31 日，至四川成都参加中国农民战争史学会首届年会，任理事。

6 月，发表《宋辽金史研究的"大有"年》，载于《中国历史年鉴（1979 年）》，生活·读书·新知三联书店 1980 年出版。10 月下旬，至北京参加中国社会科学院举办的中美史学交流会。

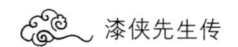

被聘为北京大学兼职教授,为北京大学历史系研究生、留学生讲授专题课一学期。

1981 年,五十八岁

平反。

7 月 20 日至 25 日,参加由河北省历史学学会、承德地区文化局、围场县文物管理委员会联合举行的"木兰围场三百年"学术讨论会。

9 月,《秦汉农民战争史》再版。

10 月 6 日至 12 日,至西安参加中国农民战争史研究会第二届年会,当选理事长。

在《中南民族学院学报》第 3 期,发表《宋代的瑶族和壮族》。

秋,受教育部委托,在河北大学举办全国高校《宋辽金史》师资培训班。

1982 年,五十九岁

河北大学宋史研究室成立,任宋史研究室主任。

3 月,开始招收硕士研究生,开设《宋代经济史》《宋史》等课程。

4 月,《求实集》由天津人民出版社出版。其中,《司马迁的调查访问方法——读〈史记〉札记之一》《谈〈史记〉中的"太史公曰"——读〈史记〉札记之二》《关于宋代人口的几个问题》《宋代以川峡路为中心的庄园农奴制》《宋代植棉考》《宋代纺织手工业生产的发展以及纺织手工业生产的各种形式》《宋代地租形态及其演变——兼论地价及其与地租的关系》《女真族从原始社会向奴隶制社会的过渡》8 篇文章为首次正式发表。

10 月 21 日至 27 日,至河南郑州参加中国宋史研究会第二届年会,提交会议论文《宋代商业资本和高利贷资本》。会上当选理事。

在《中国史研究》第 1 期,发表《论"等贵贱,均贫富"——宋代农民的政治经济思想》。

在《陕西师范大学学报》第 4 期,发表《宋代封建租佃制及其发展》。

1983 年,六十岁

1 月 8 日,在香港《华侨日报》发表《读书杂志》。

4月11日，至北京参加中国史学会首次学术年会暨中国史学界第三次代表大会，并当选中国史学会理事。

8月，在《宋史论集》（中州书画社）发表《关于宋代差役法的几个问题》。

10月，在《中国历史年鉴》（人民出版社）发表《宋辽金史（研究状况）》（与乔幼梅先生合著）。上旬，应河北省历史学会和河北师范学院历史系邀请，至石家庄为历史教学和科研人员讲授中国农民战争史的研究情况，并作了题为《中国封建地主阶级的形成和演变》的学术报告。

10月14日至20日，至昆明参加由《历史研究》杂志社、云南大学历史系、南开大学历史系联合发起的首次中国封建地主阶级研究学术讨论会。

10月25日至31日，至桂林参加中国农民战争史第三届年会。

11月，到江西吉安参加纪念文天祥逝世七百周年学术讨论会，并在江西省委党校作学术报告，到王安石家乡抚州参观考察。

12月4日至8日，至石家庄参加河北省历史学会第三届年会。

12月14日至25日，至北京参加中国民主同盟第五次全国代表大会。

在《中州学刊》第1期，发表《宋代农业生产的发展及其不平衡性——从农业经营方式、单位面积产量方面考察》。

在《历史研究》第5期，发表《中国封建地主阶级的形成和演变》（与高树林先生合著），获河北省（1979—1984）社会科学研究优秀成果论文类二等奖。

在《文史知识》第9期，发表《怎样研究宋史》。

1984年，六十一岁

3月，至北京参加《中国大百科全书·中国历史·宋史》讨论定稿一个月。分别为北京大学研究生、中国社会科学院研究生和北京军区理论班作学术报告。

5月，河北大学成立社会科学研究所，下设宋史研究室、地方史研究室、美学研究室、现代汉语研究室。任社会科学研究所所长，兼

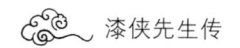

宋史研究室主任、教授。

6月20日至21日，河北省邯郸市哲、经、史学会成立，应邀作学术报告。

6月23日，加入中国共产党。

7月，在《宋史研究论文集》（1982年年会编刊）发表《宋代商业资本和高利贷资本》。

8月，至北京参加民盟中央举办的第二期"多学科学术讲座"，在北京师范大学与邓广铭先生分讲《两宋政治经济问题》，主讲宋代经济的七个专题。

10月，至山东大学历史系、山东师范大学历史系作学术讲座。受聘为山东大学兼职教授。

10月底，参加中国宋史研究会、杭州大学宋史研究室共同主办的中国宋史研究会第三届年会，当选为中国宋史研究会副会长。

12月18日至20日，参加香港中文大学举办的首届国际宋史研讨会，提交论文《宋代社会生产力的发展及其在中国古代经济发展过程中所处的地位》。

经国务院学位委员会批准，获得中国古代史博士学位授予权，是河北省第一个博士点。

1985年，六十二岁

1月，在《历史论丛》第五辑（齐鲁书社）发表《南宋从差募并用到义役的演变》。

2月，招收第一名博士研究生。为硕士、博士研究生开设专业课《宋史》《宋代经济史》，专题课《宋史研究》《宋代经济史研究》，方法论课《历史研究法》，理论辅导课《资本论》《反杜林论》《国家与革命》《政治经济学批判》《矛盾论》《实践论》等。

2月10日，为诸葛计《唐末农民战争战略初探》（天津人民出版社）作序。

6月，在《中国农民战争史研究集刊》第四辑（上海人民出版社）发表《建国以来中国农民战争史的研究》。

10月，至庐山参加中国农民战争史学会第四届年会。

11月5日，受聘为黑龙江大学兼职教授。

在《河南大学学报》第1期，发表《宋代市舶抽解制度》。

在《文史知识》第2期，发表《宋代在我国历史上的地位》。

在香港《明报》月刊4月号，发表《陈亮的经济思想》。

1986年，六十三岁

9月14日至28日，应河南大学历史系邀请讲学，作了《宋代：社会生产力的发展及宋代在我国历史中的地位》《宋统治区内各民族的经济制度》《宋代土地制度、地租形态及演变与赋役制度》等学术报告。

12月2日至8日，至河北廊坊参加中国经济史学会成立大会，当选为学会理事。

在香港《明报》月刊1月号，发表《论吕惠卿的经济思想》。

在《中国经济史研究》第1期，发表《宋代社会生产力的发展及其在中国古代经济发展过程中的地位》。

在《河北大学学报》第3期，发表《再论王安石变法——王安石逝世九百周年》。

被中华全国总工会授予"全国优秀教育工作者"称号和"五一劳动奖章"。

1987年，六十四岁

2月，《宋代经济史》（上册）由上海人民出版社出版。

5月11日，在沧州师范专科学校作了"关于怎样治学"的专题学术报告。

9月20日至22日，参加并主持在河北石家庄市召开的由河北大学和北京大学联合主办的中国宋史研究会第四届年会。

12月11日，经国家教委批准，招收国内访问学者。

在《河北大学学报》第3期，发表《关于宋代雇工问题——宋代社会阶级构成探索之一》。

1988年，六十五岁

7月，《宋代经济史》（下册）由上海人民出版社出版。

11月，《两宋政治经济问题》（与邓广铭先生合著）由上海知识出版社出版。

在《河北大学学报》第 3 期，发表《〈三言二拍〉与宋史研究》。

在《河北学刊》第 5 期发表，《关于南宋农事诗——读〈南宋六十家集〉兼论江湖派》。

《中国大百科全书·中国历史·辽宋西夏金史》出版（中国大百科全书出版社），漆侠先生撰写部分辞条发表。

《宋代经济史》（上册）荣获河北省第二届（1985—1987）社会科学研究优秀成果著作类一等奖。

1989 年，六十六岁

3 月 9 日至 4 月 16 日，在朱葆瑨等先生的邀请和协助下，赴美国圣地亚哥大学、俄亥俄州立大学等地讲学交流，获圆满成功。

5 月，与邓广铭先生共同主编的《宋史研究论文集》（1987 年年会编刊）由河北教育出版社出版。

5 月下旬，邓广铭、张政烺、何兹全、王曾瑜、胡如雷、滕大春先生亲临河北大学宋史研究室，评审漆侠先生的教学成果《坚持以马克思主义为指导治史、执教、育人》。

9 月 15 日，为孟庆斌《泊头市梨业志》（河北教育出版社）作序。

11 月 2 日，《坚持以马克思主义为指导治史、执教、育人》荣获全国普通高等学校优秀教学成果国家级特等奖。

12 月 23 日，参加河北省教学成果发奖大会并发言。

12 月 26 日，河北大学出版社成立，任总编辑。

在《刘子健博士颂寿纪念宋史研究论集》（日本同朋舍）发表《宋元时期浦阳郑氏家族之研究——宋元社会阶级结构探索之一》。

在《河北师院学报》第 3 期，发表《契丹辽国建国初期的皇位继承问题》。

在《河北大学学报》第 4 期，发表《契丹斡鲁朵（宫分）制经济分析——辽社会经济结构研究之一》。

在《中国史研究》第 4 期，发表《关于王安石变法研究中的几个问题》（与郭东旭先生合著），获河北省教委优秀社会科学研究成果论文一等奖。

1990年，六十七岁

河北大学社会科学研究所撤销，以原宋史研究室改组为河北大学历史研究所。任历史研究所所长。

3月，在《郑天挺先生纪念论文集》（中华书局）发表《宋代榷盐制度下封建国家、商人与亭户、备丁、小火之间的关系》。

4月，主编并作序的《宋史研究论丛》（第一辑）由河北大学出版社出版。

5月15日，在《中国青年报》和"大学生谈心"栏目发表《人生需有指路灯》。

在《河北大学学报》第3期，发表《坚持以马克思主义为指导治史、执教、育人》，转载于第4期《高等教育学报》。

受聘为烟台师范学院兼职教授。

《宋代经济史》（下册）荣获河北省第三届（1988—1990）社会科学研究优秀成果著作类一等奖。

1991年，六十八岁

5月，与邓广铭先生共同主编的《中日宋史研讨会中方论文选编》由河北大学出版社出版。

6月4日，在山东大学历史系参加完田昌五先生的博士毕业生臧知非等人的毕业论文答辩后，应邀参加滕州首届墨子学术研讨会成立大会，并在大会上应邀作即席发言，对墨子及其著作予以高度评价。

8月，在北京与邓广铭先生联合发起，北京大学与河北大学共同主办第二届中国国际宋史研讨会。

9月5日，为姜锡东《宋代商业信用研究》（河北教育出版社）作序。

12月18日，赋诗一首纪念范文澜先生："春风早沐恰三年，蕴泪惊闻归道山。生花妙语传真义，奋举铁笔除奸顽。一生革命除旧秽，千载史册著新编。天不憗遗同一哭，伤心无路吊灵鉴。"

在《河北大学学报》第1期，以笔名"范今"发表《报刊必须坚持双百方针　必须坚持马克思主义方向——从一篇文章的遭遇谈起》。

在《河北大学学报》第 3 期，发表《宋太宗第一次伐辽——高梁河之战——宋辽战争研究之一》。

1992 年，六十九岁

2 月 15 日，为《南皮县志》（河北人民出版社）作序。

2 月 20 日，为《任丘市志》（书目文献出版社）作序。

4 月 21 日至 24 日，参加由河南大学和开封市社联联合主办的中国宋史研究会第五届年会暨学术研讨会，当选为中国宋史研究会会长。

5 月，《知困集》由河北教育出版社出版。其中《中国封建时代兵制的变革与封建经济制度推移的关系》为首刊。创立"宋史研究丛书"。

8 月，主编的《国际宋史研究讨会论文选集》由河北大学出版社出版。

8 月 7 日，为王育济先生《天理与人欲》（齐鲁书社 1992 年版）作序。

10 月 30 日，为刘宝辰先生《花冈暴动——中国"劳工"在日本的抗日壮举》（人民出版社）作序。

在《河北学刊》第 2 期，发表《宋太宗雍熙北伐——宋辽战争研究之二》。

在《探索与求是》第 2 期，发表《〈哲学的使命〉评介》。

在《河北大学学报》第 3 期，发表《辽国的战略进攻与澶渊之盟的订立——宋辽战争研究之三》。

在《历史研究》第 3 期，发表《范仲淹集团与庆历新政——读欧阳修〈朋党论〉书后》。

在《河北师院学报》第 4 期，与郑熙亭先生合作发表《关于长篇历史小说〈汴京梦断〉的序言和通信》。

在《史学月刊》第 5 期，发表《宋代植棉续考》。

在《河北学刊》第 6 期，发表《九百年前一场伟大改革的再现——〈汴京梦断〉序》。

1993 年，七十岁

2 月 10 日，为《巨野县志》（齐鲁书社）作序。

2 月 23 日，在《河北日报》发表《郑熙亭教授〈汴京梦断〉序》。10 月 13 日转刊于《光明日报》。

3 月 12 日，河北大学举办漆侠先生执教四十周年座谈会。

3 月 20 日，为刘秋根《中国典当制度史》（上海古籍出版社）作序。

9 月，主编并为《宋史研究论丛》（第二辑）作序。

12 月，在《宋史研究论文集》（1992 年年会编刊）发表《契丹的役》。

在《中国史研究》第 2 期，发表《中国古代史记编纂形式探源》。

1994 年，七十一岁

3 月，《辽夏金经济史》（与乔幼梅先生合著）由河北大学出版社出版。是书荣获河北省第五届（1994—1995）社会科学优秀成果著作类一等奖。

4 月 1 日至 5 月 26 日，应日本文部省学术振兴会之邀赴日学术访问交流。4 月 1 日起，在东京都立大学访问，与佐竹靖彦先生等日本学者多方面交换学术意见，并参观历史学部和文学部图书馆。5 月 6 日上午，由斯波义信教授陪同访问东洋文库；下午在东洋文库作了题目为《宋代理学的兴废》的报告，佐竹靖彦、东一夫、伊原弘等教授出席报告会。在东京的访问至 5 月 10 日结束。5 月 11 日至京都访问交流。由龙谷大学的木田知生副教授陪同参观清水寺、清凉寺、三十二间堂、二条城和京都博物馆。5 月 14 日，在京都大学的人文科学研究所，由梅原郁教授主持，作了题为《关于辽、夏、金社会的宗族问题》的报告，并实地考察了京都人文科学研究所和龙谷大学图书馆。5 月 26 日结束访问交流。

6 月 10 日至 14 日，至成都参加中国宋史研究会第六届年会，提交论文《宋学的发展和演变》。会议期间参观王小波、李顺纪念馆。

7 月 1 日，《宋学的发展和演变》获准国家社会科学基金项目立项。

国庆前夕，为李华瑞《宋代酒的生产和征榷》（河北大学出版社）作序。

在《河北学刊》第 1 期，发表《论辽夏金经济的发展及其历史地位》（与乔幼梅先生合著）。

在《历史研究》第 1 期，发表《从对〈辽史〉列传的分析看辽国家体制》。

1995 年，七十二岁

是年春在保定市人民医院输液过敏发生昏迷，经及时抢救，迅速康复。

在《文史哲》第 1 期，发表《宋学的发展和演变》。在《中国图书评论》第 1 期，发表《弘扬中华文明的壮举》。

4 月 18 日，为乔幼梅先生《宋辽夏金经济史研究》（齐鲁书社 1995 年版）作序。

4 月 25 日，为杨倩描《吴家将——吴玠、吴璘、吴挺、吴曦合传》（河北大学出版社 1996 年版）作序。

5 月 29 日，为《宋史研究论文集（1994 年年会编刊，与胡昭曦先生共同主编）》作序。

7 月，至新加坡国立大学访问讲学一年。

11 月，《辽夏金经济史》（与乔幼梅先生合著）荣获第二届全国高等学校出版社优秀学术著作优秀奖。

12 月，《宋代经济史》（上海人民出版社）荣获全国高等学校首届人文社会科学研究优秀成果奖著作类一等奖。

1996 年，七十三岁

发表《释智圆与宋学——论宋学形成前儒佛思想的渗透》，"新加坡国立大学中文系学术论文（第 118 种）"单行本。

7 月，由新加坡国立大学归国。

8 月，就新加坡访学见闻在河北大学图书馆作报告。

9 月 12 日至 18 日，至云南昆明参加中国宋史研究会第七届年会暨学术讨论会。

11 月，与田昌五先生共同主编的《中国封建社会经济史》（四卷本）由齐鲁书社、文津出版社出版。

在《河北大学学报》第 3 期，发表《晁迥与宋学——儒佛思想的渗透与宋学的形成》。《辽夏金经济史》（与乔幼梅先生合著）荣获河北省哲学社会科学优秀成果一等奖。

1997 年，七十四岁

2 月，在《庆祝邓广铭教授九十华诞纪念论文集》（河北教育出版社）发表《宋太宗与守内虚外》。

8 月 4 日，为《宋史研究论文集（1996 年年会编刊，与李埏先生共同主编）》作序。

12 月，在《中国社会科学家自述》（上海教育出版社）发表《漆侠自述》。主编的《中国改革史》（一卷本）由河北教育出版社出版。

1998 年，七十五岁

2 月 11 日（上元节），为陈士谔、陈致远《钟相杨幺起义考》（岳麓书社）作序。

3 月，《辽夏金经济史》（与乔幼梅先生合著）修订再版，获教育部第二届人文社会科学优秀著作二等奖。8 月，《中国经济通史·辽夏金经济卷》由经济日报出版社出版。

7 月 9 日，为陈峰《武士的悲哀——北宋崇文抑武现象透析》（陕西人民教育出版社）作序。

8 月 15 日，为杨渭生先生《两宋文化史研究》（杭州大学出版社）作序。

8 月 20 日至 23 日，至宁夏银川参加中国宋史研究会第八届年会暨西夏建都兴庆府 960 周年学术研讨会。在开幕式中致辞，并提交会议论文《王安石的〈明妃曲〉》。

在《河北大学学报》第 3 期，发表《释智圆〈闲居编〉跋》。

在《河北大学学报》第 4 期，发表《〈中国改革通史〉序言》（与姜锡东合著）。

1999 年，七十六岁

1 月，《中国经济通史·宋代经济卷》（上、下）修订版，经济日报出版社出版。

3月，在《仰止集——纪念邓广铭先生》（河北教育出版社）发表《悼念恩师邓广铭恭三先生》。

4月，主编并为《宋史研究论丛》（第三辑）作序。

5月10日至11日，应台湾大学历史系之邀，赴台参加"转变与定型：宋代社会文化史研讨会"，提交论文《唐宋之际社会经济关系的变革及其对文化思想领域所产生的影响》。

6月15日，为王善军《宋代宗族与宗族制度研究》（河北教育出版社2000年版）作序。

7月15日，为《宋史研究论文集》（1998年年会编刊，与王天顺先生共同主编）作序。

7月20日，为高聪明《宋代货币与货币流通研究》（河北大学出版社）作序。

7月25日，为裴汝诚先生《半粟集》（河北大学出版社）作序。

12月13日，在《光明日报》发表《读先师邓广铭教授〈北宋政治改革家王安石〉》。

12月，《探知集》由河北大学出版社出版。其中《论历史科学研究的基本方法——历史方法探索之一》一文为首次发表。

在《河北大学学报》第3期，发表《释"麜糟陂里叔孙通"》。

在《北京大学学报》第3期，发表《儒家的中庸之道与佛家的中道义——兼评释智圆有关中庸中道义的论点》。

在《河北学刊》第5期"史学与社会"笔谈栏目，发表《"在齐太史简，在晋董狐笔"——以献身的精神投入历史学》。

在《河北学刊》第6期，发表《荆公学派与辩证法哲学》。

在《中国文化研究》春之卷，发表《王安石的〈明妃曲〉》。

2000年，七十七岁

1月，主编《中国改革通史》（十卷本）由河北教育出版社出版。

1月7日，为高纪春《宋史·本纪考证》（河北大学出版社）作序。

5月，为《包拯研究与历史文化——纪念包拯诞辰千年论文集》（安徽人民出版社）作序。

6月，在《郑天挺先生百年诞辰纪念文集》（中华书局）发表《王安石、张载哲学比较研究——兼论张载的社会观》。

8月2日至5日，参加河北大学主办的国际宋史研讨会暨中国宋史研究会第九届年会，并致开幕词。

在《中国经济史研究》第1期，发表《唐宋之际社会经济关系的变革及其对文化思想领域所产生的影响》。

在《中国史研究》第4期，发表《王雱：一个早慧的才华四溢的思想家》。

在《河北大学学报》第5期，发表《释"天地不仁，以万物为刍狗；圣人不仁，以百姓为刍狗"义》。

2001年，七十八岁

2月4日，为新加坡李志贤博士《杨炎及其两税法研究》（中国社会科学出版社）作序。

4月，教育部下达正式文件公布：河北大学宋史研究中心为"省属高校人文社会科学重点研究基地"。河北大学历史研究所在2000年改组为河北大学宋史研究中心，漆侠先生任中心名誉主任、学术委员会主任。

4月16日，为周长山《汉代城市研究》（人民出版社）作序。

5月，在《中国社会史评论》（第3卷）发表《宋学的形成与文风、学风和政风的变革》。

6月，主编并为《宋史研究论丛》（第四辑）作序，并发表《欧阳修在宋学形成中的先锋作用》。

9月，《王安石变法》（增订本）由河北人民出版社出版。

9月27日，至北京参加庆祝何兹全先生九十华诞研讨会。

10月9日至11日，参加由河北大学宋史研究中心举办的宋代经济史研讨会。

10月18日，上午参加河北大学80周年校庆大会，下午参加"省属高校人文社会科学重点研究基地"河北大学宋史研究中心揭牌仪式，与河北省人民政府副省长刘建生同志一起为基地揭牌，晚上出席河北大学校庆文艺演出。

10月20日，在《河北大学学报》（校庆特刊）发表《我为校庆献一言》。

11月1日，为周一良先生治丧委员会拟发唁电，对周一良先生的逝世表示沉痛哀悼。

在《历史教学》第1期，发表《〈历史教学〉创刊50周年贺》。

在《河北大学学报》第3期，发表《浙东事功派代表人物陈亮的思想与朱陈"王霸义利之辨"》。

在《天津社会科学》第4期，发表《胡瑗在经学和教育上的杰出贡献》。

在《河北学刊》第5期，发表《苏轼"蜀学"与程颐"洛学"在思想领域中的对立》。

11月2日上午8时40分，因医疗事故在河北保定家中不幸去世，享年七十八岁。

后　　记

　　恩师漆侠先生于2001年11月2日不幸逝世之后，我们在十分沉痛之余，参与处理先生的各种善后事宜，自然产生了为先生写一本传记的初步想法。但是，先生是因为医疗事故而突然辞世，没有留下比较专门、全面的年表之类的资料。我们和亲朋好友们首先是整理出版了先生未及结稿的《宋学的发展和演变》《历史研究法》两部著作，然后整理出版了《漆侠全集》，同时完成了先生遗留下来的教育部课题、出版了《辽宋西夏金代通史》。在此期间，我们召开了两次纪念漆侠先生的会议，编辑出版了两部纪念文集，即《漆侠先生纪念文集》和《漆侠与历史学》。在这两部纪念文集中，先生的生前友好们在深切缅怀漆先生非凡业绩的同时，也记录了先生很多的不为人知的日常生活。我们两位作者在先生身边学习生活了多年，与先生有无数次的交流，对先生的生活和工作情况有很多亲身体会和直接感触。为了更加全面地了解先生，我们曾亲自去先生的老家山东省巨野县龙堌镇考察访问，还曾专门去北京拜访先生的老朋友殷新程等先生，还曾去天津拜访先生的老同事李润生先生。先生的许多亲朋好友，积极主动地向我们介绍漆先生、惠赠相关资料，特别是美国的朱葆晋先生特意惠寄他与漆先生的往来信函。河北大学时任校长办公室主任兼档案馆馆长郑保平同志为我们查阅、复印档案馆珍藏的《漆侠档案》提供了极大便利。在时任河北大学校长王洪瑞教授的特别支持下，我们宋史研究中心还利用漆先生使用过的办公室、图书资料等建立了"漆侠先生纪念室"。河北省社会科学规划办公室为我们的课题立项资助，支持我们。在此，向关心过、支持过我们的所有领导和亲朋好友，深深地鞠躬，致以崇高的敬意和诚挚的感谢。这部《漆侠先生传》，包含着很多人的劳动心血，是集体努力的结晶。

在相关资料还很不齐全的情况下，全面收集、整理资料是第一位的，需要首先奠定资料基础。上述各项准备工作，大概用了十多年时间。尽管如此，也不可能毫无遗漏。例如：我们在编辑出版先生的《全集》时，就没有发现先生中华人民共和国成立初发表的《关于〈高级中学本国近代史〉（上册）》《关于初级中学课本〈中国历史〉（第一册）》两篇等文章，只好在相关部分就文章内容稍加介绍，聊作补充。

坦率地说，本书的写作，是一个比较艰辛的过程，是一个比较煎熬的过程。一看到先生的文字、照片等，一说到先生的大事小情，一想到先生的点点滴滴，时常就情不自禁地哽咽难言，心浪翻滚。看不下去，说不下去，写不下去。可理智和责任告诉我们，一定要克制再克制，坚持再坚持。学生给自己的老师撰写传记，有比较便利的条件，毕竟是比较熟悉、比较了解。同时也有比较困难的一面，哪些该写，哪些不该写；哪些多写，哪些少写；叙述是否准确无误，评价是否公平恰当，颇伤脑筋，有时反复思量而难下决断。写不好，对不起恩师在天之灵，更对不起广大读者。这种心理波动和思维困难，实际上是一种精神考验。我们虽然几年前就已经写出初稿，但迟迟不敢拿出来示人。现经反复修改，感觉差不多了，决定作为一家之言而公开出版。

更大的困难是我们学识不足。众所周知，要正确认识、介绍、评价任何一个历史人物，你首先应该达到、最好是超过历史人物的深度、广度和高度。非常愧疚的是，我们两位作者确实达不到、更不用说超过漆侠先生的深度、广度和高度。就宋史和辽夏金史研究来说，小到火柴的发明和生产，中到若干个政治军事专题，大到王安石变法、经济史和宋代学术史，漆先生都有或多或少的精辟论述，其所达

后　记

到的水平，远非我辈所能企及；涉及范围更加广泛的中国古代农民战争史、历史分期等问题，先生也有很多研究论述，其所达到的水平，我辈也是望尘莫及。漆先生治学所达到的马克思主义唯物史观和辩证法水平，我辈更是望之弥高、力学难及。因此，本书对漆侠先生的生平和多种学术贡献，以叙述为主，评论为辅。在评论时，以引用其他专家评论为主，自己评论为辅。在叙述时，以纵向时间为纲，尽量划分阶段、再辅以分门别类。在分门别类叙述时，不忌少许重复之嫌，适当顾及源流联系。本书的写作过程，是我们全面深入地学习、再学习的过程。其中的心得体会，也难免存在局限性。

漆侠先生在四川绵阳国立六中读高中时，在立德、立功、立言"三不朽"中，选择"立言"、成为一位史学家为自己的人生追求目标。漆先生在"立言"、成为一位史学家方面的突出贡献和巨大成功，已经是有目共睹、没有疑问的定论。其实，先生在"立德""立功"方面，也有不朽的建树。在"立德"方面，漆先生热爱祖国，热爱人民，热爱中国共产党，尊重老师，爱岗敬业，同情弱者，乐于助人，爱憎分明，豁达开朗，勤奋好学，生活简朴，自强不息，不愧为河北大学的一代名师，足为我辈终身学习的道德楷模。在"立功"方面，漆先生至少为河北省和河北大学拿过多个"第一"，足以永垂不朽。这些比较重要的"第一"如下：

（1）为河北省申请到第一个博士点。

（2）成为河北省第一个博士生导师。

（3）教学成果"坚持以马克思主义指导治史、执教、育人"荣获国家教委首届教学优秀成果奖特等奖。

（4）《宋代经济史》荣获教育部首届社会科学研究优秀成果评奖一等奖。

（5）建成河北省第一个教育部人文社会科学重点研究基地。

（6）主编出版第一部《中国改革通史》（十卷）。

（7）主编出版第一部《辽宋西夏金代通史》（七卷八册），荣获河北省特别奖。

(8)《漆侠全集》荣获河北省特别奖。

(9)河北省第一个当选国家一级学会双会长：中国农民战争史研究会理事长、中国宋史研究会会长。

(10)成为真诚的马克思主义史学家。

漆先生的丰功伟绩，是河北大学的光荣，也是学术界一座引人注目的丰碑。

漆先生的一生，是很不平凡的一生，经历了许多的挫折和磨难。记得先生常常对我们说："人生不如意的事情十之八九，当我们面对挫折时，与其垂头丧气、萎靡困顿，不如转而投身到学术研究中去，就会把一切不愉快抛诸脑后，忘得一干二净。"不怕困难，勤奋工作，勇攀高峰，就是漆先生的真实写照。漆先生学识渊博，见识卓越，多次勉励年轻人："多读书，多掌握资料，学会运用马克思主义。"扪心自问，我们做到"多读书"了吗？做到"多掌握资料"了吗？学会运用马克思主义了吗？作为史学工作者，真正做到这三点，就肯定能够成功。漆先生志存高远，不甘平庸，富有豪气，在史学研究中主张"宁为鸡先，不为牛后"；他还曾说："史学研究要敢于创新。即使错了，也比提不出新见解强。"

以前时常听人说漆先生脾气大。据我们了解，漆先生奖掖后学，乐于助人，受到他各种帮助的人难以计数。漆先生的性格，既有豁达、忍韧、平易近人的一面，使人如沐春风，有时也爱开个玩笑、讲个笑话，这是主要的性格。确实也有刚烈严厉、心直口快的一面，甚至爆发雷霆之怒，这是较少的一面。他发火动怒，十之八九属于秉公直言，与那些为自己私事乱发脾气的人有天壤之别。

漆侠先生是中国当代著名学者，史苑巨擘，河北大学一代名师，值得我们永远怀念，认真学习。拙稿《漆侠先生传》主要是述评了漆先生的学术研究和教书育人方面的非凡业绩和突出贡献，对于日常生活和性格等写得不多。这些叙述是否准确，评论是否恰当，欢迎大家批评指正。

漆侠先生驾鹤别去。但漆先生的各项功绩永在，漆先生的治学精

后 记

神永存我们心中。我们怀念、学习漆侠先生等老一辈专家学者,更加重要的是总结经验教训,从中汲取力量和智慧,以便更好地完成当前和未来的各项工作任务。尤其是漆先生开创的河北大学宋史研究中心,作为河北大学唯一的教育部人文社会科学重点研究基地,任重道远。如何更好地继承并且发扬光大漆先生的事业和精神,需要全体同人认真思考,共同努力。

在拙稿收集资料和写作过程中,得到很多领导和亲朋好友的大力帮助。除了前文多处致谢之外,师兄王菱菱、李华瑞、刘秋根教授,漆侠先生遗属、中国社会科学出版社宋燕鹏,审阅初稿,提出许多宝贵的修改意见,在此特别鸣谢。

作者 姜锡东 王晓薇
2021 年 1 月 29 日于保定